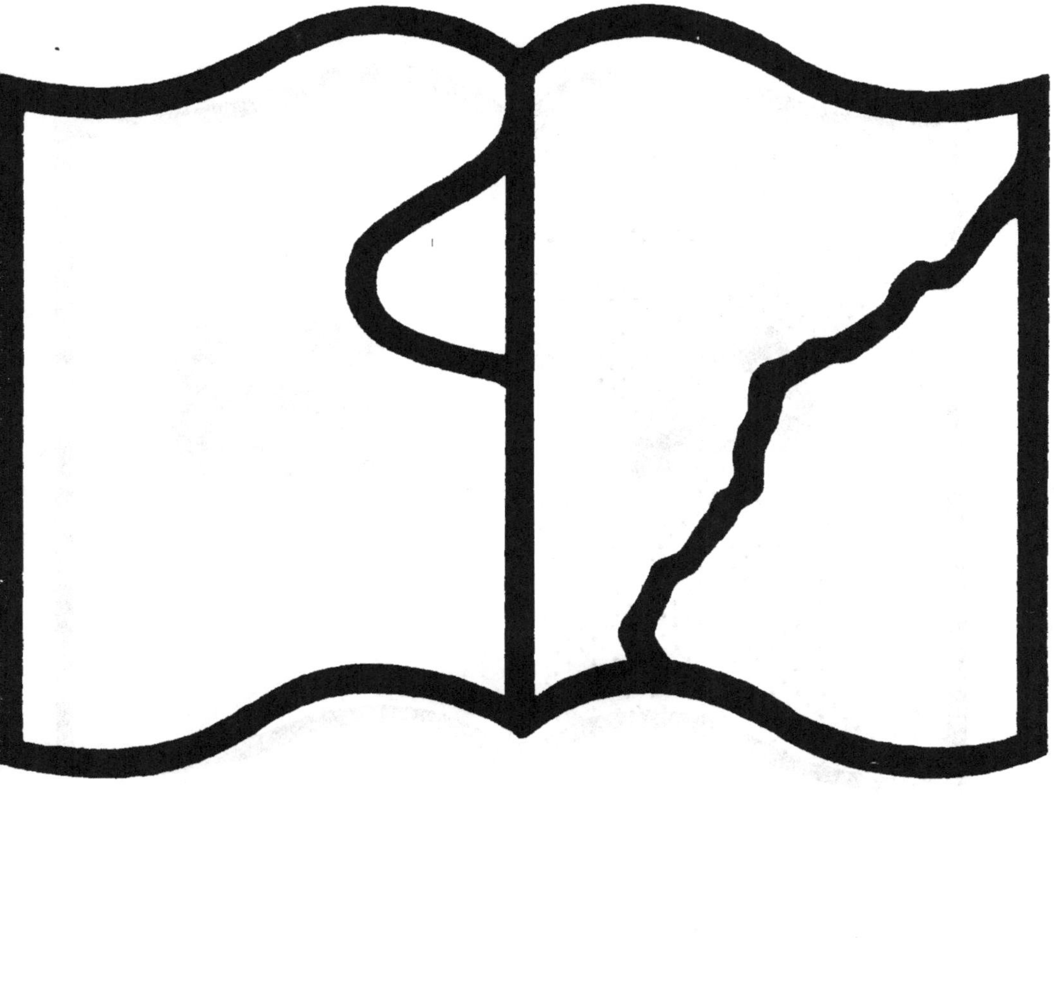

Texte détérioré — reliure défectueuse

NF Z 43-120-11

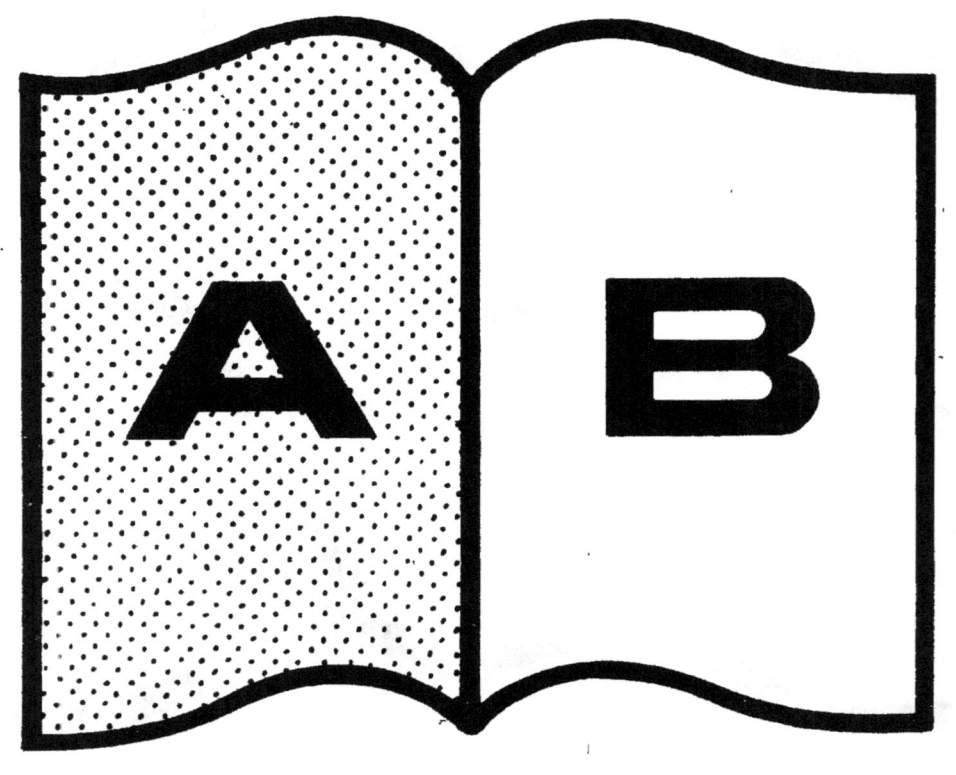

Contraste insuffisant

NF Z 43-120-14

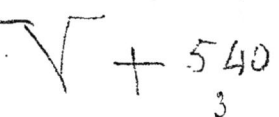

MÉLANGES

D'ARCHÉOLOGIE.

III.

ON SOUSCRIT AUSSI :

A **Paris**, Chez DUMOULIN, quai des Augustins ;
VICTOR DIDRON, place Saint-André-des-Arcs, 30 ;
A. FRANCK, rue Richelieu, 67 ;
JULES RENOUARD ET Cie, rue de Tournon, 6.
A **Londres**, Chez MM. DOLMAN, New-Bond street, 61 ;
BARTHÈS ET LOWELL, Great Malborough street, 14 ;
BURNS, 17, Portman street, Portman square.
A **Bruxelles**, chez M. DEWAGENEER
A **Saint-Pétersbourg**, Chez M. FERDINAND BELLIZARD.
A **Moscou**, Chez MM. GAUTIER ET MONIGHETTI.
A **Manheim**, Chez MM. ARTARIA ET FONTAINE.

PARIS. — IMPRIMERIE DE W. REMQUET ET Cie, RUE GARANCIÈRE, N. 5.

MÉLANGES
D'ARCHÉOLOGIE,

D'HISTOIRE ET DE LITTÉRATURE,

RÉDIGÉS OU RECUEILLIS

PAR LES AUTEURS DE LA MONOGRAPHIE DE LA CATHÉDRALE DE BOURGES

(CHARLES CAHIER ET ARTHUR MARTIN).

COLLECTION DE MÉMOIRES

sur l'Orfévrerie ecclésiastique du moyen âge, etc.;
sur les Miniatures et les anciens Ivoires sculptés de Bamberg, Ratisbonne, Munich, Paris, Londres, etc.;
sur des Étoffes byzantines, arabes, etc.;
sur des Peintures et Bas-Reliefs mystérieux de l'époque carlovingienne, romane, etc.

Troisième Volume.

Médaillons d'Apamée de Phrygie.

A PARIS,
CHEZ Mme Ve POUSSIELGUE-RUSAND, ÉDITEUR,
Rue Saint-Sulpice, n. 23.

1853

« Facta veterum, exclusis deficientibus, innovemus; et nova vetustatis gloria vestiamus. »

CASSIDOR. *Epist.*, VII, 15 (ed. Garet, t. I, 116).

MÉLANGES

D'ARCHÉOLOGIE

D'HISTOIRE ET DE LITTÉRATURE.

COURONNE DE LUMIÈRE

D'AIX-LA-CHAPELLE,

ET MONUMENTS ANALOGUES DU MOYEN AGE.

(PLANCHES I-XII.[1])

I.

LUXE DE LUMINAIRE DANS LES ÉGLISES.

1. Sans prétendre mêler à notre sujet d'aujourd'hui ce qui regarde particulièrement les chandeliers ou candelabres ecclésiastiques, et toute espèce de lampes chrétiennes ou d'illumination adoptée dans les églises, objets qui méritent bien d'être traités à part, il nous faut confondre un instant tout cela sous un aperçu général qui fasse mieux entendre comment les peuples chrétiens se prirent d'une si grande affection pour embellir le lieu saint par des combinaisons diverses de la lumière avec l'orfévrerie. Que le lecteur se tranquillise toutefois; malgré cette annonce, nous serons sobres de détails dans ces préliminaires, et tout d'abord

---

[1] Cette série se complète par les planches XXVIII et XXIX de notre premier volume, composées d'ornements empruntés à la couronne d'Aix-la-Chapel'e, que nous avons réunis aux spécimens d'ornementation en or sur brun.

nous lui faisons grâce de l'antiquité païenne et juive autant qu'il sera possible de les supprimer sans nuire à l'intelligence des textes modernes.

Aux premiers âges du christianisme il ne nous faut également emprunter que ce souvenir bien établi des pieuses profusions faites par les fidèles pour embellir (et non pas seulement éclairer) leurs réunions les plus condamnées, ce semble par la persécution, à une simplicité presque nue. Le grand Muratori, entre autres, a bien fait voir, dans sa seizième dissertation sur S. Paulin[1], que l'on n'explique rien en donnant pour origine au luminaire de nos églises l'obscurité des grottes et des catacombes où se réfugiait la célébration primitive des saints mystères. Les plus anciens textes montrent assez évidemment qu'il ne s'agit pas précisément d'éclairage, mais bien d'illumination, et en plein jour, dans ces réunions chrétiennes.

Que ces lumières nombreuses, et souvent entretenues le jour aussi bien que la nuit, fussent une figure de la foi chrétienne qui doit éclater dans les œuvres, ou un témoignage de joie, etc., il ne m'importe en ce moment : je ne m'occupe que du fait, et l'on verra qu'il s'est continué comme sans interruption. Du reste je ne prétends pas établir que ce fut une invention chrétienne. L'Église a consacré, par l'usage qu'elle en a fait, nombre d'actions et de coutumes qui devaient leur naissance à la nature humaine tout simplement ; et quand certains esprits chagrins lui ont reproché parfois d'avoir fait des emprunts au paganisme, autant valait l'accuser d'avoir pillé l'humanité. Ainsi je pourrais prendre dans l'antiquité classique maint exemple de feux, de flambeaux et d'illuminations, même durant le jour, en signe de réjouissance ou d'honneur rendu à quelque personnage[2].

Quant à l'époque chrétienne, on amoncellerait aisément les citations si l'on voulait montrer l'emploi fait des lumières (cierges ou lampes) dans les cérémonies ecclésiastiques. Mais il ne faut pas abuser de la facilité d'une proposition si aisée à soutenir, et dont conviennent aujourd'hui bon nombre d'hommes graves engagés par la naissance dans des partis où il était jadis d'usage de traiter cela comme une superstition papiste inconnue à ce que l'on nommait les beaux siècles de l'Église.

En pleine persécution, nous voyons les fidèles de Carthage accompagner avec des cierges

---

[1] L. A. Muratorii *Anecdota* (latina), t. I, 178-184; in S. Paulin. *nat.* XI. — Cf. Trombelli, *De cultu SS.* Dissert. VIII, cap. 30-32 (t. II, P. I, p. 394, sqq.).

[2] Cf. Juvenal. *sat.* XII, 92, etc. — Tertull. *Apologet.*, 35. — Sueton., *in J. Caes.*, 37. — Æschyl. *Agamemn.*, v. 88, sqq. — Etc., etc.
De là l'usage de porter constamment des flambeaux devant certains officiers publics, et d'accompagner avec des cierges les pompes même civiles de l'empire. Cf. Notit. dignitat., *passim.* — Coripp. *De laudib. Justin.*, libr. III, v. 8, sqq.; et 39. — Reiske, *ad Const. Porphyrog. De cerimon.* lib. I (Bonn. t. II, p. 250, 383, 575). Je dois faire observer que Reiske est habituellement d'une aigreur luthérienne tout à fait primitive contre l'Église romaine. Tout lui est bon pour donner cours à cette antipathie qui le poursuit constamment. Je ne connais qu'une occasion où il ait admis la circonstance atténuante ; c'est quand il s'agit du coup de vin en l'honneur de S. Jean (*bibere in amorem S. Joannis, Iohannis-Trunk*). Allemand, il n'a pas cru pouvoir permettre que l'on blâmât cela (t. II, p. 709, sq.) ; et pour cette fois il a désarmé. Ainsi les vieux catholiques avaient du bon en somme : « Unde patemorem illum... adeo absurdum non esse quam prima fronte videatur. »

les funérailles de S. Cyprien aussitôt après son martyre[1], quoiqu'ils prétendissent dérober son corps aux païens. Les constitutions dites *apostoliques*, qui résument en réglements généraux les coutumes ou les prescriptions primitives, n'autorisent d'oblations *en nature* à l'autel que pour l'huile destinée à *la sainte lampe*[2]. Prudence, voisin de l'époque des martyrs, ne craint pas de faire dire à S. Laurent par le persécuteur qui lui demande ses trésors : « On sait que dans vos réunions nocturnes les flambeaux sont portés par des candélabres d'or[3]. » Puis, à quelque temps de là, Vigilantius, espèce de réformateur morose, se plaignait déjà de voir des montagnes de cierges brûler à la face du soleil[4]; déclamation qui déconcerte fort peu S. Jérôme quand il déclare que « dans tout l'Orient, sans parler des flambeaux entretenus devant les reliques des martyrs, on accompagne de lumières la lecture de l'Evangile[5]. » Mais dès lors, comme l'Eglise a joui d'une paix inconnue jusque là, les témoignages se multiplient, et acquièrent des proportions quasi énormes; si bien qu'au baptême de Théodose-le-Jeune on nous parle d'un spectacle assez éclatant pour pouvoir être comparé à la descente du firmament sur la terre[6]. Je sais bien qu'il faut ici tenir compte de l'emphase du siècle, et se rappeler en outre que c'était une solennité à la fois religieuse et politique, en quelque façon, à cause de l'empereur, qui en était comme l'objet; de sorte que les magnificences du palais se mêlaient à celles de l'Eglise, ainsi que plus tard au couronnement et aux funérailles des princes byzantins. Mais je puis faire remarquer que les flambeaux ont constamment une grande part dans toutes ces fêtes[7], et que le *fleuve de feu* dont parle S. Grégoire de Nysse[8] en décrivant

---

[1] Ruinart, *AA. Martyrum*; S. Cyprien, n° 5.

[2] Constitut. apostol. can. 2 (al. 3); ap. Galland., *Biblioth. PP*, t. III, p. 257.

[3] *Peristeph.* II, 71, sq. (ed. Arevalo, p. 895) :
« Auroque nocturnis sacris
« Adstare fixos cereos. »

[4] Ap. Hieronym., *adv. Vigilant.* (ed. Martianay, t. IV, p. II, p. 282) : « Videmus moles cereorum sole fulgente accendi. »

[5] Hieronym. *adv. Vigilant.*, et *Epist. ad Ripar.* (l. cit., 284, et 279).
Ces paroles et la patrie de Vigilantius, qui était Gaulois, pourraient faire penser que l'Occident, moins démonstratif et moins riche en huile ou même en cire, se laissa précéder dans ces coutumes par les autres contrées. Mais peut-être aussi S. Jérôme ne cite-t-il l'Orient que parcequ'il le connaissait mieux pour l'avoir visité en détail et habité longtemps.

[6] Marc. Gaz. *Epist. ad Arcad.* (ap. Baron., A. 401, XXVIII) :
« Præcedebant patritii illustres et omnis dignitas cum ordinibus militaribus, omnes portantes cereos; ut putarentur astra cerni in terra. »

[7] Corrip. *in laud. Justini*, libr. II, v. 8, sqq. :
« Ilicet angelici pergens in limina templi,
Imposuit pia thura focis, cerasque micantes
Obtulit, etc. »

It. ibid. v. 70, sq. :
« Plurima præterea verbis clementibus orans,
Oblatis ceris altam remeavit in aulam. »

It. libr. IV, v. 315, sqq. :
« Plurima votorum sacravit dona suorum,
Immensoque pium ditavit munere templum.
Obtulit et ceras, etc.

It. libr. III (funérailles de Justinien), v. 8, sqq. :
« . . . . . vasa aurea mille,
Mille columnarum species, argentea mille
Quæ superimpositis implebant atria ceris. »

Cf. Reiske, *op. cit.*, t. II, p. 59, 250, 464. Notre commentateur ne manque pas d'y déplorer ces effroyables consommations de cire, la cire n'ayant été créée sans doute et mise au monde que pour les soirées des riches, les bals, par exemple. Quoi qu'il en soit, l'usage des processions avec des cierges (surtout en témoignage de réjouissance et d'actions de grâces) a été fort étendu dans le christianisme. Aux exemples cités par Reiske je me borne à joindre celui des habitants d'Edesse, lorsqu'à la fin du cinquième siècle Anastase abolit l'odieux impôt connu sous le nom de *chrysargyre.* Cf. Asseman. *Bibl. orient.*, t. I, p. 268.

[8] Gregor. Nyss. *epist.* 3 (ap. Galland., t. VI, p. 608). Cf. Concil. Ephes. (Coleti, t. III, 1103) ; etc.

sa rentrée dans son église ne peut point s'expliquer par une solennité impériale. Du reste, voici quelque chose qui est plus positivement populaire et chrétien : c'est Constantin faisant dresser des colonnes de cire par toute sa capitale, pour que la nuit qui précédait Pâques répondît à la joie des fidèles en rivalisant avec le jour [1]. Et le docte Henri de Valois fait observer à cette occasion que l'empereur prétendait tout simplement étendre à la cité entière ce que les chrétiens pratiquaient dans leurs églises pour cette nuit solennelle [2], où le cierge pascal occupe une place si considérable dans l'office.

2. Toutefois restreignons-nous absolument à l'intérieur des églises. S. Paulin, auquel nous recourrons souvent à cause des nombreux détails que renferment ses vers, prouve abondamment par ses descriptions que l'Occident n'était guère en arrière de l'Asie en fait d'illuminations pour les reliques des martyrs et pour les autels [3]. Aussi est-ce en complétant l'édition de ses œuvres que Muratori a cru devoir s'étendre sur ce point. Mais pour la Gaule, où était né Vigilantius, Sidoine Apollinaire raconte que dans la basilique de Saint-Just à Lyon la quantité des flambeaux autant que la presse du peuple l'avait mis hors d'haleine [4]; et à quelque temps de là Fortunat répète, sans probablement s'en douter, l'expression d'*étoiles descendues sur la terre* [5] que nous avons rencontrée au sujet du baptême de Théodose-le-Jeune (p. 3, note 6).

J'omets bien des faits, et écarte avec soin tous ceux qui prêteraient à la moindre contestation, pour que la défaveur plus ou moins méritée par un texte ne rejaillisse point sur les autres. Mais on doit voir qu'au point où nous en sommes venus il n'est plus possible d'établir sur le moindre fondement une distinction entre contrée et contrée, et l'on pourra désormais prendre à peu près pour toute la chrétienté ce qui sera dit de l'une de ses provinces. Je puiserai donc dorénavant mes autorités indistinctement soit chez les Pères grecs, soit parmi les écrivains latins. Ainsi que ce soit S. Athanase se plaignant de ce que les infidèles introduits dans l'église d'Alexandrie par les Ariens y avaient dérobé l'huile et emporté les cierges pour les brûler devant leurs idoles [6], ou S. Chrysostome parlant des flambeaux et des chants avec lesquels l'Église célèbre les funérailles des siens, pour nous apprendre à mépriser la mort en

---

[1] Euseb. *Vit. Const.* IV, 22 (ed. Vales., p. 443).
[2] Vales. *in h. l.* (l. cit., append., p. 218, sq.)
[3] *De S. Felice*, nat. III, v. 99, sqq. (Veron. 1736, p. 385) :
  « Clara coronantur densis altaria lychnis,
  . . . .
  Nocte dieque micant. Sic nox splendorque diei
  Fulget; et ipsa dies coelesti illustris honore,
  Plus micat innumeris lucem geminata lucernis. »
It. nat. IX, v. 389, sqq. (p. 635) :
  « . . . . Tectoque superne
  Pendentes lychni spiris retinentur ahenis,
  Et medio in vacuo laxis vaga lumina nutant
  Funibus; undantes flammas levis aura fatigat. »

[4] Sidon. *epist.* V, 17 : « De loci sane turbarumque compressu, deque numerosis luminibus illatis nimis anheli. »
[5] Venant. Fortunat. *Opp.* libr. V (ed. Luchi, P. I, 166). Il s'agit du concours des fidèles se rendant à l'église pour célébrer la fête de la Pentecôte et le baptême des néophytes juifs :
  « Undique rapta manu lux cerea provocat astra
  Credas ut stellas ire trahendo comas.
  Lacteus hinc vesti color est, hinc lampade fulgor
  Ducitur, et vario lumine picta dies.
  Inter candelabros radiabat et ipse sacerdos,
  etc. »
[6] Athanas., *Encycl. ad episcopos*, c. 4 (Patav., t. I, 90).

portant nos vues vers l'autre vie [1], ou S. Grégoire de Tours témoignant en maint endroit des offrandes de cierges ou de lampes faites aux lieux révérés par les fidèles [2], ou Bède rappelant, comme chose familière à tout le monde, à propos d'un problème astronomique, les illuminations des fêtes ecclésiastiques [3], il doit être entendu que ces diverses indications, de quelque lieu qu'elles partent, ont une valeur universelle, ou peu s'en faut.

Aussi, comme il est arrivé en bien d'autres pratiques commencées par la ferveur et devenues dans la suite obligatoires, le zèle des peuples en vint bientôt à transformer cette coopération des laïques aux frais du culte divin en une grave obligation de conscience; si bien que le moine Albéric, dans le récit de cette vision où il semble préluder à l'*Enfer* de Dante, traite à peu près comme une païenne et une scélérate certaine princesse qui jamais durant sa vie (entre autres énormités) n'avait contribué en rien au luminaire de l'église [4].

3. Or ces lumières n'avaient pas seulement pour objet d'honorer la présence réelle de notre Seigneur au sacrement de l'Eucharistie, qui ni partout ni de tout temps n'a été conservé comme on le fait aujourd'hui chez les catholiques [5]. C'était aussi pour les reliques et pour les saintes images, devant lesquelles on tenait à faire veiller ces témoins de la piété populaire [6]. Les pauvres aimaient à faire ce genre d'offrande proportionné à leur mince fortune [7]; et les

---

[1] Chrysost. *in Ep. ad Hebr.*, IV, n° 5 (t. XII, 46). Cf. *in S. Phocam*, n° 1 (t. II, 705); et *in Matth.* I, n° 4 (t. VII, 519); etc.
Ailleurs (*in Genes.* IV, n° 3; t. IV, p. 662) le grand orateur se plaint que pendant son discours les yeux de son auditoire se tournent vers celui qui allume les flambeaux. Mais cet allumeur pouvait ne venir là qu'à cause de l'heure avancée; et, encore une fois, j'écarte tout texte qui ne serait pas concluant.

[2] Gregor. Turon. *de mirac. S. Martini*, I, 18 (ed. Ruinart, p. 1019, sq.); et *passim*, comme nous le verrons bientôt.

[3] Bed. *De temp. rat.*, cap 26 (al. 24) : « .... Quod hoc probabitur exemplo. Intrabis noctu in aliquam domum prægrandem, certe ecclesiam, longitudine, latitudine et altitudine præstantem, et innumera lucernarum ardentium copia, pro illius cujus natalis est martyris honore, repletam; inter quas duæ maximæ ac mirandi operis, pharis suis quæquæ suspensæ ad laquearia catenis,... etc. »

[4] Ap. Cancellieri, *Osservazioni... sopra l'originalità della Divina Commedia...* p. 196, 198 : « Et ecce aspiciens vidi feminam nudam ante ecclesiam transeuntem, capillis usque ad pedes habentem,... cereosque duos in manibus tenebat accensos, et volebat ecclesiam ingredi, sed non poterat..... Quumque ego timens et pavens adstarem, Beatus Petrus dixit mihi :.... Feminam vero quam vidisti, domina terræ istius fuit, quæ per totum vitæ suæ tempus de servitio Dei non pertractabat. Cogitatio vero ejus nulla alia erat nisi corpus suum ornare, qualiter læderet homines eam intuentes. Capilli ejus usque ad pedes descendentes, ignis est qui eam consumit. Cereos vero accensos quos in manibus tenet, similitudo est, non rei veritas : nam dum in sæculo erat, et cereis, oleo atque lampadibus abundaret, nunquam ecclesiæ luminaria dedit; quin etiam quæ ibi offerebantur tollebat. Et nunc, quando facultas illi danda non est, luminaria ecclesiæ dare desiderat. »

[5] Je ferai remarquer, en passant, que pour le saint Sacrement bon nombre d'églises, en France surtout, sont fort au dessous de ce que semblent exiger les rubriques. Voici les prescriptions du *cérémonial des évêques* (libr. I, c. XII) : « Lampades ardentes numero impari in ecclesiis, tum ad cultum et ornatum, tum ad mysticum sensum pertinent. — Hæ vero imprimis adhibendæ sunt ante altare vel locum ubi adservatur sanctissimum sacramentum, et ante altare majus; quibus in locis lampadarios pensiles esse decet, plures sustinentes lampadas : ex quibus qui ante altare majus erit, tres ad minus; qui ante sacramentum, saltem quinque lucernas habeat.
.... Ante sanctissimum sacramentum, si non omnes, ad minus tres accensæ totâ die adsint. Etc. »

[6] Cf. German, Constantinop. *epist.* (ap. Coleti, *SS. Concil.*, t. VIII, 965). — Concil. Toletan. (A. 597) can. 2 (ibid. t. VI, 1335). — Concil. Aquisgran. II (A. 836), can. 29 (ibid. t. IX, 853). — Etc.
Je suis très porté à croire que, quand les expressions des anciens textes en ce genre semblent se rapporter au saint sacrifice plutôt que d'attester la conservation habituelle de l'Eucharistie, puisque d'autres témoignages seraient contraires à cette dernière explication.

[7] *AA. SS. Belgii*, t. III, 365. « Nonnulli quibus metalli copia aut pretiosæ vestis ornamenta defuere, cereos aut sumptum lateri cinctum obtulerunt. » — It. ibid., 479. « ... Rebus

riches donnaient des lampes précieuses ou fondaient, pour un temps plus ou moins long, souvent même à perpétuité, quelque revenu destiné à l'entretien du luminaire [1], comme nous le verrons plus d'une fois dans la suite de ce mémoire. Ainsi le testament de S. Perpétue, évêque de Tours (en 474), règle que des rentes d'une terre laissée à son église on fournira à la dépense d'une lampe toujours ardente (si ce n'est de plusieurs) devant le tombeau de S. Martin; et cela sous peine du retour de la terre aux autres héritiers [2]. Jean Moschus, qui écrivait au septième siècle des faits parfois très antérieurs à son époque, parle d'une lampe maintenue allumée sans interruption devant une image de la mère de Dieu [3]; à Moissac, en Quercy, deux cierges brûlaient constamment devant l'autel de S. Pierre, et cela était censé remonter jusqu'aux premiers Mérovingiens [4]; un acte de Charles-le-Chauve [5] confirme la donation de quelques fonds de terre destinés à faire les frais d'une lampe perpétuelle (ou des lampes : *ad luminariam continuandam*) près du sépulcre de S. Martin, où nous avons vu que cette fondation n'était pas la première. De bonne heure apparaît l'usage de maintenir toujours au moins une lumière dans le lieu saint, outre les somptuosités réservées aux offices et surtout aux fêtes [6]. S. Paulin de Nole fait très bien reconnaître ces diverses destinations, dans celui de ses poèmes où il raconte un larcin commis à l'autel d'une basilique [7]; après avoir parlé des candélabres, d'espèces de lustres et d'une lampe d'argent suspendue près de l'autel, il décrit un appareil de godets qui demeurait exposé habituellement quoique destiné à ne servir que dans les solennités; mais près de là un vase d'argent contenait une lumière qui devait éclairer sans cesse [8], et que le voleur eut soin d'éteindre pour n'être pas trahi par sa lueur.

---

pauper,... pene nihil aliud reperire potuit quam... candelam... quam dirigens postulavit... quod accensum ante sacrum sepulcrum poneret..»—Pseudo-Augustin. (Cæsar.?) *serm.* 265 (App. t. v, 436) : « Qui possunt, aut cereolos aut oleum quod in cicindelibus mittatur, exhibeant. »

[1] S. Chrysostome (*in Matth.* L, n° 4; t. vii, 518, sq.) reproche à certains fidèles leur oubli des pauvres, qui ne saurait être excusé, dit-il, par les présents fastueux faits aux églises : « Nourrissez d'abord Jésus-Christ dans sa détresse; et il sera temps ensuite d'orner sa table (*l'autel*)... Vous lui suspendez des lampes soutenues par des chaînes d'argent, et vous ne prenez même point souci de le visiter dans les fers où il est captif, » etc.

On entretient encore à Nuremberg, si j'ai bonne mémoire, une lampe dans un temple protestant, parceque la fondation, faite du temps des catholiques, porte que le revenu cessera d'être payé au moment où la flamme aurait cessé une seule fois d'y veiller devant l'autel.

[2] *Testam. Perpetui*, ap. D'Achery, *Spicileg.* t. v. p. 106 : « Oleum... pro sepulcro... indeficienter illustrando. »

[3] Prat. spiritual., cap. 180.

[4] Bibl. de l'Ecole des Chartes, 3ᵉ série, t. i, 96, sv.

[5] Ap. Martène, *Ampliss. collect.* t. i, p. 119, sq.

[6] Cf. Epiphan. *epist.* ad Johan. Jerosol. (Hieronym. Opp., ed. Martianay, t. iv, P. ii, p. 828). — Concil. Aquisgran. (A. 836) *epist.* cap. 29 (Coleti, t. ix, 853). Ce concile du neuvième siècle emploie des expressions qui semblent établir la perpétuité du luminaire dans l'église comme remontant au Lévitique, en sorte que les évêques d'Aix-la-Chapelle ne paraissent pas supposer que l'origine de cet usage dans le christianisme se puisse assigner en deçà des temps apostoliques. Platina ne saurait donc être accusé d'exagération quand fait remonter (*in Sabinian.* 1) aux premières années du septième siècle l'ordonnance qui régla cet usage définitivement.

Pour des époques plus récentes, les exemples ne manquent pas.

[7] Paulin. Nolan. *De S. Felice*, nat. xi, v. 407, sqq. (p. 472).

[8] Paulin. *ibid.* v. 463, sqq. (p. 470). :

« . . . His scyphulis incerta relucent
Lumina, quam ferl festa dies; tunc vero sine usu
Luminis, ad speciem tantum suspensa manebant.
Sed paulo crucis ante decus, de limine eodem,
Continuum scyphus est argenteus aptus ad usum.
Hunc importuno sibi lumine praedo micantem
Protinus extinguit ; etc. »

4. Que ce fût pour l'entretien constant du luminaire, ou seulement pour subvenir aux frais des lampes ou cierges qui devaient brûler durant les offices, il est un fait qui se reproduit plusieurs fois, et qui revient bien ici, c'est l'obligation imposée aux évêques de veiller à ce qu'un fonds assuré soit affecté pour les lumières des églises aussi bien que pour la subsistance du prêtre qui devait desservir l'autel [1]; et Justinien parle à ce sujet [2] comme les conciles d'occident. Or nous rencontrons çà et là des fondations qui montrent que l'on prétendait consacrer à cet objet des sommes considérables, et que la dépense s'en élevait très haut dans divers endroits. Ainsi Constantin applique le revenu de plusieurs fonds de terre [3] à l'entretien des lumières dans la basilique qui porte son nom (*Lateranensis, Constantiniana, SS. Salvatoris*, etc.); S. Grégoire-le-Grand donne pour le même motif diverses possessions aux basiliques de Saint-Pierre et de Saint-Paul [4]; du temps de Théodoric, un évêque de Salone est accusé de n'avoir point payé soixante jarres d'huile livrées à son église [5]; dans les vies des papes nous voyons deux mille cent quarante *solidi* dépensés pour le luminaire de deux basiliques [6], mille pour une seule [7], ailleurs vingt livres d'or pour constituer une rente consacrée à l'huile des lampes de Saint-Pierre [8], etc. Le tout sans préjudice d'offrandes en riches et nombreux candelabres, en lampes de bronze, d'or et d'argent, dont il est fait mention en mille endroits de l'histoire des pontifes romains. Selon Nicéphore Calliste l'impératrice Eudocie, femme de Théodose-le-Jeune, offrit à l'église de Jérusalem, un jour de Pâques, dix mille *sextarii* (ξέστας)[9] d'huile pour les lampes.

---

[1] Concil. Bracar. III (A. 572), can. 5 (*l. cit.* t. VI, 580) : « Unusquisque episcoporum meminerit ut non prius dedicet ecclesiam aut basilicam, nisi antea dotem basilicæ et obsequium ipsius per donationem chartulæ confirmatum accipiat. Nam non levis est ista temeritas si sine luminariis, sive sine sustentatione eorum qui ibidem servituri sunt, tanquam domus privata, ita consecretur ecclesia. » Cf. Concil. Tarracon. (A. 516), can. 7 (ibid., t. V, 699). — Bracar. II (A. 563), can. 7 (ibid., t. VI, 521). — Capitular. Ludov. Pii, A. 823, cap. 5 (libr. II).

[2] Novell. LXVII, *proœm.*, et *cap.* 2.

[3] Anastas. *in Sylvestr.* (ed Bianchini, t. I, p. 39) : «... quæ (*al.* quibus) constituit in servitio luminum... massam Garilianam in territorio suessano, pensantem singulis annis solidos CCCC; massam Muronicam..., præstantem solidos CCCXL; massam Aurianam.... præstantem solidos D;..... massam Castis,... præstantem solidos M; etc., etc. »
Je n'oserais dire que ces appréciations dussent être prises comme établies précisément à l'époque même de Constantin. Les valeurs variables du *sou d'or* vers ces temps-là flottent entre 15 et 40 fr. de notre monnaie (*minimum* pour l'Italie, mais pour la France mérovingienne le *solidus* doit être compté souvent à quelque 80 francs).

[4] Gregor. *Epist.* XIV, 14 (ed. Galliccioli, t. VIII, 431, sq.) :
« ... utile judicamus massam quæ Aquas Salvias nominatur, cum omnibus fundis suis,... luminaribus deputare; adjicientes etiam eidem cessioni hortos duos, etc., etc. Et quidquid exinde accesserit luminaribus ejus impendi. » Cf. Bianchini, *op. cit.* t. I, præfat. fol. f,g.

[5] Cassiodor., *variar.* III, 7 (ed. Garet, t. 1, 43) : « Joannes flebili nos allegatione pulsavit, sanctitatem vestram a se sexaginta orcas olei ad implenda luminaria suscepisse; quarum pretium sibi postulat oportere restitui. »

[6] Anast. *in Agathon.*, l. cit. p. 140.

[7] Id. *in Gregor.* II, ibid., 172.

[8] Id. *in Zachar.*, p. 189. Cela devait donner pour le moins un revenu correspondant à deux mille francs d'aujourd'hui, et la basilique de Saint-Pierre n'en était pas réduite à ce chiffre pour ses frais annuels de luminaire; car ce n'était là qu'une somme à joindre aux fondations déjà existantes et aux donations éventuelles, qui n'étaient ni rares ni médiocres. Ainsi, au neuvième siècle, le roi saxon Ethelwolf décréta que chaque année cent marcs (*mancusa*) seraient envoyés d'Angleterre à Rome pour le luminaire de la seule nuit de Pâques dans l'église de Saint-Pierre, et cent autres pour celle de Saint-Paul. Cf. Alb. Butler, 15 jul., S. Swithin.

[9] Niceph. *Eccl. hist.*, XIV, 50 (ed. Front., t. II, 558). C'était plus de cinq mille litres, en mesure métrique.

C'est que l'on ne restreignait pas cette partie du culte divin à la portion étroite que nous lui faisons assez communément aujourd'hui. S. Grégoire, racontant la vie de S. Constance, dit que, manquant un jour d'huile pour l'église qu'il desservait (laquelle n'était pas une église considérable), il emplit d'eau *toutes* les lampes [1], qui n'en brûlèrent pas moins. Aldric, évêque du Mans au neuvième siècle, établit que dans son église trois lampes et un cierge demeureraient allumés toute la nuit, sans compter quinze lumières qui devaient être entretenues durant les matines. Pour les dimanches et diverses fêtes de troisième ordre, c'était trente lampes et cinq cierges; aux jours plus solennels, quatre-vingt-dix lampes et dix cierges pour le moins [2]; car il autorise ce qui dépasserait ce nombre, mais non pas ce qui demeurerait au dessous. Au douzième siècle, Jean, archevêque de Trèves, fonde sept lampes qui doivent luire sans cesse devant le maître-autel de la cathédrale; dix *solidi* de revenu et toute la récolte des noix de son palais épiscopal pour le luminaire de la chapelle de Saint-Etienne; deux lampes perpétuelles dans l'église et la crypte du monastère de Saint-Mathias, une autre devant l'autel de S. Maximin, une autre devant l'autel de Notre-Dame-des-Martyrs, une autre encore dans le couvent de Saint-Thomas, etc.; et il entend que le surplus des rentes assignées à cet effet soit employé en dépenses analogues [3]. Au quatorzième siècle, lorsque les La Scala, maîtres de Vérone, veulent se réconcilier avec l'Église après bien des peccadilles italiennes de l'époque, le pape leur impose, entre autres réparations publiques, de donner à la cathédrale dix lampes d'argent pesant chacune trois marcs et le revenu nécessaire pour les entretenir allumées à perpétuité [4]. A quelque soixante ans de là, les règlements de la collégiale de Saint-André de Cologne établissent que, sur les dix-huit lampes suspendues dans l'église (cinq dans le chœur, sept dans la nef, et les six autres à divers autels), douze doivent brûler continuellement [5], sans préjudice d'une chandelle (*candelam... de sebo factam*) qu'il faut maintenir allumée devant le saint Sacrement.

On peut observer que je cite presque uniquement des établissements perpétuels, sans mentionner les fêtes extraordinaires qui ne faisaient point loi (comme les réjouissances pour réception ou couronnement des princes), et dont les descriptions comptent parfois

---

[1] Gregor. M. *Dialog.* libr. I, 5 (t. VI, 75). Au sixième siècle également, Léon, évêque d'Agde, ne pouvant obtenir justice contre un usurpateur des biens de son église, vint passer la nuit en prières devant les reliques; puis il rompit avec son bâton *toutes les lampes* qui étaient suspendues dans le lieu saint, disant : « Il n'y aura plus ici de luminaire tant que Dieu n'aura point vengé son injure. Cf. Gregor. » Turon. *De glor. martyr.* I, 79 (p. 811).

[2] *Gesta Aldrici,* XLVI; ap. Baluze, *Miscellan.* t. III (ed. Mansi, t. I, p. 104, sq.).

[3] *Gesta trevir. archiepisc.,* ap. Martène, *Ampliss. coll.* t. IV, 236, sqq.

[4] Rainaldi *Annal eccles.,* A. 1339, LXVIII. De même, en 1328, lorsque la comtesse de Spanheim demande à être absoute des violences que ses gens avaient fait souffrir à l'archevêque et au clergé de Trèves, le pape Jean XXII exige que tous les principaux complices de ces excès présentent à l'église une torche de cire pesant au moins quatre livres, et que la comtesse offre au grand autel de la cathédrale quatre lampes d'argent du poids de douze marcs (apparemment trois marcs chacune) avec le revenu nécessaire pour leur entretien perpétuel, etc., etc. Cf. Würdtwein, *Nova subsidia diplomatica,* t. IX, 55, sqq.

[5] Cf. Würdtwein, *Nova subsidia diplom.,* t. II, 171.

jusqu'à quinze ou vingt mille lampes (ou lampions) dans les basiliques de Rome surtout. Quant à l'Église grecque, nous avons vu que son zèle en ce genre avait scandalisé maintes fois le luthéranisme de Reiske [1]. Dans le fait, le palais des princes byzantins pouvait si peu lutter avec les églises en cela que, par une magnificence assez économique, les empereurs de Constantinople faisaient transporter chez eux aux jours de *gala* les lampes et lustres des plus riches sanctuaires de la ville [2]; et ce que nous apprennent les auteurs du moyen âge fait entendre que Sainte-Sophie particulièrement était pourvue d'un luminaire vraiment somptueux [3].

5. Je me contente de choisir çà et là quelques exemples pris dans diverses époques, sans m'attarder à tout dire. Néanmoins il peut ne pas être inutile d'indiquer encore certains faits qui aideront à mieux se faire une idée de l'affection que les âges de foi ont eue pour cette manière d'honorer Dieu et d'embellir sa maison. Tantôt ce sont des cierges énormes [4], ou de la cire et de l'huile odoriférantes qui parfumaient le lieu saint en manière d'encens [5]; ou bien la cire était ornée de couleurs qui, attirant les regards [6], ajoutaient à l'éclat de la fête. Les restes de l'huile, de la mèche même ou des cierges qui avaient brûlé devant les tombeaux des saints étaient recherchés par les fidèles comme des espèces de reliques [7]; et les historiens attestent que leur foi était souvent récompensée par des miracles [8].

---

[1] Cf. *supra*, p. 2, not. 2; et p. 3, note 7.
[2] Cf. Constant. Porphyrog. *De cerim.* libr. II, c. 15 (Bonn, t. 1, p. 570, sqq.).
[3] Cf. Paul. Silentior. *Descript. S. Soph.* v. 807-920; et Du Cange *in h. l.* (Bonn, p. 39, sqq.; 103, sqq.)
[4] On rencontre assez fréquemment la pratique d'offrir au sépulcre de quelque saint un cierge mesuré en hauteur ou en pesanteur sur la stature ou le poids du client. Cf. Gregor. Turon. *De mirac. S. Mart.* I, 18; *De glor. martyr.* I, 16 (p. 1019, sq.; 740). — AA. ss. Belg. t. v, 247, sq.; vi, 555.
Lorsque, dans les récits d'*ex voto*, il s'agit de cierges qui devaient brûler durant un temps considérable (des neuvaines entières sans interruption, ou même davantage) il ne faut pas toujours imaginer que ce fussent des masses monstrueuses de cire. Plusieurs monuments, surtout vers la fin du moyen âge, les montrent sous la forme de cette bougie longue et menue que nous appelons *un rat* (le *cerino* des Italiens); et quelqu'un devait sans doute veiller à les dérouler de temps en temps pour qu'ils continuassent à luire sans encombre. C'est, je pense, d'un cierge de cette espèce que parle l'historien des prodiges opérés par S. Remacle (AA. ss. Belg. t. III, 479), quand il dit d'une pauvre femme devenue aveugle : « Pene « nihil aliud reperire potuit quam caput suum praecingentem « candelam, etc. » Ainsi Surius, dont le siècle connaissait encore cet usage, avait assez à propos remplacé ici *candelam* par *cereolum*.
Je ne sais s'il y a quelque rapport entre cet usage et un texte du quinzième siècle, rapporté par Würdtwein (*Op. cit.* t. III, p. 243) : « In visitatione aedituus dabit mediam minam avenae, et manipulum luminum abscissum infra et supra manum, etc. » Cf. *ibid.*, 289. Quoi qu'il en soit, bien des textes parlent de ceintures en cire (*centura*, etc.) données aux autels ou aux sépulcres des saints, et qui étaient évidemment un *cerino* mesuré par le périmètre du monument.
[5] Cf. Gregor. Turon. *Hist. Francor.* II, 31, (p. 83.) — Paulin. Nolan. *De S. Felice*, nat. III, v. 100 (p. 385); et *Natal.* XI, v. 411 (p. 473). — Anast. *in Sylvestr.* I, passim (t. I. 39, 43. 44, 49). S. Pierre Damien (*Epist.* I, 20; ad Cadal. I) raconte, comme un fait peu éloigné de son époque, que le Saint-Siège avait possédé dans le Levant (vers l'Égypte, je pense : *in Babyloniae partibus*) une terre dont se produit en baume (*opobalsamum*) était destiné à alimenter une lampe toujours allumée devant l'autel de Saint-Pierre; et il parle de l'aliénation de cette terre comme d'une action indigne qui était une tache ineffaçable pour la mémoire de son auteur, si bien qu'elle lui attira la malédiction du Ciel.
[6] Paulin., nat. XI, 409, sq.; et nat. VII, 55 (p. 472, 438).
L'usage des cierges dorés, en particulier, s'est conservé officiellement à Rome jusqu'à nos jours, dans les cérémonies de la canonisation solennelle.
[7] Gregor. Turon., *De mirac. S. Juliani*, 40 (p. 879). — Gallicioli, *Isagog. liturg.* etc. (Greg. M. opp. t. IX, 293, 109; XIV, 28). — Mabillon, *Praefat.* ad AA. SS. O. S. B., t. I, p. I, sq.
Je n'ignore pas qu'en cette matière, comme en toute autre, on peut citer, et l'on cite parfois, certains textes peu concluants; aussi en écarté-je qui seraient contestables; mais il en est dont le sens ne prête à nulle ambiguïté, et ce sont là les seuls dont je prétends faire usage.
[8] Gregor. Turon., *De glor. confessor.* 9, 10; *De mirac.*

De là cet empressement des chrétiens pour contribuer à ces dépenses dont chacun recueillait le fruit, soit par la satisfaction de sa piété, soit par l'embellissement de solennités communes à tout le monde. Muratori a publié [1] une convention signée au dixième siècle par plusieurs habitants (hommes et femmes) de Modène, qui s'engagent à une cotisation annuelle *ad illuminandam ecclesiam Dei;* et les termes de l'acte supposent que cette confrérie existait déjà antérieurement. Je le fais remarquer parceque le plus grand nombre des fondations pour cet objet, dont les chartes nous conservent le souvenir, m'a semblé appartenir à l'espace de temps compris entre le commencement du douzième siècle et le quatorzième. Quelqu'un pourrait songer à en conclure que c'était l'effet du développement que la dévotion au saint Sacrement prit dans l'Église latine vers cette époque. Or, sans classer les faits par leur âge, dans un sujet qu'il ne s'agit point ici de traiter à fond, j'indique assez de témoignages anciens pour faire voir que cela remonte bien haut [2]. Mais poursuivons.

Plusieurs inféodations ou concessions sont faites à charge d'une redevance annuelle d'huile ou de cire pour les églises [3]. A Mayence une famille noble possédait le droit héréditaire de lever un tribut sur la vente de l'huile, à la condition d'entretenir la lampe de la chapelle de S. Gothard dans la cathédrale [4]. Des propriétés foncières ou des rentes fixes étaient affectées soit au luminaire de certains jours [5], soit à l'entretien perpétuel de cierges ou de lampes en un

---

S. Martini, I, 33, 34; et II, 2 (p. 901, sq.; 1020, sq.; 1039, sq.)—Ven. Fortunat., *De vit. S. Martini*, l. IV (p. 473), etc.

Certains récits, que l'on pourrait être tenté d'indiquer à cette occasion, me semblent ne parler que d'huiles ou de parfums répandus sur les tombeaux des saints, et qui étaient recueillis avec respect comme les étoffes déposées quelque temps sur ces mêmes sépulcres.

[1] Antiquit. ital. med. ævi, *Dissert.* XLI (t. III, 723, sqq.).

[2] Par surabondance, je réunis encore ici quelques textes antérieurs au douzième siècle. Cf. AA. SS. *April.*, t. III, p. 445 (Dagobert, vers 636). — Ried, *Codex chronologico-diplomaticus episcop. Ratisbonens.*, t. I, 64 (Charles-le-Gros, 884) : « perpetualiter ...... indeficiens luminaria ad præfatum sanctum locum (*Zur alten Capelle*) pro anime nostræ remedio habeatur. » — Ibid., 94 (Conrad, 916) : « Sancto martyri Emmeramo concessimus de nostro jure decimam partem vectigalium .... ad concinnanda luminaria, jure perpetuo in proprium. »—Ven. Fortunat : *ad Vital. Ravennens.* (opp. P. I, libr. I. cap. I, v. 11. sqq; p. 5) :

« Emicat aula potens solido perfecta metallo,
Quo sine nocte manet continuata dies;
Invitat locus ipse Deum sub luce perenni, » etc.

—Id., *de Leontio Burdegal. episcop.* (ibid., cap. xv, v. 52, sq.; p. 23) :

« Ecce beata sacræ fundasti templa Mariæ,
Nox ubi victa fugit semper habendo diem,
Lumine plena micans imitata est aula Mariam ;
Illa utero lucem clausit, et ista diem. »

—Id., *de Basilic. Felicis* (Ibid., libr. III, cap. VII, v. 48; p. 85) :

« Tempore quo redeunt tenebræ, mihi dicere fas sit,
Mundus habet noctem, detinet aula diem. »

—Id., *ad Ageric.* (Ibid., libr. III, cap. XXIX, v. 15, sq. ; p. 111) :

« Candida sidereo radiat hæc aula sereno ;
Et si sol fugiat, loc manet arte dies. »

Il est juste d'avouer que dans les textes anciens la lampe des églises semble souvent réservée pour la nuit ; et c'est ce que paraissent confirmer ces vers de la Dispute entre la brebis et le lin, attribués à Hermannus Contractus (ap. Duméril, *Poésies popul. lat. antér. au douzième siècle*, p. 394) :

« Denique purgati pars abjectissima lini (*l'étoupe*)
Ad loca sacra piis excubat officiis.
Partitis vicibus, quod sol splendendo diebus,
Id peragit linum noctibus officium. » Etc.

Mais d'autres témoignages sur la perpétuité absolue du luminaire ne manquent pas.

[3] Cf. Fl. Corner, *Ecclesiæ venet.*, Dec. IV, p. 59-62; Dec. XVI, P. II, p. 221, 245 247; etc.

Ces redevances imposées à certaines terres peuvent servir à constater divers changements qui se sont produits dans l'état de quelques localités où il est devenu impossible de récolter ni olives, ni noix, ni œillette d'aucune sorte. Je me rappelle avoir lu, il y a quelque dix-huit ans, des observations de ce genre dans un des Mémoires de M. Venetz sur les glaciers du Valais.

[4] Cf. Würdtwein, op. cit., II, 341, sq.

[5] Monumenta boica, t. I, p. 200 (A. 1270) : « in honorem

lieu désigné de l'église [1], soit à fournir un appoint dans les dépenses qu'entraînait cette partie du culte divin [2] durant l'année.

6. Ces fondations revêtent des formes très variées non seulement dans l'établissement de la rente plus ou moins fixe à servir, mais aussi par les intentions que manifestent les fondateurs en exprimant leur volonté pour un temps plus ou moins long ; mais c'est un dépouillement où je n'ai pas à m'arrêter. En quittant ces préliminaires, faisons du moins remarquer les concessions de bigres (ou chasseurs de mouches à miel) faites à des églises *ad luminare*, par les seigneurs des forêts [3] ; et signalons une observation de Würdtwein, qui peut encore être utile après les discussions récemment élevées entre les antiquaires sur les tours à fanaux (*lanternes des morts*, etc.) qu'on trouve dans plusieurs cimetières anciens. Cet infatigable diplomatiste allemand croyait reconnaître à l'abbaye de Neubourg dans un de ces monuments la trace d'une fondation de lampe dont la place était laissée au choix de l'abbé par le fondateur Hugue, comte de Dabo [4]. Le feu brillait jadis nuit et jour au sommet, et vers la base était un autel où chaque jour se célébrait une messe pour les morts ; mais vers le seizième siècle on trouva que cet espace était

---

[1] S. Joannis, sanctæ Felicitatis et omnium sanctorum, singulis noctibus et in celebrationibus missarum S. Joannis ecclesia illuminetur. » — *Ibid.*, p. 206 (A. 1300) : « .... duas candelas ad sanctæ Felicitatis vesperas incendat, » etc. — *Ibid.* x, 63, sq. (A. 1296) : « Dicta olei gelta in præfata capella singulis noctibus sabbatinis pro lumine perpetuo consumatur. » — Etc. Nous aurons occasion de revenir sur cette particularité de certaines fêtes quand nous aborderons directement la couronne de lumière d'Aix-la-Chapelle et quelques-unes des fondations qui se rattachent à son histoire.

[1] Mon. boica, t. I, p. 207 (A. 1250) : « De proventibus ejusdem prædii ad altare sanctæ Felicitatis lumen fideliter administrent. » — *Ibid.*, p. 208 (A. 1267) : « ut de emolumento ejusdem decimæ lumen prædicto altari ministretur. » — *Ibid.*, p. 377, sq. (A. 1233) : « ut coram principali altari non nisi cerea, sive de oleo in futurum habeantur luminaria. » —*Ibid.*, p. 387 (A. 1253) : ut perpetuo... ante altare publicum die noctuque lumina ardeant, nec deficient. » *Ibid.*, t. II, 351 (c. A. 1190) : « ut ecclesia S. Agathæ nunquam careat nocturno lumine. » — *Ibid.*, p. 358 (c. A. 1195) : « ut ecclesia S. Michaelis inde semper lumen haberet. » — *Ibid.*, p. 394 (A. 1200) : « ut in ecclesia S. Agathæ singulis noctibus lumen ardeat. » — *Ibid.*, t. IV, p. 44, sq. (c. A. 1189) : « prædium ematur quo lumen nocte in ecclesia ante altare S. Mariæ semper habeatur. » — *Ibid.*, VII, 16, sq. (c. A. 1180) : « ut ... lumen quod sine intermissione ibi ardeat. » — *Ibid.*, xiv, 296 (c. A. 1280) : « Hic fundavit lumen ad Beatam Virginem, et lampadem ibidem ; et binam candelam ad missas fratrum, et duas candelas ad elevationem : quarum una debet ardere usque post communionem in choro, altera ad Beatam Virginem, et ad priorem missam. » — Frœlich, *Diplomat. sacra Styriæ*, t. 1, 257 (A. 1304) : « ut extinde lumen perpetuum supra episcorum antecessorum tumulos accendatur. » —*Ibid.*, II, 87 (A. 1365) : « ad aram templi mediam lampas perpetua ardeat. »

Cf. *Ibid.*, 150, sq. (A. 1373). — Würdtwein, *op. cit.*, VII, 256 (A. 1356) : « promittentes .. cum eisdem florenis... emere et procurare provisionem seu incensionem unius lampadis pendentis ante baptismum in media ecclesia nostra constitutum. Ita videlicet quod ipsa lampas continue per noctem semper incendatur, » etc. —*Ibid.*, x, 58, sq. (A. 1178) : « Lampas continuis diebus et noctibus accendatur ubi magis decenter abbati competere videatur. »

[2] *Monum. boic.* t. I, p. 410, sq. (A. 1296) : « Pro lumine impendendo, in laudem et gloriam nominis Illius cui jugiter famulantur omnia. »—*Ibid.*, t. II, p. 350 (c. A. 1190) : « xxx denarii dentur singulis annis ad illuminandam ecclesiam. » — *Ibid.*, p. 360 (c. A. 1135) : « quinquaginta denarii altari S. Crucis, et viginti denarii ecclesiæ S. Michaelis ad lumen exinde persolvantur. »—*Ibid.*, t. III, 39 (A. 1156) : « ut... pretium luminariorum ejusdem altaris (*S. Mariæ*) foret in perpetuum. Tali ratione conditione aliud prædium.... tradidit ad altare S. Nicolai in capella. » — *Ibid.*, p. 83 (c. A. 1165) : « ut semper in usum luminis, et aliorum quæ ecclesiastici juris sunt, permaneat. » *Ibid.*, xiv, 49, sq. (A. 1242) : « inde lumen olei olivæ in ecclesia ardere faciant locis, temporibus et horis prout consuetudo exigit constitutis. » — Frœlich, *Diplomatar.... Styriæ*, t. I, 121, sq. (A. 1338) : « custodissa debebit... comparare oleum necessarium pro eodem lumine annuatim. » — *Ibid.*, 155 (A. 1166) : « fratres sano usi consilio, eam (*auri marcam*) ad luminaria et cetera monasterii Seccoviensis utensilia damdam esse statuerunt. » - Cod. diplomat.... Ratisbon., t. I, 664 (A. 1294) : « duas urnas australis vini, seu æquivalens in denariis, pro habendis luminaribus in ecclesia S. Petri in Pechlarn. »

[3] Bibliothèque de l'école des chartes, IIIe série, t. I, p. 446, sv. — Cf. *Ibid.*, 1re série, t. 1, 548, sv.

[4] Würdtwein, *op. cit.*, x, 59, sq. (A. 1178). Cf. Gropp, *Collectio scriptor.... Wirceburgensium*, p. 815.

trop étroit, et la messe de cette fondation fut transportée à l'intérieur de l'église. Ceux qui ont vu un certain nombre d'anciens autels auront remarqué que souvent ce sont de simples cubes, d'à peine un mètre d'élévation [1] (mais plus hauts que larges), et ne seront point surpris que depuis trois ou quatre siècles on les ait trouvés extrêmement incommodes, lorsqu'on s'est mis à les charger de chandeliers nombreux et même de pots de fleurs. Quant à l'espèce de fanal portée sur ces tours, il semble que ce fut une lampe pour annoncer le lieu saint; aussi bien nous verrons que les lampes ecclésiastiques ont pris des formes très diverses.

II.

DIVERSES FORMES DES LAMPES ECCLÉSIASTIQUES.

7. Je ne me propose d'examiner, et encore assez rapidement, que les lampes suspendues; mais il importe, pour l'intelligence de plusieurs expressions employées par les écrivains, d'entrer dans quelques détails sur la façon dont les lampes étaient, pour ainsi dire, installées jadis. Et, afin d'éviter tout hors d'œuvre, ne remontons pas plus haut qu'il n'est besoin de le faire pour expliquer ce qui peut se rencontrer dans les auteurs chrétiens ou dans les monuments du christianisme.

Passeri, qui avait entrepris sur les lampes anciennes un grand travail dont la publication est demeurée interrompue, n'avait rencontré qu'une seule lampe de verre, et les académiciens d'Herculanum soupçonnent [2] qu'elle pouvait bien appartenir au moyen âge. Il est certain que les lampes de cette matière, quelle qu'en fût du reste la forme, apparaissent fréquemment dans les descriptions ou les récits des auteurs ecclésiastiques [3].

---

[1] Notre planche II, fig. A et C, peut en donner une idée. Il serait inexact de dire absolument que les chandeliers ne paraissent point sur l'autel avant le quinzième siècle; mais on peut du moins affirmer que ce n'était pas l'usage commun.

[2] Antichità di Ercolano, *Lucerne*, p. 2, note 3.

[3] Prudent. *Cathemer.* V, 141, sqq. (ed. Arevalo, p. 295, sq.; t. 1):
«Pendent mobilibus lumina funibus
Quæ suffixa micant per laquearia,
Et de languidulis fota natalibus (*natatibus*, ναμάτ-ιbus ?)
Lucem perspicua flamma jacit vitro.
Credas stelligeram desuper aream
Ornatam geminis stare trionibus,
Et qua bosphoreum temo regit jugum
Passim purpureos spargier hesperos. »
On voit ici et le verre employé pour renfermer l'huile et le grand nombre de lampes qui brillaient à la fois.

8. Paulin de Nole entre dans beaucoup plus de détails encore; mais il convient d'en réserver plusieurs pour d'autres éclaircissements. Voici du moins ses expressions dans le *Natal.* XI, v. 412, sqq. (p. 473) :

« At medio in spatio fixi laquearibus altis
Pendebant per ahena cavi retinacula lychni,
Qui specie arborea lentis quasi vitea virgis
Brachia jactantes, summoque cacumine rami
Vitreolos gestant tamquam sua poma caliclos ;
Et quasi vernantes accenso lumine florent,
Densaque multicomis imitantur sidera flammis ;
Distinguuntque graves numerosa luce tenebras,
Et tenerum igniculis florentibus æthera pingunt. »

Muratori semble expliquer les *vitreos caliclos* par ces cristaux taillés qui ornaient les lustres de son temps. Malgré la déférence que doit inspirer l'opinion d'un si grand érudit, je ne puis réussir à y voir autre chose que des godets de verre

Quant à la mèche, les fouilles d'Herculanum et de Pompéi nous ont livré des lampes antiques[1] toutes garnies de leur écheveau de chanvre ou de lin, employé comme l'est aujourd'hui le coton dans les appareils d'éclairage les plus élémentaires dont se servent les artisans des campagnes. Une petite gaffe de métal, qui servait à moucher cette mèche ou à l'attirer vers le bord extérieur à mesure qu'elle allait se consumant[2], a été prise parfois pour une sorte de crochet destiné à suspendre la lampe. Du reste il semble qu'on ait employé à cette même fin de petites pincettes ou brucelles comme il s'en rencontre encore dans les veillées des pauvres[3]. Mais l'antiquité avait déjà fait un pas de plus en employant pour mèche la moelle de certains végétaux et particulièrement du papyrus, qui, débitée en petites tranches enduites de cire, paraît avoir fait, sauf le flotteur qui est fort moderne, la fonction de nos veilleuses[4]. Aussi trouve-t-on des fondations de rentes payables aux églises en bottes de papyrus pour le luminaire[5].

Que si l'on veut se faire une idée de l'agencement de ces mèches, les renseignements ne ne nous manqueront point, grâce à ce genre descriptif (insupportable d'ailleurs) qui envahit la littérature aux siècles de décadence. S. Paulin de Nole nous montrera l'huile portée sur l'eau qui occupe le fond du vase, et la mèche soutenue par un petit trépied de plomb qui plonge dans l'eau pour assujettir au niveau de l'huile l'extrémité supérieure soit du lin, soit du papyrus revêtu ou pénétré de cire [6].

---

qui contenaient l'huile avec les mèches quelconques employées à cette époque. J'en appellerais à S. Paulin lui-même, qui dit dans le même poème (v. 460, sqq. ; p. 476) :

« . . . . perpete virga
Directum geminos transverso limite gestans
Cantharulos. . . . .
. . . . His scyphulis incerta relucent
Quum fert festa dies; » etc.

Et ailleurs encore (Natal. VII, v. 124, sqq. ; p. 561) :

« ... In medio tecti, cameram inter humumque
Nutabat solitus lychnum suspendere funis ;
Innectens bijugum supremo stamine ferrum
Quo vitreæ inseritur penetrabilis ansa lucernæ,
Auritusque calix tribus undique figitur uncis. »

Cf. Gregor. M. Dialog. I, 7 (t. VI, 79). — Aldhelm, De laudib. Virgin. (ed Giles, p. 160, sq.). — Etc. Je donnerai bientôt (p. 14, note 1) un extrait du poème de S. Aldhelme.

[1] Ercolano, Lucerne, p. 243, sg.
[2] Ibid. p. 146, not. 5, 6. Voyez notre planche I, fig. B.
[3] Ibid., p. 244, not. 3.
[4] Plin. Hist. nat. XVI, 70 (al. 37) ; et nott. in h. l. — Antholog. græc., passim. — Prudence (cathemer. v, 13, sqq. ; p. 284) réunit tout cela :

« Pinguis quos olei rore madentibus
Lychnis, aut facibus pascimus aridis ;
Quin et fila favis scirpea floreis,
Presso melle prius, collita fingimus.

« Vivax flamma viget : seu cava testula
Succum linteolo suggerit ebrio,
Seu pinus piceam fert alimoniam,

Seu ceram teretem stuppa calens bibit. » Etc.

Cf. supra, p. 10, note 2 (2e colonne); et Aldhelm. ænigm. de candela (p. 261). — Gregor. M. Dialog. I, 5 (t. VI, 75) :

« Quadam die dum in eadem ecclesia oleum deesset, et prædictus Dei famulus (Constantius) unde lampades accenderet omnino non haberet, omnes lampades ecclesiæ implevit aqua, atque ex more in medio papyrum posuit ; quas allato igne succendit, sicque aqua arsit in lampadibus ac si oleum fuisset. »

Il semble que le papyrus ait servi de mèche aux cierges comme aux lampes.

[5] Anast. in Sylvestr. I (p. 43) : « Item in redibus domum quod obtulit Constantinus Augustus B. Petro apostolo per diocesem Orientis.... Donavit.... possessionem Pattinopolim : præstans.... storace libras CL, aromatia cassia libras CC, olei nardi libras CCC, balsami libras CL, oleum cyprium libras C, papyrum rucanas libras mundas M. » — It ibid. (p. 44, sq.) :

« ... B. Paulo apostolo... Possessio insula Machabeo, præstans solidos DX, papyrum mundum racanas D, linum saccos CCC. »

On trouve même, dans les récits de cet auteur, la mention d'amiante employée en mèche (p. 39) ; mais cela est trop peu pratique pour que je m'y arrête.

[6] Paulin. Natal. VII, v. 129, sqq. (p. 561, sq.) :

« Funditus albet aqua, super undam flavet olivo,
Stat liquor in liquidis, subjecto lubricus humor
Fonte natat, neque juncta coit mixtura fluoris.
Et mirum quod pingue natat ; neque densa solutum
Rumpit materies elementum, sed leve crassum
Sustinet, ut solido dilatior unda fluento ;
Subsistensque oleo, liquidis aqua fundamentum est.

Ajoutons qu'au moyen âge, comme aujourd'hui dans les villages d'Allemagne, il semble qu'on ait toléré dans les lampes des églises l'emploi de la graisse[1] au lieu d'huile.

8. Pour ne pas omettre absolument les premiers siècles chrétiens en un sujet où nous manquons tout à fait de monuments qui soient incontestablement ecclésiastiques, nous avons consacré la planche I à la reproduction de trois lampes chrétiennes, qui du moins peuvent sans contredit avoir été employées dans les églises. Toutes trois sont à plusieurs becs (polymixes), suspendues, et ornées de sujets qui convenaient parfaitement aux assemblées des fidèles. Les deux gravures très réduites (fig. B et C) ont été empruntées au Musée du Vatican[2], et montrent le *chrisme* (combinaison de la croix et du monogramme de ΧΡΙϹΤΟϹ) bien reconnaissable au moins dans l'une d'elles (fig. B), où l'on aperçoit sans peine le Χ et le Ρ ceints d'une sorte de couronne. Ce monogramme, un peu moins distinct dans l'autre (fig. C), n'est pourtant pas insolite sous cette forme déguisée[3] ; et l'on peut prétendre en retrouver quelque trace dans une description que nous a laissée S. Paulin de Nole, assez obscurément du reste, puisque Muratori lui-même n'en a pu éclaircir toutes les difficultés. Le poète parle du moins des six lettres du mot χρισός représentées d'une manière quelconque dans la sigle qu'il interprète[4], et nous avons six jambages formés par le χ croisé d'un trait vertical. La couronne pourrait bien avoir été prise comme indiquant d'une part le complément du ρ, et de l'autre un σ; mais, en outre, les trois traits principaux sont indiqués aussi par S. Paulin comme rappelant le mystère de la Trinité en même temps que la croix[5].

La lampe de bronze, gravée sous la lettre A dans cette même planche, avait été publiée de-

---

[1] Voici comme parle S. Aldhelme de Sherburn (*l. cit.*) en racontant un miracle de S. Narcisse (Cf. Euseb. *H. Eccl.*, VI, 9) tout semblable à celui de S. Constance que j'ai cité d'après S. Grégoire (ci-dessus, p. 8, et p. 13, note 4) :

« Mox fontana jubet Narcissus flumina lymphæ,
Fidens in Dominum, sacros haurire ministros ;
Et complere cavum eum glauco gurgite vitrum.
Funditur interea per cunctas uncta lucernas,
Sic exorcizans lychnos benedixit aqueos :
Jamque latex lucens flammas pascebat edaces.
Papyrus in medio radiabat lumine centro,
Clarius et multo quam fomes pinguis olivi.
Aut certe in vitro splendescens arvina scrofæ. »

Tantaque confusis lutus discordia succis
Lucet, ut admistos videas distare liquores,
Communique sinu callcis discrimine claro
Quæque sui laticis servet natura colorem.
Mergitur in medio plumbum tripes, et cavus illo
Exstat apex uncti stipatus fomite lini.
Stuppa madens liquidum tenui face concipit ignem ;
Et circum fusum spatio stagnantis olei,
In vitreis exile vadis funale coruscat,
Et tremulo vibrans a vertice lumen acutum,
Leviter umbrosum jacit in penetralia lumen. »

[2] Cf. Pistolesi, *Vaticano*, t. III, tav. 81.
[3] Cf. Boldetti, *Cimiterj*, p. 351.

[4] Paul., *Natal. XI*, v. 617, sqq. (p. 481, sqq.) :

« Nunc eadem crux dissimili compacta parntu
Eloquitur Dominum tamquam monogrammate Christum,
Etc.

. . . Atque ita sex quibus omni nomine nomen
Celsius (Phil. II, 9) exprimitur, coeunt elementa sub uno
Indice. » Etc.

[5] *Ibid.*, v. 627, sqq. :

« . . . Una tribus formatur littera virgis.
Sex itaque una notas simul exprimit, et tribus una
Significat virgis Dominum simul esse ter unum.
Et Deus in Christo est quem sumpto corpore nasci
Pro nobis voluit Trina concordia mentis ;
Idque sacramenti est, geminæ quod in utroque virgæ
Ut deducta pari fastigia fine supinant,
Infra autem distante situ parili pede constant,
Adfixæque sibi media compage cohærent:
Et paribus spectant discreta cacumina summai (*summis?*),
His intermedio coeuntibus insita puncto
Virga, quasi sceptrum regale superbius exstat ;
Significans regnare Deum super omnia Christum
Qui cruce dispensa per quatuor extima ligni
Quatuor adtingit dimensum partibus orbem,
Ut trahat ad vitam populos ex omnibus oris. »

Outre ce que les expressions renferment d'obscurités inévitables, il faut savoir raccorder ce langage un peu recherché

puis plus longtemps encore [1]; mais nous la donnons réduite seulement d'un tiers, et d'après un dessin fait dans le Musée du grand-duc de Toscane par M. Giniez avec cette fidélité que les artistes du siècle dernier ne s'imposaient pas ou ne savaient pas atteindre. Notre publication aura donc pour le moins ce mérite de vérité que réclamait un monument aussi grave. Ce serait sûrement pousser l'observation bien loin que de vouloir reconnaître dans les chaînes la forme indiquée par S. Paulin de Nole [2]; contentons-nous de constater, puisque nous avons enfin une reproduction franche et bien caractérisée, que le style de tout cet ensemble annonce une œuvre d'art qui ne doit pas être postérieure au cinquième siècle (en quoi je descends déjà un peu bas). Les antiquaires qui ont expliqué ce bronze [3] se sont assez généralement arrêtés à y voir S. Pierre assis au gouvernail comme chef de l'Église, et S. Paul debout près de la proue comme *dux verbi*, selon l'expression de l'Écriture [4]. C'est une belle interprétation, et fort probable, quoique non pas incontestable pourtant. Mais au fond, que ce soit une lampe chrétienne, cela ne peut être un sujet de doute; et nous savons que des lampes en forme de vaisseau se voyaient dans les églises [5], ainsi que l'atteste pour Constantinople Paul-le-Silentiaire vers le même temps.

Pour nous transporter tout de suite à une époque beaucoup moins éloignée de nous, je cite, sans pouvoir bien l'expliquer, la peinture que trace Mohammed-Ebn-Djobaïr (au douzième siècle) quand il décrit une église de Palerme [6]: « Des soleils en verre doré, rangés en haut, rayonnaient d'une lumière à éblouir les yeux; et jetaient dans l'esprit un tel trouble que nous im-

---

avec le mysticisme platonico-chrétien de quelques pères grecs du premier âge ecclésiastique. Cf. Justin. M. *Apolog.* I, 60; et not. *in h. l.* (ed. Marand, p. 78).

On peut voir encore, dans la même pièce de S. Paulin, le vers 621 et la note de Muratori sur cet endroit. Non pas que je prétende reconnaître dans la lampe du Vatican la forme précise du monogramme décrit par le poète gaulois du cinquième siècle; mais plusieurs traits de son symbolisme conviennent certainement au monument que la planche I (fig. c) met sous nos yeux, et c'est tout ce qu'il me faut en un sujet que je ne prétends point vider aujourd'hui.

[1] Cf. P. Santi Bartoli. *Le antiche Lucerne*, P. III, tav. 32. — Lachausse, *Mus. Romanum*, sect. IV, p. 91, sq.; et tab. 4. — Mamachi, *Origin. et Antiquit. Christ.*, t. III, 99 (2e édit., tab. XV, p. 68). — Etc. (Cf. *infra*, not. 3). Cette lampe a été trouvée à Rome dans des fouilles exécutées au mont Cœlius près de Saint-Étienne-le-Rond, et fait partie depuis longtemps du Musée du grand-duc de Toscane à Florence. C'est ce qui a fait appeler souvent *lucerna medicea*.

[2] Natal. IV, v. 390 (p. 635):
« Pendentes lychni spiris retinentur ahenis. »

[3] Mamachi, *op. cit.*, t. V, p. 292, sqq.; et t. III, 100 (2e édit. t. V, 249, sqq.). — Foggini, *De Romano D. Petri itinere*, p. 884, sqq. — Lami, *De eruditione Apostolor.* cap. 4 (1766, p. 123, sq.; et 163, sq.). — Maffei, *Museum Veronense*, epist.

dedicat., *in front.*, et fol. n 2 v°. — Gori, *Inscript. antiqua... quæ exstant in Etruriæ urbibus*, t. I, 68. — Bellori, ad Bartoli, *l. cit.* — Etc.

[4] Act. XIV, 11.

[5] Paul-le-Silentiaire (*Descr. S. Sophiæ*, v. 851, sqq.; p. 40. sq.) nous parle de nefs d'argent dont la cargaison est formée par la lumière, et qui flottent dans l'air au lieu d'être portées sur les flots. D'ailleurs le vaisseau prêtait à des allusions mystiques non seulement sur l'Église, mais sur la croix. Outre ce que nous en avons dit ailleurs (t. II, p. 202, note 27) comme en passant, recourons encore à S. Paulin (Poem. XVI, ad Nicet., v. 105, sqq.; et 174, sqq.; p. 417-420):

« Ibis illibens pelago jacenti,
Et rate armata titulo salutis,
Victor antemna crucis ibis, undis
Tutus et astris.
. . . .
. . . .
« Terreo, tamquam fragili carina,
Corpore vecti.
Sed gubernacla crucis hanc regente
Nunc ratem, in nobis pia vela cordis
Pandimus, etc.

Cf. nott. *in h. l.*

[6] Trad. de M. Amari, *Journal asiatiq.*, janv. 1846, p. 82.

plorions Dieu de nous en préserver. » Que faut-il entendre par cet appareil, qui m'a semblé appartenir à notre sujet? Précédemment (*l. cit.*, p. 76) le même voyageur musulman, parlant de la mosquée de Termini, avait dit que l'on y voyait suspendues une quarantaine de *lampes en laiton et en cristal*. Mais les lampes chrétiennes, à cause d'une forme nouvelle pour lui, l'auront peut-être fait recourir à ce style oriental qui est si mal commode quand on y cherche des renseignements bien précis.

9. De Paul-le-Silentiaire à notre musulman espagnol (c'est à dire entre le commencement du sixième siècle et la fin du douzième), nous possédons des documents qui pourront aider quelque jour à combler une si forte lacune, et dont nous nous servons, faute de mieux, comme d'une transition entre les bronzes chrétiens de Rome et la couronne d'Aix-la-Chapelle. Nous les avons pris surtout vers le milieu des cinq ou six siècles (compte rond) qui s'étendent entre Arcadius et S. Henri comme une sorte de *terra incognita* dans le moyen âge. En prenant l'époque carlovingienne pour point de repère, nous n'avons pas seulement prétendu mettre à profit les belles et importantes miniatures de cet âge, qui sont si clairsemées dans les grandes bibliothèques; nous voulons principalement attirer l'attention des antiquaires sur un moment où la chrétienté, tout en s'efforçant d'être romaine, a perdu notablement le fil de l'art antique, et se refait un art nouveau même à son insu. Les formes anciennes y laissent bien quelques traces; mais tantôt la gaucherie, tantôt un goût nouveau qui cherche sa formule, aboutissent à tout autre chose qu'à l'antique. On se tromperait toutefois si l'on imaginait que cette période fût caractérisée par les contours pesants et les formes écrasées qui dominent généralement dans les œuvres du onzième siècle. Au milieu des miniatures du neuvième, perce çà et là une veine gracieuse et digne, qui semblerait avoir été destinée à s'épanouir bientôt en une sorte de quinzième italien, mais qui plonge et s'efface entièrement, après quelques années, dans la décadence des princes carlovingiens. Ce fut une des nombreuses fleurs précoces que balayèrent les longs orages auxquels fut en proie la chrétienté latine dès que se fut couché le grand astre de Charlemagne. Mais n'ayant point à faire de l'histoire de l'art, je me borne à saisir de cette cause les connaisseurs un peu informés; et pour ceux qui seraient tentés de croire que je recule devant les preuves, voici comme spécimen une fantaisie prise dans la grande Bible de Charles-le-Chauve (à la Bibliothèque nationale). Dans cette petite scène je ne prétends point du tout chercher une comparaison avec la fameuse *mosaïque* antique *des colombes*; mais on conviendra qu'auprès de la forme pesante des vases [1], qui fait si bien ressortir la silhouette légère des oiseaux, le trait et l'attitude de ces quatre petites pochades

---

[1] Toutes massives qu'elles sont, ces espèces de jarres n'auraient pas été méprisées à la cour des puissants princes de l'antique Orient, si l'on en juge par l'un des grands bas-reliefs assyriens du Louvre, où se voient des eunuques apportant le

annoncent une sorte d'espiéglerie élégante que Callot n'eût pas dédaignée, et que bien des amateurs n'auraient jamais été chercher dans un *in-folio* carlovingien. Si peu que ce soit, ce sera donc du moins une reproduction curieuse, et qui d'ailleurs déchargera ma conscience pour les inductions fâcheuses auxquelles paraîtraient prêter d'autres emprunts que je fais à cette époque. Car c'est dans l'évangéliaire du même empereur (Biblioth. nationale, *ancien fonds latin*, n° 323) qu'ont été copiées les lampes désignées ici par les lettres A, B, C, D, E, F, G, K, L, M[1]; et les figures H, I, N, O, P, Q, R, S, T, U, V, appartiennent au même manuscrit que les oisillons reproduits ci-dessus (p. 16). Nous aurions pu en ajouter d'autres, mais qui viendront en leur temps.

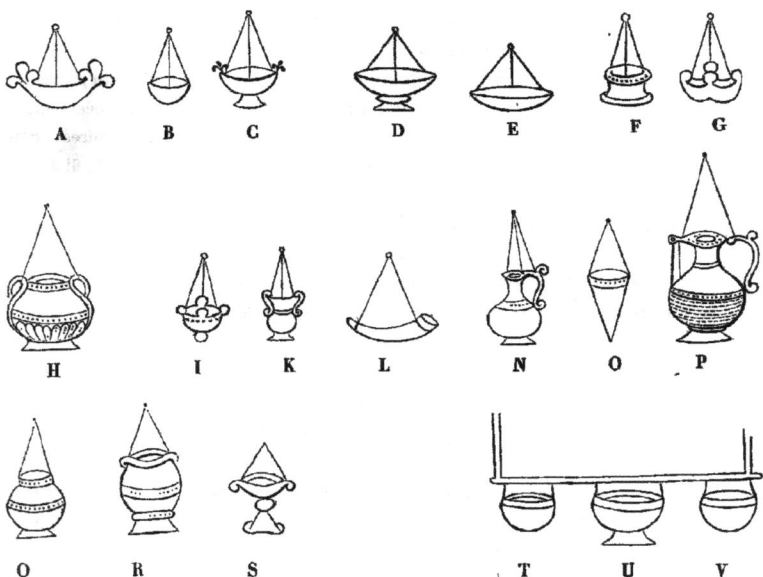

La figure marquée de la lettre L pourrait bien ne représenter qu'une de ces trompes de chasse en ivoire (cors d'olifant) dont les seigneurs étaient si jaloux, et que l'on suspendait comme décoration dans les appartements ou même dans les églises; mais outre que la fan-

---

repas du roi. Willemin (*Mon. franc. inédits*, t. 1) a déjà reproduit l'un des vases que nous publions, mais sans s'astreindre à une grande fidélité.

[1] La figure M a été rejetée plus loin (p. 18), près d'une croix qui soutient une petite lampe presque entièrement semblable, et deux cornets comme celui de la figure O.

18   MÉLANGES D'ARCHÉOLOGIE.

taisie paraît avoir donné aux lampes une grande variété de formes souvent très bizarres, voici une autre miniature contemporaine de la précédente, qui semble classer le cor d'olifant (ou quelque chose de semblable) parmi les vases ecclésiastiques. Dans la grande Bible de Charles-le-Chauve un plateau suspendu contient, si je ne me trompe, divers ustensiles destinés au service de l'autel ; calices, boîte d'ivoire (?) en manière de ciboire ou de custode (*pyxis*), et deux cors d'olifant, qui ne peuvent y figurer que comme burettes ou comme lampes, si ce n'est comme chandeliers [1]. Cela me fait l'effet de répondre au *peristerium*, ou à certaines *exhibitions* curieuses marquées dans quelques inventaires pour les jours solennels où l'on voulait frapper les regards des fidèles par des spectacles même un peu naïfs [2].

A ces formes déjà bien un peu variées ajoutons d'autres échantillons donnés par une croix garnie de lampes qui se voit dans la bible carlovingienne cédée au *Bristish Museum* par M. Passavant (sous le nom de *Bible d'Alcuin* [3]). Les cornets suspendus à l'extrémité des deux bras se retrouvent plus d'une fois dans les peintures de cette période, et nous en avons déjà montré un tiré de la Bible de Charles-le-Chauve (p. 17, lettre O).

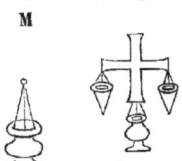

---

[1] Sans remonter jusqu'au *cantharus* et au *rhyton* des monuments classiques, qui figurent assez clairement une corne plus ou moins ornée, il nous est resté du moyen âge plusieurs vases à boire en forme de corne ou de cor de chasse. Mais disons aussi à ce propos que *cantharus*, dans le latin liturgique du moyen âge désigne communément soit une lampe évasée, soit un chandelier; et c'est dans ce dernier sens que la liturgie ambroisienne l'emploie encore aujourd'hui quand il est question des céroféraires. Cela pourrait expliquer jusqu'à un certain point la forme singulière de certains chandeliers qui ne ressemblent pas mal à deux cornets de tric-trac qu'on aurait superposés en les réunissant par leur fond. Du reste les vitraux et les miniatures peignent assez souvent sous la forme d'une corne les flambeaux ou torches portées par des personnages qui marchent. Cf. Vitraux de Bourges, pl. 1 (Abraham) et v (Jardin des Oliviers); etc.

Anastase (*In Benedict.*, III, p. 400) parle de *candelabra cum cornibus* où je ne sais s'il faut voir des candélabres à girandoles.

[2] Chronic. Conradi (?) episc. *ap.* Reuber, *Vett. scriptor.* (Francofurt. 1726, p. 762) : « Erat pertica (*pelvis?*) argentea concava, deaurata, quæ tantum præcipuis festis... ante altare dependebat ; in qua vascula suspendebantur quædam eburnea (*je crois y reconnaître quelque chose comme la pyxis*), quædam argentea , formarum diversarum, omnia reliquiis plena. In horum omnium medio fulgebat smaragdus (*peut-être, sauf respect, un bocal de verre coloré*) suspensus catenis aureis duabus, habens quantitatem et spissitudinem dimidii peponis, et ipse concavus. Huic solebat aqua infundi, cum duobus vel tribus pisciculis parvis ; et deposito (*imposito?*) desuper operculo, quum movebantur pisciculi, simplices et vetulæ lapidem vivere affirmabant. »

[3] Sir Fred. Madden, dont l'avis peut faire autorité, ne tient point pour improbable cette attribution de M. Passavant sur laquelle bien des pages ont été écrites en deçà et au-delà du détroit. Cf. *Gentlem. magazine*, 1836.

Pour jeter un dernier regard en arrière, avant de nous engager dans les siècles plus rapprochés du nôtre, voici un fragment qui nous reporte vers l'âge des catacombes[1]. Il est pris d'un sarcophage chrétien trouvé à Rome dans le cimetière Vatican; et le grave Bottari[2] regarde comme un lampadophore ce petit appareil ornementé suspendu entre deux colonnes, si ce n'est même une lampe supportée par les ornements de métal qui sont figurés au centre de cette espèce de fronton.

Le *Bristish Museum* nous donne encore les moyens d'établir quelques jalons entre ces époques reculées et celles où les témoignages abondent dans les vitraux de nos cathédrales et les miniatures de nos bibliothèques. Ces sanctuaires ornés de voiles et de lampes (*It.* pl. xii, fig. c) ont été copiés dans le *psautier saxon* (comme on l'appelle à Londres) qui a déjà été l'objet d'un mémoire dans notre premier volume[3], et qui nous semble appartenir au dixième siècle.

(Bodley., n° 603, fol. 57).

(*Ibid.*, fol. 29).

Nous aurons à citer bientôt des emprunts faits au onzième siècle et au douzième, mais qui trouveront mieux leur vraie place dans les pages suivantes. Pour le moment contentons-nous du dessin d'un cul-de-lampe en bronze (ci-dessous, p. 20,21) que M. Carrand nous a permis de dessiner dans son beau cabinet, et qui est reproduit ici de la même dimension que l'original. L'époque est indubitablement entre le neuvième siècle et le douzième, si le monument est d'origine latine, comme nous le pensons ; mais la provenance est inconnue, et l'on pourrait même soupçonner que c'est un encensoir grec, car les peintures nous montrent ordinairement l'encensoir grec sans couvercle. Cependant trois petits trous percés dans la bande supé-

---

[1] Quand je dis ici *l'âge des catacombes*, je me conforme au langage le plus ordinaire, qui renferme dans les premiers siècles de l'Église les monuments des cimetières souterrains de Rome et l'art qui s'y rattache. Mais, sans vouloir rabaisser la valeur des grands travaux faits par les érudits romains jusqu'à ces dernières années sur ce beau sujet, je ne puis m'empêcher de croire qu'on y a souvent limité un peu trop étroitement l'époque des peintures et des sculptures qu'ils nous ont fait connaître. Je suis même très porté à penser que *l'art des catacombes*, c'est à dire un certain faire semi-classique, et l'emploi d'un certain nombre de symboles primitifs du christianisme, a sensiblement persisté (avec quelques phases, bien entendu) jusqu'au douzième siècle dans les contrées où avait dominé la civilisation romaine et qui n'avaient pas été trop bouleversées par les barbares. Je ferais entrer dans cette classe non seulement plusieurs provinces de l'Italie, mais même le bassin presque entier du Rhône et l'Espagne avec le Languedoc.

[2] Roma sotterranea, t. i, tav. xxi, p. 81.

[3] Cf. *supra*, t. i, pl. xlv, p. 249, svv. La pl. xii, fig. c, reproduit un autre calque de ce manuscrit (fol. 57), mais gravé à l'envers par distraction.

rieure (sous les oreillettes des chaînes) semblent n'avoir pu être destinés qu'à soutenir la mèche au centre du vase, sans doute avec assez de liberté pour qu'elle pût s'abaisser avec le niveau variable de l'huile pendant la combustion. Ce serait un autre système d'agencement qui compléterait jusqu'à un certain point les données puisées précédemment (n° 7 ; p. 13, note 6) à des sources plus anciennes.

Ce cul-de-lampe est aujourd'hui sans chaînes, et la gravure ne lui en a prêté qu'afin de rendre plus sensible la destination des trois oreillettes, et de donner au monument sa vraie physionomie.

Développement des scènes représentées autour du cul-de-lampe de M. Currand.

Pour ne pas tronquer l'exposition de cette importante curiosité, nous y joignons la réduction de toutes les scènes qui forment un bas-relief courant autour du ventre, et où l'on a voulu évidemment représenter en abrégé les mystères du nouveau Testament depuis l'Annonciation jusqu'à l'Ascension de notre Seigneur. Nous ne nous arrêterons au détail de ces ciselures qu'après avoir montré la Couronne d'Aix-la-Chapelle, où la plupart des mêmes faits se retrouvent avec quelques variantes. L'unique observation qui puisse trouver place en ce moment, afin de ne pas laisser hésiter le lecteur sur le sens des figures, c'est qu'on a interverti l'ordre historique en plaçant l'apôtre S. Thomas, témoin de la résurrection [1], entre deux scènes de l'enfance du Sauveur. Comme cela se trouve précisément à l'opposite de l'Ascension [2], il est fort probable qu'on l'aura fait à dessein pour donner à un mystère glorieux le centre (à peu près) de chacune des deux faces. Voici l'ordre des mystères, en suivant la gravure sur bois qui accompagne cette page : Annonciation, Visitation, Résurrection (S. Thomas), Bethléem, Épiphanie et Ascension. Ainsi aucun mystère douloureux n'y a été admis.

Mais continuons notre course à travers le moyen âge.

Le treizième siècle, en attendant les échantillons que nous en donnerons dans les autres parties de ce mémoire, peut être représenté provisoirement par ce fragment d'un vitrail de Clermont-Ferrand, qui est gravé dans la planche II sous la lettre C ; et pour compléter dès maintenant jusqu'à un certain point cette curieuse série, on ne sera peut-être point fâché d'y rencontrer

---

[1] On le reconnaîtra sans peine mettant son doigt dans la plaie du côté droit de Jésus-Christ.

[2] Il n'est pas rare, vers le onzième siècle ou le douzième, surtout en Italie, de voir toute la représentation de l'ascension réduite l'auréole (ou *gloire*) dans laquelle notre Seigneur assis et bénissant (comme on dit; cf. t. II, p. 243, svv.; et t. I, p. 32) est enlevé par des anges.

une lampe du seizième siècle ou du quinzième, qui clora cette première exposition jusqu'à ce que viennent les modèles d'un système plus compliqué dont nous aurons à nous occuper désormais. Je l'ai prise dans un tableau de Marco Basaiti [1], qui a imaginé de la suspendre quasi sur la tête de notre Seigneur priant au Jardin des Olives, ou à vrai dire sous une arcade qui sert d'encadrement au sujet principal. Je suppose que, dans une semblable peinture, le peintre aura fait choix d'une lampe ecclésiastique ; s'il en était autrement, on pourrait néanmoins regarder ce motif comme ayant eu sans doute quelque analogue dans les églises. En tout cas les globes de diverses dimensions qui s'y voient peuvent aider à comprendre, même pour les temps antérieurs, ce qu'auront été les *pommes* de cristal ou de métal dont parlent divers inventaires d'églises en pareil cas [2].

III.

VASES ET ORNEMENTS SUSPENDUS DANS LES ÉGLISES A LA MANIÈRE DES LAMPES.

10. Il ne s'agit pas, à propos des lampes, de rappeler toutes les décorations naïves qui transformèrent parfois les églises en cabinets de curiosités. Nos esprits pointilleux s'expliqueraient difficilement pourquoi des crocodiles, des œufs d'autruche [3], etc., suspendus aux voûtes du lieu saint, ne scandalisèrent point nos bons aïeux. L'unique chose qui importe en ce moment, c'est de rappeler certains ornements des églises qui aideront à comprendre par quelle voie les lampes se sont transformées en couronnes de lumière.

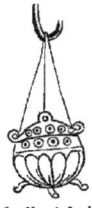

L'encensoir ici représenté suspendu à un crochet a été dessiné dans la grande Bible de Charles-le-Chauve, et rappelle un usage attesté par plusieurs écrivains ecclésiastiques : c'est que, outre l'encensoir destiné à être manié par le prêtre, le diacre ou les thuriféraires, on en suspendait devant l'autel qui demeuraient là comme de simples cassolettes. Ainsi quand le biographe des papes raconte que Constantin donne à sa basilique deux encensoirs (*thymiamateria*) d'or qui pesaient trente livres [4], il est permis de penser qu'un pareil poids n'était pas facile à balancer de la main, et que cela devait avoir une destination différente de nos encen-

---

[1] Cf. Fr. Zanotto, *Pinacoteca veneziana*, t. II; fol. 11. Le tableau est de l'année 1510.
[2] Cf. Reiske, *not. in Constant.* lib. 1 (t. II, p. 450, sq.).
[3] Cf. Anast. *in Leon.* IV (t. 1, p. 391); «... coronas aureas duodecim, gabatham unam, et struthiocamelorum ova duo.»
[4] Anast. *in Sylvestro* (ed. cit., t. 1, p. 39. Cf. *ibid.*, p. 42). On y voit que ces encensoirs devaient peser chacun quinze livres, ce qui eût fait une bonne charge pour le poignet.

soirs actuels. Mais le même écrivain ne laisse plus lieu à aucun doute dans une autre occasion, en disant formellement d'un grand encensoir d'or, exécuté par les ordres de Sergius I, qu'il était suspendu devant les images de S. Pierre, et brûlait durant la messe des grandes solennités[1].

Du reste ni les textes ni les monuments ne manquent pour établir la certitude de cette coutume. En voici un exemple bien clair dans le psautier déjà cité du *British Museum* (fol. 29), où s'aperçoit un intérieur de sanctuaire avec l'autel qui porte un calice tout semblable à celui de l'Église au Calvaire sur la planche VII de notre second volume (ivoire de M. Carrand)[2]. Mais trois ou quatre siècles avant l'époque de ce manuscrit, S. Aldhelme atteste l'existence de cet usage chez les Anglo-Saxons, quand il décrit l'église construite par Bugge, fille du roi Centwin[3].

Nous aurions pu mettre à contribution l'évangéliaire de Brême (Bibl. royale de Bruxelles, n° 9428), qui nous a donné précédemment un crucifix vêtu[4]. Là, entre plusieurs miniatures consacrées à la découverte des reliques de S. Étienne[5], il en est une qui peint l'apparition de Gamaliel au prêtre Lucien. Celui-ci, conformément à un antique usage qui est attesté par bien des faits[6], dort dans l'église dont il est le gardien (*mansionaire, ostiarius*, etc.); et l'encensoir que l'on aperçoit au dessus de l'autel fait bien voir que pour le peintre ce n'était point une décoration extraordinaire, mais un ornement à demeure qui restait ainsi suspendu même durant la nuit. Au onzième siècle, l'historien de S. Gérard nous montre ce même rite usité en Hongrie : il raconte que le saint avait dédié à la mère de Dieu une chapelle dans l'église de Saint-Georges de Czanad; un encensoir d'argent y était attaché devant l'autel, et

---

[1] *Ib.*, p. 152, sq. : « Hic fecit thymiamaterium cum columnis et cooperculo, quod suspendit ante imagines tres aureas Beati Petri apostoli; in quo incensum et odor suavitatis festis diebus, dum missarum solemnia celebrantur, omnipotenti Deo opulentius mittitur. » Cf. *Ibid.*, p. 297.

[2] Cf. *supra*, t. II, p. 54.

[3] Aldhelmi opp., ed. Giles, p. 117 : J'en citerai plus de vers que ne l'exigerait absolument mon sujet, parceque sa description s'accorde fort à propos avec plusieurs détails de notre miniature (rideaux ou *vela*, calice, encensoir) :

« Plurima basilicæ sunt ornamenta recentis :
Aurea contortis flavescunt pallia fills
Quæ sunt altaris sacri velamina pulcra,
Aureus atque calix gemmis fulgescit opertus.
. . . .

Hic quoque thuribulum capitellis undique cinctum
Pendet de summo, fumosa cacumina pandens ;
De quibus ambrosiam spirabunt thura sabæa
Quando sacerdotes missas offerre jubentur. »

[4] *Supra*, t. II, p. 49; neuvième ou dixième siècle. Cette même miniature a paru en couleur (mais peu flattée) dans *le moyen âge et la renaissance*, quelques mois après notre publication. Nous croyons pouvoir maintenir l'exactitude de notre calque, qui avait été pris en 1843; mais peut-être le manuscrit a-t-il souffert depuis ce temps-là, et puis ce n'est vraiment pas comme coloriste que le miniateur y brille.

[5] Cf. Vitraux de Bourges, pl. VIII; et *texte*, n° 188 (p. 232, sv.).

[6] Cf. Paulin. Nolan., natal. XI, v. 455; et not. in h. l. (p. 475).

deux vieillards (qui sans doute se succédaient alternativement pour ce pieux office) étaient chargés de veiller à ce que l'encens ne cessât jamais d'y brûler [1].

Que si l'on est curieux de détails sur les formes que l'art avait su imaginer pour varier cette partie du mobilier ecclésiastique, j'avoue que les manuscrits n'y déploient pas de grandes ressources d'imagination. Toutefois il semble naturel que la dimension, sans doute plus forte, y piquât d'honneur l'invention des orfèvres, qui pouvait mieux se développer ; et cet encensoir si compliqué qu'esquisse le moine Théophile dans son Manuel des artistes [2] pouvait bien avoir cette destination. Je tiens même pour fort probable que vers le douzième siècle surtout, où la fantaisie a produit de si étranges choses en fait d'orfèvrerie, elle se sera aussi donné carrière çà et là dans la composition des encensoirs suspendus, comme nous trouvons qu'elle l'a fait pour certaines cassolettes à pied (destinées également au service divin), en forme de reptiles fantastiques ou de grands oiseaux qui vomissaient par la bouche la fumée des parfums vaporisés dans leur ventre par les charbons ardents [3].

11. Il n'est besoin que de signaler l'antique coutume de suspendre dans les églises des croix enrichies de métaux précieux et de pierreries, ou brodées sur des étoffes de prix ; cela se rencontre bien des fois dans les descriptions anciennes que les historiens nous ont transmises [4].

---

[1] Cf. AA. SS., *septembr.* t. vi, 733 : « ... ad honorem Matris Domini venerabilem aram erexit, ante quam thuribulum argenteum fixit ; cujus ministerio duos provectæ ætatis homines adhibuit, qui jugiter ibi vigilarent quatenus ne ad unam horam odor thymiamatis abesset. » C'étaient une sorte d'invalides dont la retraite était relevée par ce ministère religieux.

[2] Theophil., *Divers. art. schedula*, libr. ii, cap. 60 (ed. cit., p. 209, svv.).

[3] Chronic. Conradi (?) episc., ap. Reuber, *Vett. script.* (ed. cit. p. 762) : « ... Acerræ xi, inter quas una erat de lapide integro onychino concavo, habens similitudinem vermis horribilis, id est bufonis. Concavitas ejus patebat in dorso... Item erant duæ gruès argenteæ concavæ, quæ solebant poni juxta altare hinc et inde ; et dorso patebant, impositisque carbonibus et thure vel thymiamate, fumum per guttura et rostra emittebant. Erant autem gruès tantæ magnitudinis cujus vivæ. »

Puisque je me trouve conduit à parler de ce crapaud liturgique (pardon de l'irrévérence ! mais c'est le moyen âge qui en doit répondre), j'ai bien quelque droit de confirmer, par la pratique de ce temps, l'assertion jetée en courant dans le bestiaire (*supra*, t. ii, p. 147, note 2) sur la pierre précieuse que divers reptiles étaient censés cacher dans leur boîte cranienne. L'inventaire de Conrad (ou Christian) a soin de nous apprendre (*l. cit.*) que, par fidélité aux traditions tératologiques, on avait enchâssé une grosse topaze dans le front du crapaud de Mayence. Cela achevait d'en faire un reptile modèle, digne d'être classé auprès des vouivres (ou guivres).

Était-ce aussi une cassolette à pied, ou un encensoir suspendu, que ce vase décrit par Anastase-le-Bibliothécaire (*in Benedict. III*, p. 400) : « Ipse quoque insignis et beatissimus papa in basilica B. Petri apostoli ex argento mundissimo auroque fusum cantharum intercrasilem, in quam thus mittitur, obtulit ? » Problème, entre tant d'autres, que laisse à résoudre cet écrivain si précieux mais si obscur.

[4] Cf. Anast. *in. Greg. III, in Leon. III*, etc. (t. i, p. 176, sq. ; 291, 294). — Antichità longobardico-milan., t. iii, p. 7. — Etc.

Malgré l'imposante autorité de Du Cange, suivi par plusieurs, il me semble qu'on peut expliquer le mot *epanoclistus* (*spanoclystus, panoclistus*, etc.) par *suspendu*, et non par *fermé*. Car que serait-ce qu'un *calix spanoclystus* (Anast., p. 309) ? tandis que l'on trouve *calix pendens in abside* (ibid., p. 177 et 291). Calices et patènes même *spanoclysta*, pourraient bien avoir été destinés à une sorte d'exposition comme celle de la Bible de Charles-le-Chauve (Cf. *supra*, p. 18 ; et Anast., p. 291, 295, 296, etc.).

Néanmoins j'avoue franchement que je ne puis pas, dans mon système, rendre un compte bien satisfaisant de tous les cas où se présentent les mots *spanoclystus*, *epanoclistus*, etc. Faudrait-il supposer, par exemple (ap. Anast., *in Leon. IV*, p. 395), un poids de 152 livres (or et argent) suspendu sur l'autel de S. Pierre ? Mais si le *propitiatorium* indiqué là par Anastase, n'était qu'un *ciborium* (couronnement de l'autel, comme ci-dessous, p. 25 dans la miniature de Ratisbonne), qu'était-il besoin de dire aux gens du moyen âge qu'un *ciborium* était *fermé par en haut* ? Mon hypothèse a ses difficultés, sans doute ; mais je ne la crois pas plus épineuse que l'autre.

(Manuscrit de Munich.)

et le P. Grætzer (ou Gretscher), auquel il faut toujours revenir quand il est question de la croix, réunit sur ce sujet (entre autres) de nombreuses citations [1]. Mais ce qui est bien plus fréquent encore, ce sont les couronnes (*corona, regnum*) d'argent et d'or, non seulement au dessus de l'autel comme dans la miniature copiée ici d'après le Psautier saxon de Londres (fol. 29, ps. XLII), mais en divers endroits des églises, et souvent en fort grand nombre dans une même église [2], ainsi que le prouve cette autre peinture d'un manuscrit du Nieder-Münster de Ratisbonne (aujourd'hui à la bibliothèque de Munich) où le sanctuaire seul nous en montre deux de différentes dimensions.

(Bodley., n° 605, p. 29.)

De là vient que les miniateurs, accoutumés à rencontrer cet ornement comme la caractéristique d'un lieu saint, l'ont employé maintes fois dans la représentation des mystères du nouveau Testament, où l'histoire ne les autorisait guère à introduire rien qui sentît la splendeur d'une basilique [3]. Telle est la page de l'évangéliaire de Brême (bois gravé, ci-joint) consacrée à l'adoration des Mages, et dans le même manuscrit la naissance de notre Seigneur à Bethléem. C'était traiter les scènes de l'Écriture avec plus d'amour et de respect naïf que de vérité matérielle, et ce n'est pas moi qui jetterai la pierre à ces pieux artistes pour pareil méfait ; on peut dire ici d'eux, sans trop détourner le sens de cette grande parole, qu'*il leur sera beaucoup pardonné parcequ'ils ont aimé beaucoup*. Plût à Dieu que nos artistes modernes ne péchassent point autrement !

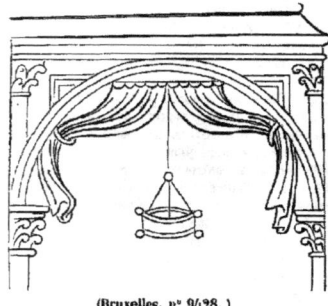

(Bruxelles, n° 9428.)

[1] Greiser. *De S. Cruce*, libr. II, cap. 10, sq.; 13, 22, 32, 59.
[2] Cf. Anast. *in Bonif., Serg*, Leon. III, etc. (p. 68, 150, 277, 291, 293, 294, 304, 357, 372, 376, 377, 442, 443, etc.). On rencontre aussi plusieurs fois la mention de couronnements somptueux (revêtements d'arceaux, *arcus, pergula*? etc.) formés de cintres en bronze, en argent, ou même en or, au dessus d'un autel ou d'un tombeau ; et je pense que nous en avons encore un exemple dans la miniature copiée précédemment sur la Bible de Charles le-Chauve (p. 18). Cf. Anast., passim. Ne serait-ce pas, peut-être, un souvenir des *monumenta arcuata* ?
[3] De même le peintre-verrier de Troyes, au treizième siècle (*Vitraux de Bourges*, Étude XIII, fig. A et C), a orné de lampes l'étable de Bethléem et le sépulcre de Jésus-Christ.

Les globules figurés aux cercles supérieur et inférieur de cette couronne (et l'on a même oublié d'en dessiner trois autres qui accompagnent celui d'où partent les trois chaînons), me paraissent répondre aux *bullæ* dont parlent les descriptions de couronnes données aux basiliques [1]. Néanmoins il se peut que les *bullæ* aient fait quelquefois en petit la fonction des *pommes* dont nous avons déjà dit un mot (ci-dessus, n° 9; p. 22. — Cf. pl. III. IV et XII).

Ces couronnes, dans leurs détails, suivent naturellement la même marche que le goût du temps; souvent massives et plus riches de matière que de forme avant le douzième siècle, elles ne furent guère ornées sans doute, alors, que par les grosses pierreries et les appendices un peu lourds qu'on y adjoignait en manière d'embellissements. C'est ainsi que j'interpréterais le mot *couronne à pendeloques*, employé par le biographe des papes [2], dont voici, avec une nouvelle forme de lampes [3], un modèle de la fin du dixième siècle.

[1] Anast., *in Leon. IV* (p. 561) : « fecit coronas ex argento purissimo... cum gemmis et bullis deauratis. » — Id., *ibid.* (p. 378) : «... regnum ex argento intrinsecus, bullis aureis circumdatum. » — Etc.

[2] Anastas., *in Steph. V* (p. 316) : « Fecit coronam de argento cum pendentibus suis. » On trouve ces pendeloques appelées *clamacterii, clamasterii* (κρεμαστήριος?), comme dans ce passage d'Anastase, qui en compte un nombre considérable (*in Leon. IV*, p. 361) : « Ad honorem prædictæ ecclesiæ (*B. Petri*) fecit coronas ex argento purissimo... duas..., pensantes una libras centum triginta et duas, et alia centum et triginta (Cf. *supra*, p. 24, note 4) ; habentes una clamacterios (*al.* clamasterios) argenteos subter pendentes triginta et septem, et aliam simili modo habentem quadraginta. »

Nous verrons bientôt n° 12 (p. 28, note 1 ; et p. 29) que ces pendeloques étaient quelquefois soit des files de perles ou de pierres précieuses, soit même des sonnettes, etc.

[3] Cette espèce de coupe hexagone peut mettre sur la voie de ce qu'auront été les calices polygones dont parle Anastase, (*in Gregor. IV*, etc.; p. 389, etc.) : « Calicem octogoni fundatum, cum foliis exauratum. »

Le mot *fundatus*, assez embarrassant au premier aspect, parcequ'on le trouve employé pour l'orfévrerie et pour les tissus, conduit naturellement à remarquer qu'aujourd'hui encore ces deux arts ont bien des expressions communes ou fort semblables. Le *fondé* en Lombardie (où cette expression a persisté, et qui a quelque droit d'être consultée en fait de moyen âge) est, je crois, notre *lamé d'or ou d'argent*.

Il est tiré d'un manuscrit d'Othon II, que mon collaborateur a pu étudier à Aix-la-Chapelle chez M. de Horsbach, chanoine de Notre-Dame ; mais des couronnes à pendeloques plus nombreuses se voient dans les miniatures antérieures et postérieures. Ainsi la planche II, fig. E, calque un manuscrit de S. Henri à Bamberg (aujourd'hui à Munich) ; et nous en publierons d'autres ailleurs qui appartiennent à des peintures carlovingiennes.

Un vitrail de Cantorbéry (treizième siècle) nous a donné cette couronne sans pendeloques, mais bien mieux ornée de ses fleurons gracieux, qui domine l'autel derrière lequel une châsse est portée sur des colonnettes ; espèce de décoration où l'on reconnaît sans peine comment les reliques pouvaient être placées dans le sanctuaire sans surcharger ni effacer l'autel, et sans gêner en rien la circulation ; si bien que les fidèles passaient aisément sous la châsse en se courbant un peu, pour rendre hommage au saint et s'attirer sa protection par cet acte de piété publique [1]. Cela se rencontre plus ou moins vaguement indiqué dans bien des textes ; mais un monument résout au premier coup d'œil les difficultés que la simple lecture avait laissées dans l'esprit.

12. Les combinaisons de la croix suspendue et de la couronne doivent trouver place dans les ornements qu'il s'agit de signaler avant de passer outre. Ne répétons pas ce qui a été doctement exposé par plusieurs, et spécialement par le P. Gretscher sur les marques d'honneur qui ont toujours entouré la croix dès les premiers temps du christianisme [2]. Dans l'application particulière qui se présente en ce moment, on ne peut guère citer de monument plus célèbre que la grande couronne de Monza, puisqu'elle avait survécu jusqu'au commencement de ce siècle-ci à tant de désastres dont la Lombardie a été le théâtre. Il est donc juste de laisser aux savants lombards l'honneur des recherches faites à cette occasion, et de ne point paraître refaire ce qu'ils ont fort bien fait avant nous. J. Fontanini, dans sa dissertation latine sur la *Couronne de fer* [3], a très pertinemment exposé combien l'usage de suspendre de riches croix

---

[1] C'est bien le cas de rappeler cet ancien rite à propos de la cathédrale de Cantorbéry, où se montre encore sur le pavé l'espèce de sillon tracé dans la pierre par les files de pèlerins qui se rendaient au sanctuaire pour vénérer la châsse de S. Thomas Becket.

[2] Paulin. Nolan., *Nat. XI*, v. 674 sqq. (p. 485) :

« Parva corona subest variis circumdata gemmis.
Hæc quoque crux Domini tamquam diademate cincta,
Emicat, etc. » Cf. not. *in h. l.*

Id. *ibid.* v. 692 (p. 487) : « . . . . .
In cruce consertam socia compage coronam. »

[3] J. Fontanini, p. 72, sqq. — Cf. Frisi, *Memorie della*

couronnées était cher à la piété du moyen âge ; et ajouter quelques citations à celles qu'il rassemble n'avancerait pas la question conduite à bon terme par cet habile homme[1]. La couronne d'or d'Agilulf (qui ne doit pas être confondue avec la *couronne de fer*) est regardée comme une offrande de ce puissant prince à S. Jean-Baptiste, patron de Monza ; et l'inscription semble en faire foi[2]. On prétend que les douze apôtres y étaient représentés, ce qui

chiesa monzese, dissert. I, p. 42, sq.; et dissert. II, p. 76. — Borgia, *De cruce vatican.*, p. 7, 11, 29, 50. — Gori, *symbol.*, dec. florent. t. III, p. 171. — Etc.

[1] L'unique chose qu'il puisse être utile de faire, parceque tous nos lecteurs n'auront pas sous la main l'ouvrage de Fontanini, c'est de puiser encore une fois à l'intarissable source d'Anastase-le-Bibliothécaire. *In Gregor. III* (p. 179) : « contulit... coronulam auream cum cruce, pendentem super altare. » — *In Gregor. IV* (p. 387) : « obtulit... regnum aureum unum quod usque hodie super altare dependet, cum gemmis valde optimis ; habens in medio auream crucem, cum gemmis pariter pretiosis. » — *In Leon. IV* (p. 372) : « obtulit regnum de argento purissimo,... habens in medio crucem, quod usque nunc super eodem pendere altari conspicitur. » — *Ibid.* (p. 383) : « fecit.... regnum quod pendet super altare majus, ex auro purissimo sculptile, sine gemmis; habens in medio crucem de auro, cum gemmis fixis in eadem cruce etc. » — *In Bened. III* (p. 402) : « Fecit... regnum de auro purissimo spanoclistum, cum catenulis suis, habens in medio crucem auream. » — *In Steph. VI* (p. 442) : « Fecit regnum ex auro purissimo unum, cum diversis gemmis......, et in medio regni cruciculam auream pendentem unam, cum catenulis suis. » — *In Serg. II* (p. 355) : « ... regnum de argento cum tintinnabulis (voilà les *pendeloques* qui *deviennent des sonnettes*), habens in medio crucem cum palumba, unum, » — Etc. Un inventaire de Benedictbeuern en 815 (*Monum. boica*, t. VII, p. 85) renferme cet article : « Pendet super idem altare corona argentea, per loca deaurata, una ; pensans libras II. Et in medio illius pendet crux parva cuprina deaurata una, et pomum crystallinum ; et in eadem corona per gyrum pendent ordines margaritarum diversis coloribus XXXV. » Cf. *supra*, p. 26, note 2.

[2] La voici, pour mieux faire comprendre la gravure : AGILULF GRAT[IA] DEI VIR GLORIOSUS, REX TOTIUS ITAL[IÆ], OFFERT (*sic*) SANCTO JOHANNI BAPTISTE IN ECCL[ESI]A MODICIA. Cela était tracé en caractères émaillés, sous les pieds des personnages.

supposerait que le cercle total était divisé en quinze arceaux, puisque notre Seigneur s'y voit au centre avec deux anges. Le poids de la couronne était (j'emploie les estimations italiennes, où le *denier* doit équivaloir à 24 grains, un tiers du *gros*) de 21 onces et 12 deniers ; et les dimensions, à peu près doubles de celles que donne notre dessin. La croix (probablement avec ses pendeloques) [1] pesait 24 onces et 14 deniers ; mais je pense que dans ces désignations de poids étaient comprises les pierreries (améthystes, émeraudes, turquoises, perles et cornalines). Un voleur a converti tout cela en matières brutes, pendant que les dépouilles étrangères s'étageaient au Cabinet de France ; et l'église de Monza n'a vu revenir après 1815 qu'une autre couronne attribuée à la reine Théodelinde, femme d'Agilulf, mais qui est beaucoup moindre (poids : 14 onces et 19 deniers, pour la couronne ; et 15 onces 7 deniers, pour la croix ; diamètre : 17 centimètres) et sans inscription, ni figures, ni pendeloques à la croix.

A propos des pendeloques de la croix d'Agilulf, ne serait-ce pas là quelque chose comme ce que la Biographie des papes nomme des *anguilles* ou des *murènes*[2] ? Une imagination quelque peu complaisante pouvait absolument voir une tête d'anguille dans l'espèce de gland qui termine ces appendices ; et pour peu que la torsade (cordon, tresse, chaîne, etc.) qui les soutenait fût forte, rien ne manquait plus à cette assimilation. Du reste, je n'y tiens pas, et ne m'oppose point à une explication meilleure. Mais, si la mienne passait, il resterait toujours assez d'autres difficultés dans Anastase pour occuper les *Saumaises futurs*.

Disons en terminant ceci que ces croix (couronnées ou non) qui étaient souvent suspendues au dessus de l'autel semblent avoir tenu lieu du crucifix que l'on place aujourd'hui sur l'autel. Car l'autel fut longtemps d'une simplicité presque sévère (sans exclure pourtant la magnificence du lieu saint) ; et nous, au contraire, nous poussons bien des fois l'enjolivement de nos autels jusqu'à l'extrémité opposée sans trop prendre conseil ni du goût ni des rubriques les plus claires.

13. Mais nous rentrons dans notre véritable sujet en recherchant les combinaisons de la croix et de la couronne avec les lampes, car les croix ont été accompagnées de lumières dans les églises en plus d'une façon. Nous en avons publié un exemple, p. 18, d'après un manuscrit carlovingien, et nous aurions pu en donner d'autres encore ; mais avant et après cette époque les descriptions s'en rencontrent sans peine [3], et cela n'a point échappé à notre sa-

---

[1] Pour les pendeloques des croix, il peut suffire de citer une fois l'intarissable Anastase (*in Leon. IV*, p. 385, sq.) : « fecit... regnum ex auro purissimo unum, pendens super altare majus, cum catenulis aureis, sculptilem ; habens in medio crucem auream habentem gemmas quatuordecim, ex quibus quinque in eadem cruce fixas, et alias quæ ibidem pendent novem. Etc. »

[2] *Morenæ, murenæ* ; Cf. Anast. *in Gregor. IV* (p. 342).

[3] On dirait que S. Paulin (*Natal.* xi, v. 460, sqq.) veut peindre notre croix à lumières de la page 18, quand il dit :

. . . .
Qua crucis instar erat, quod est modo, perpete virga
Dicretum geminos transverso limite gestans
Cantharulos ; unum de calce catenula pendens
Sustinet in tribus. Etc. »

Cf. not. *in h. l*; et Bottari, *Roma Sotteran*, t. I, tav. XLIV, p. 201.

vant Du Cange, qui croit pouvoir ranger souvent parmi les croix éclairées ce que les écrivains ecclésiastiques nomment *signum Christi*, *signochristum*, etc.[1] Anastase ne nous fait pas défaut en ceci[2]; et, ce point suffisamment mis en saillie, nous pouvons en venir à l'association des lampes avec les couronnes.

Que ce fût du symbolisme, ou simplement de la fantaisie, ou un peu de l'un et de l'autre[3], le fait est que le moyen âge a couronné volontiers ses lampes, ou si l'on veut a éclairé les couronnes. Le même manuscrit d'Aix-la-Chapelle qui nous a montré (n° 11, p. 26) deux lampes et une couronne séparées, nous donnera ici un exemple de la couronne et de la lampe réunies en un seul appareil[4].

On les verra de même dans une miniature du manuscrit de Bamberg (pl. II, fig. D) que nous avons déjà mis à contribution, et les textes sont en cela d'accord avec les monuments; car, malgré bien des obscurités dans les expressions relatives aux renseignements de ce genre (entre autres), je crois hors de doute que c'est là ce qu'il faut entendre par les *phara coronata* dont il est fait mention dans les vieux inventaires[5]. Il doit être pourtant bien

---

[1] In Paul. Silentiar. *Descript. S. Sophiæ*, not. (Bonn. t. II. p. 104. sq.). Il en cite une qui portait 1370 lumières à elle seule (Anast. *in S. Hadrian.*; p. 251, sq.).

[2] In Leon. III (p. 291) : « Super (*altare*) fecit gabathas sex, cum cruce ex argento purissimo, quæ pendent ante arcum majorem dextra lævaque, pensantes simul libras XII et semis. » —Ibid. : « Fecit crucem anaglypham intersatilem (al. interrasilem) ex auro mundissimo, pendentem in pergula ante altare, cum candelis duodecim, pensantem libras XIII. »

[3] Je citerai plus bas (n° 18) divers textes où le symbolisme coule à pleins bords ; et, quoiqu'on en ait un peu abusé, nous verrons que cela avait fini par prescrire, au moins pour certains points.

[4] Faisons toutefois observer que la gravure sur bois a négligé de marquer les cordons de perles qui formaient les cercles supérieur et inférieur de ces trois couronnes. Car c'est chose remarquable combien ces âges taxés de grossièreté par tant d'écrivains avaient compris que les œuvres de Dieu les plus belles étaient assez mal employées si elles ne contribuaient pas directement à la gloire de leur auteur. Cf. Suger.. *De consecrat. eccl. S. Dionysii* (ap. Duchesne, *Hist. Francor. scriptt.* t. IV, 355, 356).

[5] Anastas. *in Sylvestr.* (p. 34) : « Phara coronata X, pensantes singula libras octonas. » On trouve également dans Anastase (in Sixt. III ; p. 70) *coronaphara*, et *corona pharalis*. Si l'on récusait l'application que je fais ici de ces mots, il faudrait bien du moins admettre comme concluant ce passage de la vie de S. Ansegise (ap. Mabillon, *Annal. O. S. B.*, sæc. IV, P. I, p. 633) : «... coronam majorem argenteam, cum lampada sua argentea, optimam unam. »

COURONNE DE LUMIÈRE A AIX (Pl. I-XII). 31

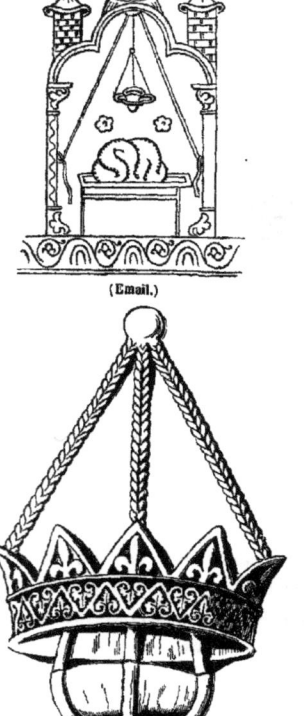

(Émail.)

(Sculpture à Chartres.)

entendu que la forme de cet appareil a passé par diverses mutations sous l'influence variée du goût personnel des artistes et des développements apportés à l'art par la succession des temps. C'est ce qui me fait présumer qu'on a voulu représenter une lampe à couronne dans cette peinture du saint Sépulcre prise d'une châsse émaillée qui appartient à M. le prince Soltykoff[1], Mais il n'y a pas le moindre sujet de doute soit pour la lampe du quinzième siècle que nous a conservée Basaïti (*supra*, p. 22), soit surtout quant à cet autre modèle du treizième que nous prenons dans un bas-relief de la cathédrale de Chartres (portail septentrional). Cela peut se rapprocher avantageusement de la couronne copiée précédemment (n° 11, p. 27) sur un vitrail de Cantorbéry ; nous n'avons pas désormais à chercher ailleurs, il ne se présenterait rien de plus noble et de plus élégant pour donner une idée de ce qu'a su réaliser le treizième siècle avec cette donnée ancienne, mais transformée peu à peu, et venue là, ce semble, à sa maturité parfaite.

Mais tandis que ce type atteignait pour ainsi dire la perfection dont il était susceptible, l'association des lampes et des couronnes avait suivi en même temps une direction différente, dont il est indispensable de tenir compte dans le développement des faits qui font le sujet de ce mémoire. Cela nous conduira de plus en plus au principal objet de nos recherches, qui est proprement la couronne de lumières (*Kronleuchter*).

[1] Dans l'appréciation des anciens émaux, pour être bien renseigné, comme pour être équitable, il faut savoir tenir compte des difficultés de la palette. Cette espèce de nuée qui sort ici du sépulcre n'était rien moins qu'une nuée aux yeux du peintre ; mais il maniait de son mieux un instrument rebelle dans l'émail dont les résistances n'avaient pas encore été domptées, comme on le fit plus tard. Je tiens pour indubitable que l'artiste prétendait exprimer ainsi les plis des linceuls (Joann. xx, 5-7. —Luc. xxiv, 12), sorte de formule convenue dans une certaine école orientale du moyen âge (Cf. *infra*, n° 22) ; c'était, je l'ai déjà dit ailleurs (*supra*, t. II. p. 74) une façon d'exprimer aux yeux ce que dit encore l'ancienne séquence de Pâques :

« Sepulcrum Christi viventis
Et gloriam vidi resurgentis ;
Angelicos testes,
Sudarium et vestes.
Surrexit Christus, spes mea ! »

IV.

LAMPES EN COURONNE.

14. Avec l'affection qu'avaient les âges de foi pour la multiplication du luminaire dans les églises, on dut trouver qu'une seule lampe pour une couronne était bien peu de chose. Et soit que l'on ait prétendu grouper plusieurs godets sous une couronne plus ou moins riche, comme dans la peinture chrétienne de Rome [1] dont nous donnons un fragment, soit que (sans chercher autre chose qu'un système quelconque d'assemblage) l'on ait voulu simplement disposer en cercle des lampes suspendues, comme je crois le voir dans le fragment d'un vitrail de Clermont qui est gravé pl. II (fig. A), ou dans un vitrail de Laon [2], dont voici la partie qui

(Peinture murale à Rome.)　　　　　　　(Vitrail de Laon.)

[1] Arringhi, *Roma subterran.*; et Bottari, t. 1, tav. XIV, p. 54; peinture des anciens portiques de la basilique vaticane. Cette fresque (?) n'existe plus; mais Arringhi pensait qu'elle pouvait être attribuée au septième siècle.

[2] Ce vitrail de la cathédrale de Laon est consacré à la légende de Théophile, et notre médaillon représente son repentir. Le graveur a négligé d'exprimer la torsade qui fait reconnaître une corde bifurquée dans le soutien des couronnes.

Que si quelqu'un, remarquant la perspective observée dans la couronne qui surmonte l'autel, en concluait que l'autre appareil doit être une simple tringle ou baguette, je ne puis évoquer le peintre verrier du treizième siècle pour obtenir des éclaircissements authentiques qui décident entre nous. Mais ce monument aurait toujours une valeur dans les questions qui nous occupent, et devrait tout au plus être classé à un autre endroit. En ce cas le vitrail de Clermont (Pl. II, fig. A) aurait à suivre la même fortune; mais je crois que celui-ci est bien une couronne (ou *rota*).

COURONNE DE LUMIÈRE A AIX (Pl. T-XII).

revient à notre sujet; nous pouvons appeler cela sans grand inconvénient *des lampes en couronne*, toutes les fois qu'elles formeront un appareil unique.

Je pourrais bien ici, et je voudrais même citer des documents anciens; mais ils sont presque toujours mêlés d'expressions si mal déterminées pour nous autres trop éloignés du temps où les textes ont été écrits, que le véritable sens nous échappe quand nous croyons le saisir [1]. Les termes employés dans les descriptions présentent des difficultés de plus d'un genre, et lorsque l'on croit en avoir percé l'étymologie pour se guider au moins par quelque fil, on se trouve arrêté dans ses conclusions par quelque autre emploi du même mot qui reparaît ailleurs avec des modificatifs dont ne s'accommode plus la version première. Au point où nous voici arrivés, la plupart des inventaires auxquels j'aurais recours se servent de mots qui conviendraient également aux lampes en couronne et à plusieurs des appareils qu'il s'agit de décrire encore.

15. Bien que les auteurs ecclésiastiques fassent mention de lampes à plusieurs becs (*polymyxes*) [2], ma mémoire ne me rappelle aucun monument chrétien qui en représente une dans le genre de celles dont l'antiquité classique avait dû léguer la forme aux siècles chrétiens. C'est pourquoi j'en emprunte deux à l'art de Pompéi et d'Herculanum, afin de faire comprendre ce qu'auront pu être, au moins sous les premiers empereurs chrétiens, les lampes à six, neuf, dix et douze becs, ou davantage.

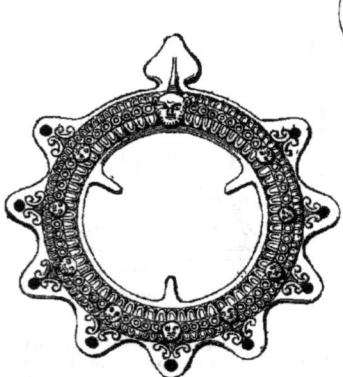

(Vue horizontale).

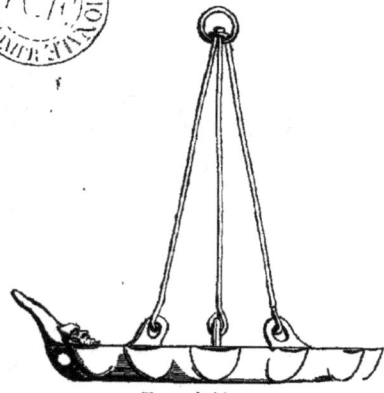

(Vue verticale).

[1] Ainsi je citerais bien à ce propos, si je pouvais dire à coup sûr ce qu'était une *gabatha*, des textes d'Anastase comme celui-ci (*in Leon.* III, p. 276) : « Fecit.... farum argenteum.... cum gabatis argenteis xxx, et canistrum octogoni in medio. » Mais il y a là plusieurs expressions qui sont des pierres d'achoppement pour moi et pour bien d'autres.

[2] Paulin., *Natal.* VI, v. 36 (p. 427) :
« Multiforesque cavis lychnos laquearibus aptant

Celle-ci (p. 33), qui porte neuf becs, vient de Pompéi [1], et est de terre cuite, si je ne me trompe ; son plus grand diamètre est de 14 centimètres, si les académiciens d'Herculanum l'ont fait graver de la grandeur de l'original, comme je le crois. L'autre (Pl. II, fig. B) est copiée sur une des peintures murales dont nous devons la conservation au Vésuve [2] ; et nous suivons les académiciens d'Herculanum, qui donnent pour une lampe, sans hésiter, cette couronne surmontée d'un génie ailé. La tige qui la suspend au plafond et les guirlandes qui s'y rattachent n'ont rien qui ait pu sembler trop étrange dans une basilique des premiers siècles ; ce pourra donc être une indication supplémentaire pour reconnaître quelque monument chrétien de ce genre qui viendrait à être signalé un jour.

16. Je ne me rappelle pas non plus avoir rencontré de figure authentique ou de monument que je puisse placer avec une certaine assurance sous les noms *polycandela* et *turres*, lesquels peuvent néanmoins avoir indiqué souvent quelque chose de semblable aux appareils dont il est question en ce moment [3]. Je trouve dans Anastase [4] un *polycandilum* de porphyre suspendu par Léon III devant la Confession de S. Paul, ce n'était donc pas un candélabre à plusieurs branches (d'autant que *candela* ne signifiait point chandelle ni bougie) ; mais je ne m'explique pas très bien l'emploi que recevait là le porphyre, non plus que dans certaines couronnes suspendues ornées de lampes [5]. Quant aux *tours*, je n'oserais affirmer si ce nom leur sera

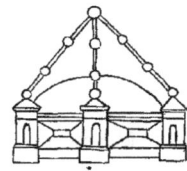 

venu des ornements qui leur auront donné l'aspect d'une couronne tourrelée [6], à la manière de celles que nous reproduisons en marge et dont nous voudrions pouvoir garantir l'entière vérité [7] ; ou si l'on aura cru voir quelque ressemblance avec une tour dans un système de cercles parallèles qui étaient maintenus les

Ut vibrent tremulas funalia pendula flammas. »

Anastase parle souvent (p. 47, 77, 339, 401, etc.) de lampes à plusieurs mèches (*lucernam auream mixorum duodecim, canistra ennafotia duo, canistra exafoci duo,* etc.) ; et il est permis de penser que ces mèches indiquent divers becs d'une même lampe, ne fût-ce que pour la première, qui est du temps de Constantin. Ailleurs (*in Leon.* III, p. 276, sq.) un *canistrum ex cede cafoti*, pourrait bien avoir été à dix-neuf becs (*enneadecafoti*).

[1] Antichità di Ercolano, *Lucerne*, tab. 16 (p. 97). Cf. Ibid. tab. 13-15 (p. 85-94). — S. Bartoli, *Le antiche lucerne*; P. III, lnc. 24.

[2] Elle provient des fouilles de Portici. Cf. Ercolano, *Pitture*, t. IV, p. 275—279 (tav. 56).

[3] On rencontre plus d'une fois dans Anastase le mot *turris* avec des expressions qui semblent annoncer un système de lampes ; mais il n'est pas évident que ce soit l'unique sens admissible.

[4] In Leon. III, p. 293.

[5] Id. *in Leon. IV* (p. 379) : « obtulit...... coronas porphyreticas (Cf. *infra*, p. 36, note 1) miræ magnitudinis, ornatas ex auro purissimo, cum delphinis duodecim. » Il est assez reçu que ces *delfini* ont l'air d'avoir formé les becs de lampes.

[6] Chronic. cassinens. *libr.* III, cap. 33 (ed. Ang. de Nuce, 1668 ; p. 362) : « Fecit (*Desiderius*) et pharum, id est coronam maximam de argento, librarum circiter centum, habens in circuitu cubitos viginti, cum duodecim turribus extrinsecus prominentibus, sex et triginta ex ea lampadibus dependentibus ; eamque extra chorum ante crucem majorem satis firma ferrea catena, septem deauratis malis distincta, suspendit. » Cela ressemble fort au sujet de nos prochains articles V, VI et VII (*infra*, p. 35, svv.).

[7] Spalart (*Versuch üb. d. Kostum*, Atlas, pl. XX) les emprunte à Strutt. Elles ornent toutes deux un même sanctuaire.

uns au dessus des autres, en décroissant toujours de diamètre depuis la base de cette espèce d'*if* circulaire jusqu'au sommet. Il ne m'en est point tombé d'exemple sous la main, mais les documents ne laissent aucun doute sur cette invention. Essayons de transporter en français quelque chose du style descriptif mis en œuvre par Paul-le-Silentiaire à ce sujet [1]. Après avoir parlé de *corymbes lumineux* et d'appareils qu'il caractérise plus ou moins clairement : « Il en est, dit-il, qui, semblables aux pommes de pin, pourraient emprunter le nom du cyprès à l'épaisse chevelure, terminés qu'ils sont par un sommet aigu d'où descendent des cercles qui s'élargissent de plus en plus à mesure qu'ils s'approchent du cercle inférieur ; une floraison de feux les couronne, et leurs feuillages enflammés ont pour racine des coupes d'argent qui les alimentent ; » etc.

Mais tout cela nous ramène définitivement à ce que nous avons appelé *couronne de lumière*, en imitant le mot allemand *Kronleuchter*, qu'emploient encore les habitants d'Aix-la-Chapelle pour nommer l'appareil dont la description a occasionné les recherches précédentes, et qui ne subsiste plus guère que chez eux et à Hildesheim. Ce nom même (mais par abus, je crois), a passé aux lustres modernes dans la langue allemande.

V.

COURONNES DE LUMIÈRE.

17. Maintenant nous ne serons plus réduits presque uniquement à feuilleter les historiens des siècles reculés ou les inventaires de trésors anéantis, dont il faille *restituer* les débris à force de conjectures et de confrontations laborieuses ; il s'agit d'un monument que bon nombre d'églises pouvaient montrer encore vers la fin du siècle passé, et dont on rencontre les vestiges dans quelques sanctuaires. Cependant, pour reconnaître combien haut remonte cet usage, quelles formes il revêtit, et quelles pensées s'y étaient associées, mettons encore un peu à contribution les renseignements du temps passé.

Je ne sais s'il faut compter comme *couronne de lumière* cette *roue* de bronze garnie de lampes qui pendait au septième siècle sur le sommet du Calvaire [2] pour marquer le lieu où avait été opéré le salut du monde. Le fait est que le mot *rota* paraît souvent avec la signification d'une

---

[1] Paul. Silent., v. 873 (al. 456). sqq.; et not. in h. l. (p. 41, sq.; 103, sqq.)
[2] Bed., *De locis sanctis*, cap. 2 (ed. Giles, t. IV, 404) : « Rupes apparet illa quæ quondam ipsam, affixo Domini corpore, crucem pertulit; argenteam modo pergrandem susti-
nens crucem, pendente magna desuper ærea rota cum lampadibus. »

Cela rappelle les *phares* dont Bède parle ailleurs comme d'un spectacle que chacun a dû rencontrer (Cf. *supra*, p. 5, note 3).

sorte de lustre, chez les écrivains du moyen âge[1], et il figure à ce titre en une de ces sorties où S. Bernard déploie sa *furia francese* contre ce qu'un zèle un peu aigre lui faisait appeler abus[2]. Peut-être la France avait-elle particulièrement adopté cette expression, qui se retrouve dans des chartes rédigées en langage populaire. A des autorités déjà citées par le *Glossaire* de M. Pugin joignons celle des archives de Poitiers[3], où l'on voit qu'en 1552, pour les solennités de Pâques, on fit exécuter en bois une *roue*, comme j'en trouve d'autres ailleurs pour la Fête-Dieu. Mais, ces roues n'étant probablement que temporaires, je m'explique ainsi qu'on y ait employé une matière si peu durable, et qu'il n'y soit question que de cierges ; car la plupart des couronnes de lumière dont il nous est resté des indications précises paraissent avoir réuni des lampes et des cierges dans un même appareil commun[4].

18. C'est que, après les simples lampes, les couronnes, les lampes ou les croix couronnées, etc., la couronne de lumière était comme le dernier terme des efforts tentés pour donner au luminaire des églises une forme définitive qui satisfît le goût populaire en fait d'art et de mysticisme à la fois. Aussi, outre l'unité qui se reconnaît dans la variété des inventions imaginées par les artistes de différents siècles et de différents pays pour réaliser cet ornement des églises, on rencontre un accord bien plus constant entre les écrivains pour en caractériser l'intention symbolique. Car le moyen âge manquait rarement de couronner un fait matériel par des pensées d'un ordre supérieur ; et quand ces idées n'avaient pas été le point de départ dans l'exécution, elles survenaient bientôt pour donner une sorte de consécration à

---

[1] Je sais que l'on trouve çà et là des *roues* de marbre ou de porphyre qui ne paraissent être prises que pour des disques encastrés dans le pavé des églises afin de désigner certaines places; cependant, comme nous avons vu (p. 34, notes 4 et 5) un *polycandelum* de porphyre, il se pourrait que le sens de ces roues ne fût pas toujours facile à déterminer (Cf. Reiske, *l. cit.* (t. II. 178, 607).

[2] Bernard. Apolog. *ad. Guill. abbat.*, cap. 12 (1690, t. I, p. 539) : « Ponuntur dehinc in ecclesia gemmatæ non coronæ, sed rotæ, circumseptæ lampadibus, sed non minus fulgentes insertis lapidibus. Cernimus et pro candelabris arbores quasdam erectas multo æris pondere, multo artificio opere fabricatos; nec magis coruscantes superpositis lucernis quam suis gemmis. Quid putas in his omnibus quæritur? Pœnitentium compunctio, an intuentium admiratio? O vanitas vanitatum ! Etc., etc. » Tout cela n'est pas sans une certaine éloquence, qui plaît surtout aux esprits chagrins ; mais d'autres saints et l'Église ont pensé autrement. Quant à S. Bernard, c'est un grand homme, mais pourtant un homme ; et ses invectives, pour être véhémentes, ne sont pas des jugements irréfragables. On pourrait citer S. Bernward d'Hildesheim, ou S. Meinwerk, qui serviraient de correctif à l'amertume de l'abbé de Clairvaux, par une exagération en sens contraire.

[3] Bibliothèque de l'École des Chartes, 1re série, t. I, 231 :
« Item à Étienne Brigon, menuisier, pour avoir fait la roue devant Notre-Dame. . . . . l. s. d. x x
« Item à Champdiver pour avoir paint, lad. roue. . . . . » VIII X
« Item à Jehan Lequex, sergier (*cirier*, ou *ciergier*), pour demy cent de cire, laquelle fut mise en ladite roue. . . . . VIII » x
Je dois à M. l'abbé Barraud, directeur du séminaire de Beauvais, l'indication d'un autre nom assez bizarre donné à une couronne ou *roue* en fer par les gens d'Hermenonville. Il a bien voulu nous apprendre qu'on lit dans le registre de fabrique de cette église, à la date de 1514 : « Les marguilliers reçurent 15 deniers pour la *ceinture dépiautée* de S. Sébastien, » et que cette ceinture était tout simplement un cercle de fer suspendu, et garni de cierges.

[4] J'ai déjà fait observer (n° 16, p. 34) et nous reverrons encore (n° 29) que *candela*, dans le latin ecclésiastique, indique plus ordinairement une lampe qu'un cierge. Je ne saurais donc dire bien au juste ce qu'était la couronne de Spire désignée par un chroniqueur de cette ville (ap. J. Geissel, *Der Kaiser-Dom zu Speyer*, t. I, p. 22) en ces termes : « Coronam insignem candeliferam cupream, auro subductam. » D'ailleurs cet auteur songeait-il à donner un signalement complet? Évidemment non. Il ne prétendait que rappeler ce que tous ses compatriotes connaissaient fort bien.

l'œuvre achevée. Que certains esprits et certains âges même en aient fait abus au point d'arriver à un mysticisme tantôt guindé, tantôt voisin de l'enfantillage (surtout vers le quinzième siècle), je n'en disconviendrai point ; je signale cette tendance, et je la trouve grande en principe, quoi qu'il en puisse être de bien des applications. La question actuelle est que le symbolisme des couronnes de lumière semble fixé de bonne heure dans l'estime du moyen âge, et règne à peu près partout sans contestation. En pareille matière, on avait beau champ avec les paroles de l'Écriture qui appellent Jésus-Christ la *lumière du monde*[1] ; et comme S. Jean dit que la Jérusalem céleste est éclairée par l'Agneau[2], on jugea (non certes sans fondement) que lumière, Église et couronne étaient des objets au sujet de quoi la contemplation ne pouvait risquer de s'engager trop haut.

La couronne de lumière devint donc pour l'artiste et pour le fidèle un souvenir ou même une figure de la Jérusalem céleste[3], qui couronne pour l'éternité les œuvres accomplies par

---

[1] Joann. I, 9 ; III, 19 ; VIII, 12 ; IX, 5 ; XII, 46. — Matth. IV, 16. — Luc. XVI, 8. — Etc., etc.

[2] Apoc. XXII, 23.

[3] Laissons Siméon de Thessalonique et les Grecs du Bas-Empire ; voici les paroles de Sichardus (*Mitrale*, libr. I, cap. 13) : « Pluralitas in ecclesiis lucernarum, pluralitatem significat gratiarum; vel luminaria sunt illi quorum doctrina fulget Ecclesia ut sol et (*sole?*) luna, quibus dicitur (Matth. v, 14) : *Vos estis lux mundi*. Singularis vero lucerna Christus est qui *illuminat omnem hominem venientem in hunc mundum* (Joann. I, 9).

« Apud modernos in coronis lucernæ ponuntur ; coronæ vero tribus de causis in ecclesiis suspenduntur : primo, vel ad decorem, vel ad utilitatem; secundo ad significandum quod ii qui permanent in unitate Ecclesiæ, si Deo devote servierint, coronam vitæ percipient; tertio vero cœlestis Hierusalem nobis ad memoriam revocatur, ad cujus figuram facta videtur; constat enim ex auro, argento, ære, ferro, catenis, et lapidibus pretiosis. Aurum sunt martyres, argentum sunt virgines ; æs, doctores ; ferrum, continentes ; gemmæ, quique virtutibus coruscantes ; catena, contemplatio quæ semper eos ad Dominum erigit ; supremus circulus est Deus, qui omnia continet et comprehendit. »

Je n'aurais point connu ce passage sans l'obligeante prévenance de M. le comte de l'Escalopier, qui a pris la peine de me l'indiquer, et de le faire transcrire sur son exemplaire (Cf. t. I, p. 42, note 4) ; mais nous possédons d'ailleurs des documents bien autrement irréfragables, dans les inscriptions mêmes de plusieurs couronnes anciennes. Voici, par exemple, ce qu'on lisait sur la couronne donnée à Saint-Pantaléon de Cologne, par son fondateur, l'abbé Hermann I, sur la fin du onzième siècle (*Necrolog. abbatum... S. Panthaleonis*, ap. Würdtwein, *op. cit.*, t. IV, 6) :

« Has inter gemmas Herimannus fulgeat abbas
Hoc opus ecclesiæ qui mira condidit arte
(Nam muros, portas et turres atque plateas),
Quas dilecta Deo, gemmis ornatur et auro.
Huic lapides viri pressura, cæde, politi

Aptantur merito virtutis ordine certo.
Surgit in excelsis urbs inclyta, visio pacis :
Sorte locis (*locos?*) justa Christus disponit in illa ;
Ipsaque pulcra fide, dives spe, fortis amore,
Sicut sponsa viro, cœlesti jungitur agno.
Hinc stabiles muri lapides ejus pretiosi,
Structuræ ratio loquitur præsentis et ordo.
Hæc est illa fides quam fundavere prophetæ,
Quas per apostolicas pandit sua mœnia gemmas,
Hierusalem structam sanctis in montibus urbem (Ps. LXXXVI, 1).
Huic superaptantur vigiles, urbemque tuentur (Is. LXII, 6). »

Nous voyons là mentionnés les anges et les apôtres qui figuraient en effet sur la couronne d'Agilulf (*supra*, p. 28), et sur celles d'Aix-la-Chapelle, d'Hildesheim, etc. Il devait en être de même pour celle de Spire, qui était plus ancienne (vers 1038) que celles de Cologne et d'Aix, et où se lisaient ces vers (Cf. J. Geissel, *op. cit.*, t. I, p. 23-26) :

« Ceralitus in medio Seraphim celsissimus ordo
Eximius merito, qui præsidet altus olympo ;
Et cherubim dictus clarissimus ordo secundus,
Hinc angelis similis (*oculis....?*) consistere laude Tonantis,
Cœtus et angelicus, reliquis sanctis venerandus,
Collaudat Dominum propria deitate respectum.
Formantur vere post alni quinque prophetæ,
Spem magnam nobis qui prædixere salutis.
Hinc atrio coram devotum cerne senatum
Hospitio Dominum qui sæpe recepit alendum (Matth. XXV, 35) ;
Hinc duodenus apex, æquo discrimine judex,
Severint justos ab iniquis igne cremandis (Matth. XIX, 28).
Virgo, Dei genitrix, spes mundi, gloria, nutrix,
Gemma pudicitiæ, regali nota radice,
Quæ regem regum generans sub tempore legum,
Virgineo Verbum poriasti corpore sacrum,
Istud non magnum dignanter suscipe donum
Quod Reginbaldus tibi præsul reddo misellus.
Etc. »

On reconnaît tout de suite qu'il s'agit de la cour céleste. Un annaliste d'Hildesheim, à l'an 1054, parlant de l'évêque Betzilon (*Ethyto*), dit de lui (ap. Leibnitz, *Scriptt. rer. Bruns-*

Dieu dans le temps en faveur de ses élus, et où tout mérite de la créature est couronné d'une immortelle gloire[1]. Je ne serais même pas surpris que des couronnes étagées l'une au dessus de l'autre (comme celles dont j'ai parlé ci-dessus, n° 16; p. 34, sv.) eussent été tout exprès composées de trois cercles parallèles pour exprimer les *auréoles* des trois principaux ordres de saints[2]; mais, encore une fois, je ne connais nul monument bien authentique de cet appareil à couronnes superposées, dont les textes seuls témoignent aujourd'hui l'existence.

Quoi qu'il en soit, l'empereur Frédéric Barberousse, prince peu mystique assurément, ne parle pas autrement que son siècle dans l'inscription de la couronne donnée par lui à l'église d'Aix-la-Chapelle. C'est bien l'image de la cité sainte vue par S. Jean, que le *farouche gibelin* prétend faire retracer par son orfèvre aux regards des fidèles, et il demande à la Mère de Dieu d'être reçu un jour dans le royaume éternel, lui et Béatrice de Bourgogne, sa deuxième femme, sur la légitimité de laquelle il ne laisse pas percer le moindre scrupule; car il la proclame sans façon sa co-impératrice[3] (à moins qu'il ne s'agisse uniquement de la faire régner avec lui au ciel).

Aussi à travers le pathos officiel du secrétaire impérial, ce qu'il y a de plus clair c'est ce langage du temps, qui ne supposait pas un doute sur l'analogie entre la couronne lumineuse des églises et la vision de la Jérusalem céleste aperçue par l'écrivain inspiré de l'Apocalypse[4]. Cela bien constaté, il ne faut pas un grand effort d'imagination pour saisir quelque parenté entre ce symbolisme et la grande image de Dante, qui, un siècle plus tard, peint le cercle bienheureux de la milice immortelle sous l'aspect d'une rose immense formée par le bel ordre échelonné des groupes conquis au Calvaire; les chœurs des anges, heureux eux-mêmes de la

---

wie., t. 1, 745) : « Antiquo capiti ecclesiæ... novum corpus adjunxit; quod postea donatum palliis, calicibus, corona imaginem cœlestis Jerusalem præsentante......, decoravit. » Nous verrons que la couronne d'Aix-la-Chapelle annonce la même intention très formellement.

[1] Cf. 1 Cor. ix, 25. — ii Tim. iv, 8. — Jac. i, 12. — 1 Petr. v, 4. — Apoc. ii, 10; iii, 11; etc.

[2] Pour vider par un grand témoignage la question des trois auréoles, que bien des gens n'iraient pas chercher dans les scolastiques, recourons à S. Thomas (*in IV Sententiar.*, dist. xlix, quæst. v, art. 5). « Aureola est quoddam privilegiatum præmium privilegiatæ victoriæ respondens; et ideo, secundum privilegiatas victorias in tribus pugnis quæ cuilibet homini imminent, tres aureolæ sumuntur. In pugna enim quæ est contra carnem ille potissimum victoriam obtinet qui a delectabilibus venereis, quæ sunt præcipua in hoc genere, omnino abstinet; et ideo virginitati aureola debetur. In pugna vero qua contra mundum pugnatur, illa est præcipua quum « mundo persecutionem usque ad mortem sustinemus; unde et martyribus, qui in ista pugna victoriam obtinent, secunda aureola debetur. In pugna vero qua contra diabolum pugnamus, illa est præcipua victoria quum aliquis hostem non solum a se, sed a cordibus aliorum removet : quod fit per prædicationem et doctrinam ; et ideo doctoribus et prædicatoribus tertia aureola debetur. Etc. » Cf. *ibid.*, art. 1.

[3] Voici cette inscription :

« Celica Iherusalem signatur imagine tali,
Viso pacis, certa quietis spes ibi nobis;
Ille Joannes gratia Christi præco salutis,
— Quam prophetavit, quamque prophete, denique virtus
Lucis apostolice fundavit dogmate vitam, —
Urbem syderea labentem vidit in æthra
Auro ridentem mundo, gemmisque nitentem.
Qua nos in patria precibus pia siste Maria.
Cesar catholicus romanorum Fridericus
Cum specie munerum (al. numerum) cogens attendere clerum,
Ad templi normam sua sumunt munia formam,*
Istius octogene (sic) donum regale corone
Rex pius ipse pie vovit solviique Marie.
Ergo, Stella maris, astris prefulgida claris,
Suscipe munificum prece devota Fridericum ;
Congregaticem sibi junge suam Beatricem. »

<small>* L'église est octogone, et la couronne a huit lobes.</small>

Cf. Quix, *Histor. Beschreib. d. Munsterkirche*... in *Aachen* (1825), p. 10. — Nolten, *Archæolog. Beschreib. d. Münster-oder Kronungskirche in Aachen* (1818), p. 21.

[4] Apoc. xxi, sq.; et iii, 2.

joie des élus et s'enivrant à la même source, plongent dans la fleur radieuse comme un essaim d'abeilles qui se précipitent et s'ébattent dans les corolles entr'ouvertes. Mais ce sont des paroles qu'il faut laisser dire à l'Exilé de Florence[1], d'autant que c'est du moyen âge qui vaut bien le *poeta cesareo* de Barberousse; cependant c'est toujours du moyen âge, et qui montre comme les esprits d'alors se portaient avidement aux pensers du ciel. Quelque chose de l'extase de Dante devait rayonner dans les imaginations et les cœurs du *populaire* lorsque ces hommes à la vie si rude et à l'âme si pénétrée de foi passaient de leurs demeures simples et sans *comfort* à tout ce que l'art et l'enthousiasme du temps savaient dépenser de splendeurs pour Dieu dans les plus grands jours de l'Église.

Mais revenons à l'empereur et à son *ex voto*, pour le mieux comprendre.

---

[1] Paradiso, xxxi, v. 1, svv.

« In forma dunque di candida rosa
Mi si mostrava la milizia santa
Che nel suo sangue Cristo fece sposa.
Ma l'altra (*milizia*), che volando vede e canta
La gloria di Colui che la innamora,
E la bontà che la fece cotanta,
— Sì come schiera d'api che s'infiora
Una fiata, et altra si ritorna
Là dove suo lavoro s'insapora, —
Nel gran fior discendeva, che s'adorna
Di tante foglie, e quindi risaliva
Là dove il suo amor sempre soggiorna.
Le facce tutte avean di fiamma viva,
E l'ale d'oro, et l'altro (*il rimanente*) tanto bianco
Che nulla neve a quel termine arriva.
Quando scendean nel fior di banco in banco,
Porgevan della pace e dell'ardore
Ch'egli acquistavan ventilando il fianco.
Nè l'interporsi tra 'l disopra e il fiore
Di tanta moltitudine volante
Impediva la vista e lo splendore :
Chè la luce divina è penetrante
Per l'universo, secondo ch'è degno,
Sì che nulla le puote esser ostante.
Questo sicuro e gaudioso regno,
Frequente in gente antica et in novella,
Viso et amore avea tutto ad un segno.
O trina Luce, che in unica stella
Scintillando a lor vista sì gli appaga,
Guarda quaggiuso alla nostra procella !
. . . .
. . . .
Io che era il divino dall'umano,
Et all'eterno dal tempo venuto :
E di Fiorenza, in popol giusto e sano ;
Di che stupor doveva esser compiuto !
Certo tra esso e'l gaudio me facea
Libito non udire, e starmi muto.
E quasi peregrin che si ricrea
Nel tempio del suo voto, riguardando,
E spera già ridir com'ello stea ;

Sì per la viva luce passeggiando,
Menava io gli occhi per li gradi,
Mo su, mo giù, e mo ricirculando.
Vedea visi a carità suadi,
D'altrui lume fregiati e del suo riso,
E d'atti ornati di tutte onestadi.
La forma general di Paradiso
Giù tutta il mio sguardo avea compresa,
In nulla parte ancor fermato fiso :
E volgeami con voglia riaccesa
Per dimandar la mia Donna di cose
Di che la mente mia era sospesa.
Etc. »

Je suis si peu disposé à faire des excuses pour la longueur de cette citation, que je ne puis pas même obtenir de moi de ne point la compléter par une autre. Donc (*ibid.*, xxx, v. 61, svv) :

« . . . .
E vidi lume in forma di rivera
Fluvido di fulgore intra due rive
Dipinte di mirabil primavera.
Di tal fiamana uscian faville vive,
E d'ogni parte si mettean ne' fiori,
Quasi rubin che oro circonscrive.
Poi, come inebriate dagli odori,
Riprofondavan sè nel miro gurge ;
E d'una entrava, un'altra n'uscia fiori.
. . . .
. . . .
. . . mi si cambiaro in maggior feste
Li fiori e le faville, sì ch'io vidi
Ambe le corti del ciel manifeste.
O isplendor di Dio, per cu'io vidi
L'alto trionfo del regno verace,
Dammi virtù a dir com'io lo vidi.
Lume è lassù che visibile face
Lo creatore a quella creatura
Che solo in lui vedere ha la sua pace ;
E sì distende in circular figura
In tanto che la sua circonferenza
Sarebbe al sol troppo larga cintura.

VI.

COURONNE D'AIX-LA-CHAPELLE.

19. Frédéric Barberousse, espèce de Charlemagne à la manière de celui que nous avons vu de nos jours, aimait lui aussi à rappeler un peu son *prédécesseur*, et lui devait d'ailleurs une dévotion d'autant plus particulière qu'il l'avait fait canoniser par un de ses antipapes [1]. Son affection pour Aix-la-Chapelle s'explique encore par un autre motif, qui est qu'un sien neveu ou petit cousin (Othon) avait été accepté pour prévôt par le chapitre de Notre-Dame. En somme il ne manque pas de chartes données par ce prince au sujet d'affaires concernant la ville de Charlemagne [2], et l'impératrice Béatrix est citée dans l'obituaire comme bienfaitrice

. . . .
. . . Soprastando al lume intorno intorno
Vidi specchiarsi in più di mille soglie
Quanto da noi lassù fatto ha ritorno.
E se l'infimo grado in se raccoglie
Si grande lume, quanta è la larghezza
Di questa rosa nell' estreme foglie!
. . . .
. . . .
Nel giallo della rosa sempiterna
Che si dilata, digrada (*al.* rigrada) e ridole
Odor di lode al Sol che sempre verna,
. . . .
Mi trasse Beatrice, e disse : Mira
Quant'è il convento delle bianche stole,
Vedi nostra città quanto ella gira !
Vedi li nostri scanni sì ripieni,
Che poca gente omai ci si disira. »

Cette réunion des idées de la cité céleste, des figures qui sont baignées de lumière, de la forme circulaire (ou à peu près) qui encadre, pour ainsi dire, toute l'apparition, me paraît tellement commune à Dante et à ceux qui parlent des *couronnes* du moyen âge, que je ne crois pas me tromper en établissant une parenté étroite entre la vision du poète gibelin et le symbolisme retracé par son Barberousse après bien d'autres. D'ailleurs nous allons voir que, géométriquement, notre couronne conduit au tracé d'une rose.

Et puis S. Ambroise avait dit (*Hexaemer.* 48 ; cap. xi ; t. I, p. 51) que cette belle fleur est le portrait de la vie humaine où, depuis le péché, il ne se rencontre pas de plaisir, d'éclat, de vertu, qui n'ait tout près de là ses épines. Aussi veut-il que la rose soit née primitivement sans cette espèce de tare ; de façon que la rose sans épines serait la figure d'une félicité à l'abri de toutes les misères qui nous assiègent ici-bas. (Cf. *infra*, p. 42, sv.)

Rapprochez aussi de tout ce langage du haut moyen âge,

sur les couronnes de lumière, cet autre passage du même S. Ambroise (*in Luc.* XI, 33 ; t. 1, p. 1434) lorsqu'il explique les paroles de notre Seigneur : *Nemo lucernam accendit et in abscondito ponit, ... sed supra candelabrum* : «..., Denique lucerna illa quam matutinis vespertinisque temporibus, ritu veteri Judæorum, princeps sacerdotum solebat accendere, velut sub modio sita Legis evanuit ; et civitas illa Hierusalem quæ in terris est, quæ occidit prophetas, quasi in convalle fletus posita delitescit. Illa autem Hierusalem quæ in cœlo est (Gal. iv, 26), in qua militat fides nostra, in illo altissimo omnium locata monte, — hoc est in Christo, — Ecclesia non potest tenebris et ruinis hujus mundi abscondi ; sed fulgens candore solis æterni, luce nos gratiæ spiritalis illuminat. »

Or ces textes ne sont pas les seuls qu'on puisse invoquer ; j'en citerai bien d'autres, quoiqu'en me restreignant avec une économie que je pourrais appeler stricte (dût-on en sourire).

[1] On peut penser si à cette occasion la ville d'Aix-la-Chapelle dut se rengorger et faire sonner tous ses souvenirs, elle qui n'était déjà pas très modeste, et qui d'ailleurs avait bien ses raisons pour s'estimer un peu. Mais, comme il arrive (même hors de l'Allemagne) on ne s'y contentait pas d'un peu. C'était, par exemple, sur des monnaies : *Aquisgranum caput orbis* ; et sur le palais cette petite pièce de poésie :

« Karolus insignem reddens hanc condidit urbem,
Quam libertavit post Romam constituendo
Quod sit trans Alpes hic semper regia sedes.
Ut caput urbs cuncta colat hanc, et Gallia tota.
Etc. »

A l'église on était beaucoup plus raisonnable quand on chantait dans la prose pour la fête du grand empereur :

« Urbs aquensis, urbs regalis,
Regni sedes principalis,
Prima regum curia. »

[2] Cf. Quix, *Gesch. der Stadt Aachen nach Quellen*, t. I, p. 64-72, etc.

de l'église [1]. Mais de la Couronne qui nous occupe, à peine un mot que je connaisse [2] ; si ce n'est l'inscription, laquelle a bien sa valeur. Toutefois, à défaut de documents, nous avons le monument; décrivons-le au lieu de le discuter : il parlera lui-même, ce qui est un pis-aller très passable.

ASPECT GÉNÉRAL.

Les planches III et IV donnent une vue de l'ensemble : il est facile d'y reconnaître que quand l'inscription parle d'une forme *octogone* (p. 38, not 3) c'est une manière de s'exprimer qui demande à être aidée par l'aspect même du monument; avis à ceux qui voudraient refaire des monuments avec des textes. Les angles sont rentrants au lieu d'être saillants comme on eût pu se le figurer d'après le texte, s'il nous était seul parvenu ; en sorte que ce polygone est formé par huit arcs de cercle, et non par huit lignes droites. La figure, si elle était reproduite avec toute la précision désirable, serait déterminée par un grand cercle dans lequel sont inscrits huit autres cercles qui se coupent successivement l'un l'autre et qui sont tangents deux à deux ; d'où il résulte le tracé géométrique qui représente le mieux une rose. Cela sautera aux yeux si l'on veut prendre la peine d'exécuter cette construction sur la planche IV rectifiée jusqu'à une certaine minutie que nous ne nous étions pas absolument imposée dans notre projection horizontale.

Au risque de paraître pousser bien loin la poésie du compas (dont ne s'effaroucheront point ceux qui connaissent bien le moyen âge), constatons encore d'autres propriétés fondamentales de cette figure. Les points de contact entre les petits cercles et le grand étant réunis de deux en deux par des droites, on obtient deux carrés inscrits, dont les angles déterminent le point d'insertion de chaque grand médaillon sur un des petits cercles ; deux autres carrés également, de même dimension, au moyen de droites réunissant de deux en deux les points de rencontre entre les médaillons circulaires (intérieurs) et le cercle circonscrit. En quoi (sans préjudice pour d'autres conséquences) je ne serais pas surpris que l'artiste eût prétendu retracer la donnée de l'Apocalypse (XXI, 16) : *Et civitas in quadro posita est*. Quatre carrés ! quel thème ! si toutefois on n'en faisait pas encore entrer en ligne de compte deux autres (quoique un peu plus grands) au moyen de droites réunissant de deux en deux les centres des grands médaillons,

---

[1] Quix, *necrologium ecclesiæ B. M. V. aquensis*, p. 63 : « *XVIII Kalendas decembris*. Obiit Beatrix imperatrix quæ dedit ecclesiæ coronam auream, et vas aureum, et casulam magnam, et pallium de examita rufa, et partem de ligno Domini. » Cette *couronne d'or* (dorée?) est-elle la Couronne de lumière? Le fait est que, sauf l'inscription, dans laquelle Frédéric semble indiqué comme donateur, je ne connais aucun acte qui parle de cette offrande comme faite par lui. Il se pourrait que l'impératrice eût fait à son rude mari la politesse de s'effacer presque entièrement derrière lui dans l'inscription destinée au public, et que le chapitre connût la princesse pour la véritable donatrice.

[2] Cette malheureuse couronne se dérobe singulièrement aux recherches des curieux. Je ne saurais dire non plus si ce serait le nom de l'orfèvre (dessinateur, architecte, etc., artiste enfin) qu'on lit en un autre endroit de l'obituaire (p. 18) : « *IX Kalendas aprilis*. —Wibertus frater Stephani *(fratris nostri)*... maximam operam et maximum laborem ad opus coronæ, ad tectum totius ecclesiæ, ad crucem deauratam in turri, ad campanas adhibuit, et omnia feliciter consumpsit. »

hors du cercle circonscrit. En ce cas, on arrivait au cube (*secundum quid*), et cela valait bien la peine de négliger quelques erreurs. Le cube et le cercle ! figurez-vous le bonheur de pouvoir combiner avec une forme assez riche ces deux grands éléments de symbolisme. C'est ce qui passe toute expression.

Puis la variété symétrique des formes affectées aux médaillons qui dessinent la base des tourelles ne contribuera pas simplement à l'élégance de la couronne ; elle fixera de plus les points de repère qui servent à la construction géométrique (j'ai besoin de supposer que mon lecteur a exécuté son tracé pour mieux suivre ces considérations), et partant elle fixera aussi, sauf erreur de ma part, les éléments fondamentaux qui doivent aider à saisir le symbolisme. Que si, par exemple, on choisit le grand carré qui a ses angles dans les quatre-feuilles, chaque face présentera au milieu une tour quadrangulaire flanquée de deux tours cylindriques ; et ne serait-ce pas une allusion à cet autre texte de S. Jean (Apoc. XXI, 13) : *ab oriente portæ tres, et ab aquilone portæ tres, et ab austro portæ tres, et ab occasu portæ tres?* Chaque porte principale (pour suivre cette pensée) montre un ange (Cf. *infra*, p. 45), ce qui n'est pas scrupuleusement la donnée de l'Apocalypse (XXI, 12 : *et in portis angelos duodecim*) ; mais on est sur la voie, et je propose une conciliation pour satisfaire les esprits exigeants. A chacun des angles est un autre ange, qui par conséquent peut compter pour un côté comme pour l'autre ; ainsi les quatre anges des angles peuvent compter pour huit ; $8 + 4 = 12$. C. Q. F. D. Sans même recourir à cette ressource un peu précaire, quelque manipulation de mysticisme dans le genre de celles que plus d'un écrivain ecclésiastique fait parfois subir aux nombres pourrait certainement amener une honnête excuse de cette anomalie. Néanmoins je m'arrête sur ce terrain glissant, où un pied plus sûr que le mien ira peut-être retrouver les vestiges bien caractérisés de la pensée mère, en faisant ressortir les deux (ou trois) étoiles à huit pointes qui naissent de l'intersection des quatre (ou six) carrés (*et civitas in quadro posita est*), et autres propriétés (Dieu sait lesquelles!) de cette féconde figure ; car le moyen âge est étonnant sur ces applications pythagorico-platonico-cabalistiques de la géométrie à la théologie. J'en pourrais apporter, même sans sortir du Bréviaire, des exemples étourdissants pour ceux qui n'en ont pas l'habitude.

Ce qui est certain et assez clair, c'est que les couronnes de lumière étaient généralement regardées comme figurant la Jérusalem céleste (*supra*, n° 18 ; p. 37, sv., not.3, etc.) ; et qu'au commencement du quatorzième siècle Dante peignait avec une complaisance toute particulière l'assemblée des saints sous la figure d'une rose [1] ; or ici nous trouvons la rose et des allusions

---

[1] Cf. Dante, *supra*, n. 18 (p. 39, note 1) ; et *Paradiso*, XXXII, 4, svv.

Je pourrais, si ce n'était ouvrir un trop large espace à un accessoire, rappeler avec quelque étendue les *roses* des églises, qui généralement montrent le ciel ouvert : Règne (ou triomphe) de Jésus-Christ, triomphe de la Mère de Dieu, assises célestes pour le jugement général ; c'est à quoi presque toutes se peuvent ramener. Car qui ne voit, par exemple, que

à la cité bienheureuse de l'Apocalypse dans le tracé de notre couronne, qui prétend, entre toutes, être fidèle au symbolisme des couronnes, puisque son inscription débute par l'annoncer en toutes lettres pour que nul n'en ignore :

« Cœlica Jerusalem signatur imagine tali. »

Reste à savoir si ces coïncidences sont fortuites. Je crois que non ; et sans imposer cette conjecture au lecteur, je passe outre à la description.

20. Tous les médaillons dessinés en petit dans le plan horizontal (pl. IV) forment la base d'une tourelle dont ils indiquent la forme, et les scènes qu'ils représentent sont gravées dans le cuivre, mais jamais ciselées. Les médaillons carrés et en quatre-feuilles sont en outre percés à jour (pl. IV, V, VII et X), sauf celui où est figuré S. Michel sous la grosse pomme d'où partent les rameaux de la chaîne (pl. III, IV et VIII). Ce dernier, dont le diamètre réel est de 41 centimètres, n'est que peint en brun, or et noir [1], et dans chacun des quatre lobes qui environnent le buste de l'archange on a repoussé en arrière la partie du métal qui correspond aux petits cercles, sans doute pour obtenir un noir plus vigoureux.

l'homme relevé par l'Incarnation au dessus de l'état qui avait précédé le péché (*Vitraux de Bourges*, Etude xx, fig. c), ou l'Eglise comblant les vides laissés dans le ciel par l'apostasie de Lucifer (*ibid.*, fig. A), ce sont des formes du *règne de Jésus-Christ*? Mais pour qu'on ne nous soupçonne pas d'être réduits à un aperçu poétique qui serait né dans le cerveau de Dante sans avoir de racines dans l'âge auquel appartient notre monument, voici le témoignage du grand Innocent III, copié maintes fois par Durand de Meude et autres. Cet illustre pape, expliquant au peuple romain le rite de la rose d'or (Sermo in Dominica *Lætare*, ap. G. Cartari, *La rosa d'oro pontificia*, p. 167, sq.), fait bien voir que notre symbolisme était reçu de son temps : « Hunc ergo florem romanus pontifex repræsentat non in omni tempore, sed in hac tantum dominica quæ septima est ab illa quæ *septuagesima* nuncupatur ; quia Christus non qualibet hora, sed septima tantum ætate videtur ab illis qui beata requie consolantur. In sexta numque cernitur Christus per fidem (*il s'agit de l'âge actuel du monde, dans un système fort accrédité*), in septima vero (*après la fin du monde, selon le même ordre d'idées*) cernitur Christus per speciem... Nam videtur in vita beata....

« Sex dies sunt in quibus licet homini operari, in septimo vero die requievit Deus ab omni opere quod patrarat; et ideo septenarius requiem significat. Unde septimus dies, septima hebdomada, septimus mensis, septimus annus est feriatus in Lege (Gen. VIII, 4. — Exod. XVI, 26; XXIII, 11.— Levit. XXV, 4. — Etc.); præsertim autem qui post septenarium sequitur jubileus (Levit. XXV, 8, sqq.). Recte igitur in septima tantum dominica flos iste fidelibus demonstratur, quia Christus in septima tantum ætate ab animabus sanctis videtur. Quocirca flos iste non in quolibet loco, sed in hac recte basilica (*S° croce in Gerusalemme*) videndus ostenditur, quæ sanctæ crucis in Hierusalem appellatur : supernæ Hierusalem typum

obtinens et speciem repræsentans, de qua dicit Apostolus in epistola quam audistis (Galat. IV, 26) : « Illa quæ sursum est Hierusalem, libera est, quæ est mater nostra; » in qua Christum angeli sancti et beatæ animæ contemplantur. Etc.

« Petamus ergo, fratres et filii, petamus in oratione credentes.... ut de sacramento rei quam celebramus, perducat nos Deus ad rem sacramenti quam exspectamus ; ubi vita sine morte, dies sine nocte, certe sine forte ; ubi erit securitas sine timore, jucunditas sine dolore, tranquillitas sine labore ; ubi erit pulcritudo sine deformitate, fortitudo sine debilitate, rectitudo sine perversitate; ubi erit caritas sine malitia, etc. »

Si quelqu'un imaginait qu'un témoignage comme celui d'Innocent III (transcrit, du reste, par quantité de liturgistes *à la suite*) peut absolument se résoudre en une autorité personnelle, pour haute qu'elle soit, nous lui citerons le formulaire même employé depuis je ne sais combien de temps pour la bénédiction papale de la rose d'or. On y verra que ce sont toujours les mêmes idées, consacrées par un emploi si grave qu'il devait leur donner force de loi (*ibid.*, p. 25) : « Oremus. Deus..... qui es lætitia et gaudium omnium fidelium, majestatem tuam suppliciter exoramus ut hanc rosam odore visuque gratissimam, quam hodierna die in signum spiritualis lætitiæ in manibus gestamus, benedicere et sanctificare tua pietate digneris ; ut plebs tibi dicata, ex jugo Babylonicæ captivitatis educta,.. illius Hierusalem quæ sursum est mater nostra, sinceris cordibus gaudium repræsentet, etc. »

Il faut bien que l'on soit content de tout cela, car vraiment en dire plus serait greffer un mémoire sur un autre mémoire.

[1] Cette peinture sur métal, dont nous avons à peu près perdu l'entente (si ce n'est même le secret), était fréquemment employée d'une manière fort heureuse à cette époque. Il doit suffire, ce semble, d'indiquer à l'appui de cette assertion les planches VII et VIII de ce volume; et les XIII°, XIV°, XXV°, XXVI°, XXVII°, XXVIII°, XXIX° du premier volume.

Les tours, dans leur hauteur, sont percées de larges vides, en manière de portes, jadis fermées par des vitres, et qui (jusqu'à l'invasion française) servaient de niches à des statuettes d'argent aujourd'hui détruites. Les découpures des grands médaillons de la base donnent lieu de croire que ces tours recevaient aussi des lampes dont la lumière étincelait sans doute à travers cette espèce de dentelle ménagée autour des figures. C'était aussi indubitablement le but des lanternins qui forment le troisième étage des grandes tours, et dont les ornements (pl. III, IX et X) nous ont paru dignes d'être développés avec quelque soin.

L'invasion française (à la fin du siècle dernier) n'a pas seulement fait disparaître les statuettes des tourelles, elle a arraché le réseau d'argent qui courait entre les deux lignes de l'inscription (pl. XI) ; en sorte que pour remplir ce vide aujourd'hui béant il nous a fallu appeler à notre secours une gravure ancienne dont la fidélité n'était pas bien constatée (quoique les *motifs* indiqués par ce témoin nous aient paru convenir à l'époque de Barberousse). C'est pourquoi nous avons adopté modestement un ton pâle pour cette partie de notre planche, qui peut n'être prise que comme une *restitution*.

Quant à l'inscription, elle est peinte sur les deux plates-bandes aujourd'hui séparées par le vide qu'a laissé l'arrachement de la zone centrale; et pour compléter l'échantillon paléographique que formaient les trois ou quatre mots copiés ici en entier, nous avons tracé en marge le calque de plusieurs lettres qui aideront à compléter un alphabet monumental du douzième siècle.

La crête, d'une ornementation un peu lourde, mais fière et relevée par des cordons perlés, est ornée de verroteries, et surmontée de bobèches (pl. XI et III) distribuées trois par trois dans chaque travée, pour ainsi dire (c'est à dire d'une tourelle à l'autre) ; ce qui fait six cierges sur chacun des lobes, et conséquemment quarante-huit en tout.

Une forte chaîne de fer qui soutient cet appareil est entremêlée de globes (ou *pommes*) et de polyèdres en cuivre, à partir du point où elle commence à se ramifier pour aller saisir par huit subdivisions les angles rentrants de la couronne. Un cercle de fer, qui forme comme l'âme de la couronne, est masqué à l'extérieur par la bande qui porte l'inscription; et à l'intérieur il est recouvert par une grecque peinte à la manière des médaillons que nous reproduisons ici (pl. VII et VIII) et des brun-et-or dont nous avons donné plusieurs spécimens dans notre tome premier d'après divers monuments (Cf. *supra*, p. 43, note 1).

Je ne parle pas de l'ampleur et de la fécondité d'imagination qui se déploie dans les ornements : c'est là une qualité si éminente de tout le douzième siècle que vraiment on ferait tort à cette époque si puissante en ayant l'air de supposer qu'un seul monument pût en donner une idée suffisante. Je ne puis que renvoyer aux pages écrites précédemment par mon confrère (t. I, p. 245, svv.) et à celles qu'ameneront d'autres emprunts faits au même art.

MÉDAILLONS.

21. Au faîte, et dominant toute la composition, apparaît S. Michel comme pour né pas permettre de douter qu'il s'agisse de rappeler la cour céleste. Il déroule un bandeau (pl. VIII) qui annonce le terme des travaux endurés par les élus pour parvenir à la gloire : *Nunc facta est salus et virtus* [*et regnum Dei nostri et potestas Christi ejus*] (Apoc. XII, 10).

Cette peinture ne permet pas la moindre hésitation sur l'intention de l'artiste : les ailes de l'archange, son nom tracé en toutes lettres autour du nimbe qui ceint sa tête, sont des indices trop certains. Mais les personnages qui occupent le centre des carrés et des quatre-feuilles à la base des grandes tours sont-ils bien des anges? Je le pense sans pouvoir l'affirmer ni surtout le prouver, si on le conteste. Ils n'ont certainement pas d'ailes, et je ne trouverais pas une réfutation parfaitement péremptoire à l'opinion de qui croirait y voir des figures de femmes personnifiant les huit béatitudes ; car le douzième siècle a des replis difficiles à sonder, si bien qu'on y trouverait ailleurs les vertus cardinales représentées par des anges très caractérisés. Mais enfin quelque chose me dit que ce sont ici des anges ; et je crois pouvoir citer avec une certaine confiance à l'appui de cette opinion celle de mon collaborateur, qui la partageait avec moi avant que nous nous fussions consultés sur ce point. Sa grande habitude des monuments chrétiens et la diversité même de nos esprits fort indépendants en une même étude commune, me paraît avoir son poids quand nous nous rencontrons dans un même avis à l'insu l'un de l'autre.

Bref, que ce soit anges ou n'importe quoi, il est du moins parfaitement clair que ce sont les huit béatitudes : cette sorte de décret divin de toute canonisation passée ou à venir (Matth. V, 3-12.—Luc. VI 20-23), et que pour cela l'Église répète chaque jour aux fidèles durant l'octave de la Toussaint. Chacun des huit anges (car je les prends décidément pour des anges) présente sur sa poitrine un des articles de ce décret (pl. IV, V, VII) ; et trois seulement sont entourés d'auditeurs, mais avec une différence d'attitudes ou même d'expressions qui est assez habilement distribuée. Autour d'*heureux ceux qui pleurent* (pl. IV), ce sont des figures agenouillées ou assises à terre, dont la contenance n'exprime pas mal l'affliction. Près d'*heureux ceux qui ont faim et soif de la justice* (pl. V), se pressent des disciples chez qui la démarche, les gestes et les airs de têtes semblent indiquer l'avidité ; et de plus un oiseau de proie perche au dessus d'eux d'un air inquiet, comme pour dénoter l'aiguillon d'une faim toujours renaissante. S'agit-il au contraire d'*heureux ceux qui sont doux*, vous voyez le petit auditoire se tenir à distance d'un air modeste, et avançant timidement la tête vers l'enceinte occupée par l'ange sans se hasarder à la franchir.

22. Les scènes du nouveau Testament (pl. VI) prêteront à quelques comparaisons avec

d'autres représentations des mêmes mystères et en particulier avec la lampe historiée de M. Carrand (*supra*, p. 20 et 21). L'Annonciation d'Aix-la-Chapelle est à peu près ce que répète l'art latin de tout le treizième siècle [1], sauf que nos artistes de France y introduisent fréquemment le vase de fleurs [2] qui devint comme indispensable dans la suite, et qui peut bien avoir été une allusion au texte d'Isaïe (XI, 1) : *Un rejeton sortira de la racine de Jessé, et une fleur s'élevera de sa tige*. Mais sur la lampe de M. Carrand la très sainte Vierge déroule un fuseau (assez grossièrement représenté), et l'archange semble s'être arrêté à la porte pour lui parler sans pénétrer dans la chambre. C'est une donnée grecque ou plutôt orientale, qui a pour point de départ les Évangiles apocryphes [3] ; aussi ne paraît-elle guère dans l'Église latine que là où le contact plus ou moins immédiat des Grecs influence les artistes, comme par exemple (en partie, du moin) sur les portes de la cathédrale de Bénévent [4]. De part et d'autre le geste qui répond à la salutation de l'ange me paraît être un signe d'humble acquiescement exprimant aux yeux le *fiat mihi secundum verbum tuum*.

La Visitation n'a pas été figurée sur la couronne de Barberousse, et dans les mystères de l'enfance de notre Seigneur elle est souvent omise ; mais on peut en comparer la représentation sur la lampe de bronze avec le bas-relief de la châsse d'Aix-la-Chapelle [5]. La nôtre a cela de caractéristique que sainte Elisabeth, venant au devant de la mère de Dieu, se voile les mains par une sorte de cérémonial ancien dont les traces sont fréquentes dans l'art des pays rattachés par quelque lien à l'Orient chrétien [6]. Quant à la naissance de notre Seigneur, c'est un des tableaux les plus stéréotypés, pour ainsi dire, de l'art chrétien aux âges de foi. Inévitablement on y voit la mère de Dieu couchée ou sur son séant, mais dans un lit (ou du moins sur une sorte de matelas), et communément appuyant la tête sur une de ses mains. S. Joseph,

---

[1] Cf. *supra*, t. I, pl. II (Châsse d'Aix-la-Chapelle, bas-reliefs du toit). — Vitraux de Bourges, pl. XIX; *Etudes* XII, fig. H. (vitrail de Cologne); XIII (abside de Troyes) fig. A; XX, fig. C (rose de Lyon).— Etc. Pas plus ici qu'au saint Sépulcre on ne dira, je pense, que l'ange donne sa bénédiction ; tout comme dans les miniatures de l'Iliade publiées par le cardinal Mai (Milan, 1819) les héros d'Homère ne bénissent sûrement pas les gens auxquels ils parlent. Cf. *supra*, t. I, p. 214, not. 4 ; etc.

[2] Cf. Vitraux de Bourges, *Etude* XV (abside de Sens).

[3] Cf. Evang. de nativ. Mariæ, *cap.* IX; Protevangel. Jacobi Minoris, cap. XI (ap. Thilo, p. 366, sq.; 214-216). — Etc. J'en ai parlé quelque peu au long il y a plusieurs années dans un travail sur les miniatures, qui n'a été tiré à part qu'à une trentaine d'exemplaires, et qu'on m'a fait l'honneur de me redemander quelquefois. En exprimant ici mes remerciements au R. P. abbé de Solesmes, qui a publiquement répété ce même désir dans son 3ᵉ volume des *Institutions liturgiques*, je dois avouer que je ne prévois pas bien quand je pourrai faire honneur à cette invitation bienveillante. Il faudrait terminer un essai qui fut mon début, bien hâté, sur

le terrain du moyen âge ; et, pour ne pas demeurer trop au dessous de témoignages si flatteurs, quelque loisir serait nécessaire.

[4] Cf. De Vita, *Antiquitt. Beneventan.* t. II, p. 420. — Abside de Lyon, dans les *Vitraux de Bourges* (Etude VIII, n. 4). Nous avons eu occasion de faire remarquer (*Bourges*, n° 155; p. 248) que les verrières de Lyon conservaient au treizième siècle la trace d'un art qui n'est pas celui du nord de la France à cette même époque. Nous en verrons d'autres preuves encore. C'était comme le point de rencontre entre les écoles séparées à peu près par la Loire.

[5] *Supra*, t. I, pl. II.

[6] Cf. Bourges, *Etudes* VIII (abside de Lyon), n° 4 (ascension); et IV, fig. D. (*Hortus deliciarum*). — Costadoni, *Osservazioni intorno alla chiesa di Torcello* (ap. Calogerà, *opuscoli*, t. XLIII, p. 323). — Engelhardt, *Herrad von Landsperg*, p. 94. — Buonarruoti, *Vetri*, p. 7, 78. — Reiske, *in Constantin.*, t. II, p. 65, sq. — Etc.

Nous l'avons vu plus d'une fois dans ces *Mélanges*; par exemple t. II, p. 52 (sacramentaire de Metz) et pl. IV (ivoire de Bamberg).

assis près d'elle (quelquefois coiffé d'un bonnet de Juif) fait presque toujours un geste assez semblable, en signe de douleur ou d'inquiétude. L'enfant Jésus emmailloté repose dans la mangeoire des animaux, où le bœuf et l'âne le réchauffent de leur haleine tandis que (le plus souvent) il tourne la tête vers sa sainte mère [1]. La lampe de bronze y fait paraître de plus l'étoile entre les têtes des deux animaux, et ne la répète plus dans la scène de l'Épiphanie.

Dans l'adoration des mages, celui qui s'agenouille le premier nous offre encore cette *étiquette* byzantine des mains voilées (Cf. *supra*, p. 46, note 6); et ici, comme le plus souvent jusqu'à la fin du moyen âge, les trois adorateurs sont des rois bien caractérisés par leurs couronnes [2], tandis que la lampe de M. Carrand, à la façon des monuments carlovingiens et des âges antérieurs, leur donne tout simplement le costume classique des barbares d'Asie.

Nous ne répéterons pas au sujet du Calvaire diverses observations qui ont passé déjà sous les yeux de nos lecteurs quand nous expliquions le *crucifix de Lothaire* [3] et les *cinq plaques d'ivoire sculpté représentant la mort de Jésus-Christ* [4]; après ces mémoires on remarquera bien sans nous la persistance de l'escabeau (*suppedaneum*) et des quatre clous, la situation et la forme de l'inscription (*titulus*), l'ampleur de la ceinture (*perizonium*), la personnification et la place invariable du soleil et de la lune, etc. J'en pourrais dire autant des saintes femmes au tombeau [5]. Quelques remarques seulement sur ce sujet : Quoique bien des traces byzantines se fassent reconnaître dans toutes ces compositions, les linceuls du saint sépulcre n'y affectent pas sensiblement le pli convenu que nous signalions dans les pages précédentes [6] et que les verrières de Lyon reproduisent plus d'une fois [7]. J'ajoute, comme singularité qui peut avoir son prix, que les ailes ébouriffées de l'ange dans ce petit tableau ressemblent beaucoup à la manière dont il est représenté dans le manuscrit byzantino-syrien de la Grande Chartreuse cédé par M. Comarmont à M. Libri, et par ce dernier au *British Museum*.

Le saint sépulcre vide tient lieu de la Résurrection, qui sur le cul-de-lampe est rappelée par S. Thomas guéri de son incrédulité. Rien là d'insolite; mais l'Ascension a, de part et d'autre, des traits que l'art du treizième siècle a laissés presque entièrement tomber [8] en

---

[1] Cf. *supra*, t. I, pl. II. — Bourges, *Etudes* VIII, fig. 4; XII, fig. B; XIII, fig. A; XV et XVI; XX, fig. C. Un vitrail de Fribourg en Brisgau joint à tous ces détails consacrés à la drôlerie de faire soutenir au bœuf et à l'âne, entre leurs dents, les extrémités d'un linge qui forme une manière d'escarpolette sur laquelle est bercé le divin enfant.

[2] Cf. *supra*, t. I, pl. II. — Bourges, *Etudes* VIII, fig. 2; XII, fig. A; XV et XVI; XX, fig. C.

[3] *Supra*, t. I, p. 207—238.

[4] *Supra*, t. II, p. 39-76. Cf. *supra*, t. I, pl. I. — Bourges, pl. I, V et VI; Etudes II, IV, VI, VIII, XII, XIII-XVIII, XX.

[5] *Supra*, t. II, p. 73, sv. J'ai dit que les *myrophores* portent parfois des encensoirs grecs. Dans une miniature du *British Museum* que je citerai bientôt, Ste Madeleine tient une *abnarrache* (sorte d'aspersoir oriental pour répandre des parfums).

[6] A propos de l'émail du prince Sołtykok, p. 31.

[7] Vitraux de Bourges, *Etudes* VIII, fig. 4; et XX, fig. C. Les *Etudes* XIII (Troyes), XIV et XX, fig. D (Sens) ne tiennent point compte de ce système exotique.

[8] Cf. Bourges, *Etude* VIII, fig. 4, ici se présente une remarque semblable à celle qui a été faite plus haut sur *l'Art des Catacombes* (p. 19). On peut avoir fait, et l'on a fait certainement, au treizième siècle quelques représentations guidées par des types généralement désertés alors; mais c'était une queue du douzième siècle (si l'on veut bien me passer cette expression) qui se perdait dans un isolement relatif. C'était œuvre d'artistes ou de pays dissidents, qui protestaient à leur façon (souvent à leur insu), sans enrayer le mouvement général qui court décidément dans une autre direction.

désuétude. Après que l'Occident latin s'est un peu débarrassé des langes byzantins (sans néanmoins quitter toute discipline pour s'abandonner à la fantaisie pure que le moyen âge n'admet pas dans la représentation des mystères), on ne voit plus, que je sache, notre Seigneur tenant sa croix lorsqu'il monte au ciel. L'orfèvre de Barberousse n'avait pas encore franchi ce pas ; mais il s'écarte un peu déjà d'une pragmatique assez établie en Allemagne avant lui. La droite divine qui annonce l'intervention du Pères céleste [1] ne fait ici que bénir (si l'on veut que ce soit un geste de bénédiction), tandis que sur des monuments antérieurs elle saisit la main de Jésus-Christ comme pour l'enlever au ciel ; forme qui rendrait plutôt le mot *assomption* ou *susception* que celui d'*ascension*, et qui répond ainsi assez bien à l'ἀνάληψις des Grecs [2]. Mais qu'est-ce que ces flammes qui flottent ou descendent dans l'air autour de notre Seigneur? On serait porté à croire qu'un même médaillon réunit l'Ascension et la Pentecôte, si ce n'était que la descente du Saint-Esprit sur les apôtres est très clairement représentée dans le médaillon le plus proche. C'est une particularité que je ne me rappelle pas avoir rencontrée ailleurs, et elle pourrait bien exprimer cet enseignement de S. Paul (Eph. IV, 7, 8) qui semble montrer l'Ascension du Sauveur comme la source de tous ses dons [3].

Les deux scènes suivantes ne me paraissent pas appeler d'éclaircissements opportuns cette fois. La dernière, que j'appelle *Jésus-Christ législateur*, domine presque tous les portails des églises construites aux hautes époques ; et je n'y vois guère à remarquer pour le moment que ces deux anges agenouillés qui élèvent leurs mains en les voilant, conformément à un cérémonial byzantin rappelé tout à l'heure. L'inscription tracée le plus souvent sur le livre que notre Seigneur ouvre à tous les regards, *Ego sum lux mundi* [4], et qui est exprimée quelquefois par la représentation du chandelier à sept branches, ne pouvait trouver place en un si petit espace ; mais, répétée aux yeux aussi souvent qu'elle l'était alors, elle devait être présente à tous les esprits ; et c'est, à mon sens, le vrai motif qui explique la réunion de ces mystères du nouveau Testament dans la composition d'un lustre monumental (puisque ce mot *lustre* est comme inévitable, malgré son appropriation aux fêtes séculières). J'y vois une application du langage tenu aux fidèles par l'Église lors des commémoraisons les plus solennelles de l'Incarnation et de la Rédemption [5] ; comme seraient ces mots de la préface de l'Epiphanie : ... *quum*

---

[1] Cf. *supra* t. I, p. 212, svv.

[2] C'est le nom que porte cette scène sur plus d'un monument grec ; mais je ne pense pas que ce soit ici le lieu de s'étendre sur un sujet qui pourra trouver mieux sa place ailleurs.

[3] « Unicuique autem nostrum data est gratia secundum mensuram donationis Christi. Propter quod dicit (Ps. LXVII, 19) : *Ascendens in altum, captivam duxit captivitatem ; dedit dona hominibus.* »

La forme suivie par l'orfèvre qui a modelé le cul-de-lampe me semble inspirée par le premier chapitre de l'épître aux Hébreux, où S. Paul met les anges aux pieds du Verbe Incarné (v. 8) : « Thronus tuus, Deus, in sæculum sæculi ; etc. »

[4] Joann. VIII, 12 ; IX, 5 ; XII, 46. — Etc.

[5] Il ne faut point là de grands efforts de mysticisme. On n'a qu'à prendre ou le Missel ou le Bréviaire (romains, bien entendu), manuels nécessaires de qui veut comprendre les fêtes et les mystères à la façon de l'Église. — *In advent.*, Antiph. major. d. 21 : « O Oriens, splendor lucis æternæ et sol justitiæ, veni et illumina sedentes in tenebris et umbra

Unigenitus tuus in substantia nostræ mortalitatis apparuit, nova nos immortalitatis suæ luce reparavit. Le Fils de Dieu nous apporte la lumière de ses exemples aussi bien que de sa doctrine, en trouvant le moyen de rendre sa personne divine visible aux yeux mortels pour nous élever à l'amour de ce que les sens ne peuvent saisir.

DÉTAILS HISTORIQUES.

23. Sur l'ornementation, je me tais; on a déjà plus d'une fois mis en relief (et l'on y reviendra) mieux que je ne saurais le faire, la rare habileté du douzième siècle en ce genre et l'étonnante variété que savait y répandre une imagination féconde en ressources toujours nouvelles. Mais il ne faut pas quitter notre Couronne sans avoir dit quelle part lui donnait la piété publique dans les solennités chrétiennes.

Ce *phare* était devenu comme l'annonce des grands jours, puisqu'un article de l'obituaire fait voir que, de fondation, il devait être éclairé aux matines des fêtes [1]; mais si la dévotion portait quelque fidèle à faire élever le rite de l'office en l'honneur d'un saint qu'il affectionnait, il ne manquait pas de faire les fonds en particulier pour qu'on *allumât la couronne*. Nous trouvons ces établissements pour sainte Cécile [2], pour la Transfiguration (renvoyée au di-

---

mortis. » — *In vigil. nativit. Domini*, ad *Benedictus* : « Orietur sicut sol Salvator mundi, etc. » — *In nativit. D.*, Hymn. :

« Tu lumen et splendor Patris. »

— Ibid., *ad Matutin.* Anitph. 2 : «Tanquam sponsus Dominus procedens de thalamo suo (Cf. Ps. xviii, 6) . » — *Ibid.*, it., respons. 2 : « Hodie illuxit nobis dies redemptionis novæ, reparationis antiquæ, felicitatis æternæ. » — *It.* Lect. 2 : « Populus qui ambulabat in tenebris vidit lucem magnam; habitantibus in regione umbræ mortis, lux orta est eis. » — Ib. *ad 1 miss.*, orat. : « Deus, qui hanc sacratissimam noctem veri luminis fecisti illustratione clarescere, da, quæsumus, ut cujus lucis mysteria in terra cognovimus, ejus quoque gaudiis in cœlo perfruamur. ». — It. *gradual.* : « Tecum principium in die virtutis tuæ in splendoribus sanctorum.... » — It., *Commun.* : « In splendoribus sanctorum, ex utero ante luciferum genui te. » — It. *ibid.*, introit. : « Lux fulgebit hodie super nos.... ». — It. *ibid.*, orat. : Da nobis, quæsumus, omnipotens Deus, ut qui nova incarnati Verbi tui luce perfundimur, hoc in nostro resplendeat opere quod per fidem fulget in mente. » — It. *ad 3 miss.*, gradual. : « Hodie descendit lux magna super terram. » — Ibid., *evangel.* : « Lux in tenebris lucet.... non erat ille (*Joannes*) Lux, sed ut testimonium perhiberet de lumine. Erat lux vera quæ illuminat omnem hominem.... » — It. *præfat.* : « Per incarnati Verbi mysterium nova mentis nostræ oculis lux tuæ claritatis infulsit.... » — Etc.

Si nous ouvrions l'Office de Pâques, ce serait bien autre chose, pour la bénédiction du feu nouveau et du cierge pascal, par exemple.

[1] Necrol. aq., p. 65. Nous laisserons cette indication à la suite du texte curieux qui la contient et qui formera la note suivante.

[2] Ibid. « x Kl. (*Decembr.*) Obiit Martinus de Kudenchoven clericus B. Mariæ Virginis in Aquis. Contulit fratribus canonicis existentibus xix solidos aquenses.... annis singulis persolvendos et distribuendos in festo S. Ceciliæ virginis, sub solemnitate festi duplicis celebrando : quorum solidos ix, et vi denarios, solvit domus quæ dicitur *luna*, sita in foro, in nativitate Domini ; et eadem domus solvit solidos ix et vi denarios de prædictis solidis, in nativitate S. Johannis Baptistæ. Item in dicto festo distribuentur iv solidi census fundi qui recipientur a domo Gerardi pellificis, extra acutam portam manentis ; qui solidi sic distribuentur, videlicet : Duo decano, cujus interest missam celebrare, dabuntur vi denarii ; — diacono, iii; subdiacono, iii; — item cantori cujus interest in dicto, festo custodire chorum, vi denarii ; dentur et iii denarii cuilibet suo collaterali; quos solidos distribuat cellerarius.... De quibus etiam iv solidis prædictis habebit custos (*le sacristain*, Cf. *infra*, n° 29) qui pro tempore fuerit, ii solidos ut coronam accendat in primis vesperis et ad summam missam ; nam in matutinis, sicut in aliis festis, id facere tenetur. Etc. »

Toutefois l'usage signalé par les dernières expressions de ce texte ne devait pas remonter jusqu'au temps de Barberousse, puisqu'en 1236 le prévôt Othon d'Everstein établissait que la mense prévôtale supporterait les frais nécessaires pour éclairer la Couronne aux matines de certaines fêtes. Voici l'acte de cette fondation (ap. Quix, *Codex diplomaticus aquensis*, n° 158; t. 1, P. ii, p. 109) : « Otto, Dei gratia aquensis et trajectensis præpositus, universis et singulis Christi fidelibus ad quos præsens scriptum pervenerit, in Domino salutem. Quum, sicut Propheta testatur, decor domus

manche qui suivait la Saint-Pierre-ès-liens) [1], pour le jour de sainte Ursule et de ses compagnes [2], de sainte Catherine [3] et de sainte Barbe [4] ; à quoi un chanoine d'Aix, natif de Maëstricht, fit joindre (ou peut-être est-il un des premiers qui introduisirent ce genre de dévotion au milieu du treizième siècle) la fête de S. Servais [5], patron de son pays.

Je suis trop peu au fait de l'histoire d'Aix-la-Chapelle pour pouvoir éclaircir les époques de ces fondations diverses, ou les valeurs variables du sou d'Aix ; autrement il pourrait être bon de rechercher par quels motifs les frais alloués pour l'éclairage de la couronne flottent dans

Domini diligendus et amplectendus sit ab omnibus orthodoxæ fidei cultoribus; nos prædecessorum nostrorum venerabilium aquensis ecclesiæ præpositorum vestigiis inhærentes, decori domus Domini et maxime aquensis ecclesiæ tot et tantis ornatibus et decoribus insignitæ et magnificis privilegiis sublimatæ cupientes intendere; concedimus et præsenti scripto perpetuo stabilimus ut in festivitatibus Philippi et Jacobi apostolorum, B[i]. Ægidii confessoris, et S. Thomæ cantuariensis archiepiscopi et martyris, in prædicta ecclesia in matutinis corona de præpositurae sumptibus solemniter accendatur. Et ut hoc factum nostrum ad honorem Dei et gloriosissimæ matris ejus felicissimæ Virginis Mariæ, et prænominatorum sanctorum etiam perpetuum robur obtineat, præsens scriptum sigillo nostro dignum duximus communire.

« Acta sunt hæc anno Domini MCCXXXVI, regnante gloriosissimo Friderico Romanorum imperatore secundo. »

Je supposose, à défaut de documents qui me soient connus, que la couronne de Barberousse (ou de Béatrice) aura d'abord été destinée à n'éclairer que les offices des plus grandes solennités; et que peu à peu le désir d'en jouir dans toute sa splendeur en aura fait étendre l'usage à la nuit de toutes les fêtes. Le grand *phare* donné à Saint-Pierre par le pape Hadrien (huitième siècle) n'était destiné à luire qu'aux quatre principales fêtes de l'année (Anast., p. 251, sq.) : « Fecit et pharum majorem in eadem B. Petri ecclesia in typum crucis. qui pendet ante presbyterium, habentem candelas mille trecentas et septuaginta ; et constituit ut quatuor vicibus in anno ipsum pharum accendatur : id est in nativitate Domini, in Pascha, in natali apostolorum, et in natali Pontificis. »

[1] Necrol. aq., p. 44 : « Nonas (*Augusti*). Festum transfigurationis Domini celebratur proxima dominica post Petri ad Vincula; pro quo dedit Dnus Heribertus de Hergenrot fratribus præsentibus II marcas, sociis I marcam, organistæ II denarios, campanatoribus item de incensione coronæ. »

On verra au dernier article de ce Mémoire pourquoi les *sonneurs* figurent à propos de luminaire.

[2] Necrol. aqu., p. 58. « XIII Kl. (*Januar.*) Matthias de Colonia, canonicus S. Mariæ aquensis, et camerarius ejusdem pro tempore, constituit solemnitatem XI millium virginum sub festo triplici in eadem ecclesia celebrari. Ordinavit igitur, ad id solemnius celebrandum, III marcas et VI denarios cum uno canone annui census tali ordine distribuendas in eadem solemnitate : Canonicis præsentibus in primis vesperis, VI solidos ; et sociis cuilibet obolum ; item in missa, canonicis VI olidos ; et sociis cuilibet obolum ; — item in secundis vesperis, cuilibet sociorum obolum. — Item cantori cum suis adstantibus, cuilibet VIII denarios ad custodiendum chorum ; item missam celebranti, VI denarios ; — diacono legenti, IIII denarios ; et subdiacono legenti, IIII denarios ; — item magistro scholarium, ut cogat scholares ad chorum, et ut ludendi licentiam habeant, III denarios ; — item, ad idem, succentori III denarios ; — ad coronam in matutinis et in missa incendendam, IIII solidos, quos camerarius dabit custodi altaris B. Virginis ; — item incensori, III denarios ; item campanatori cujus septimana fuerit, ut solemnius pulset, III denarios ; item cantanti in organis, unum caponem.... Item in matutinis, invitatorium cantantibus, cuilibet II denarios. »

Je ne sais si quelqu'un ne tiendra pas toutes ces citations pour un peu longues, quant à moi j'y trouve un certain *bouquet* de bonhomie, et de bonne administration (mot terriblement gâté depuis ce temps-là) ; si bien que je le continuerai encore à l'occasion, sans nul remords.

[3] Necrol., p. 66 : « VII Kl (*Decembr.*). Willelmus de Pomerio, canonicus aquensis, constituit celebrari festum B. Catherinæ sub triplici festo. Ordinavit igitur... IV marcas annui census... (*tarif à peu près semblable au précédent*)... — item ad coronam incendendam in matutinis et in missa, IV solidos quos cellerarios dabit custodi altaris B. Virginis ; — item incensori III denarios ; — item socio suo cujus septimana fuerit, ut solemnius pulset, I.... cantanti in organis, V denarios...; et quod superest dabitur primis, in matutinis. »

[4] Necrol., p. 68 : « II nonas (*Decembr.*) Dnus Reinardus dictus Dunkel, decanus S. Adalberti et canonicus ecclesiæ S. Mariæ aquensis, et Dnus Ar. de Dermunde, vicarius Dni regis, pariter constituerunt solemnitatem S. Barbaræ virginis sub festo triplici in ecclesia prædicta celebrari. Ordinaverunt igitur, ad id solemnius peragendum, III marc. XVIII den. annui census tali ordine in eadem solemnitate distribuendas ; videlicet : ..... — rectori scholarium et succentori, ut cogat scholares ad chorum, cuilibet III denarios ; — item campanario cujus septimana est, ut solemnius pulset, III denarios ; — cantanti in organis, XII denarios ; — ad coronam in matutinis et in missa accendendam, IIII solidos ; et accendenti, III denarios.... — item scholaribus ad matutinum existentibus, ad focos (*galettes*, founces), VI denarios. »

[5] Necrol., p. 29 : « IV idus (*Mai.*). Ego Garsilius de Trajecto, canonicus aquensis, feci fieri festum S. Servatii et celebrare cum tribus cappis ut consuetum est in festis triplicibus ; et dedi ..... Custodi, qui pro tempore fuerit, IV solidos de incensione coronæ in matutinis et in summa missa ; etc. »

les divers documents entre deux, quatre et six sous. Cela peut d'ailleurs avoir sa source dans des faits très divers, dont la véritable appréciation m'échappe tout à fait. Il faut donc passer à des sujets où je voie un peu plus clair.

VII.

DIVERSES COURONNES SEMBLABLES A CELLE D'AIX-LA-CHAPELLE.

24. On se rappelle, je le suppose, qu'il a été fait mention précédemment de quelques couronnes de lumière (n°ˢ 17 et 18 ; p. 36-38) dont s'est conservée au moins une mention irrécusable. Pour n'y ajouter que des lieux et des dates quelconques, ce n'était pas la peine de fureter laborieusement dans les collections de chartes et les histoires locales, puisque les critiques de S. Bernard (*supra*, p. 36, note 2) permettent de conclure que ces *roues*, l'un de ses cauchemars, étaient plutôt une mode assez répandue qu'une singularité clairsemée. Aussi, sans la fièvre de vandalisme qui s'empara de la France à la fin du siècle dernier, nous posséderions encore plus d'une de ces couronnes de lumière, dont les chaudronniers ont fait seuls leur profit ; car nous savons que jusque là plusieurs cathédrales avaient protégé ces vieux témoins de l'ancienne piété contre l'envahissement d'un goût nouveau, qui déjà sans doute en avait fait disparaître quelques vingtaines avant que le grand tourbillon vînt balayer les derniers. La cathédrale de Toul en conservait une énorme, qu'on faisait remonter jusqu'aux premières années du douzième siècle (pour le moins)[1] ; et l'église abbatiale de Reims avait *remis à neuf* en 1733 sa couronne dorée *de fer et d'airain*, qui fut fondue en 1793 comme tant d'autres œuvres d'un art dont il nous faut chercher aujourd'hui les vestiges quasi comme pour l'Assyrie ou l'Égypte, tant le ravage s'y est cordialement appliqué !

De ce monument-là, toutefois, nous pouvons dire quelque chose de plus que sur les autres, grâce à certaines traces qu'il a laissées après lui. Nous en donnons même une gravure (pl. XII, fig. A) ; mais il en existe une autre estampe[2] qui a paru presque en même temps

---

[1] Morel, *Notice.... de la cathédrale de Toul*, p. 40 : « En avant de l'ancien maître-autel était suspendue, à peu près à 7 mètres du sol, une couronne en argent et or (?) d'environ 20 mètres de circonférence, dont l'évêque Pibon avait fait présent à la cathédrale. La bande circulaire de la couronne, haute de 22 centimètres environ, était garnie des statuettes des douze apôtres, ayant entre chacune d'elles huit candélabres (*flambeaux?*) ; et Pibon y avait fait graver plusieurs vers de sa composition. Douze chaînes en cuivre la réunissaient à une chaîne plus forte, qui était également en cuivre, et suspendue à la voûte. On raconte qu'en 1784 un juif de Metz, nommé Mayeur, offrit mille francs au chapitre pour avoir la permission de nettoyer cette couronne (*Si le digne Israélite n'était pas un amateur renforcé, cela donne tout lieu de croire que les matières précieuses étaient vraiment considérables dans ce gigantesque bijou*) ; mais M. Tardif, alors promoteur, s'y opposa. On n'illuminait la couronne qu'à la messe de minuit, et aux secondes vêpres du jour de S. Etienne (*patron de l'église*). » Cette citation de la *Notice* est tout ce que je puis dire de la Couronne de Toul, et j'ignore à quelle source on en a puisé les détails.

[2] Pr. Tarbé, *Trésor des églises de Reims*, p. 214, sv.

que mon collaborateur mettait la sienne au net sur l'acier; et elles se ressemblent bien plus qu'elles ne se répètent, divergence qui demande à être expliquée. L'éditeur rémois de la lithographie qui a précédé la publication de notre pl. XII déclare s'être servi d'un *dessin fidèle*; l'intention était fort bonne, et la confiance un peu grande peut-être envers un artiste dont le modèle n'existe plus pour prêter au collationnement. Quant à nous, qui ne connaissions pas alors ce *dessin fidèle* (conservé peut-être à Reims, mais non autrement signalé par M. Tarbé), nous avons suivi avec quelque scrupule un autre original dont nous devions la connaissance à un savant rémois, M. L. Paris. C'est l'œuvre d'un calligraphe plutôt que d'un dessinateur [1]; mais elle remonte au seizième siècle, et peut conserver le souvenir de formes qui auraient été en partie altérées plus tard. Il se pourrait donc que les deux estampes fussent vraies, et que celle de M. Tarbé dût ses créneaux, ses pignons à bannières (ou girouettes), ses meurtrières, ses chaînes, etc., à une restauration du dix-huitième siècle (peut-être la *remise à neuf* de 1733) ou du dix-septième, dont nous n'avons rien à dire. En ce cas, M Prosper Tarbé remonterait trop haut pour la justification de ses tourelles quand il dit (p. 214) : « Au « moyen âge tout revêtait la forme des fortifications; les églises même étaient parfois cré- « nelées et flanquées de tours (*ce qui ne me paraît pas très applicable à la France septen-* « *trionale*) : il est possible (*pas probable, du moins,*) que la mode ait donné une forme analogue « à des objets dont la destination était toute pacifique. »

Pour moi, qui n'ai pas à défendre la gravure comme mienne, et qui en dirais mon avis sans balancer si j'avais trouvé qu'elle interprétât trop librement son modèle, je déclare, vérification faite, que j'y vois une reproduction presque scrupuleuse de la *pourtraicture* exécutée par Jacques Cellier à la fin du seizième siècle; et que, sans être un calque, elle peut être prise comme copie fidèle jusqu'à une sorte de sévérité [2]. Car, avec la grande habitude qu'a du moyen âge le P. Arthur Martin, il eût été fort excusable de vouloir interpréter plusieurs

---

[1] Voici le titre du manuscrit qui porte à la Bibliothèque nationale l'indication : *Suppl. franç.*, n° 153 : « Recherche de plusieurs singularités par Francoys Merlin controlleur général de la maison de feu Mme Marie Elizabeth, fille unique de feu roy Charles dernier, que Dieu absolve. — Portraictes et escrites par Jacques Cellier demourant à Reims. — Commencé le 3ᵉ jour de mars 1583, et achevé le 10ᵉ septembre mil v° quatrevingtz et sept. »
Après plusieurs dessins d'architecture retraçant un peu librement les monuments de Reims, et avant d'autres pages semblables sur les monuments de Paris, le feuillet 86 (notre original) porte ce titre : « C'est le portraict de la couronne qui est au meilleux du cœur de ladicte église Sainct Remy, laquelle a esté mise en cest endroict en l'honneur et souvenance de l'aage dudict patron qui vescut iiii^xx et xvj ans; partant il y a allentours iiii^xx et vxj chierges. »
Tout en traitant Cellier de calligraphe, je ne voudrais pas laisser croire que ses pages fussent sans une vraie valeur. Outre le monument que nous lui empruntons, il est des indications (par exemple pour le sanctuaire de Notre-Dame de Paris) où une restauration l'utiliserait fort bien.

[2] J'aurais voulu rencontrer quelques détails dans un autre manuscrit de la première partie du dix-septième siècle, où je trouve cinquante-cinq pages in-4° consacrées à la Couronne de Saint-Remi. Mais le pieux auteur, bénédictin de la congrégation de Saint-Maur (D. Marcelin Ferey), était beaucoup trop enclin à une mysticité un peu guindée, pour aborder ces descriptions minutieuses qu'un antiquaire aimerait à recueillir; d'autant que la *couronne* était pour lui un thème inévitable d'applications qui emportent le fonds; car il a laissé manuscrites des *Couronnes du Verbe incarné, Couronnes de la Mère de Dieu, Couronnes de S. Joseph* (si j'ai bonne mémoire). C'est encore à peu près la veine qu'il suit dans le volume presque entier (du *résidu S. Germain*, à la Biblio-

traits vagues et comme tremblés, dont il ne s'est écarté que par une précision plus ferme que sa main hardie ne lui permettait pas d'éviter.

De l'*échelle* du dessin je ne trouve pas un mot, ni même un indice quelconque[1] dans le manuscrit du bonhomme Cellier, qui ne songe guère à cela.

25. Je ne puis pas réussir à croire ce que l'on raconte des motifs pour lesquels cette couronne de lumière serait circulaire, — et elle ne l'est vraiment pas, — ou compterait quatre-vingt-seize flambeaux au lieu d'un autre nombre. Sa vraie forme (selon la *pourtraicture* de Cellier) peut s'exprimer ainsi : Elle se compose de douze arcs égaux, qui appartiendraient à douze cercles égaux eux-mêmes, inscrits dans un cercle qui les embrasserait tous ; de manière que ces petits cercles, qui se coupent successivement, seraient tangents de deux en deux (et conséquemment sécants de deux en deux). A l'intersection des arcs se trouve placée une tour qui est tangente aux deux petits cercles, et qui serait tangente au cercle circonscrit. On peut la considérer comme occupant l'angle d'un carré inscrit à la circonférence, et dont chaque côté couperait trois des petits cercles. Trois carrés répondant à ces données marqueront (avec l'intersection des arcs) la place des douze tours. Ainsi la couronne sera vingt-quatre fois tangente au cercle circonscrit, comme celle d'Aix-la-Chapelle l'est seize fois ; c'est à dire

---

thèque nationale, paquet 19, n° 2) que je consultais pour l'affaire présente, et qui a pour titre : « Les excellences et grandeurs de S. Remy archevesque de Rheims, par rapport aux grandeurs du Verbe incarné, divisées en quatre parties : — La 1ʳᵉ comprend tous les estats de sa vie ; — La 2ᵉ propose et expose ses vertus ; — La 3ᵉ contient ses principales qualitez et tiltres d'honneur ; — La 4ᵉ explique toutes les parties du temple dédié à S. Remy, qui représentent les perfections de cet incomparable prélat. » L'écrivain, se ravisant après ce titre et la table qui le suit, annonce une partie spéciale sur notre monument ; voici les propres paroles de son avant-propos (Dessein de l'autheur) : « La cinquième partie contient l'explication de la couronne de S. Remy, qui est devant le grand autel, qui est composée de douze tours avec autant de pyramides, et de 96 chandeliers qui marquent et figurent autant de perfections de nostre saint prélat. »

Tout cela peut être fort édifiant ; mais l'archéologie est le moindre souci du respectable moine, qui nous donne très peu à glaner dans ses cinquante et quelques pages ; car chaque tour lui est tout simplement l'occasion, si ce n'est le prétexte, d'exposer une prérogative de son héros : les pyramides sont des grandeurs du saint, et les huit chandeliers qui garnissent les arcs de cercle d'une tour à l'autre figurent huit traits de sa vie ou des faveurs qu'il a reçues de Dieu.

Si nous ne possédions aucun autre renseignement, ceux-là auraient de l'intérêt ; mais je ne parviens pas à y rencontrer une indication monumentale que le calligraphe Jacques Cellier ne nous ait transmise avec son dessin, sauf qu'il nous donne la couronne comme étant de cuivre doré. Puis il ne traite que comme un *on dit* de *quelques-uns* ce prétendu choix du nombre 96 pour exprimer le chiffre des années qu'avait vécu S. Remi ; à quoi il ajoute cette autre opinion, rapportée avec quelque inexactitude par M. Tarbé (p. 214), qu'on avait voulu rappeler par la forme circulaire de cet ornement un *mezzo termine* imaginé par le pape S. Léon IX, dans un concile de Reims, pour couper court aux contestations de préséance en faisant former un cercle au milieu. Mais cela ne me fait pas l'effet de rien valoir (Cf. Marlot, à la note suivante).

[1] Marlot (*Metrop. remensis*, libr. III, cap. 7 ; t. 1, p. 330 sq.) nous livre quelques renseignements de plus : « Chori medium, juxta Aquilam, corona occupat ingentis magnitudinis, a fornice catenis ferreis suspensa ; cujus diametrum est decem et octo pedum, circumferentia vero quinquaginta quatuor. In ea 96 sunt candelabra, parva quidem, sed totidem crystallis distincta, quæ felices hos annos repræsentant quos B. Remigius in hac vita complevit. Sunt quoque duodecim turriculæ, quibus circumferentiæ partes nectuntur ; et in limbo aureo (?) qui coronam ambit, legitur B. Joannis evangelium de Verbi æternitate, uncialibus literis conscriptum. Totum hoc opus ex æreis laminis confectum est, quas a turricula in turriculam clathra ferrea sustentant. An ut splendorem chori augeat, ab abbatibus positum sit, vel in æternum sancti Leonis IX monumentum, qui litem inter remensem et trevirensem archiepiscopos exoritam... sopire cupiens, episcopos in modum coronæ sedere jussit, non ausim asserere. » Ainsi, 18 pieds de diamètre à Reims, à peu près autant à Toul, 10 pieds *du Rhin* (plus de 3 mètres) à Aix-la-Chapelle ; ce sont des indices de l'ampleur avec laquelle on entendait traiter ces couronnes vraiment monumentales, pour qu'elles pussent figurer tout de bon dans une église comme celles que l'on construisait alors.

que dans chacune de ces deux couronnes le nombre des points tangents au cercle circonscrit est double du nombre des arcs qui la composent.

Fera cette construction qui voudra, pour suivre plus sûrement le procédé de détermination et les corollaires qui en dérivent ; je ne la note pas seulement pour l'acquit de ma conscience, mais parcequ'elle peut conduire à l'appréciation des raisons géométriques et mystiques qui ont donné naissance au tracé des roses exécutées dans les grandes églises du moyen âge ; à quoi on n'a pas assez fait attention, ce me semble. Et si l'on venait à me chercher querelle sur ces esquisses, j'en dirais bien d'autres ; car, encore une fois, il s'en faut de beaucoup que j'aie épuisé mes munitions. Il y a là le germe d'une théorie que l'auteur allemand de l'*A. B. C. gothique* n'a pas assez creusée, outre que ses études sur l'emploi du compas sont trop restreintes à l'époque de la décadence. M. Sulpice Boisserée l'avait pris de plus haut ; mais il laisse encore bien à faire pour les esprits qui sauront unir à la connaissance des auteurs ecclésiastiques une certaine trempe d'esprit ferme, où l'amour du symbolisme n'exclura pas le calme qui sait vérifier les données des livres et du crayon sans s'éprendre de résultats trop hâtés.

Pour nous, qui n'avons jusqu'à présent à juger que deux couronnes un peu fidèlement reproduites, comment y méconnaître une parenté d'idées d'autant plus saillante qu'elle se montre à travers les différences bien sensibles de ces deux monuments? De part et d'autre une rose obtenue par un procédé évidemment commun, de part et d'autre l'équerre combinée avec le compas (le carré avec le cercle), de part et d'autre le nombre des flambeaux (48 à Aix, 96 à Reims) produit des facteurs 2 et 3 (ou, si l'on veut, 4 et 12) qui peuvent exprimer les données essentielles de la construction. A Reims : 3 carrés [1], 12 arcs de petits cercles, 12 tourelles, 24 personnages dans les tourelles, 96 chandeliers ; à Aix : 8 arcs de petits cercles, 4 carrés qui déterminent la place des tours, 4 tours carrées, 4 tours en forme de quatrefeuille, 8 tourelles cylindriques, 48 chandeliers. On doit pressentir en tout ceci une influence de symbolisme puisée ailleurs que dans l'histoire de S. Remi (Cf. *supra*, p. 53) ; d'autant que nous avons vu le moyen âge assez d'accord à mettre dans ses couronnes de lumière l'idée de la Jérusalem céleste. Celle de Reims suivait sûrement le même système, bien que son inscription semble avoir été tout simplement le commencement de l'Évangile de S. Jean ; à quoi, du moins, le souvenir de S. Remi ne se rattachait pas d'une façon bien étroite. Sans grande tension d'esprit on relierait cela au souvenir de l'Église triomphante ; mais tenons-nous au certain, qui suffit abondamment.

---

[1] On peut en supposer un quatrième qui, au lieu d'aboutir par les angles au-delà des points d'intersection des cercles, serait tout entier compris dans la couronne. Il appuierait ses quatre angles au milieu de quatre arcs, et couperait par chacun de ses côtés quatre des petits cercles, marquant ainsi dans la couronne quatre faces égales, flanquées chacune de trois tours, et qui répondraient au texte : *Ab oriente portæ tres, et ab aquilone portæ tres*, etc. Cf. *supra*, p. 42.

COURONNE DE LUMIÈRE A AIX (Pl. I-XII).   55

Je ne mentionne point la couronne du Mont-Cassin (ci-dessus, p. 34, note 6), parceque les trente-six lampes suspendues qui la complétaient ont l'air d'en faire une transition entre la couronne romaine de la page 32 et nos couronnes de lumière d'Aix, de Reims, etc.

26. La cathédrale d'Hildesheim, parmi tant d'autres précieuses reliques des siècles de foi qu'elle a pieusement conservées jusqu'à nos jours, possède encore deux couronnes de lumière que nous ne renonçons pas à reproduire ; mais Dieu sait quand ce pourra être. Aujourd'hui nous n'en pouvons parler que sur la foi d'autrui, et d'après la description verbale d'un auteur moderne [1]. Telle qu'on nous décrit la plus grande (qui est de la fin du onzième siècle), elle ressemble un peu à la lithographie de celle de Reims, et se résout aussi peut-être dans la réalité en douze arcs de petits cercles, au lieu de former un cercle continu. Les douze tours sont ouvertes en manière de portes triomphales, comme à Aix-la-Chapelle, et logeaient jadis chacune quatre statuettes d'argent représentant les grands personnages de l'ancien Testament et les personnifications des vertus. Les noms qui se lisent encore sur les arceaux des tours conservent du moins la pensée de l'auteur; je les traduis, en employant le caractère italique pour séparer des personnages historiques les vertus qui les accompagnent [2] (par où l'on apercevra tout d'un coup qu'ils alternent dans l'ordre 3 - et - 1) :

Abstinence. JÉRÉMIE. *Douceur. Sainteté.*
OSÉE. MOÏSE. JOEL. *Modestie.*
Foi. ISAIE. *Vérité. Espérance.*
HABACUC. ÉLIE. ZACHARIE. *Paix.*
Prudence. DANIEL. *Bénignité. Continence.*
NAHUM. DAVID. SOPHONIE. *Piété.*

Patience. ÉLISÉE. *Persévérance. Sobriété.*
AGGÉE. NATHAN. MALACHIE. *Charité.*
Tempérance. JOB. *Force. Humilité.*
JONAS. SAMUEL. MICHÉE. *Chasteté.*
Grâce. EZECHIEL. *Miséricorde. Justice.*
AMOS. AARON. ABDIAS. *Prudence.*

Je pense que les petits donjons qui couronnent chaque tour servaient de lanternins pour des lampes ; mais en outre, d'une tour à l'autre, six flambeaux portent des cierges dont le nombre total monte ainsi à soixante-douze. De plus, au milieu des arcs compris entre deux tours, douze niches portent encore les noms des douze apôtres [3], dont elles contenaient les statuettes. Ainsi les statuettes étaient, en tout, au nombre de soixante.

---

[1] J. M. Kratz, *Der Dom zu Hildesheim*, 2ᵉ Theil ; Text., p. 78, svv. La gravure d'une couronne plus petite, publiée dans l'atlas du même ouvrage (pl. 8), permet de s'en former une idée approximative.
Je ne sais si la grande couronne d'Hildesheim n'a pas été publiée par M. de Gudenau, chanoine de cette église, il y a quelque trente ans ; mais ses travaux ne me sont connus que par des indications très vagues, et je crains qu'ils ne soient pas tout à fait dignes d'une cathédrale si importante.

[2] On pourrait s'essayer à reconstituer la série primitive de cette nomenclature, en s'aidant de l'ordre observé par S. Paul (Gal. v, 22, sq.) dans l'énumération des *fruits du Saint-Esprit*, ou de la succession historique des personnages énoncés, etc. ; mais il faudrait savoir jusqu'à quel point ce re-

dressement est autorisé par la condition matérielle des *pièces*. Car malgré les remaniements bien constatés de cette couronne, l'inspection attentive des morceaux qui la composaient dès l'origine pourrait seule légitimer une accusation d'intelligence contre les orfèvres du seizième siècle et du dix-septième qui ont eu à la retoucher en diverses occasions.

« Pour réparer des ans l'irréparable outrage. »

[3] Je ferai sur les inscriptions de ces niches la même observation que sur celles des tours ; car les apôtres ne me semblent pas avoir dû être placés dans l'ordre qu'indique M. J. M. Kratz. Ce n'est pas, du reste, que j'y attache une grande importance pour une époque et une contrée où l'on sait très bien qu'il n'y avait nul lieu à controverse. Lorsqu'expliquant les *Vitraux de Bourges* (n° 208, p. 229) je dispo-

Cette couronne, la plus grande des deux qui existent encore à Hildesheim, est un présent de l'évêque Hézilon au onzième siècle [1], et semble avoir été commencée par S. Bernward. Les membres essentiels sont de cuivre doré, et la dentelle du pourtour était jadis en argent. L'inscription tracée sur les cercles supérieur et inférieur qui maintenaient cette dentelle annonce, comme à Aix et à Spire, qu'on y a prétendu retracer la Jérusalem céleste [2]. Le système de suspension, tout semblable à celui de la couronne de Reims dans notre planche XII, peut même servir à expliquer le dessin que nous donnons de celle-ci d'après le calligraphe du seizième siècle; car la rigidité des lignes dans cet appareil (que l'estampe de M. Tarbé remplace par des chaines) répond fort bien à ce que dit M. Kratz pour Hildesheim, que la couronne y est soutenue par des tringles de fer qui se réunissent à une grosse pomme dorée [3], où aboutit la chaine de fer descendant de la voûte. Peut-être Marlot voulait-il exprimer cela par les *clathra ferrea a turricula in turriculam* (p. 55, ci-dessus, note 1).

On prétend qu'au milieu de cette couronne pendait jadis une lampe d'argent toujours allumée, et pour l'entretien de laquelle un chanoine d'Hildesheim donna 66 florins en 1442.

27. Une autre couronne beaucoup plus petite (*corona parva Azelini*) existe encore dans la même cathédrale, et a été privée aussi de quarante-huit statuettes en bronze qui l'ornaient. Elle remonte au milieu du onzième siècle; mais on ne s'accorde pas sur son véritable donateur, ni même sur la réalité d'une inscription qu'elle aurait portée. Aussi, ne la connaissant que par quelques lignes de M. Kratz et par une gravure dont rien ne nous garantit l'exacti-

---

sais en un tableau les divers rangs donnés aux apôtres dans les séries les plus anciennes et les plus graves, ou dans les œuvres même un peu modernes de l'Église grecque, je ne pouvais me proposer d'entasser des listes quelconques dont la quantité aurait pu croître indéfiniment sans accroître le résultat. M. Ed. Melly, qui m'a fait l'honneur de transcrire ce tableau (*D. Westportal des Domes zu Wien...*, p. 53), a donc fort bien agi en supprimant mon nom, car les trois ou quatre additions qu'il a introduites suffisent pour en détourner presque entièrement la portée primitive; s'il s'agissait de témoignages théologiques, c'est trop d'indications, et trop peu si l'on visait à une énumération archéologique. Dans ce nouvel état, on perd comme inévitablement de vue le but qui avait dicté la rédaction première.

[1] Cf. *supra*, note de la p. 57 et suivante.
[2] Sur le cercle supérieur on lit (Cf. Kratz, p. 80, sv.) :
« Urbs est sublimis miris fabricata figuris,
Undique perfecta fidei compagine juncta,
Cujus vestibulo vetus et novus excubat ordo.
Germine virtutum quæ mire surgit in altum.
Floribus hic vivis animarum, curia lucis
Ante Dei faciem divinum spirat odorem.
Auctoris operis toga vestit candida pacis ;
Hos Pater et Verbum cives, et Spiritus horum
Unus et ipse regit, qui quod sunt ipse creavit.
In virtute sua, solis sol lucet in illa ;

Mystica discernit, tenet, aspicit, omnia novit ;
Et solium regni cordis locat in penetrali. »

Sur le cercle inférieur, c'est l'offrande et la prière du donateur, telles à peu près qu'il s'en pourrait trouver sur tout monument. Les transcrire n'avancerait donc en rien nos recherches actuelles.

[3] Lorsqu'on répara cette couronne en 1818, on trouva dans le globe doré un acte qui annonçait que déjà une restauration avait été jugée urgente et exécutée en 1601.
Ce zèle du chapitre de l'unique siége épiscopal ancien qui fût demeuré fidèle à l'Église dans le bassin du Wéser, ne dut pas laisser de faire subir quelque altération au vieux monument de l'évêque Hézilo ; mais entre ces deux époques le dix-huitième siècle faillit tracer bien autrement son triste passage dans l'église de Saint-Bernward. De 1735 à 1755, les chanoines, un peu éblouis par la vogue du style Pompadour, ballottèrent la question de faire disparaître l'antiquaille du onzième siècle pour lui substituer huit beaux lustres à la façon des salons Louis XV. Par bonheur, on leur demanda 320 louis pour cette emplète qu'ils poussaient si chaudement ; et grâce à la guerre de sept ans qui fit mettre à l'ordre du jour bien d'autres économies, la vénérable couronne conserva provisoirement sa place, où il faut espérer qu'elle sera maintenue longtemps encore pour tempérer l'ardeur des chapitres (de là et d'ailleurs) présents et futurs en matière de modes séculières.

tude scrupuleuse [1], tout ce que nous en savons dire, c'est qu'elle semble pouvoir être considérée comme une sorte de modèle en petit, dont l'autre serait quasi la reproduction développée sur une plus grande échelle. Mais les espaces entre les tours n'étant garnis que de trois flambeaux, le nombre total des cierges n'y monte qu'à trente-six. Douze tringles de fer, qui à une certaine hauteur se réduisent à quatre réunies en un point commun de convergence, aboutissant à une chaîne, suspendent ce monument devant l'autel, où son effet est encore remarquable en dépit des mutilations que le temps et les hommes lui ont infligées.

Dans l'incertitude où nous laisse le défaut de dessins très sûrs, il serait malaisé de risquer sur le symbolisme de ces couronnes des aperçus qui pourraient bien ne pas tenir devant la première vérification; il est du moins assez clair et peut-être assez digne de remarque que le nombre 12 y joue un rôle tout à fait saillant (soit en lui-même comme forme fondamentale, soit dans ses multiples pour les détails). Mais laissons désormais ces vues [2], où tel trouve peut-être que j'ai déjà un peu franchi les bornes, et passons outre.

---

[1] Kratz, *l. cit.*, atlas, pl. 8.

[2] En note, cependant, où l'on peut ne s'adresser qu'aux amateurs, il doit être permis d'être moins esclave d'une certaine popularité dont la science s'accommode assez mal; et pour ceux qui ne cherchent point des conclusions toutes faites, joignons à ces premières vues générales quelques passages du grave abbé Rupert, que nous pourrons développer en une autre circonstance.

Rupert. *in Apocalyps.* XXI (libr. XII) : « ...... *ostendit mihi civitatem sanctam descendentem de cælo a Deo, habentem claritatem Dei*..... omnis ædificatio, cuncta ædificia civitatum sive domorum quæcumque in hoc mundo sunt, lapidem fundamenti habent deorsum infimum, et parietem sursum. Hæc autem ædificatio vel civitas quæ hic in spiritu ostenditur, fundamentum sursum habet altissimum unde pendet omnis structura parietum..... Eam dicit *descendentem de cælo a Deo*.... Descendentem, inquam, non cadentem.... Cadere namque, superbiæ est; descendere, humilitatis : in quo semper descensu se continens illa Hierusalem, æternum stabit : sciens quia quod est, non suis viribus est aut meritis, sed gratia Dei quæ cum Christo de cælo descendit. Talis descensus gloriosus est, et in magna claritate sublimis.

« Quum ergo divisset *descendentem de cælo*, recte subjunxit *habentem claritatem Dei*. Pulchre nimirum descendit quæ in ipso descensu, in ipsa humilitate descensus, sui claritatem habet Dei, id est similis est claritati Dei. Clarissimum quippe Deum videndo, ipsa quoque secundum similitudinem ejus resplendet et clarissima est.... »

« *Et habebat murum magnum et altum, habens portas duodecim*.... Murus magnus et altus est illi æterna firmitas incorruptibilis præsidii ubi suos quisque fidelium thesauros securus reponere possit. Unde ipse Dominus et rex civitatis hujus dicit in evangelio (Matth. VI, 20) : *Thesaurizate vobis thesauros in cælo, quo fur non appropinquat*; etc.—Porro XII portæ ejus, XII apostoli sunt, qui pro officio quo hic nobis regnum Dei prædicando aperuerunt, et januæ nobis ad vitam exstiterunt, honorem illic ampliorem habebunt; quanto ampliorem in civitatibus habent portæ honorem, sive pulchritudinem a cætero ambitu murorum. Etc. »

— « *Et murus civitatis habens fundamenta* XII, *et in ipsis* XII *nomina* XII *apostolorum et Agni....* Ista sunt fundamenta et istæ portæ de quibus Spiritus sanctus in psalmo (LXXXVI, 1) dicit *Fundamenta ejus in montibus sanctis, diligit Dominus portas Sion super omnia tabernacula Jacob....* Portas istas diligit Dominus super..., id est plus quam omnes militantes sibi in priori populo. Licet enim Moyses et alii prophetæ sancte et juste vixerint, et nimiæ sanctitatis et fidei fuerint, eorum tamen merita apostolorum dignitas excellit, qui non solum Christum (quem illi a longe prædixerant) corporali præsentia viderunt, ac dulcissimæ prædicationis ejus interiori pastu refici meruerunt; suam quoque crucem tollentes, sua vestigia secuti sunt, nuntiantes pacem in morte ejus hominibus datam ubique terrarum. Quamvis autem hic in his fundamentis nomina tantum apostolorum scripta dicantur, id est non etiam prophetarum, tamen et prophetæ civitatis hujus fundamenta sunt. Sic enim in uno ex istis fundamentis, scilicet Paulo apostolo (Eph. II, 19-22) legimus scriptum : *Jam non estis hospites et advenæ, sed estis cives sanctorum et domestici Dei, superædificati super fundamenta apostolorum et prophetarum....* Ergo etiam prophetæ fundamenta quidem sunt; sed apostoli, fundamenta fundamentorum. Etc. »

— « *Et civitas in quadro posita est*; id est summa omnium illic pax et concordia est.... Omnes sponte quasi naturaliter illi sunt concordes; sicut in quadro ædificio parietes, sive anguli, omnes sunt æquales. »

— *Et erat structura muri ejus ex lapide jaspide* (serait-ce là un des motifs de ces couronnes ou *roues* de porphyre que nous avons vues, p. 34, dans les inventaires italiens?) *ipsa vero civitas aurum mundum simile vitro mundo*

VIII.

RENSEIGNEMENTS COMPLÉMENTAIRES.

28. J'avais voulu terminer ce mémoire par l'essai d'une explication des mots plus ou moins étranges qui se rencontrent dans les écrivains ecclésiastiques lorsqu'il est question des lampes; comme *Buuca, Butro* (*Butio* ou *Butto*), *Cucumellus, Leones, Lilia*, etc., etc.[1] Cependant je m'aperçois que tout ceci devient un peu long, et je ne me fie pas assez à ma façon de traiter les matières d'érudition pour oser espérer que cet appendice aride puisse être fort agréé de la plupart des lecteurs après les épines qu'il leur a déjà fallu traverser pour arriver jusqu'ici. Trève donc de citations, sauf pour un ou deux faits qui réclament place avant la clôture définitive.

Nous avons laissé planer une espèce de doute sur ce qu'il fallait entendre par un appareil de luminaire ecclésiastique cité à l'article des lampes en couronne (p. 52) ; et le sort que l'on ferait au système de lampes retracé dans le vitrail de Théophile à Laon rejaillirait nécessairement sur le fragment d'une verrière de Clermont gravé dans la planche II (fig. A). Ce sera

(transparent? ou percé à jour, pour suppléer à l'impuissance de notre art terrestre. Cf. pl. xi, sv.)... *Et plateæ civitatis aurum mundum tanquam vitrum perlucidum*. Etc., etc.

« *Et templum non vidi in ea ; Dominus enim Deus omnipotens templum illius est, et Agnus. Et civitas non eget sole neque luna, ut luceat in ea ; nam claritas Dei illuminat eam, et lucerna ejus est Agnus*. Etc. » Cf. *supra*, p. 37 ; 48, sv. ; etc.

Id., *ibid.*, in cap. vii (libr. iv) : « *Et audivi numerum signatorum, centum quadraginta quatuor millia signati ex omni tribu filiorum Israel....... Porro numeri hujus, centum quadraginta quatuor millia, generationem sive compositionem si rite perspicias, pulchrum tibi atque præclarum ex eo mysterium elucescit. Dicamus ergo aliquid quod forte simplicioribus minus planum sit aut intelligibile* (sed causa præsens ita postulat) ; Arithmeticis vero, qui maxime rationes noverunt abaci (Cf. *Explication des traités de l'Abacus*, par M. *Chasles*), *rationabile atque jucundum continuo apparebit. Duodenarius, qui numerus erat primorum filiorum Israel, ita disponitur ut in deceno unitas, in singulari vero limite binarius constituatur. Ut autem isti duodecim primogeniti in totidem* (id est xii) *millia succrescant, unitas illa decena unum et alterum limitem transit, et in tertio consistit* (Nous dirions aujourd'hui qu'elle reçoit à sa droite trois zéros); *et decem millia sunt. Item, binarius singularis* (le chiffre 2, à la colonne des unités) *qui, conjunctus eidem decenæ uni-*

tati, duodecim perficiebat, unum et alterum limitem transit, et in tertio consistit (il recule à la colonne des mille) ; et *duo millia sunt.... Qui videlicet numerus ita disponitur ut tribus limitibus distinguatur. Nam, etc... Nota diligenter....* »

Je m'arrête, certes, en beau chemin ; mais sans plus de citations (et il ne serait pas malaisé d'en trouver d'autres) on peut juger si je m'avançais trop quand j'indiquais (*supra*, p. 44, sv. ; 53, sv. ; etc.) une veine mystique, courant aux siècles de S. Henri ou même de Barberousse, sous une surface d'arithmétique et de géométrie ; surtout à propos de la Jérusalem céleste.

[1] Il ne s'agit pas de faire croire que tout ceci soit absolument neuf et parfaitement intact. Cependant après Ducange, Giorgi, Fanciulli, et les commentateurs d'Anastase-le-Bibliothécaire, il y aurait vraiment encore quelque chose à dire si l'érudition était de mise dans une génération préoccupée de constitutions, de journaux et d'avenir, comme l'est la nôtre. Mais il s'agit bien, vraiment, du passé pour les gens d'aujourd'hui, et surtout d'un passé comme celui des lampes ecclésiastiques! Du reste la postérité songera bien à d'autres affaires dans les œuvres de décembre 1851, qu'à la perte d'un glossaire liturgique sur le luminaire des basiliques du moyen âge. Ainsi, patience ! Ce n'est point là le plus grand de nos intérêts, il nous manque bien autre chose :

« Et faute de servir ce plat
Rarement un festin demeure. »

bien plus encore le cas de ce petit sanctuaire représenté dans la planche XII (fig. B) d'après une autre peinture sur verre de Clermont. Si donc l'on refuse d'admettre ces groupements de godets comme des projections plus ou moins maladroites de lampes en couronne, ils devront être rangés dans la classe qu'indique souvent Anastase-le-Bibliothécaire sous le nom de *trabes* [1], et dont nous avons donné déjà un échantillon d'après la Bible de Charles-le-Chauve (ci-dessus, p. 17, sous les lettres T, U, V). On y reconnaît sans peine une barre de métal destinée à soutenir plusieurs lampes, à peu près comme dans le détail que nous donnons ici

d'après un vitrail de Beauvais consacré à la légende de Théophile. Mais si je me reporte à mes lectures, quelle que soit la variété des expressions qui accompagnent la mention de ces traverses de métal, je n'ai pas souvenance d'avoir rien rencontré qui les montrât suspendues à la voûte. Aussi, malgré la petitesse de l'appareil que nous reproduisons pl. XII (fig. B), je penche très fort à le classer parmi les lampes en couronne, ou *rotæ*, dont la représentation aurait été marquée par une perspective un peu gauche.

Quant aux *trabes* des auteurs ecclésiastiques, on en trouve en bronze et en argent, et elles ont l'air d'avoir ordinairement couru d'un pilier ou d'un mur à l'autre, pour orner l'arc qu'elles sous-tendaient. J'emploie ce mot technique à dessein, parcequ'il me paraît que certains auteurs l'avaient en vue.

Toute addition ultérieure entreprendrait sur la tâche de celui qui voudrait compléter ce que je laisse interrompu ; et, puisque je suis incomplet, il est bon de réserver du moins la cause entière à celui qui pourra la traiter avec l'ampleur dont elle est digne.

29. Pour l'intelligence de divers textes cités dans ce mémoire, ou que l'on peut rencontrer

---

[1] Anastas., *in Serg.* (p. 153) : « Hic fecit in basilica suprascripta (*B. Petri*) faros argenteos sex, pensantes singuli libras xxv, qui sunt super trabes ad ingressum Confessionis. » — *In Leon III* (p. 294) : « Hic... investivit trabem majorem, quæ est sub arca principali, ex argento mundissimo, pensantem libras mille trecentas quinquaginta et duas. » — *In S. Hormisda* (p. 93) : « Fecit Papa Hormisda, apud B. Petrum apostolum, trabem quam ex argento cooperuit, quæ pens. libras mille et quadraginta. » — Etc.

Ces *poutres*, ou traverses de métal, reparaissent accompagnées de diverses expressions qui donnent lieu de croire que ce n'était pas toujours de simples barres sous-tendant un arc de voûte, en manière de corde (Cf. Reiske, *in Constantin.* libr. II; t. II, 682, sq.). Mais j'imagine qu'elles faisaient à peu près la figure (un peu déguisée pourtant, et excusée par la richesse) de ces tirants de fer qui enlaidissent une grande partie des édifices italiens, où l'on dirait que l'architecte a regardé l'arceau ou la voûte comme un tour de force hasardeux, dont la stabilité est purement précaire. On aura du moins tourné en ornementation, par un tel expédient, cette prétendue nécessité dont l'effet le plus clair est de gâter les lignes de la construction.

en poussant plus loin ces études, il convient de dire quels furent, selon les temps et les lieux, les fonctionnaires ecclésiastiques auxquels le soin du luminaire fut dévolu.

Malgré l'affection du *pro domo sua* qui entraîne tout auteur, s'il n'est pas sur ses gardes, à placer en un rang élevé le sujet de ses études, je croirais malhonnête d'exagérer la portée de certains faits exceptionnels. Lorsqu'on trouve, par exemple, des évêques prenant soin des lampes de l'église [1], cela prouve tout uniment que les saints n'ont jamais rien méprisé de ce qui appartient à l'honneur et au culte de Dieu ; aussi rencontre-t-on ces récits donnés comme exemples d'humilité ou de dévotion plus admirable qu'imitable, et pour des églises extrêmement pauvres. Mais la loi commune était que, tout en demeurant une charge cléricale, et non pas abandonnée à des laïques mercenaires, cette fonction fût remplie par un clerc de ces ordres inférieurs où les noms et la forme de collation conservent encore la trace bien claire d'offices aujourd'hui devenus presque uniquement nominaux [2]. Il est donc tout simple que les acolythes soient marqués comme chargés de ce soin par les réglements d'un concile d'Afrique [3], puisque la principale attribution de leur ministère était d'accompagner avec des flambeaux les cérémonies ecclésiastiques, et partant de préparer comme d'allumer les cierges ou les lampes destinées au service divin. Ailleurs ce n'est plus que l'un des emplois confiés au *mansionaire* (mansionarius, œdituus) ou gardien de l'église [4], espèce de bénéficier qui répondait de la conservation et de la tenue d'une chapelle que quelquefois il desservait en même temps. Mais dans les églises plus considérables et pourvues d'un clergé nombreux, la somme des offices imposée au mansionaire était nécessairement démembrée entre plusieurs personnes, et alors la dignité (car c'en était une, et considérable) de prêtre sacristain (parfois c'était un diacre) se trouve communément désignée par le titre de *custos* [5] (conservateur), d'où nous avions fait jadis le mot *coûtre*, comme les Flamands en ont dérivé *coster* sacris-

---

[1] Cassiodor. *Hist. tripart.*, vIII, 1 : « Fertur Melas, episcopus (*Rinocorurœ*), hujus modi fuisse benignitatis : Duum missi fuissent qui episcopos resistentes Ario deportarent evilio, venerunt ad hujus ecclesiam. Quem dum invenissent, veluti ultimum ministrum (*Ceci fait bien voir que c'était affaire d'humilité*.) candelas ecclesiæ præparantem, interrogaverunt ubi esset episcopus. Etc. »
Cf. Sozom. *Hist. Eccl.* vi, 31 (ed. Val., p. 688).
Pour qui douterait de l'interprétation que j'ai donnée précédemment à *candela*, je ferai observer que Cassiodore emploie ce mot comme traduction de λύχνος.

[2] Les portiers, lecteurs, acolythes. Pontifical., *De minorib. ordinib.* : « Ostiarium oportet percutere cymbalum et campanam, aperire ecclesiam et sacrarium, etc. » — « Acolythum oportet ceroferarium ferre, luminaria ecclesiæ accendere, etc. — Accipite ceroferarium cum cereo, et sciatis vos ad accendenda ecclesiæ luminaria mancipatos in nomine Domini. »

[3] Concil. Carthag. iv (A. 398) cap. 6 (t. i, 1437) : « Acolythus... ab archidiacono accipiat ceroferarium cum cereo, ut sciat se ad accendenda ecclesiæ luminaria mancipari.
On voit que ce sont les propres paroles de la liturgie romaine, qui est un musée d'antiquités ecclésiastiques choisies.

[4] Cf. Foggini, *De primis Florentinorum apostolis*, p. 45 sqq. — Labus, *Fasti della Chiesa*, t. ix, p. 526 ; etc.

[5] Dans les dialogues de S. Grégoire (libr. iii, cap. 24. t. vi, 232) le récit qualifie Théodore de *custos* (La version grecque dit : φύλαξ) de Saint-Pierre ; et dans le titre du chapitre il est dit *mansionarius* (παραμονάριος), comme dénominations équivalentes. Du reste ses fonctions sont tout autre chose qu'une simple inspection, comme on pourrait se l'imaginer : S. Grégoire nous peint ce saint homme travaillant à ses lampes, monté sur un escabeau : « Quadam nocte dum citius ad meliorandum juxta januam luminaria surrexisset, ex more in ligneis gradibus sub lampade positus stabat, et lampadis refovebat lumen. Etc. »
Decretal. libr. i, tit. xxvii : « De officio custodis ... ut

tain), qu'ils conservent encore. Au lieu du *custos*, c'est d'après divers actes le *cantor* qui a le luminaire dans son département [1]; parceque le chantre (autre dignité que nous avons laissé bien déchoir presque partout) a été dans beaucoup d'endroits comme qui dirait un *préfet d'église*.

Mais il faut toujours tenir compte des coutumes locales qui ne manquent guère de modifier le droit commun çà et là, souvent même d'une façon fort bizarre [2]. On doit donc s'attendre à rencontrer quelques dénominations plus ou moins propres à une seule contrée : tels sont les *cicendelarii* de la liturgie milanaise [3]; ou *sonneur* (*campanarius*) employé dans certains Chapitres comme synonyme de *coûtre* (*custos*), parceque le soin de sonner les cloches (pour l'Office canonial) était du ressort des chanoines-sacristains [4].

DIXI.

Charles CAHIER.

---

[1] canonicis horis signa tintinnabulorum pulsanda, ipso archidiacono jubente, ab eo... pulsentur.... Lampades et laternas in accendendo seu extinguendo pervigil existat; ne aut supra modum lucendo oleum depereat, aut minus lucendo obscurior sit ecclesia. Etc. »
Le titre xxvi du même livre montre comment le *sacristain* et le *coûtre* ont pu se confondre, à cause des points de contact qui unissaient les fonctions de ces deux offices : « Sciat sacrista... ad ejus curam pertinere custodiam... totius thesauri ecclesiastici; nec non quæ ad luminaria pertinent, sive in cera, sive in oleo. »

[2] Gesta Trevirens. archiepiscopor. (ap. Martène, Ampliss. collect., t. iv, 237) : « Idem archiepiscopus (*Johannes*) de suo proprio ordinavit quod ampulla cum oleo coram altari S. Maximini die ac nocte debeat indesinenter ardere. Ad quod consummandum, xx solidi .... solventur; ita quod cantor illius loci, quicumque fuerit, eos recipiet, et inde ampullam illam indesinenter ardere faciat. Si quid vero superfuerit ad candelas ardentes ante sepulcrum S. Maximini, ipse cantor ordinabit. »
On ne s'attend pas apparemment à me voir rédiger ici des traités sur tout cela. Quelques traits peuvent bien suffire.

[2] Qui rendra raison, par exemple, de cette attribution (si le texte n'a pas été altéré ou mal lu) donnée à l'infirmier du Chapitre de Ségorbe par les statuts du quatorzième siècle (ap. Villanueva, *Viage literario*, tom. iii, p. 13) ? « Habeat videre de campanis ecclesiarum, qualiter sunt situatæ ; et providere de funibus pro ipsis trahendis. » Était-ce pour qu'il n'arrivât points d'accidents ? J'aime mieux déclarer franchement que je n'y comprends rien.

[3] Fumagalli, *Antichità Longobardico-Milanesi*, t. iii, p. 7 et 226.
Je ne pense pas que ce soit le cas de faire remonter l'étymologie de ce mot au *kiki* (ricin) de l'Egypte.

[4] Statuta eccl. collegiatæ ad S. Andream Colon. (ap. Würdtwein, op. cit., t. ii. 177) : « *De officio custodum et campanariorum*. Custodes, communi vocabulo campanarii nuncupati,.... debent et tenentur singulis diebus portam seu januam, in ambitu claudere;... canonicos et ordinarios vicarios.... celebrare... cupientes, diligenter et honeste juvare, pari modo lampades omnes in ecclesia pendentes debitis temporibus incendere, ut incensa solito tempore semper ardeant operam adhibere. »
Cf. supra, p. 60, sv.; not. 5 (Décrétales).

P. S. Comme tout ceci était achevé (tellement quellement) et déjà *composé* par l'imprimeur, on m'a fait observer que la dissection géométrique des couronnes d'Aix-la-Chapelle et de Reims exposée dans les pages précédentes (p. 41, svv. ; 53, sv.) pourrait bien paraître un pur jeu d'esprit, ou passer presque entièrement inaperçue si l'on n'en voyait pas l'expression graphique. Voici donc l'analyse palpable de la couronne d'Aix, dont je fais choix parceque la multiplicité des formes s'y joint à la simplicité des nombres. On verra que je n'ai rien prêté à l'artiste, qui a dû certainement passer par ces combinaisons du compas et de la règle pour arriver à son résultat. C'est une tentative que l'on pourra pousser plus loin, en l'appliquant aux roses des églises; j'aime à croire même que ce tracé éveillera chez quelqu'un l'idée d'une série de recherches qui avanceraient cet ordre d'études fort aride en apparence, mais plus fécond qu'il n'en a l'air au premier abord.

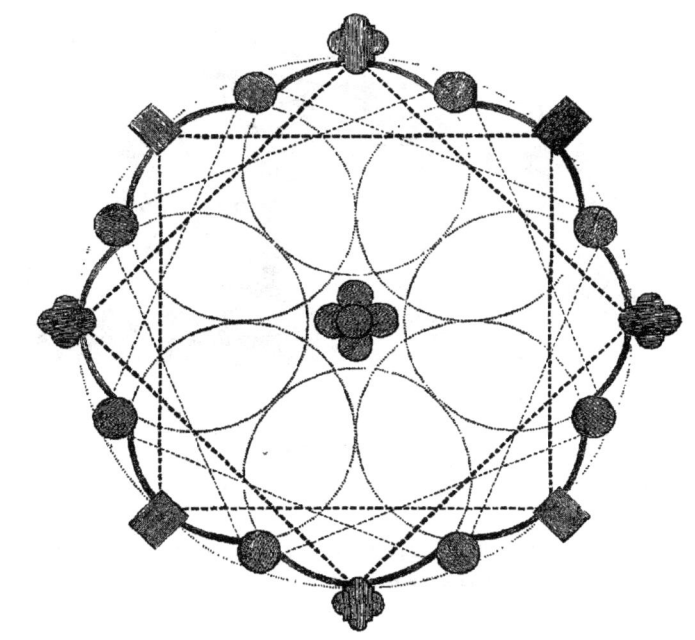

ANTIQUITÉS
DE
LA CATHÉDRALE DE FRISINGUE.

Près des bords de l'Isar, et seulement à quelques lieues au dessous de l'endroit où cette rivière voit se déployer les modernes splendeurs de Munich, est assise entre deux collines une petite ville quelque peu oubliée, mais qui eut, elle aussi, en d'autres temps son éclat : je parle de Frisingue.

La principale des collines qui protègent la ville domine un horizon immense, et ne semble s'élever ainsi que pour faire apercevoir de plus loin l'antique église dont elle est couronnée. Cette église, imposante par son aspect, intéressante sous le rapport de l'art, est surtout vénérable par ses souvenirs : ce fut le berceau du christianisme en Bavière; la foi chrétienne est descendue de là dans toute la contrée, et là repose la dépouille mortelle d'un des principaux apôtres de l'Allemagne.

Lorsque je visitai Frisingue les vieillards se rappelaient encore les anciens jours de ce que l'on continue d'appeler la *Sainte Colline* ; ils aimaient à parler de la beauté des nombreuses chapelles semées autour du plateau, de l'ancienne pompe des cérémonies religieuses, de la richesse du trésor de la cathédrale et de la petite cour du prince évêque. La prospérité de la montagne était celle de la ville, le bien-être découlait de là et s'étendait au loin sur les campagnes environnantes.

Mais depuis près d'un demi-siècle cette prospérité n'était plus. L'esprit niveleur des temps modernes n'a en effet laissé à Frisingue que des monuments qui menacent ruine et des souvenirs qui s'effacent. Le palais n'abrite plus de princes, et la cathédrale voit rarement ses évêques fixés à Munich. Avec les grands a disparu la foule. De pauvres étudiants remplacent dans des habitations délabrées les hauts barons de l'altesse sérénissime, et aujourd'hui la large voie qui mène de la ville au haut de la colline n'est plus guère fréquentée que par le chrétien qui va prier ou l'archéologue qui va s'instruire.

Ce double motif m'amenait au pied de la vieille cathédrale. J'étais d'autant plus désireux de la voir que des observateurs tels que M. Fourtoul[1] n'avaient pas eu l'occasion de l'étudier. Je comptais y trouver au moins des débris échappés soit aux ravages des guerres de religion, soit aux dilapidations du mauvais goût, ennemi domestique d'autant plus redoutable qu'on s'en défie moins, et qu'il s'imagine enrichir l'avenir en le condamnant à l'irrévocable perte des monuments du passé. Mon espoir ne fut pas tout à fait déçu.

La façade, flanquée de deux tours carrées à flèches quadrangulaires, n'a rien de très remarquable; mais en entrant on reste frappé de la grandeur et de la majesté du vestibule, qui embrasse dans sa longueur toute la largeur de la basilique. Sa propre largeur a rendu nécessaires deux piliers d'un jet hardi, qui reçoivent la retombée des voûtes d'arrête à une assez grande hauteur pour que la porte principale de l'église puisse se développer avec toute l'ampleur convenable à la belle époque romane (Pl. XIV). Dans cette porte, où les retraits de l'évasement reçoivent des colonnes isolées, où de magnifiques anneaux et des cannelures variées embellissent les colonnes, où de rondes arrêtes terminent élégamment les angles saillants des pleins cintres, on reconnaît sans peine le siècle de Frédéric Ier. N'eussé-je rencontré aucun document positif, il eût suffi de me rappeler les premiers principes de l'archéologie comparée pour attribuer ce morceau d'architecture à l'époque où la forme romane atteignait sa perfection. Ici au reste point d'erreur possible au sujet de la date écrite en toutes lettres des deux côtés de la porte, sur deux petits bas-reliefs placés proche de la corniche. On lit à gauche en entrant :

FREDERICUS. ROM. IMPR. AUGUST.

Et vis-à-vis :

CONJUX BEATRIX COMITISSA BURGUNDIÆ A M CLXI.

L'empereur, assis sur un *faldistorium*, porte une couronne royale à rayons triangulaires[2].

---

[1] *De l'Art en Allemagne.* Paris, Labitte, 1842.
[2] Cette couronne a de curieux rapports avec celle que nous avons publiée dans ce volume (page 31) d'après un bas-relief de Chartres à peu près contemporain.

ANTIQUITÉS DE LA CATHÉDRALE DE FRISINGUE.

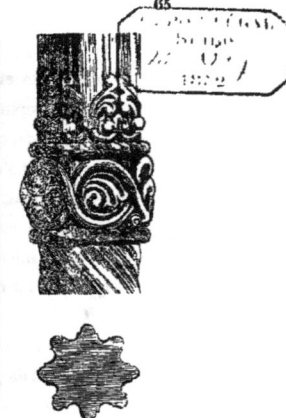

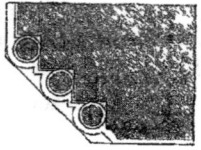

De chaque côté descendent des oreillettes tréflées qui rappellent les pendants de perles des couronnes byzantines[1]. Il tient de la main gauche un sceptre à fleur de lis, et appuie la main droite sur la cuisse. Une armure

---

[1] *Mélanges*, etc. T. II, pl. 32. Nos clichés remplacent la planche XIV annoncée à la page 64. Je dois avertir qu'il y a inversion dans la gravure de la porte. L'empereur doit être, à gauche du lecteur.

défend sa poitrine et ses bras ; au dessous tombe une courte tunique. Derrière Frédéric se tient debout un personnage où la tradition locale voit l'évêque Albert en costume de cour. La forme de la crosse fait craindre que la sculpture ait été altérée au dix-huitième siècle pour le désespoir des antiquaires. Béatrix, couronnée comme Frédéric, sauf les oreillettes, offre à Dieu de la main droite le globe du monde, et témoigne de sa piété la main gauche sur la poitrine [1]. Son surtout est à peu près pareil à celui des deux reines sur l'étoffe de Gunther. On ne peut guère douter de l'authenticité des principales parties de ces deux bas-reliefs. La tête de Frédéric en particulier pourrait être regardée comme un portrait, tant on y voit percer l'intention d'une ressemblance. Les traits de l'empereur indiquent la force de l'âge ; en effet il n'avait que quarante ans en 1161. Tout l'ensemble

---

[1] Cette main m'a paru presser quelque chose ; serait-ce la coupe de chrysolithe dont nous parlerons plus bas ?

de sa physionomie revient d'ailleurs aux descriptions que nous avons de sa personne [1] et à ce que nous savons des hautes qualités de son esprit et de l'énergie de caractère mise en lui au service d'un immense besoin de domination [2].

On ne doit pas être surpris de voir des personnages politiques représentés contre la porte d'une cathédrale. Nous aurons plus d'une fois l'occasion de faire voir que les grands bienfaiteurs des églises obtenaient cet honneur de la reconnaissance des peuples. Non seulement on sculptait leur image à l'extérieur des murs, comme à Paris, à Strasbourg, à Bâle, etc., mais à l'intérieur, comme à Reims, à Bamberg, etc. La peinture sur verre suivait le même principe en représentant à Reims l'assemblée des rois de France, et à Strasbourg celle des empereurs. Ainsi l'art vivant d'harmonie conciliait-il à sa manière devant Dieu le sacerdoce et l'empire.

Après avoir vu au dehors les murs de la cathédrale dans l'austérité de leur nudité primitive, on s'attendrait en entrant à l'aspect d'une ordonnance grave et imposante. On n'aperçoit au contraire de toutes parts, et dans la grande nef, et dans les nefs latérales, et dans les chapelles, et dans les tribunes, que les fantaisies capricieuses de l'école de Bernini. Des mains, d'ailleurs habiles, de décorateurs formés en Italie ont impitoyablement couvert les vénérables murs d'une couche de plâtre où se jouent dans les fleurs de frais génies descendus de l'olympe plutôt que du ciel. Des encadrements de toutes les dimensions entourent partout de leurs lignes onduleuses, droites ou tourmentées, des peintures d'un coloris vermeil mises en harmonie sur le fond blanc de neige avec des arabesques dorées et des ornements en couleur. La vue est charmée par l'éclat de l'ensemble, par la grâce des détails, par l'aspect d'une nature de printemps sous un soleil du midi ; mais ce charme est-il bien celui qui fait passer l'homme des impressions du monde visible au sentiment de son néant et au souvenir de la majesté divine? En présence de ces pompes folâtres se trouve-t-on dans la maison de prière? se sent-on plus près de Dieu? L'art religieux qui ne recueille pas l'âme, qui ne dirige pas *les cœurs en haut,* qui ne fait pas oublier un moment la patrie passagère pour celle de l'avenir éternel, est un art dévoyé. Les talents qui l'emploient ne sont guère plus coupables que les générations qui l'approuvent.

L'Église m'arrêta peu; mais j'avais appris de quelques professeurs de l'université de Munich qu'au dessous du chœur se conservait encore une crypte dont les sculptures étaient restées jusqu'alors des énigmes. Ma curiosité étaient vivement piquée : je me trouvai bientôt en face du problème.

---

[1] « Fridericus fuit miles strenuus et magnanimus, mitis, affabilis, illiteratus, sed morali experientia doctus (Sicardi ep. cremon. Chron.) » On voit que c'est un ami qui parle.

[2] Ces curieux bas-reliefs ont été publiés par M. de Hefner dans son ouvrage sur les costumes du moyen-âge (*Trachten des christlichen mittelalters*. Mannheim, H. Hoff. Taf. XXIII); mais je dois dire que le caractère de la sculpture ne me semble pas avoir été saisi. L'auteur du texte n'a pas eu connaissance de l'inscription oubliée dans le dessin, et voit sans doute à tort à côté de l'empereur l'évêque Othon de Frisingue au lieu d'Albert, qui a reconstruit la cathédrale. Ces mêmes bas-reliefs sont reproduits dans une Monographie de la cathédrale que vient de publier le docteur Sighart : *Der dom zu Freising von J. Sighart*, Landshut, 1852.

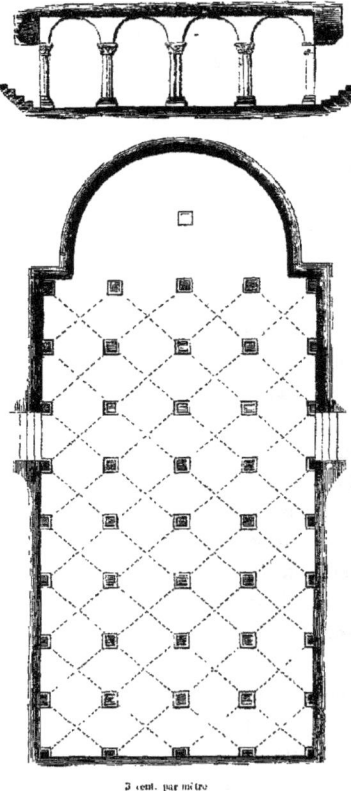

On peut voir par le plan de la crypte qu'elle est d'assez grande dimension. On y descend par deux petits escaliers ouverts au nord et au midi vers le centre de sa longueur. Par une bizarrerie remarquable, cette longueur se partage en quatre nefs, qui finissent à la base d'un large hémicycle formé par le mur d'enceinte. Les anciens autels ont disparu ; quelques tombes se voient encore çà et là enclavées dans le pavé ; mais l'attention est d'abord absorbée par les piliers, où l'architecte s'est plu à introduire toutes les formes imaginables. Les uns sont carrés, d'autres sont octogones, ceux-là sont circulaires. On voit les angles des carrés s'arrondir en boudins, ou se creuser en cavets, les fûts cylindriques se grouper, se pénétrer, se séparer au moyen d'un angle saillant, ou bien

se marier sur une face et se disjoindre sur l'autre. Même variété dans les chapiteaux et dans les bases. Une de ces bases, la plus ornée, représente des têtes d'hommes opposées à des têtes d'animaux ; un des chapiteaux, des bustes d'hommes ou d'anges opposés à des bustes de démons, contrastes souvent reproduits, qui exprimaient la dignité et la beauté de la vertu, l'abjection et la laideur du vice par une leçon facilement comprise[1]. Un autre chapiteau offre un sujet plus compliqué. Un homme et une femme rapprochés portent l'un et

---

[1] *Voir* le Mémoire sur la châsse de S. Taurin, au commencement de notre deuxième volume.

l'autre sur la tête des cornes de bouc. L'homme, reconnaissable à sa barbe touffue, tient de chaque côté une longue moustache tressée, et la femme saisit de chaque main un serpent à deux têtes qui la mord à l'épaule et se mord lui-même.

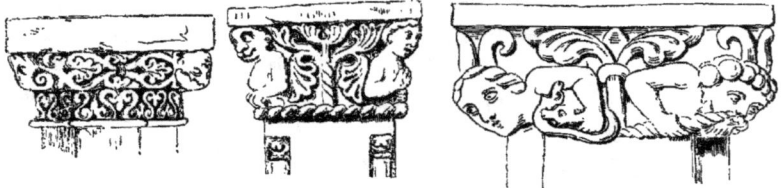

Cette sculpture évidemment symbolique fait face au nord à un pilier qui se trouve près de l'escalier du sud et ne forme tout entier qu'un seul groupe, groupe étrange s'il en fut, où l'on voit des combats de chevaliers et de dragons, au milieu une femme aux cheveux épars, au dessus des oiseaux. C'est sur ce bas-relief mystérieux que je me propose d'appeler plus spécialement l'attention des lecteurs ; mais, avant d'en venir au développement nécessairement un peu étendu de l'explication que je dois offrir, il ne sera pas inutile de réunir ici quelques aperçus sur l'origine de la crypte, les monuments de la cathédrale ou les faits de son histoire qu'un monumentaliste peut aimer à retenir.

On ne saurait préciser à quelle époque a été fondée Frisingue. Les plus vieux souvenirs des larges vallées qui séparent le Danube supérieur de la mer Adriatique rappellent une race énergique qui sut longtemps défendre son indépendance contre les Romains, bien qu'elle se trouvât placée sur le passage de leurs légions. Les Boïens ou Bavarois ne subirent le joug déjà imposé à la Gaule que dans les premières années de notre ère. Le premier soin des nouveaux maîtres fut d'établir sur la lisière du pays conquis des colonies militaires destinées à comprimer les peuples soumis et à servir d'appui contre les agressions étrangères. On vit donc surgir immédiatement des camps ou des villes et sur la rive droite du Danube et sur les bords de ses affluents descendant des Alpes rhétiennes ; mais, malgré le poste avantageux qu'offrait la colline de Frisingue au milieu des plaines arrosées par l'Isar, il est douteux que les conquérants y aient fixé leur séjour. Du moins les cartes romaines n'en font pas mention, et aucune ruine n'en a offert de trace. Frisingue paraît sous le nom de Frixinia dans la vie d'un évêque du troisième siècle, S. Maximilien de Laureacum (aujourd'hui Lorch en Autriche) [1]. D'après l'auteur, qui écrivait au treizième siècle, Frixinia était l'une des vingt-deux villes que l'empereur Philippe avait données en héritage à son fils Quirinus.

[1] D. Pez, t. 1. Script. rer. Austr. col. 34, ap. D Meikelbeck : Histor. Frisingensis, t. 1, Diss. 1.

et que celui-ci, devenu chrétien et sur le point de devenir martyr, avait léguées à la métropole de Laureacum : malheureusement ces détails de la légende soutiennent mal l'épreuve de la critique. Frisiginga ou Frisigengum ne se montre dans l'histoire qu'au commencement du huitième siècle, époque de l'arrivée de S. Corbinien [1] ; mais dès lors Frisingue était un poste important, chef-lieu de la Bavière supérieure et résidence du duc Grimoald ; la foi y avait été prêchée, et une église, peut-être depuis longtemps fondée [2], s'élevait sur la prin-

---

[1] Aribo, Vita S. Corbiniani, ap. Meik. T. 1, pars altera, p. 3.

[2] Puisque la fondation de l'église de Frisingue se perd dans la même obscurité que l'origine du christianisme en Bavière, il ne sera pas hors de propos de rappeler ici les faits qui pourraient, à la rigueur, permettre de reculer l'origine de notre basilique. Sans parler de la prédication probable de S. Marc et de S. Luc, les évangélistes, et de Tite, le disciple de S. Paul, prédication qui a fait dire au pape Symmaque, dès le cinquième siècle, que la métropole de Laureacum avait été établie par les apôtres, je ferai observer qu'il était presque impossible que de l'église d'Aquilée, qui compte avec certitude pour ses fondateurs S. Marc et S. Hermagoras, l'Évangile ne se soit pas répandu de bonne heure dans les colonies de la frontière germanique. Après un séjour de six ans en Pannonie, l'armée que Trajan conduit contre les Daces contient un grand nombre de chrétiens, et dans celle que Marc-Aurèle mène contre les Marcomans, riverains du Danube supérieur, c'est aux chrétiens de la légion fulminante que de graves historiens attribuent la victoire. Au troisième siècle, les hommes évangéliques se multiplient, les chrétientés se consolident et s'étendent au nord de la mer Adriatique. S. Maximilien est envoyé dans le Norique par le pape Xiste II pour y soutenir l'effort des persécutions, et il meurt martyr à Laureacum, vers 257. Sous Galère, au quatrième siècle, un évêque, S. Quirin, et un officier du prétoire de Pannonie, S. Florien, annoncent l'évangile dans les mêmes contrées et également au prix de leur sang. Peu après, la paix due au séjour de Constantin dans l'Illyricum allait permettre aux pays voisins de recueillir le fruit des persécutions récentes, lorsque l'arianisme, introduit sur les sièges d'Aquilée et de Sirmium, étend ses ravages entre les Alpes et la Pannonie. Mais le secours vient encore de Rome, et c'est à trois reprises que le pape S. Léon, qui a régné de 440 à 461, envoie dans le Norique et dans les deux Rhéties l'évêque S. Valentin, qui meurt à Maie (Alpes-Maiæ), dans la première Rhétie, aujourd'hui le Tyrol, épuisé de travaux et d'épreuves. La mort de S. Valentin devient pour la Bavière le signal de longues calamités. Mal défendues par la main défaillante des derniers empereurs, les barrières de l'empire, aux bords du Danube, fléchissent sous le poids des barbares, et la deuxième Rhétie, où se trouve Frisingue, est envahie par les Allemands à la fin du cinquième siècle, en même temps qu'Odoacre, marchant sur l'Italie à la tête des Hérules, met tout à feu et à sang en traversant le Norique. On vit alors ce que Dieu donne de puissance à la foi d'une grande âme. Un pauvre moine, S. Séverin (m. 482), vit se courber devant lui le front du conquérant,
et devint le consolateur aussi bien que le guide des Romains, dont le nom était dès lors l'équivalent du nom de chrétiens.

Le cinquième siècle n'était pas achevé lorsque Clovis écrasait les Allemands à Tolbiac (en 496), délivrait les Bavarois, et devenait moins leur souverain que leur protecteur contre les nouveaux flots de barbares prêts à inonder l'Italie.

Une tradition constante attribue aux Romains et fait remonter aux premiers siècles l'introduction du christianisme en Bavière, et la vraisemblance de cette tradition a été démontrée par le savant D. Pez ; mais il faut que la propagation de l'Evangile ait été arrêtée dans ses développements par les longs malheurs d'une lutte inégale contre les invasions du Nord, puisque presque tout se trouvait à faire au moment où s'écroulait l'empire romain. On n'a pas assez remarqué que c'est après les pontifes Romains, à l'influence des princes francs, au zèle de l'épiscopat franc et à des hommes apostoliques, originaires de l'empire franc, que les Bavarois ont dû en grande partie leur entrée définitive dans la famille chrétienne.

Nous voyons, en effet, par trois fois les rois d'Austrasie s'occuper de la réforme des lois bavaroises. Au commencement du sixième siècle Thierri rassemble à Châlons les hommes les plus distingués des trois nations soumises à son obéissance, les Francs, les Allemands et les Bavarois, pour recueillir leurs coutumes et les fixer par des lois écrites, en les affranchissant des superstitions les plus grossières ; son œuvre, restée imparfaite, est reprise vers la fin du même siècle par Childebert II, et est enfin achevée par Clotaire et Dagobert dans le siècle suivant. Or l'esprit du christianisme s'y fait partout sentir, et que cet esprit se soit insinué parmi les princes, en même temps que parmi le peuple, on peut aisément le conclure de leurs rapports particuliers avec les rois d'Austrasie, qui s'étaient réservé le droit de les choisir à leur gré, et ne pouvaient compromettre leur œuvre de prosélytisme et d'unité en confiant le pouvoir à des ennemis des chrétiens. Le premier duc connu des Bavarois, Garibald I, avait vécu à la cour de Thierri et épousé sa veuve, Valdotrade. C'est à la cour de Bavière que cette princesse forma à la piété la célèbre reine Théodelinde.

Non content de cette alliance, Clotaire fait en Bourgogne un appel aux évêques de France en faveur des Bavarois, et les évêques leur envoient, en 616, deux hommes à œuvres fécondes, S. Eustase et Agile. Dès lors l'élan imprimé aux esprits ne s'arrêta plus. S. Emmeran, né en Aquitaine, se

cipale colline dans l'intérieur du château. En effet Corbinien ne bâtit point d'église¹; il établit son siége dans celle des ducs, et y fut enseveli. Son corps, transféré en Méranie, fut reporté dans l'endroit où on l'avait d'abord inhumé.

Je me demande ici quel est cet endroit sacré si ce n'est le sol actuel de la crypte, puisqu'à partir de ce moment il n'est plus question de translation nouvelle, et que le sépulcre dont il est fait partout mention dans la série ininterrompue des actes de la cathédrale se trouve dans la crypte auprès de l'autel de la sainte Vierge. Cependant, si le sol actuel est celui que foulait

---

rendant auprès des Slaves pour les évangéliser, le duc Théodon I le retient en 649 à Ratisbonne, dont il devient le premier évêque. De pareilles instances de Théodon II, qui commença à régner en 680, procurent pour premier évêque à l'église de Salzbourg S. Rupert, issu du sang des rois francs. Enfin c'est peu de temps après que S. Corbinien, également né en France, fonde l'évêché de Frisingue.

¹ S. Corbinien reçut le jour dans les environs de Melun, où il embrassa de bonne heure la vie solitaire. Retiré dans une de ces cellules que l'on aimait alors à joindre aux églises pour y perpétuer la prière, il mérita que ses vertus excitassent l'émulation des âmes généreuses et, jeune encore, il se vit père d'une nombreuse famille d'aspirants à la perfection chrétienne. Bientôt, au bruit de son pouvoir auprès de Dieu, les peuples accoururent pour jouir de sa vue, implorer ses prières et recueillir ses leçons. Le puissant maire du palais Pépin d'Héristal vint lui-même invoquer son appui auprès de Dieu. C'était trop d'éclat et aussi trop d'agitation pour celui qui avait goûté la paix de la solitude. Corbinien part pour Rome; mais tandis qu'il y rêve quelque désert inconnu, son mérite le trahit auprès du chef de l'Église, et il est élevé à l'épiscopat. « En effet, dit l'auteur contemporain de sa vie, l'é-
« vêque Aribon, son second successeur à Frisingue, l'homme
« de Dieu était d'une rare éloquence, d'une bienveillance in-
« signe et d'une distinction de manières sans égale. Prompt
« à s'enflammer contre le vice, il était toujours prêt à par-
« donner au repentir; ardent au travail, assidu à la contem-
« plation, affectionné à la psalmodie, exercé aux veilles et aux
« jeûnes, il était généreux, doux, modeste et d'une piété in-
« comparable. » Après avoir été honoré du pallium, signe de la plénitude de la juridiction, Corbinien eut à accomplir divers voyages apostoliques dans les Gaules et en Italie et fut amené comme malgré lui à fixer sa tente d'évêque régionnaire sur la colline de Frisingue.

Théodon II vivait encore; mais s'étant réservé Ratisbonne, il avait partagé entre ses trois fils le reste de ses états. Hugobert avait eu Passau et Salzbourg, la vallée de Winschgau avait été donnée à Theodebert, et Grimoald avait obtenu Frisingue. Ce dernier prince alliait à un certain amour de la foi chrétienne l'oubli de ses premiers devoirs, et s'était marié, à la veuve d'un de ses frères, la princesse Piltrude. Pourtant à la nouvelle des grandes choses que l'on publiait de Corbinien, il n'en fut pas moins désireux de l'attirer auprès de lui.

Le saint évêque était alors retiré au fond d'une solitude pleine de charmes dans les environs de l'ancienne Méranie,

auprès du tombeau de S. Valentin, son prédécesseur, dans l'apostolat de la Bavière. Le biographe Aribon nous le peint isolé au milieu des forêts, caché en un lieu inconnu que deux ruisseaux éloignaient du passage des hommes. Il ne songeait qu'à s'y construire un petit ermitage pour y finir ses jours, lorsque des envoyés de Grimoald, l'ayant découvert, lui firent part des vœux de leur maître.

Corbinien éprouva un moment d'hésitation en songeant à la faiblesse du duc et à l'ambition de Piltrude. Il partit néanmoins, et put d'abord croire au repentir des coupables; car à son arrivée on les vit se jeter à ses pieds pour implorer la pénitence publique. Ce fut alors qu'il établit son siége dans la chapelle du château, au sommet de la colline.

Cependant la flamme qui paraissait éteinte brûlait dans l'ombre; Piltrude, restée sous le toit de Grimoald, songea à se débarrasser, par tous les moyens, d'un censeur incommode, et, pour fuir des assassins soudoyés par elle, Corbinien dut retourner dans sa solitude de Maïe. Il n'en revint qu'après la mort de Grimoald et le départ de Piltrude; mais ce fut pour mourir.

Le moment annoncé huit jours d'avance à ses disciples étant venu, « le saint vieillard, c'est Aribon qui parle, com-
« manda de préparer un bain, et, s'étant lavé selon l'usage, il
« se fit couper les cheveux, raser la tête et la barbe; puis, re-
« vêtu de ses habits, il offrit le saint sacrifice, s'administra le
« viatique et ne quitta l'église que quand l'office fut achevé.
« De retour chez lui, il se fit apporter un peu de vin, en prit
« quelques gouttes, et sans donner aucun signe de douleur,
« ayant formé sur son front le signe de la croix, il rendit son
« âme à Dieu (en 730). Ses clercs l'ensevelirent dans l'église
« de la bienheureuse mère de Dieu, Marie. » Son corps fut ensuite transporté, d'après ses désirs souvent exprimés, auprès des cendres de S. Valentin, où il resta pendant quarante ans.

Dans cet intervalle, les reliques de S. Valentin, enlevées d'abord par les rois lombards, vers 739, en faveur de la ville de Trente, avaient été transportées, vers 770, à Passau, par le duc de Bavière Tassilon. Dès lors rien ne s'opposait plus à ce que celles de S. Corbinien fussent reportées à Frisingue. Leur translation se fit avec une grande solennité, et fut présidée par Aribon, l'évêque qui la raconte. Nous apprenons de lui que le corps fut déposé, en présence du duc Tassilon, à l'endroit même où il avait précédemment reposé. « In ecclesia S. Mariæ, ubi primitus erat humatus... pro cujus meritis et precibus magnas ibi virtutes divina virtus operari dignatur. »

S. Corbinien, ces murs, ces piliers, ces voûtes dont nous avons présenté la forme sont-ils restés les mêmes? Voyons-nous là l'ouvrage de Grimoald, celui de ses pères ou des légions romaines? Le monument lui-même peut seul répondre à cette demande. Il n'est pas improbable que plusieurs piliers appartiennent à l'époque mérovingienne ; mais les combinaisons compliquées des fûts, le feuillage de plusieurs chapiteaux, les pattes originales de plusieurs socles de bases indiquent à mon avis une époque plus rapprochée [1]. D'après ce que l'on sait

[1] Je ferai remarquer en particulier la base suivante dont

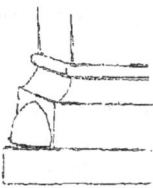

l'appendice en ove a de si grands rapports avec celui des bases de la cathédrale de Spire, dont voici la forme :

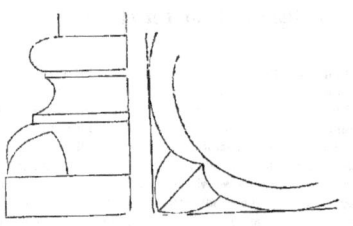

Comme cette forme se trouve encore, entre autres monuments, au milieu de la crypte à Strasbourg, il n'est pas douteux pour moi qu'elle n'ait appartenu à toute une école d'art à la même époque. Les moindres produits de l'activité humaine, envisagés dans leurs phases successives, ont de l'intérêt pour l'observateur, qui voit s'y réfléchir en quelque sorte le mouvement de la civilisation. Je ne renonce pas à présenter quelque jour par des esquisses rapprochées la modeste histoire des pattes de socles dans l'architecture romane et ogivale. Leur origine remonte au moins au huitième siècle. On peut voir à Aix-la-Chapelle, parmi les débris antiques, des socles de bases au moins carlovingiennes dont les angles supérieurs sont déprimés, sans doute afin de ne rien laisser perdre à la vue des tores si richement ornés sous la décadence romaine. En parant à un inconvénient, cette dépression en faisait naître un autre. La partie déprimée était peu agréable à voir ; on lui substitua son contraire, c'est à dire des ornements en saillie. Les espèces d'oves que nous voyons ici sont certainement une des formes les plus élémentaires du nouveau système; mais ces oves étaient lourds, sans mouvement. L'art en se développant y insinua la vie et bientôt avec la vie ses caprices les plus désordonnés. A la transition du roman à l'ogival un goût plus sage revêtit ces petites surfaces, comme eût fait la nature, d'une végétation complaisante descendant du gros tore et s'accommodant au terrain. Au commencement du treizième siècle ces feuilles ont emprunté dans nos cathédrales le galbe le plus élégant et le mouvement le plus varié. Arrivé là, le progrès avait atteint son terme. Il fallut bien suivre la dure loi des choses d'ici-bas, et n'avancer plus que pour descendre.

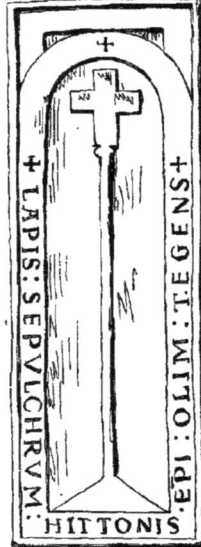

des successeurs immédiats de S. Corbinien, il ne paraît pas qu'aucun d'eux ait songé à modifier la première basilique, ni son frère Erembert, établi à Frisingue par S. Boniface lorsque ce dernier constitua canoniquement les quatre évêchés de Bavière, ni le bienheureux Joseph, ni le biographe Aribon, ni Atto, le contemporain de Charlemagne. Il n'en est pas de même d'Hitto, élu en 811 et mort en 836, le seul de tous les évêques de Frisingue non canonisés qui ait joui du privilége d'être enseveli au milieu des corps saints dans la crypte où sa pierre tumulaire, malheureusement retouchée, se trouve encore. A cette distinction, qui s'explique si naturellement en le supposant fondateur de l'édifice, se joignent d'autres indices. Dans le plus ancien des manuscrits de la cathédrale écrit d'après ses ordres par le prêtre Cozroh, au milieu des nombreux actes de donations faites et par lui et par les fidèles en faveur de l'église de Notre-Dame, il y est fait mention d'ouvrages en précieux métaux et d'admirable beauté dus à sa piété et de magnifiques constructions qu'il éleva ou qu'il enrichit pour témoigner de son zèle envers la maison de Sainte-Marie[1]. Nulle part la crypte n'est formellement désignée, mais un

rapprochement assez curieux me porterait à croire qu'il en est question. Sur un chapiteau, où se trouve représenté un personnage que je suppose le maître de l'œuvre, on lit le nom de Luiprecht. Or ce même nom, assez rare dans les actes contemporains, je le retrouve à la même époque parmi les habitants ou les affiliés du monastère de Frisingue. C'est sur un document de l'abbaye de Reichnau, dépouillé par Dom Pez et renfermant les noms des

---

[1] Voici les premières paroles du *Liber traditionum antiquus*, écrit par Cozroh (Meik. t. 1, p. 116) : Dum divina providentia Domino favente Hitto, episcopus Domini dispensatione in cathedram episcopalem Frisingensi sedis honorifice provectus esse comprobatur, omnia instrumenta divinarum scripturarum novi et veteris Testamenti in melius reparari non desistit, et quidquid defuisse sacrorum voluminum repperit, sudanti labore flosculos de pratis amplis decerpens, quasi avide fontem vitæ æternæ sitiens, doctrinæ fluenta omni conamine adgregari studuit, ut omnes christiani populi ad se perfluentes, quos exemplo sanctitatis vitæ suæ inspectionis latissimis refocillaret dapibus, quasi de rivulo fontis sacrorum scripturarum dulcia mella fluens doctrina lucidissimis ac saluberrimis satiaret potibus, pariterque cantilenis et omnium divinarum documentorum officiis suæ vigore disciplinæ ipsam domum sanctæ Mariæ, cui præesse dignoscitur, quasi mirifici odoris suavitate adimplevit, miræque pulchritudinis opere pretiosorum metallorum, et aliorum ædificiorum, ædificationum decoratibus in omnibus honorifice adornavit, etc. (*sic*).

clercs ou moines de Frisingue unis de prières avec ceux de Reichnau ; si le nom d'Hitto n'y figure pas, ou du moins n'y figure pas avec le titre d'évêque, ce titre y est donné à son prédécesseur Hatto, et à son successeur Erchambert; on y trouve les noms de sa sœur Cotezdiu, et de son annaliste Cozroh, ainsi que celui d'un Luitpreht [1].

Erchambert, que je viens de nommer, s'occupe des écoles de sa cathédrale et élève auprès d'elle, en l'honneur de S. Pierre, une petite église qui n'existe plus. Son tombeau, transféré de là à Notre-Dame, se voit encore dans la nef; mais il est évident que la figure est du quatorzième siècle, et peut-être a-t-elle a été retouchée au dix-septième. On lit autour :

> Est Erchampertus hac presul in ede sepultus
> Atque coopertus saxo de paupere natus [2].

L'épitaphe de l'évêque suivant, nommé Anno (855 — 875), nous apprend qu'il agrandit le vaisseau de son église :

> Junxit oves agno commissas septimus Anno
> Auxit et hanc autam primitus exiguam.

Cet Anno paraît avoir été un protecteur distingué des arts : c'est à lui que s'adresse le pape Jean VIII pour avoir des orgues et un artiste habile à les toucher [3].

L'évêque Arnould (875 — 883) eut à terminer les travaux d'Anno dans sa cathédrale; mais à peine cette reconstruction était-elle achevée qu'un incendie détruisait l'édifice. Valdo (883 — 906) le releva et l'enrichit. On lui doit un livre d'évangiles écrit en langue théotisque par le prêtre Sigefrid.

---

[1] *Meichelbeck*, l. c. T. II. *Diss.* I, p. xi : *Instrum. alt.* : Nomina fratrum de Frisingum.

[2] Cette pierre a été publiée par M. de Hefner, l. c. Pl. x, sous le titre de : Tracht eines bischofs um 1200. On lit aujourd'hui au lieu d'Erchampertus *Erfenbertus*, et au lieu de natus *Sculpto. s. tutto*. Est-ce Tutilo le nom du sculpteur?

[3] *Mabillon*, Act. ss. Ben. sæc. III. p. I. *Præf.* LXXVII. La première mention qui ait été faite des orgues de métal remonte à l'an 757. « Constantinus imperator, rapporte Eginhard, Pipino regi multa missit munera, inter quæ et organa, quæ ad eum in compendio villa pervenerunt.

— Walafrid Strabon confirme que cet instrument fut apporté en France de l'Orient, qui se faisait gloire de l'avoir inventé :

> Est alia de parte nitens fulgore corusco
> Auratus discurrit eques, comitante pedestri
> Agmine : tintinnum quidam, quidam organa pulsant.
> Dulce melos tantum vanas deludere mentes
> Cœpit, ut una suis decedens sensibus, ipsam
> Femina perdiderit vocum dulcedine vitam.
> Cedant magna tui super hæc figmenta colossi.

En même temps une ère de calamités s'ouvrait pour la Bavière et en particulier pour Frisingue. Uto à peine élu (906 — 907) court défendre son pays contre l'invasion des Hongrois, et meurt dans la défaite de Presbourg. Aux maux dont on est menacé par les barbares se joignent les violences d'un prince ennemi de Dieu et des hommes. Arnould de Bavière, surnommé le Mauvais, rivalise de rapacité avec les Hongrois, et pour comble de désolation Frisingue trouve dans un indigne évêque un fléau plus intolérable que les deux autres. L'évêque Dracholf (907—926) arrachait impitoyablement aux églises ce qui avait échappé aux déprédations d'Arnould.

Cependant les Hongrois poursuivaient leur marche et leurs ravages. Entrés dans Frisingue, ils passèrent six jours à la livrer au pillage ; mais, par une visible protection du ciel attribuée aux prières de l'évêque S. Lanspert (928 — 995), la basilique enveloppée d'un nuage resta invisible aux barbares.

Dans ce même siècle, et malgré l'extrême difficulté des temps, l'évêque Abraham (957—994) mérita une place distinguée parmi les bienfaiteurs de la cathédrale et de son monastère. On lui doit la construction d'une tour et des dons précieux [1].

Nous ne savons de Gothescalc (995—1005) qu'un événement qui fait l'éloge de son cœur. Aimé de l'empereur S. Henri, il l'accompagnait dans l'expédition de Pologne, où ce prince allait relever le trône de Jaromir, lorsqu'un jour de la nativité de la sainte Vierge, officiant à Prague devant la cour, il eut le courage de braver publiquement le ressentiment qu'il est si difficile à un prince de sacrifier à l'égard d'un ancien compétiteur. Henri, dans les premières

---

Roma : velit Cæsar Magnus ; migrabit ad arces
Francorum quocumque miser conflaverit orbis.
Eu qu's præcipue jactabat Græcia sese,
Organa rex magnus non inter maxima ponit.

Le moine de Saint-Gal ajoute que les artistes attachés à la cour s'appliquèrent à reproduire la merveille orientale : Adduxerunt etiam iidem missi omne genus organorum, sed et variarum rerum secum, quæ cuncta ab opificibus sagacissimi Caroli quasi dissimulanter adsperta, accuratissime sunt in opus conversa : et præcipue illud musicorum organum præstantissimum, quod doliis ex ære conflatis, follibusque taurinis per fistulas æreas mire perflantibus, rugitu quidem tonitrui boatum, garrulitatem vero liræ vel cymbali dulcedinem coæquabat.

On croit que ces orgues furent placées dans la chapelle d'Aix, où elles furent détruites par les Normands. Heureusement les imitations dont parle le moine de Saint-Gal survécurent au modèle, et se répandirent peu à peu dans les grandes cathédrales et dans les riches monastères. Il semble qu'au milieu du neuvième siècle les organistes de Frisingue se fissent remarquer parmi tous les autres : « Precamur autem, écrit le pape Jean VIII à l'évêque Annon, ut optimum organum cum artifice qui hoc moderari et facere ad omnem modulationis efficaciam possit, ad instructionem musicæ disciplinæ nobis aut cum eisdem reddiibus mittas. »

[1] Le sacriste de Frisingue Conrad, dans le *Liber traditionum magnus* écrit par lui en 1187 (ap. Meichelbeck, l. c. Diss. vi, p. 35 et Hist. p. 188, et 189), dit d'Abraham : turre quadam monasterium adauxit et diversis ornamentis ecclesiarum in plenariis (*Missels*) et tapetibus diligenter ac devote adornavit.

Conrad ajoute en marge : Commemoratio rerum ecclesiasticarum et amictuum cum quibus Abraham hanc ecclesiam decoravit et dotavit; imprimis cappæ cum aureis fibulis paratæ.
Aliæ cappæ de probatissimis palliis 16.
Planetæ auro paratæ 6.
Stolæ cum auro paratæ 5. Cum totidem fanonibus (*manipules*) et cingulis.
Calix unus magnus aureus et argenteus et fistula argentea.
Alter vero aureus cum patenis.
Humerale cum solido auro unum.
Alia auro parata 4.
Item planetæ sine auro 5.
Dalmaticæ auro paratæ 3. Aliæ duæ sine auro.
Pallium sacrum 1.
Cortinam de pallio uno.
Galeta (?) argentea 1.
Pixis argentea 1.
Albam auro paratam unam.

années de son règne, avait eu à comprimer l'ambition du comte Hézilon, et n'en avait triomphé qu'avec peine. En ce moment le comte, renfermé dans la forteresse de Witgenstein, n'était plus à craindre ; mais en cessant d'être un rival il était resté un ennemi, et qui eût osé prononcer son nom en présence du jeune vainqueur? Gothescalc eut ce courage. Au milieu du saint sacrifice, s'adressant inopinément au monarque, il le supplie au nom de celui qui a pardonné au monde de pardonner lui-même, et de faire plus, de rendre ses bonnes grâces au coupable humilié. On écoutait avec anxiété, les yeux étaient fixés sur Henri, surpris et combattu par des sentiments contraires ; bientôt la magnanimité l'emporte ; l'empereur se lève, et prend Dieu à témoin du pardon qu'il accorde.

A la même époque Henri-le-Batailleur, duc de Bavière, donnait à la cathédrale un buste en argent doré de S. Corbinien [1].

Le règne de S. Henri a été pour l'Allemagne, sous le rapport de l'art religieux, ce qu'a été à la même époque pour la France celui du roi Robert. Parmi les populations affranchies de la peur des Hongrois comme parmi celles qui venaient d'être délivrées de la fureur des Normands, un immense enthousiasme s'était emparé des âmes et s'épanchait de toutes parts en œuvres imposantes. Nous ne voyons pourtant pas qu'on ait refait à cette époque de rénovation l'œuvre d'Hitto, d'Anno ou de Valdo. L'évêque Egilbert se borne à les embellir. (1005—1041.)

Homme d'un esprit distingué, élevé à la cour de S. Henri, chancelier sous le célèbre Willigis et chargé par Conrad II de l'éducation d'Henri-le-Noir, Egilbert devait comprendre le mouvement d'art qui allait renouveler la face des pays chrétiens. On peut présumer que l'autel de la cathédrale possédait déjà un ciborium, puisque c'était une décoration voulue par l'ancienne liturgie : il nous en reste encore des souvenirs dans les baldaquins à ciel ouvert de quelques églises. Egilbert en fit élever un nouveau, où resplendissaient l'or, l'argent et les pierres précieuses. Un devant d'autel d'or pur et ciselé par des mains habiles faisait étinceler aux jours de fête la base du somptueux édifice, tandis qu'entre les dernières colonnes apparaissait une châsse telle que l'orfévrerie savait alors les faire [2]. De nombreux candélabres furent disposés autour du chœur et autour de l'estrade où se lisait l'Évangile.

---

[1] *Ex hujus ducis donatione*, dit Aremberg au liv. IV des Chroniques de Bavière (*ap. Meik. l. c.*) *caput argenteum deauratum S. Corbiniani, quod hactenus habetur in ecclesia Frigensi, factum est. De hoc sunt metra :*
   Dum jubet Hainricus quam sanctus Corbinianus
   Splendet in argento, quod dedit ille Deo!
   Præsulis Abrammi fulgescit imago benigna.
   Omnipotens animam salvet in arce suam.

[2] (*Conradus sacrista in magno libro traditionum, ap. Meikelbeck, t. 1. p. 233.*) Ecclesiam istam diversis et optimis ut pro parte in præsentiarum (en 1187) cernitur, decoravit ornamentis. Ciborium enim quod erat ante ignis vastationem (de l'an 1159) super majus altare expansum, auro et argento et lapidibus pretiosis erat intextum, tabulam quoque ex auro purissimo, quæ in diebus festis ante ipsum altare deponitur, fabrili opere compegit. Sarcophagum majus et duos lapides itinerarios et libros auro et argento et lapidibus intextos et cappas et casulas, quæ hic habentur meliores, cum caliciibus optimis ecclesiæ contulit. Plura candelabra circa chorum, et pulpitum in quo legebatur Evangelium (usage, ajoute Don Meikelbeck, encore conservé parmi les bénédictins) et duas coronas, unam in choro dependentem, alteram ad S. Crucem, miro opere, ut merito de ipso dici possit : domine, dilexi decorem domus tuæ, præparaverat. Cætera quoque altaria, videlicet S. Crucis et S. Stephani tabulis et sarcophagis auro et argento coopertis ornaverat. Crucem majorem, ut hodie vide-

Au milieu du chœur descendit une de ces couronnes de lumière que nous avons décrites au commencement de ce volume; une autre fut suspendue devant l'autel de la sainte Croix, toutes deux d'un précieux travail, *miro opere*. Cet autel de la Croix ainsi que celui de S. Étienne eurent, comme le grand autel, leur *antependium* et leurs châsses couverts d'or et d'argent. Les livres au service des autels furent revêtus des mêmes métaux et ornés de pierreries. Les vases sacrés répondirent au reste. Egilbert fit faire deux autels portatifs et trois croix de diverses grandeurs, des calices, des vases pour le saint chrême, sept candélabres, trois siéges épiscopaux en fer argenté. Quant aux chapes et aux chasubles, celles qui venaient de lui se trouvaient au douzième siècle les meilleures du vestiaire de la cathédrale. Nous pouvons encore juger jusqu'à un certain point de l'état des arts du dessin à Frisingue vers le milieu du onzième siècle, puisqu'il nous reste du moins une gravure d'un monument contemporain et peut-être d'un de ces *lapides itinerarios* dus à la munificence d'Egilbert. Je parle de la châsse qui renfermait la célèbre relique de la sainte Larme à Vendôme.

J'ai pensé que l'on verrait ici avec plaisir ce monument, qui n'existe plus. Les bénédictins de Vendôme étaient depuis de longs siècles en possession de leur relique, lorsque son authenticité fut violemment attaquée par un critique quelque peu frondeur, Thiers, curé de Vibraye. Mabillon répondit en 1700 à ce qu'il appelle un libelle scandaleux, et donna dans sa réponse une gravure de la châsse ainsi que de l'arcade historiée au dessous de laquelle on la conservait. La première gravure fut insérée quelques années après par le même auteur dans le quatrième volume de ses *Annales Bénédictines* (p. 532), et fut reproduite par Meikelbeck dans son *Histoire de Frisingue* (T. I, p. 245).

« Il y a, dit Mabillon, quatre coffres d'or pour conserver la sainte Larme. Le premier est
« long d'environ un pied, de six pouces de largeur et de quatre de hauteur. A la première face
« sont représentés en bosse les prophètes Isaïe, Ezéchiel, Jérémie et Daniel, avec ces mots
« AGNUS DEI. Au dessous on lit ce vers :

ASPICE LÆTA TUOS FELIX FRIGISINGA PATRONOS

« A l'autre face sont représentés les quatre saints patrons de Frisingue avec une aigle au
« milieu dans un cercle, et au dessus :

S. TERTULINUS . S. CORBINIANUS . S. MAURICIUS . S. GEORGIUS :

« et au dessous de l'aigle S. EUTROPIUS, qui y a été ajouté. Au dessous on lit ce vers :

BIS DUO SYMNISTÆ TUA PANDUNT TEMPORA CHRISTE

« A l'un des côtés est l'image de notre Seigneur, qui donne la bénédiction d'une main et

---

tur, argento cooperuit. Minerem quoque auro et margaritis cooperuit. Parvam quæ assidue defertur, de puro argento fabricari constituit. Ampullas in cœna domini deferendas cum septem candelabris et sedes ferreas tres episcopales, argento coopertas, præparari jussit.

« tient un globe de l'autre, avec une croix au milieu; aux quatre coins sont les quatre évan-
« gélistes. De l'autre côté est un cristal dans lequel on voit un œil pleurant, et au dessous
« ces mots en lettres capitales :

HENRICUS REX. NITKERUS EPISCOPUS.

« La couverture ou coulisse de ce coffre est de bois couvert de cuivre, sur lequel sont
« représentés Abraham et Melchisedech, offrant le sacrifice sur un autel avec un calice, et

RELIQUAIRE DE LA SAINTE LARME DE VENDOME.

« Moïse et Aaron avec leurs noms. A l'un des côtés de cette coulisse on lit ces mots :

HEINRICO NITKERUS DAT.

Aux quatre coins du coffre sont représentés des yeux qui semblent y avoir été ajoutés. [1] »

---

[1] Le savant bénédictin omet de remarquer que les inscriptions ne sont pas à leur place. Il est clair que la première : « Heureuse Frisingue, contemple avec joie tes protecteurs, » devrait se trouver au dessous des saints patrons de la ville. La seconde, : « O Christ, quatre ministres sacrés racontent ta vie mortelle, » est relative aux quatre évangélistes indiqués autour du Sauveur par les animaux symboliques ; mais cette inscription n'était pas moins bien placée au dessous des quatre grands prophètes, qui ne formaient, d'après le symbolisme établi, qu'un seul tout avec les évangélistes, ainsi qu'on peut le voir dans la magnifique verrière du transept sud à Chartres, où les quatre évangélistes sont portés par les quatre grands prophètes, historiens avant eux des mêmes événements. Le nom de S. Eutrope, qui ne répond à aucun personnage et détruit les rapports du nombre quatre, n'a pu être ajouté qu'à Vendôme, où on se flattait de posséder le corps de S. Eutrope de Saintes, donné par Geoffroi Martel. Ce nom a remplacé, sans aucun doute, une inscription correspondante à celle de la face opposée, et c'était, si je ne me trompe, les mots : SPIRITUS DEI. Le symbole où Mabillon a cru voir un aigle était plutôt une colombe représentant au milieu des saints l'esprit sanctificateur. L'agneau verse son sang, la colombe étend ses ailes : l'agneau expie les péchés, et la colombe inspire les vertus. Celle-ci a un rapport de forme assez frappant avec les colombes eucharistiques, où s'unissaient également les deux idées.

Oserons-nous expliquer par quelque inattention ce que Mabillon ajoute des « yeux » représentés aux quatre coins et qu'il croit « y avoir été ajoutés ? » L'étude des monuments figurés du moyen âge était moins familière à l'illustre savant que celle des monuments littéraires, et il ne serait pas étonnant que l'étrangeté de la représentation ne lui eût pas permis de croire à un travail primitif et réfléchi. A ses paroles nous opposerons sa planche, où le dessinateur, tout en laissant désirer les agréments du style, fait apercevoir l'intention de l'exactitude.

Historiam pictura refert,

dirons-nous avec Prudence. Grâce à la fidélité ingénue de l'artiste, ce qui présente d'abord l'aspect d'une bizarrerie inexplicable, c'est à dire l'œil remplaçant la tête de Melchisedech et l'œil jeté aux pieds d'Aaron, devient une variante peu gracieuse, il est vrai, mais très curieuse d'un type symbolique que nous avons eu l'avantage de mettre ailleurs en lumière. Si je ne m'abuse, la châsse que nous avons devant les yeux est un autel portatif : sa dimension et sa forme rappellent de tout point ceux qui se voient notamment à Bamberg. Toute la face supérieure est une table d'autel, où les gravures ne font qu'exprimer l'opposition entre l'ancienne loi et la loi nouvelle, entre les sacrifices figuratifs et le sacrifice du Calvaire, continué dans le sacrifice eucharistique. Que Moïse représente l'ancienne loi promulguée par lui au peuple élu, le rouleau déployé entre ses mains le dit assez ; et qu'Aaron, tenant en main la verge miraculeuse, indique le sacerdoce auquel il a donné son nom, la chose parle d'elle-même. Mais comment Abraham et Melchisedech sont-ils opposés à Moïse et à Aaron pour figurer la loi nouvelle, son sacerdoce et son holocauste. La réponse se trouve dans l'invocation de ces grands noms joints à celui d'Abel au milieu du canon de la messe. Peu après la consécration, le prêtre prie Dieu au nom de Jésus-Christ de bénir son sacrifice :

« Supra quæ propitio ac sereno vultu respicere digneris et accepta habere sicuti accepta habere dignatus es munera pueri tui justi Abel, et sacrificium patriarchæ nostri Abrahæ et quod tibi obtulit summus sacerdos tuus Melchisedech, sanctum sacrificium, immaculatam hostiam. »

Il est évident que, malgré leur valeur figurative hautement enseignée par S. Paul, les sacrifices lévitiques sont omis à dessein dans ces paroles solennelles. N'est-ce pas parceque, depuis le déicide, ils ne se présentent plus à la pensée du nouveau peuple élu que frappés de l'anathème tombé sur l'ancien peuple ? Si leur représentation avait trouvé place ici, c'eût été, d'après l'esprit de la liturgie, entre Moïse et Aaron ; il se pourrait, en effet, que leur image altérée par le temps ait jadis rempli le vide qui correspond à l'autel de Melchisedech. C'est ainsi que nous voyons ailleurs la synagogue tenir en main la tête d'une victime légale. Au contraire, les sacrifices qui ont précédé la loi mosaïque et que l'Écriture sainte célèbre sont exaltés par l'art antique aussi bien que par la liturgie, comme les vives images de l'oblation du Sauveur. Celui d'Abel, qui manque ici, se voit sur un des autels portatifs de Bamberg. En se bornant aux deux autres sacrifices, notre artiste semble vouloir rendre plus saillante la double allusion au mystère de la croix et à celui de l'Eucharistie. Qu'est-ce en effet qu'Isaac dans le sens allégorique pour toute la tradition chrétienne, sinon le fils de Dieu sacrifié par son père. Le bois que l'enfant porte au sommet de la colline, c'est la croix que Jésus porte au haut du Calvaire : le bélier substitué à Isaac et immolé à sa place, c'est encore Jésus au dessus, duquel l'ange n'a pu suspendre cette fois le bras paternel. Enfin la récompense de la foi d'Abraham est précisément la gloire pour sa postérité de donner naissance au Messie et à son nouveau peuple. Abraham sera le *père des croyants*, les fidèles seront les *enfants d'Abraham*.

Ainsi que le sacrifice d'Isaac, offert par Abraham, est la figure la plus solennelle de celui du Calvaire, le sacrifice de Melchisedech est l'image la plus parfaite de celui de l'autel.

Ipse est, dit S. Léon parlant de notre Seigneur (Serm. v, alias IV, opp. ed Ballerini, t. I, p. 21), cujus formam Melchisedech pontifex præferebat, non judaicas hostias offerens Deo, sed illius sacramenti immolans sacrificium, quod redemptor noster in suo corpore et sanguine consecravit.

Toute la tradition des Pères est unanime à signaler les mêmes rapports. (*S. Cyprien, ad Cæcilium, opp. ex ed. Balu.z, p. 105, — Eusèbe, Demonstrat. évangel. L. v, c. 3. — S. Jerome, ad Marcellam, ep. 44. e l. Martianay, t. IV. — S. Augustin, ed. Maur., t. III, p. 83, t. VII, p. 435. —*

La châsse que l'on vient de voir en contenait trois autres. « Le second coffre, qui est renfermé dans ce premier, ajoute Mabillon, est de grand prix. Il est couvert d'or et de fili-

S. Epiphan. l. 11, hæres. 55. — S. J. Damascène, de la foi orthodoxe, L. 4, c. 13.) C'est par la ressemblance des deux sacrifices qu'ils expliquent la parole solennelle du ps. 109, où Dieu, s'adressant au Messie à venir, lui dit au milieu de la période mosaïque : Tu es prêtre pour l'éternité selon l'ordre de Melchisedech.

Cependant cet ordre de Melchisedech ne consistait pas seulement dans la nature du sacrifice, mais aussi, d'après S. Paul (Ep. ad Hebræ. passim), dans les circonstances du sacerdoce. Melchisedech était un type tout particulier du Messie, parceque le Messie devait être tout ensemble roi et prêtre comme le roi de Salem, et prêtre d'un peuple formé des Gentils aussi bien que des Hébreux, à l'opposé d'Aaron. Ordinem... interpretantur, dit S. Jérôme (ad Evangelum, ep. crit. 111 ed. Martianay, t. 11, p. 167. Dans les vieilles éditions ad Evagrium, 126), quod solus et rex fuerit et sacerdos et ante circumcisionem functus sacerdotio : ut non gentes ex Judæis, sed Judæi a gentibus sacerdotium acceperint... Et un peu plus loin : Affirmat autem apostolus quod Aaron sacerdotium, id est populi Judæorum, et principium habueritet finem Melchisedech autem, id est Christi et Ecclesiæ, et in præteritum et in futurum æternum sit. D'après ce dernier rapprochement Melchisedech représentait en même temps le Messie et l'Église, et type de l'Église ainsi qu'Abraham il était supérieur au Père des croyants, parcequ'il l'avait béni. (Gen., xvi). Ceci nous amène à expliquer la singulière représentation de l'œil qui remplace la tête du prêtre-roi. C'est en effet la loi nouvelle, l'Église que je crois signalée par cet œil mystérieux : œil ouvert du côté du ciel et mis en contraste avec l'œil blessé et éteint qui gît aux pieds du grand prêtre judaïque.

Non content, en effet, de représenter la divine économie de la rédemption sous le voile des personnages et des événements bibliques, l'art ancien aimait à la figurer sous les traits d'êtres purement symboliques. Nous avons eu dans les Vitraux de Bourges p. 7-9, 42-72, 104-110, 113-121, 123-127, etc.) l'occasion d'étudier les types curieux de l'Église et de la Synagogue ; nous avons eu à revenir sur le même sujet dans ces Mélanges (t. 11, p. 50 et seq.), et voici dans mon opinion de nouvelles variantes de ces types aimés. La Synagogue se présente ordinairement comme une reine déchue ; son corps défaille, sa tête se penche, sa couronne tombe, son étendard est brisé, elle tient quelquefois le couteau désormais inutile de la circoncision ; plus fréquemment les tables de la loi ou la tête des victimes légales s'échappent de ses mains ; elle s'évanouit dans les bras de son père Aaron. Mais parmi ces signes il en est un qui la caractérise davantage, c'est l'aveuglement : un large bandeau couvre ses yeux et ses yeux ne sont pas seulement couverts ; l'esprit de ténèbres les a frappés de ses flèches, le serpent antique leur a imprimé sa morsure empoisonnée. Ce que les peintres ou les sculpteurs figurent, les poètes le chantent :

Hæc, Judæa, tuas vox non pervenit ad aures !

Pervenit, mentem sed non penetravit egenam
Lucis..
    Prudent. Apotheosis, v. 421 (ed. Arev., t. 1. 441).
Judæa claram cæcitas
Viam veritatis repulit.
    (Ap. Daniel. Thesaurus hymn. 1, 90.)
Isaias cecinit,
Synagoga meminit,
Nunquam tamen desinit
Esse cæca.
    Prose attribuée à S Bernard (ed. Mabillon, 1690, t. 11, 904, et ap. Vitraux de Bourges, p. 66).

La voix des théologiens s'unit aux témoignages des peintres et des poètes, et applique à la Synagogue ces mots de Jérémie (Th en. v. 16, 17) : « Væ nobis quia peccavimus ! ideo obtenebrati sunt oculi nostri. » Ici, dans un caprice moins inspiré par le bon goût que par la science, l'art a voulu réunir en un seul personnage l'allégorie historique et l'allégorie pure. Cet œil tombé est celui d'Aaron. Il éclairait jadis la Synagogue, il brillait sur la face du grand prêtre mosaïque, comme le miroir de son intelligence illuminée des clartés du ciel ; mais aujourd'hui, blessé par la prévention, éteint par l'endurcissement, il est tombé aux pieds du sacerdoce égaré.

Au contraire, dans tous les types de l'Église que nous avons étudiés, celle-ci, jeune reine, couverte de magnifiques parures, le front ceint du diadème et d'un diadème qu'elle a reçu de la main pontificale de Pierre, s'avance tenant d'une main son étendard victorieux et de l'autre le calice d'or, où coule le sang régénérateur des âmes, et toujours sa tête est droite, ses yeux se lèvent, ses regards se fixent sur celui qui est la lumière du monde, et dont les enfants sont des fils de lumière :

At nos detecto Christum velamine coram
  Cernimus
    (Prudent. Apotheos., v. 327.)

Ce trait particulier de la vue lumineuse de l'Église, opposée à l'aveuglement de la Synagogue, faisait comparer la première à Rachel et la seconde à Lia.

« Rachel clara aspectu, ecclesiæ typum tenuit,
Quia contemplationis acie Christi mysteria cernit.
    (Isidor. Alleg. 28, 29. T. v, p. 122.).

D'après ces rapports établis, donner au sacerdoce, à l'Église de Jésus-Christ, au lieu de tête, un œil ouvert du côté du ciel, c'était dire que son intelligence est inondée des rayons de la vérité. Tout en résumant les caractères de l'Église, le symbole avait l'avantage de rappeler l'auguste relique de la châsse de la sainte Larme, à moins pourtant que tout le symbole n'ait eu lieu et que l'idée de la relique ne soit venue du symbole. Car je me demande s'il est bien sûr que les moines de Vendôme ne se soient pas ingénument mépris. Quand ils devinrent possesseurs d'un monument si riche et venant de si loin, à l'aspect de ce grand œil ouvert, de cet œil insolite qu'il leur était permis de ne pas comprendre, puisque le grand Mabillon ne l'a pas compris,

« granes, enrichi de plusieurs pierres précieuses. On tient que c'est un présent de la comtesse
« Agnès, fondatrice de cette abbaye.

« Le troisième coffre enfermé dans ce second n'a rien de particulier. Il est simple, sans
« gravure ni inscription, enrichi de quelques perles et pierres précieuses.

« Le quatrième, qui est plus petit, est gravé aux quatre faces, où sont représentés par
« forme de tableaux grossiers et mal faits, la résurrection de Lazare, avec des paroles tirées
« de l'Évangile, dont le caractère est d'environ trois cents ans.

« La sainte Larme, qui est dans ce quatrième coffret, est enfermée dans deux petits vais-
« seaux l'un dans l'autre. Le premier est une espèce de verre, dans lequel on voit une petite
« fiole bleue : c'est dans celui-ci que l'on croit être contenue la sainte Larme.

» A ce reliquaire sont attachées deux chaînes d'or au bout desquelles sont deux bagues

puisqu'un critique aussi investigateur et aussi hardi que Thiers ne paraît pas s'en être douté, moines et peuples auront bien pu se figurer un œil du Sauveur et conclure de sa représentation que la châsse renfermait une de ses larmes. Comme on l'a vu, l'inscription de Nitker ne dit rien, sinon que le monument a passé de ses mains dans celles de l'empereur. Quant à l'œil de cristal, nous ignorons s'il n'a pas été ajouté à Vendôme.

Le docte auteur que nous citons dans sa réponse à Thiers déclare qu'il « eût peut-être dissimulé la critique de son adversaire, pour éviter les contestations, si celui-ci s'était contenté de faire voir la difficulté qu'il y a de croire que les saintes larmes que notre Seigneur a versées à la résurrection de Lazare se soient conservées miraculeusement jusqu'à nos jours ; » mais il défend la bonne foi de ses confrères, appuyés sur une possession de plusieurs siècles, et réfute les fausses règles de critique que Thiers s'efforce de faire prévaloir. Pour ne citer que les documents les plus anciens, les archives de l'abbaye conservaient deux chartes du douzième siècle. Dans l'une, datée de 1195, Burcard, comte de Vendôme, donnait à l'abbaye 40 sols de rente, à la charge d'entretenir une lampe perpétuelle devant la sainte Larme et une autre devant l'autel de Sainte-Marie-Madeleine. La charte la plus ancienne était signée par le prieur Guérin, contemporain de l'abbé Girard, qui gouverna l'abbaye de 1160 à 1186. On y constatait le miracle d'un mal d'yeux guéri devant le sanctuaire de la sainte Larme. Au-delà il n'y a plus d'autres documents que les inscriptions de la châsse, dues à Nitker, qui a gouverné l'église de Frisingue de 1039 à 1052. Nitker eut à Frisingue d'intimes relations avec l'empereur Henri III, à la faveur duquel il dut son élévation. Tombé pendant quelque temps en disgrâce, à cause de la trahison de ses deux frères, qui s'étaient vendus aux Hongrois, il rentra depuis en faveur auprès du prince, et embrassa ses intérêts en courtisan si dévoué qu'il mourut à Ravenne hostile à S. Léon IX et odieux à la population. On soupçonne que la châsse offerte à Henri avant son couronnement aura été, pour Nitker, un gage de réconciliation. Des mains de Henri III, le monument aura passé sans peine à Vendôme. L'empereur

avait, en effet, épousé, en 1043, Agnès, fille d'une autre Agnès, qui devint, à la mort de Guillaume, duc d'Aquitaine, son premier mari, femme de Geoffroi Martel, comte d'Anjou. Le comte et la comtesse d'Anjou se rendirent en 1046 à Goslar, accompagnés d'une suite brillante, pour saluer leur beau-père et l'accompagner en Italie, où il devait recevoir la couronne impériale ; ils revinrent la même année en Anjou. Dans un livre écrit à la fin du même siècle, Jobel, moine de la Couture au Mans, parle des reliques de S. Nicolas, que Geoffroi « avait, dit-il, entre autres présents, reçues de l'empereur à cause de sa bravoure et en reconnaissance de ses loyaux services. » (Ap. Mabillon, Annales, l. 61, n. 5, t. IV p. 574.) Il est tout naturel de penser que notre châsse fut un de ces dons, et qu'ayant offert les reliques de S. Nicolas à l'abbaye du même nom, fondée par son père à Angers, Geoffroy offrit la châsse à l'abbaye de Vendôme, fondée par lui en 1033 et dédiée en 1040.

Je ne m'arrête pas sur les vagues souvenirs consacrés par les sculptures de l'ancien portail de Vendôme, aujourd'hui détruit. Recueillie par un ange sur le tombeau de Lazare, la sainte Larme était confiée à Marie-Madeleine. Dans la suite elle était remise à un patriarche de Constantinople et donnée un jour par un empereur à des chevaliers allemands, qui la déposaient entre les mains de l'évêque de Frisingue.

La gravure du portail donnée par Mabillon est très imparfaite ; mais il reste de ces sculptures un dessin assez étudié dans le cabinet des estampes de la Bibliothèque nationale (Topographie de la France). Aux chartes et sculptures nous pourrions ajouter les médailles, en suivant l'ingénieuse opinion de M. Et. Cartier sur la petite rose des monnaies de Vendôme (Mélanges, 1er vol. p. 69).

Si ces traditions ont été loin de produire la certitude, elles ont pu suffire à la bonne foi. Qu'il y ait eu erreur, l'erreur involontaire n'a pas été un crime. La vue pouvait être trompée, le cœur ne l'était pas. Ce que le fidèle vénérait, ce qu'il aimait à Vendôme, n'était-ce pas dans les larmes de Béthanie l'amitié divine de celui qui a été non seulement généreux jusqu'à verser son sang pour les hommes, mais doux de cœur jusqu'à répandre sur ses amis des larmes.

« d'or, dans l'une desquelles est enchâssé un très beau diamant et ne porte aucune inscription;
« on tient qu'elle est de la comtesse Agnès : l'autre, qui n'est pas si grande, est enrichie d'un ru-
« bis, et autour de la bague on lit cette inscription : I. DE ROTELLE M'A DONNÉ A LA SAINTE LARME. »

Si cette châsse n'est pas d'Egilbert, elle est du moins de son successeur Nitker (1041-1057), puisqu'elle porte son nom. Alors comme toujours, quand le sentiment du beau devient un besoin des esprits, les diverses industries luttaient d'efforts et de fécondité, et la calligraphie, la peinture, la broderie rivalisaient avec l'orfévrerie et l'architecture : témoin les présents laissés par Ellenhard (1057—1078) à l'église collégiale de Saint-André [1] et que l'on y voyait encore au commencement de ce siècle.

C'était un Missel, un livre d'évangiles et un livre d'épîtres; un calice avec sa patène; une chasuble, une Dalmatique et une Aube.

Sur une miniature de l'Évangéliaire, Ellenhard était représenté offrant son livre à Jésus-Christ par les mains de S. André :

Hunc Ellenhardus — offert presul venerandus
Andree librum,—sed enim tibi, Christe, per ipsum.

Le Sauveur lui répondait :

Summum presto bonum—pensando vices meritorum.
Ne dubites, in me—retinet te—pagina vite

Le Missel commençait par la préface écrite en lettres d'or et accompagnée d'une miniature où l'on voyait les anges chantant le *sanctus* au dessus de la communauté des fidèles, présidée par l'évêque,

Nos pater eterne laudi conjunge superne.

Venait immédiatement après un calendrier très altéré par l'usage. Les seules fêtes de saints qui fussent indiquées par des majuscules étaient celles de S. Grégoire, S. Benoît, sainte Marie-Madeleine, S. Laurent, S. Lambert, S. Hubert, S. Nicolas et S. Sylvestre. La fête de S. Corbinien se trouvait unie à une fête de la sainte Vierge. Sur la couverture on voyait de nouveau un *agnus Dei* entouré des animaux évangéliques.

Le calice d'argent, trois fois plus grand que les calices ordinaires (*calix ministerialis*), était en partie doré; son pied était orné de feuillages et de figures d'animaux. Une longue fistule d'argent devait servir à l'usage de la communion du peuple sous les deux espèces.

La chasuble d'Ellenhard descendait de tous les côtés jusqu'aux pieds. Sa dalmatique était peu différente des nôtres, si ce n'est par sa grande dimension. Sur son huméral on voyait de nouveau l'*Agnus Dei* et les animaux symboliques, brodés avec des perles et des pierreries.

---

[1] Meichelbeck (*L. c.* p. 255.) cite les paroles de Scherer, doyen de Saint-André :

« Ejusdem fundatoris Ellenkardi habemus albam, casulam cum duabus dalmaticis. Adest quoque ipsius calix cum patena, triplo fere majoris magnitudinis et capacitatis quam moderni calices esse solent. Adsunt quoque missale in pergameno elegantissimo charactere scriptum una cum libris Evangeliorum et epistolarum. »

Le vêtement le plus intéressant était l'aube d'une laine très fine et d'une grande dimension. Sur la poitrine était brodée en or et en soie une descente de croix; sur le devant, au dessus des pieds, une broderie semblable représentait Jésus-Christ assis au milieu des douze apôtres debout. Au même endroit, par derrière, était assise une femme tenant un couteau de la main droite et un rouleau de la main gauche. On lisait au dessus de la tête : *Sinagoga*. A sa droite se tenait le roi David, Isaïe à sa gauche. Douze prophètes correspondaient aux douze apôtres. C'était un magnifique spécimen de ce que l'on appelait l'*alba parata, albæ paratura* et ailleurs *alba plagata*. De tout cela il ne reste plus que des souvenirs. L'administration stupidement cupide ou plutôt systématiquement impie qui a désolé la catholique Bavière sous le ministère Montgelas a fait fondre le calice et les fils d'or des broderies. Le Missel seul existe probablement encore à la Bibliothèque royale de Munich.

Au siècle suivant un autre genre d'éclat devait rejaillir sur l'église de Frisingue. Après Méginhart (1078—1098), homme de foi et de zèle qui fut prêcher en Bohème, et Henri (1098—1137), homme de cour voué à l'antipape Guibert, Frisingue eut pour évêque un prince dont le mérite personnel a effacé l'honneur de la naissance.

Othon, connu sous le nom d'Othon de Frisingue, était neveu de Henri IV, beau-frère de Henri V, frère utérin de Conrad III, oncle de Frédéric Barberousse; de ses trois frères, Conrad, Léopold et Henri, le premier fut archevêque de Salzbourg, le second duc de Bavière et le troisième duc d'Autriche ; sa sœur Gertrude devint duchesse de Bohème et sa sœur Berthe duchesse de Pologne.

Destiné de bonne heure aux autels, il fut envoyé dès sa première jeunesse dans la célèbre université de Paris, où sa piété ne trouva pas moins d'aliment que son intelligence. Au milieu des études, désenchanté du monde, il s'était retiré à l'abbaye de Morimont, dépendance de Cîteaux, et il y vivait heureux de son obscurité quand la mort de l'évêque Henri vint délivrer Frisingue d'un courtisan odieux à son peuple. Il fallait tout à la fois à l'église de Frisingue un réformateur exemplaire et un protecteur puissant : elle trouva l'un et l'autre dans Othon. Après avoir rétabli la discipline dans son clergé et réveillé l'esprit religieux parmi les peuples, le nouvel évêque, enflammé par les paroles de S. Bernard à Spire, voulut accompagner l'empereur Conrad en Palestine, et il fut, dans cette croisade malheureuse, un de ceux qu'un courage inébranlable conduisit jusqu'à Jérusalem.

De retour au milieu des siens, il eut le bonheur de réconcilier avec le pape Adrien IV son terrible neveu Frédéric, qui avait consenti à le prendre pour arbitre ; mais comment la paix eût-elle pu durer entre l'homme chargé de défendre l'affranchissement de l'ordre spirituel ainsi que les droits des peuples et celui qui entendait pressurer sous sa main de fer les âmes aussi bien que les corps?

Retiré auprès de son église, Othon passa les dernières années de sa vie à écrire les annales du monde et l'histoire contemporaine. Ce dernier travail était, ce semble, d'une difficulté insurmontable pour un évêque catholique qui devait l'offrir à un prince tel que Barberousse, et pourtant il a valu à son auteur cet éminent éloge d'OEneas Silvius, qu'en racontant l'histoire de son frère et celle de son neveu, l'un et l'autre hostiles à l'Eglise, il a tellement su remplir ses devoirs d'historien que ses affections de famille ne l'ont jamais fait altérer la vérité et que son respect de la vérité ne l'a jamais fait oublier ses liens de famille. Sentant sa mort prochaine, il voulut se retrouver à Morimont, l'asile de sa jeunesse, et là, après avoir recommandé de corriger les involontaires erreurs de ses livres, il s'endormit du sommeil des justes, et fut enseveli non, comme il l'avait demandé, en dehors de l'église, pour être foulé sous les pieds des passants, mais dans le sanctuaire, près de l'autel principal.

Peu après la mort d'Othon eut lieu la catastrophe à laquelle nous devons la plus grande partie de la cathédrale actuelle : ce fut l'incendie de 1159. Deux chroniqueurs contemporains, Radevic, le continuateur d'Othon, et le sacriste Conrad, nous en ont laissé une description empreinte de la terreur dont cet événement avait frappé les imaginations. Depuis un certain temps de sinistres pronostics faisaient pressentir des malheurs lorsque le dimanche des Rameaux, quelques instants avant le lever du jour, une flamme s'élance on ne sait comment, on ne sait d'où ; elle grandit, vole le long des murs, serpente à travers les toits : ce sont des vagues qui se roulent, se pressent, envahissent l'édifice entier. En même temps un vent violent se lève et porte l'incendie sur le palais épiscopal, sur les églises voisines et bientôt à travers toute la ville. Les charbons brûlants lancés dans toutes les directions sur les têtes laissent à peine une issue pour fuir la mort.

Dans la cathédrale, le ciborium tombe, les stalles d'un travail admirable et presque en entier dorées sont réduites en cendres. Les autels couverts de sculptures et de peintures sont calcinés. Le grand candélabre dressé devant le maître-autel, et également précieux à cause de la matière et de l'art, les couronnes de lumière suspendues devant les autels et les poutres dorées qui soutenaient les chaînes disparaissent dans les flammes. Bientôt sont fondus les tuyaux des orgues et les cloches. Les tours, les piliers, les murs s'écroulent avec un horrible fracas. Il en est ainsi de toutes les églises, et à peine reste-t-il quelques maisons debout dans la ville [1].

Au milieu de la désolation universelle, l'évêque Albert sut (1158—1183) relever les courages par l'énergie du sien, et ne songea plus qu'à tirer parti du désastre pour donner à la ville une basilique plus belle. Aidé des largesses de l'empereur, il mit lui-même la main à

---

[1] Je cite la précieuse description de Meichelbeck (l. c. p. 351) empruntée aux auteurs contemporains Radevic et Conrad : « Periit primo ciborium... secutæ sunt sedes canonicorum atque clericorum, mirabili artificio fabricatæ et magna sui parte inauratæ. Cecidere altaria cum picturis atque sculpturis. Ruit candelabrum, seu polycandelum, plures nempe candelas habens et ante aram principem pendulum, materia et artificio nobilissimum. Coronæ, ante aras ex antiquorum more suspensæ, ac miro opere fabricatæ, uti et laquearia item inaurata, in pavimentum ingenti fragore præcipitata fuerunt, etc.

l'œuvre, et se mêla nuit et jour aux ouvriers. Comme l'édifice fut repris par les fondements, il est à croire que la crypte reçut alors sa forme actuelle, et j'expliquerais volontiers par le besoin d'élargir la nef supérieure l'anomalie d'une quatrième nef ainsi que le mur en hémicycle tracé sans correspondance avec les nefs : les plus ornés des piliers doivent appartenir à la même époque [1].

Deux ans après l'incendie, la reconstruction était assez avancée pour que l'on ait pu exécuter les deux bas-reliefs de la porte principale, ainsi que l'inscription de MCLXI en fait foi.

C'est vers ce même temps que la cathédrale aura reçu le vase précieux dont nous offrons le dessin d'après Meichelbeck. Il était formé d'une énorme chrysolithe montée en argent doré [2].

Demi-grandeur naturelle.

De nouveaux incendies désolèrent la cathédrale et la ville sous l'évêque Othon II (1184—1220) et sous son successeur Gérold (1224—1231) ; mais un fléau plus cruel que ces désastres fut Gérold lui-même, entré dans l'épiscopat par la simonie. Sa conduite scandaleuse fut dénoncée par cinq chanoines au pape Grégoire IX, qui commit deux prélats à l'examen de sa cause, Eberhard de Salzbourg et Sifrid de Ratisbonne. Gérold fut déposé, et sa mémoire resta flétrie. Il paraît que l'horreur des fidèles le suivit jusque dans sa tombe, puisque l'on raconte qu'ayant été enseveli d'abord dans l'église on trouva le lendemain son tombeau ou-

---

[1] Un fait prouve qu'alors la crypte resta quelque temps à découvert et insinue qu'elle fut remaniée. En effet on trouva, au rapport des chroniqueurs, en ouvrant les fondations, trois corps que les vieillards jugèrent être ceux de S. Alexandre, pape, de S. Justin et S. Nonnose, portés de Rome précisément par l'évêque Hitto, le même auquel nous avons attribué en partie la crypte. Il fallut abriter pendant quelque temps les reliques sous un toit de planches ; puis elles furent placées dans la crypte, où vraisemblablement elles avaient été déposées d'abord et où on les retrouva en 1780.

[2] A en croire la tradition locale, Béatrix de Bourgogne, frappée de lèpre, avait dû sa guérison à l'intercession de S. Cor-

binien, et cette coupe fut un gage de sa reconnaissance. Quoi qu'il en soit, le monument remontait certainement au douzième siècle. Frisingue l'a possédé jusqu'en 1795, époque où il fut porté à Vienne avec d'autres trésors. D'humbles besoins d'argent et probablement l'esprit du siècle avaient porté le chapitre à s'en dessaisir. On sait, en effet, que l'ambassadeur de Russie Rasunowski fut sur le point d'acheter la belle coupe pour l'impératrice Catherine. La mort de cette princesse arrêta la négociation et rendit la coupe à Frisingue ; mais en 1803 elle fut enlevée par les ordres du gouvernement et portée à Munich, où elle a, dit on, disparu. *Der dom zu Freising von Dr Sighart*, p. 57.

vert. Je ne sais quelles mains terribles en avaient arraché son cadavre pour le jeter devant la porte d'une étable. Il fallut enterrer ses restes hors de l'église, et son ignominie fut gravée sur sa tombe.

Par un contraste où se montre dans son naturel l'esprit de foi et de liberté du moyen âge, en même temps que la dépouille d'un prince évêque était repoussée du lieu saint, celle d'un pauvre, d'un simple portier y était reçue avec pompe et obtenait l'honneur d'une effigie en pierre avec une inscription. Otto Semoser était précisément le portier de Gérold, et ressentait pour les pauvres autant d'amour que son maître en avait peu. Un jour, dit la légende, le bon Otto s'avançait vers la porte tenant cachés dans son tablier quelques pains avidement attendus. Tout à coup Gérold le rencontre, et son regard de feu annonce qu'il a deviné : « Que portes-tu là? s'écrie-t-il d'une voix effrayante. Des pierres, » répond Otto dans son trouble. Gérold veut ne s'en rapporter qu'à ses yeux, il regarde ; mais voici que la toute-puissance n'a pas dédaigné d'intervenir pour épargner un affront au juste : les pains s'étaient changés en pierres. Cette anecdote fait comprendre la sculpture, le pli du manteau, le geste de la main droite et les trois orbes disposés à terre. On lit autour de la figure :

OTTO SEMOSER.
HOC TUMULO, VIRTUTIS HOMO, JACET OTTO : QUIESCUNT
OSSA SOLI GREMIO, SPIRITUS IN DOMINO.

Le principal bienfaiteur de la cathédrale depuis Albert fut Sixte de Tamberg, mort en 1487. C'est à lui que l'on doit les stalles en bois du chœur. Cet ouvrage rappelle les plus belles compositions de ce genre, celles de Lausanne, d'Estavayer sur le lac de Neufchâtel, de Munich, d'Ulm. Au dessous d'un large ciel relevé par des pignons en accolades sont sculptés en relief les bustes des évêques à partir de S. Corbinien et de son frère Erembert. En parcourant la série plus d'un problème se présente aux yeux de l'archéologue. Pourquoi S. Corbinien a-t-il un ours pour attribut et son frère une paire de ciseaux ? L'ours est sans aucun doute une allusion à un miracle raconté par Aribon. Lorsque le saint accomplissait son second voyage d'Italie, on vint un matin lui dire qu'un ours sorti du bois durant la nuit avait tué son cheval et le dévorait dans le voisinage. Corbinien sans se troubler donna l'ordre de châtier le coupable et de lui imposer la charge de la victime. Il fut obéi, et trouva n'avoir fait que changer de serviteur. Quant aux ciseaux d'Erembert, je n'en vois nulle part l'explication; mais je soupçonne qu'ils rappellent le soin que prit S. Corbinien de se préparer à la mort comme à une solennité sainte en se faisant couper les cheveux et la barbe. Il était naturel d'attribuer en un tel moment ce service aux mains de son frère.

Jusqu'à cette époque la cathédrale avait été couverte par une charpente apparente; le même évêque y substitua des voûtes en pierre : c'est également à lui ou du moins à son siècle que je serais porté à attribuer les anciennes peintures murales dont il reste des vestiges auprès de l'apside et une partie assez considérable au dessus du portail à la naissance des voûtes. On reconnaît près de l'apside quelques traits des mystères de l'enfance, et sur le mur occidental sept ou huit personnages des grandes scènes du jugement. Le juge et son cortége d'anges n'existent plus, et il en est de même de la foule attendant l'arrêt suprême; mais entre les cieux et la terre qui viennent de s'ouvrir pour les grandes assises du genre humain on voit encore la sainte vierge les yeux et les mains élevés vers son fils comme pour l'attendrir une dernière fois en faveur des coupables. S. Jean-Baptiste est auprès d'elle, vis-à-vis se trouvent S. Pierre et S. Jean, le premier dans la majesté du lieutenant de Jésus-Christ sur la terre, le second dans l'attitude compatissante digne du disciple bien aimé. Sur les côtés les anges embouchent les trompettes dont la voix réveille les morts : ô morts, levez-vous, venez au jugement. En même temps que ceux-ci répondent sur la terre à l'appel du Tout-Puissant, l'ange des justes accourt des cieux et l'ange des pécheurs du fond des enfers, et ils viennent devant le tribunal sans appel servir aux humains d'avocat et d'accusateur [1].

---

[1] L'ange gardien est revêtu de la robe de gloire; il porte la croix pour diadème; il tient ouvert un grand livre où pendent six sceaux. Ce livre n'est pas celui que S. Jean vit fermé sur l'autel et que nul ne pouvait ouvrir, si ce n'est l'agneau immolé. (Apoc. c. v.) Le livre fermé et scellé des sept sceaux était celui des destinées de l'Église : les sept sceaux étaient les sept âges connus du seul Rédempteur. Ici nous voyons un autre livre, celui des vies mortelles, un de ces livres que le même S. Jean aperçut ouverts devant le juge. (Apoc. c. xx, v. 11, etc.)

« Et je vis un grand trône d'éclatante blancheur et sur ce trône un monarque assis. A son aspect la terre et le ciel s'enfuirent, et leur trace disparut. Et je vis les morts grands et petits, debout en face du trône, et les livres furent ouverts et un autre livre s'ouvrit, qui était celui de la vie, et les morts furent jugés d'après ce qui était écrit dans les livres, chacun d'eux selon ses œuvres. »

C'est donc là que sont écrites les actions que l'amour de Dieu rendit saintes et que l'éternelle justice rétribue non d'après leur valeur propre, mais d'après la valeur qu'elles reçoivent de leur union avec les mérites du Sauveur. Les six sceaux vous indiquent les grandes divisions du livre, et expriment, par un simple trait, toutes les paroles bénies que Jésus-Christ, d'après son propre témoignage, adressera à ses convives de l'éternité : ce sont, en un mot, les œuvres de miséricorde prises comme les plus saillantes pour toutes les bonnes œuvres. Elles ne sont qu'au nombre de six dans l'Évangile et longtemps n'ont été que six dans la formule populaire de l'Église. (Matt. xxv. v. 34, etc.) « Alors le roi dira à ceux qui seront à sa droite : Venez, les bénis de mon Père, possédez le royaume qui vous est préparé depuis l'établissement du monde.

« Car j'ai eu faim, et vous m'avez donné à manger; j'ai eu soif, et vous m'avez donné à boire; j'étais un voyageur, et vous m'avez abrité.

« J'étais nu, et vous m'avez couvert; infirme, et vous m'avez visité; en prison, et vous êtes venu à moi.

« Alors les justes répondront : Seigneur, quand est-ce que vous voyant dans la faim nous vous avons donné à manger, que vous voyant dans la soif nous vous avons donné à boire?

« Et quand vous voyant pélerin vous avons-nous abrité, ou vous voyant nu vous avons-nous couvert?

« Ou quand vous voyant infirme ou en prison, sommes-nous allés vers vous?

« Et le roi répondra : En vérité je vous le dis, quand vous avez fait cela envers les plus petits d'entre mes frères, c'est à moi que vous l'avez fait. »

Mais tandis que l'ange protecteur s'avance triomphant le

Aux jours où Tamberg achevait d'embellir la cathédrale, l'agitation sourde des esprits annonçait partout de prochaines tempêtes où l'édifice catholique, attaqué par le doute et miné par l'esprit du monde, allait éprouver plus que jamais le besoin d'être défendu par de bons évêques. Frisingue fut alors favorisée du ciel. Ce sera dans le monde catholique l'éternelle gloire de la maison aujourd'hui royale de Wittelsbach de s'être placée en ce siècle au premier rang parmi les défenseurs de l'Église et d'avoir, pour la mieux servir, offert dans ses princes des hommes de bien et quelquefois des hommes illustres à l'épiscopat. Le siége de Frisingue fut occupé pendant presque tout le seizième siècle par des ducs de Bavière. Ce furent d'abord trois frères : Rupert, qui résigna son bénéfice sans avoir été sacré ; Philippe, qui compta quarante années de laborieux apostolat, et Henri, qui continua les œuvres de son prédécesseur (1497— 1551). Peu d'années après, l'illustre duc Albert devenait père de deux princes qui ont également mérité de l'Église par leur foi et leurs grands services. L'un fut le duc Guillaume V, surnommé le Pieux, père du grand Maximilien, et l'autre fut l'évêque Ernest.

Ernest avait été élevé dans l'université d'Ingolstadt, fondée par son père et confiée à la naissante Compagnie de Jésus comme une redoute à défendre contre les envahissements du protestantisme. Il n'avait que treize ans quand le chapitre l'appela à l'évêché de Frisingue.

---

contradicteur (διάβολος), celui qui fut homicide dès le commencement, vient triomphant lui-même pour réclamer auprès du juste juge les humains qui l'ont pris pour modèle et doivent le conserver pour maître : ange déchu, il exprime en ses traits le mal dont il a fait son bien, et joint à l'expression des vices de sa nature angélique celle des autres vices qu'il inspire à ses esclaves humains. Ces cornes de cerf vous disent son orgueil, ces yeux de reptile sa haine astucieuse, ces dents d'hyène sa fureur dévorante, ce nez de chien son impudence. Les passions d'ignominie qu'il impose sans les partager sont dépeintes dans ces innombrables seins prêts à allaiter les pécheurs et dans la dégoûtante figure, image de ceux qui ont pour ciel la fange et pour ventre pour Dieu. L'œil désormais inutile de l'intelligence est à peu près éteint et la bouche reste ouverte désormais comme pour demander à la terre ces aliments immondes dont l'enfant prodigue était affamé sans pouvoir se rassasier. Avez vous remarqué le pied droit du monstre? Ce pied contrefait n'a jamais marché droit, jamais marché *dans la voie des commandements divins* et ne peut plus le faire depuis que la réprobation l'a frappé. Dans un curieux bas-relief de Bamberg, datant du treizième siècle, cette dernière image est plus expressive encore : tandis que le pied droit s'est amoindri et déformé, le pied gauche, par un exercice incessant, a pris un développement énorme, et, comme si c'était trop peu, la jambe s'est armée d'une aile pour courir plus vite dans la voie de perdition. Les ailes que nous voyons ici à l'esprit du mal sont des ailes de chauves-souris, oiseaux de ténèbres. C'est qu'à jamais loin du séjour où Dieu *habite sa lumière inaccessible* et inonde ses amis de gloire, l'ange déchu s'était fait *le gouverneur des ténèbres d'ici-bas* et va rester *le prince des ténèbres éter-*

nelles. Du reste, ses ailes en l'emportant au-delà de son royaume ne le ravissent pas à son supplice. A la vue des flammes qui s'échappent de sa bouche vous pouvez juger du feu intérieur qui le consume. En face du livre de vie présenté par le bon ange, quel est cet autre livre que Satan tient ouvert entre ses ongles de tigre. C'est le livre de la mort, où nul péché n'est oublié, nul de ceux que n'a pas lavés le sang de Jésus-Christ mêlé aux larmes du pécheur. Sur ce livre voyez-vous monter une oreille d'âne? C'est celle du pécheur qui n'aura plus désormais qu'à répéter dans l'enfer l'o *nos insensati !* Et *ergo erravimus !* Et pourquoi les cinq sceaux? parcequ'il était cinq entrées par où la mort pénétrait dans l'âme. Parcequ'il était cinq espèces de fautes sur lesquelles l'Église faisait descendre la miséricorde divine lorsqu'elle préparait par l'extrême onction le fidèle à son dernier combat, parcequ'il est cinq points sur lesquels roule l'interrogatoire du dernier jour. (S. Cyrille d'Alexandrie, serm. sur la sortie de l'âme, opp. ed, Aubert, t. I, pars II, hom. div. p. 404.) De quelle épouvante, de quelle terreur ne pensez-vous pas que l'âme sera saisie en ce jour, lorsqu'elle verra devant elle, dans leur aspect horrible, ses atroces et noirs ennemis. Dans son effroi elle se précipite dans le sein des bons anges ; accueillie par eux, elle va régler cinq comptes... celui de la langue... ceux de la vue... de l'ouïe... de l'odorat et du toucher... heure douloureuse, heure terrible, heure de deuil inconsolable jusqu'à ce que l'arrêt soit porté ; car les divines puissances et les esprits impurs sont là présentant à Dieu, ceux-là les bonnes œuvres, ceux-ci les mauvaises... pendant que, debout entre eux, l'âme attend, tremblante, épouvantée, sa condamnation ou sa délivrance.

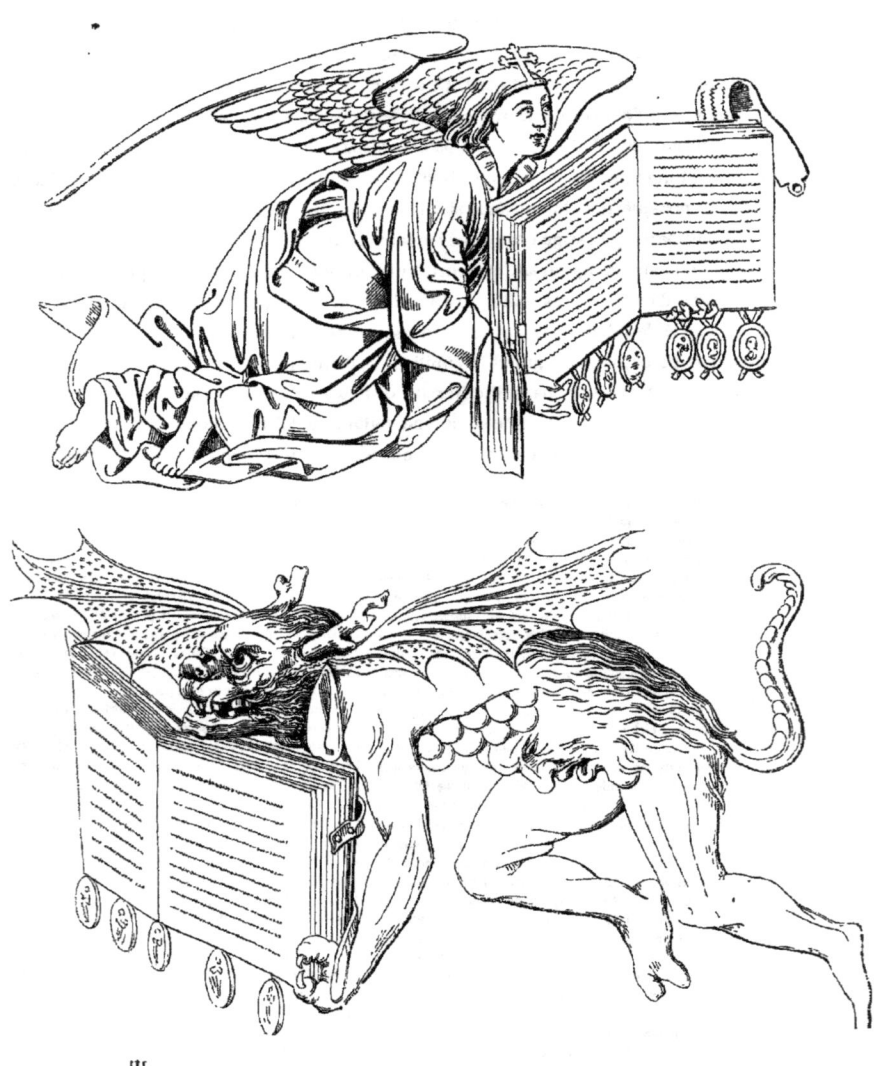

A dix-neuf ans on lui offrit en outre le siége de Hildesheim, à vingt-sept ans on ajouta celui de Liége, à vingt-neuf ans il devint archevêque-électeur de Cologne. Son mérite aussi bien que les espérances inspirées par le dévouement de sa famille expliquent ce qu'a d'étrange cette accumulation d'honneurs. Dans ces jours difficiles les chapitres libres de leurs choix imploraient des appuis, et adopter plusieurs églises c'était surtout multiplier des devoirs. En effet, le long pontificat d'Ernest ne fut qu'une suite de luttes difficiles, mais dont il sortit vainqueur. A Cologne, après avoir échappé presque miraculeusement aux assassins apostés par l'archevêque déposé Ghebhard Truchsès, il vit deux fois la ville de Bonn au pouvoir de la révolte, et deux fois son habile activité la sauva et préserva Cologne. Le protestantisme s'avançait vers Frisingue par la basse Autriche; Ernest sut arrêter sa marche, et mourut après quarante-quatre ans d'épiscopat (en 1612), sans qu'un seul de ses nombreux diocèses eût trahi l'unité catholique. On lui doit l'excellent tableau de Rubens qui décore le grand autel [1]. La femme ailée de l'Apocalypse emporte son enfant dans le désert pour le soustraire à la morsure du dragon déchaîné. Image des épreuves contemporaines où l'on aurait pu voir un pronostic de celles qui devaient suivre ; car l'invasion des Suédois était proche, et trois fois la ville fut envahie par les troupes de Gustave-Adolphe ; mais, comme au passage des Hongrois, une main protectrice sauva de la dévastation la vieille basilique de S. Corbinien. Depuis lors elle n'a plus eu à craindre que le zèle moins éclairé qui devait dénaturer son aspect vénérable pour lui imprimer le sceau du dix-huitième siècle.

L'année 1724 était une époque solennelle pour Frisingue. Par un singulier concours d'événements l'église avait à célébrer son millénaire et le prince-évêque sa cinquantième année de sacerdoce. Il fallait au pays de magnifiques fêtes. L'évêque Jean-François Ecker eut la pensée de les utiliser pour un long avenir en confiant à la sculpture et à la peinture le soin de couvrir de leurs œuvres la vaste étendue des murs intérieurs et des voûtes de sa cathédrale. Malheureusement ils étaient loin les jours où l'art pouvait répondre à un tel projet par des effets en rapport avec l'idéal chrétien et où les inspirations trouvaient le secret de recueillir les esprits en charmant les yeux, d'élever les âmes en parlant aux sens. Deux frères Cosme et Éloi Asa, l'un peintre, l'autre sculpteur, furent chargés de cette belle œuvre : ils la traitèrent à la manière de Bernini, et en outre ils oublièrent que les arts accessoires n'ont pas le droit de déguiser l'architecture. Ici la transformation fut complète; pourtant, hâtons-nous de le dire, dans la voie fausse où le génie du siècle entraînait les deux frères ils ont su atteindre un vrai mérite d'exécution, et à ce premier mérite ils en ont joint un autre malheureusement trop rare en France jusqu'à présent, celui d'offrir dans la composition générale un large ensemble d'idées où la variété des motifs et des formes ne fait qu'embellir

---

[1] Il lui coûta 3,000 florins.

l'unité [1]. Après ce coup d'œil général sur l'histoire et les monuments de la cathédrale de Frisingue, nous avons à donner une attention particulière au pilier mystérieux de la crypte, resté jusqu'à ce moment incompris [2].

---

[1] En entrant sous le large portique on aperçoit sous les trois voûtes trois scènes de l'ancienne loi, où sont symbolisées les vertus suprêmes de la loi nouvelle. Le Dieu d'Abraham, d'Isaac et de Jacob dispose les âmes à connaître le Dieu du Calvaire. Abraham enseigne la foi, Isaac l'espérance et Jacob la charité. Quand s'ouvre devant les yeux la porte de Frédéric, l'on a devant soi cinq nefs et au dessus des quatre basses nefs deux hautes et larges galeries. Tout y est bas-relief et peinture, histoire et emblèmes. Sous les voûtes des basses nefs se déroulent les principaux événements de la vie de S. Corbinien, expliqués par des inscriptions latines.
Voici ces inscriptions. A gauche en entrant :
S. CORBINIANUS PRÆDICAT IN CELLULA.
SILENTIO VINUM EFFERVESCENS SERVAT.
PRECANDO MULAM RECUPERAT.
A PROREGE IMPLORATUR.
MITRA ET PALLIO EXORNATUR.
LATRONEM PRODIGIOSE TUETUR.
URSUM CICURAT.
A LUITPRANDO REGE EXCIPITUR.
PISCES PRODIGIIS OBTINET.
EPISCOPI MUNUS PROSEQUI JUBETUR.
A droite, en descendant du chœur :
COMES TICINI PUNITUR.
MAJIS FRISINGAM VENIRE COMPELLITUR.
GRIMOALDUM ET PILITRUDEM ABSOLVIT.
ECCLESIA S. STEPHANI COELITUS SPLENDESCIT.
FONTEM SUSCITAT.
VENEFICAM DEPALMAT.
SANCTE DEFUNGITUR.
FRISINGA MAJAS TRANSFERTUR.
MAJIS INCORRUPTUS REPORTATUR.
FRISINGÆ FESTIVE RECIPITUR.
L'épopée du fondateur se termine sous la voûte de la grande nef, image du ciel, où il a conduit les pères et où il appelle les enfants.
Sous le premier berceau de la voûte, le soleil de l'éternelle vérité resplendit dans le miroir de la prédication évangélique, qui renvoie ses rayons vers la terre. A leur lumière les brebis fidèles se rassemblent et se pressent autour du bon pasteur, pendant que la Vierge, appui des faibles, repousse au loin les loups dévorants de l'erreur.
Plus loin, Corbinien, triomphant dans la gloire, reçoit les hommages des saints dont les corps sont abrités à l'ombre de sa maison. Le roi S. Sigismond lui remet son sceptre, le martyr S. Nonnose sa palme, le pape S. Alexandre, le confesseur S. Justin et l'évêque S. Lanspert s'inclinent devant lui; le Sauveur, entouré de ses anges, dépose sur son front l'éternelle couronne.
Sous le berceau suivant, toutes les armoiries réunies des évêques de Frisingue symbolisent la majestueuse assemblée des pasteurs qui ont tenu tour à tour, depuis mille ans, la houlette de S. Corbinien. La Foi, l'Espérance et la Charité, qui n'étaient qu'annoncées au monde sous le portique, se dévoilent ici dans leurs œuvres. La Foi fait brûler devant Dieu l'encens de l'adoration et de la louange; l'Espérance s'appuie, consolée, sur l'ancre qu'elle attache au sol éternel, et la Charité rend à l'amour infini les cœurs qu'il a embrasés d'amour.
Au-delà l'auguste Vierge, première et principale patronne de la basilique, est assise aux cieux, sur son trône; son divin Fils est dans ses bras, et les anges sont à ses pieds. On lit plus bas :
ANNO A PARTU VIRGINIS MDCCXXIV CATHEDRALIS ECCLESIÆ
M SACERDOTII JOANNIS FRANCISCI EPISCOPI S.
R. I PRINCIPIS L.
Le dernier berceau couronne le sanctuaire. Au dessus de l'autel terrestre où se rassemblent les hommes aux pieds de l'Agneau immolé, s'élève l'autel céleste, où l'agneau vainqueur est entouré des anges et des élus.
Des deux galeries latérales, l'une est consacrée aux trois rois et l'autre à S. Sigismond. Comme les reliques de S. Sigismond étaient un présent de l'impératrice Béatrix, on peut supposer que celles des trois rois étaient un don de Frédéric, une portion du trésor enlevé par lui à Milan, et confié à Cologne. Peut-être faudrait-il chercher dans cette dernière circonstance l'explication de l'emblème héraldique de l'évêché de Frisingue. Cet emblème, qui apparaît pour la première fois sur le tombeau de l'évêque Jean, mort en 1323, est une tête de roi maure. On sait que dans les siècles précédents on ne représentait pas de nègre parmi les trois rois.
Enfin, sur les dix piliers de la nef centrale sont représentés par des symboles les dix siècles prêts à finir en 1724 et les faveurs descendues du ciel au milieu des vicissitudes de cette longue existence. De courtes inscriptions les rappellent en résumant l'histoire de la cathédrale de Frisingue; on lit :
I   ECCLESIA CATHEDRALIS FUNDATUR.
II A FIDELIBUS DOTATUR.
III INTER IGNES SERVATUR.
IV FORTUNIS LOCUPLETATUR.
V   SCIENTIIS EMINET.
VI LAUDES DIVINAS EXAUGET.
VII COELITUS PROPUGNATUR.
VIII HÆRESES ARCET.
IX FIDEM SERVAT.
X   FESTIVITATIS SPLENDORE ILLUSTRATUR.

[2] J'ai exprimé tout à l'heure le regret de ce que les vues d'ensemble aient été trop négligées de nos jours dans la décoration des églises. Cette réflexion ne tombait pas sur les écoles de peinture religieuse formées en Allemagne depuis l'impulsion donnée par Overbeck et Cornélius. M. Fortoul, dans son beau livre sur l'art en Allemagne, et M. Didron, en divers endroits, ont développé les larges programmes suivis par M. Henri Hess dans son église de la cour et dans sa

Basilica à Munich. Aujourd'hui le touriste archéologue aurait à décrire les suaves poèmes de M. Deger, à Apollinarisberg, et de M. Jean Shraudolf, dans l'immense cathédrale de Spire. Quelle supériorité dans ces conceptions contemporaines sur celles que nous venons d'exposer ! et en même temps comme l'inspiration religieuse est autrement vraie et forte, combien l'impression sur les âmes est plus pénétrante et plus féconde. Longtemps en France nous avons été privés de cette inspiration qui se puise dans la foi et l'amour des choses divines, et par conséquent nous n'avons pas eu de véritable école de peinture religieuse. Malgré l'incontestable valeur de nos artistes, le genre d'éducation qui leur était donnée pouvait difficilement leur faire deviner l'idéal divin et les porter à entrevoir les profonds horizons de la foi. Dans l'impuissance d'exprimer des sentiments en général trop peu partagés, notre école devait enfanter ce que nous avons vu, c'est à dire des efforts isolés, des compositions où le genre envahit l'histoire, des scènes disposées pour le plaisir des yeux, mais qui ne pouvaient ni éclairer ni ennoblir les âmes, et n'ont pas même donné au peuple, dont l'esprit est si positif et si net, la satisfaction de voir un peu d'unité dans la variété. Un grand progrès s'accomplit depuis quelques années, et tend tous les jours à se développer. Sans parler du regrettable M. Orsel et de plusieurs autres qui, comme son ami M. Perrin, s'avancent par la même voie où les accueillent les sympathies des âmes chrétiennes, un artiste éminent que je suis heureux d'appeler un ami, M. Hippolyte Flandrin, a su concevoir avec une largeur inaccoutumée les peintures commencées de la belle église romane bâtie à Nîmes par M. Questel. Le premier en France il a bien senti ce que les mosaïques romaines, malgré leurs incorrections ; la peinture byzantine, malgré son couvent, ont de majesté et de puissance; et, s'inspirant aux mêmes sources d'éternelle fécondité, il a trouvé le secret de concilier avec la science moderne la poésie primitive. Au moment où j'écris ces lignes, c'est à dire au commencement de 1852, M. Flandrin se dispose à terminer, dans la longue frise de la nouvelle église de Saint-Vincent de Paul, à Paris, une magnifique série de personnages. C'est l'assemblée des élus divisée en groupes et s'avançant vers le ciel représenté dans l'abside, malheureusement par une autre main. L'abside montre le but du pèlerinage, le bas de l'église présente l'école où l'on apprend à l'accomplir. Cette école, c'est l'église catholique. Au centre s'élève l'autel primitif portant le calice autour duquel tout rayonne dans la liturgie et d'où découlent pour l'humanité les grandes vertus et les grandes consolations. Des deux côtés de l'autel les deux apôtres Pierre et Paul appellent à l'adoration du Dieu caché les multitudes accourant de toutes les contrées du monde.

Nos églises ogivales prêtent peu à la peinture murale; mais en revanche elles offrent dans leurs verrières une suite de cadres qu'il est facile à l'art de montrer unis par la pensée. Un effet de ce genre se poursuit à Sainte-Clotilde de Paris, et, dans l'espoir d'inspirer ailleurs aux puissants et aux habiles des projets analogues et plus heureux, j'oserai dire quelques mots de celui-ci, en demandant pardon de me mettre en scène. La construction terminée, l'architecte, M. Gau, s'est adressé à monseigneur l'Archevêque de Paris pour obtenir un programme général touchant la sculpture et la peinture. Des fonds abondants étaient votés, de nombreux artistes attendaient; sur tous les points les travaux devaient marcher de front. Chargé dans une commission archiépiscopale de présenter un programme, j'eus l'honneur d'offrir celui-ci, dont quelques parties seront peut-être adoptées.

FAÇADE ET PORCHE.

Quatre statues doivent orner la porte d'entrée. Il était, je crois, dans le génie de l'art chrétien antique de résumer sur les façades les enseignements développés dans l'intérieur. Ici, où l'ornementation architecturale s'est emparée de toutes les surfaces, les quatres statues indiqueront du moins les saints titulaires des principaux autels, sainte Clotilde et sainte Valère, l'ancienne et la nouvelle patrone de la paroisse, S. Rémi et S. Louis.

Dans le porche, formant narthex comme celui de Frisingue, doivent prendre place huit personnages : ils représenteront l'Église des patriarches et des prophètes, portique divin de l'Église chrétienne. D'un côté Abraham et Melchisédech, le père des croyants et le prêtre-roi primitif; au centre, Moïse et Aaron, plus loin Élie et David, la loi et les prophètes. Aux deux flancs de la seconde porte, et comme pour ouvrir le sanctuaire aux fidèles, S. Pierre et S. Paul.

Trois portes correspondent aux trois nefs, et offriront des tympans sculptés. Au centre, Jésus-Christ crucifié entre la sainte Vierge et S. Jean; sur les deux autres tympans, le baptême de Clovis et le martyre de sainte Valère.

BASSES NEFS.

Nous entrons. Deux petites chapelles sont mises en regard au bas de la nef, et opposent le contraste de la vie et de la mort, qui est elle-même pour le chrétien une nouvelle vie. D'un côté les fonts du baptême, la naissance à la grâce, de l'autre la chapelle mortuaire, la naissance au ciel. Dans la première chapelle, S. Jean-Baptiste porte dans son disque *l'agneau qui efface les péchés du monde ;* dans la seconde, Jésus-Christ fait lire son Évangile : *Je suis la résurrection et la vie.*

A partir des deux chapelles, rien n'interrompt jusqu'au transept la ligne des bas-côtés de la nef et la suite des fenêtres à deux baies. Ici s'avanceront dans l'ordre des temps les grands personnages qui ont brillé dans les Gaules par leur sainteté avant sainte Clotilde et qui ont après elle continué les traditions des vertus héroïques jusqu'à nos jours. On commence à gauche, en entrant, suivant l'ancien usage.

S. Trophime d'Arles, envoyé par S. Pierre du centre de l'unité, dès le commencement de la nouvelle ère, ouvre la marche avec S. Denys de Paris, qu'il soit l'aréopagite ou un martyr des premiers siècles.

Dans les deux lancettes suivantes S. Irénée de Lyon, à la fois père de l'Église et martyr, est suivi de S. Martin, le plus célèbre des pontifes qui ont fait en quelque sorte l'éducation de notre race.

Viennent ensuite deux docteurs, S. Hilaire de Poitiers et S. Eucher de Lyon.

Après deux grands docteurs, deux poètes, S. Prosper d'Aquitaine et S. Sidoine Apollinaire de Clermont.

La dernière fenêtre du bas-côté nord montre unis deux

noms inséparables, S. Germain d'Auxerre et sainte Geneviève de Paris.

L'humble vierge conduit à l'autel de la reine qui fut son amie. L'autel de sainte Clotilde est placé contre la paroi orientale du transept nord, place d'honneur par rapport au grand autel. Vis-à-vis, au transept sud, se trouve l'autel de sainte Valère, martyre.

Avec sainte Clotilde, nous sommes sortis de l'ère gallo-romaine. Clotilde, en amenant à Jésus-Christ le chef des Sicambres, a introduit une nouvelle sève de vie dans le catholicisme de la France. Le trône qu'elle a sanctifié sera propice à la foi : l'hérésie ne s'y reposera jamais, et d'autres saintes s'y assoieront après elle.

La première des fenêtres en retour de la basse nef méridionale réunit deux reines, sainte Radegonde et sainte Bathilde.

L'esprit de pénitence et l'esprit de zèle, l'exemple et la parole, ces deux grands instruments de l'action de Dieu sur les hommes, sont représentés par S. Bruno et S. Bernard.

Sous la même ogive se rencontrent plus loin deux saintes venues des deux extrémités de l'ordre social, sainte Colette, fille d'un pauvre chapelier, et sainte Jeanne de Valois, femme de Louis XII.

Un saint et une sainte dont les noms sont encore plus inséparables que ceux de S. Germain et sainte Geneviève, S. François de Salles et sainte Françoise de Chantal, personnifient ce qui est en France l'idéal de la vertu, c'est à dire l'amabilité dans l'abnégation.

Les deux derniers saints français canonisés ont répondu par le don qui leur fut propre aux deux grands besoins de la société humaine dévorée par les vices et par les douleurs. S. Vincent de Paul, n'est-ce pas dans son degré le plus héroïque la commisération pour les maux du monde, et S. François-Régis, n'est-ce pas le zèle le plus dévoué pour la conversion des âmes, surtout des pauvres. Le cortège des saints français canonisés rendant hommage à Clotilde se clôt à l'apôtre du Vivarais.

Beaucoup d'autres personnages illustres en sainteté dans les âges précédents, tels que S. Grégoire de Tours, S. Léger, S. Vast, S. Colomban, etc., n'ont pu trouver place ici, et figureraient dans les roses portées par les lancettes géminées.

Passant des bas-côtés au haut de la grande nef, à l'intersection des transepts, nous avons devant les yeux trois scènes. Au fond du transept sud Jésus-Christ législateur vis à vis, au transept nord Jésus-Christ juge, et devant nous, dans les hautes baies de l'abside, Jésus-Christ triomphant dans l'éternité.

TRANSEPT SUD.

J'ai dit tout à l'heure que le transept nord était pour l'autel de sainte Clotilde le lieu le plus honorable comme étant la droite du grand autel ; mais l'édifice envisagé en son ensemble n'obéit pas à la même loi ; ses principales parties sont mises en rapport par la pensée avec les points cardinaux, dont elles empruntent le symbolisme : moins favorisés de la lumière, le nord et le couchant étaient sensés le séjour préféré des puissances de ténèbres, ambitieuses, d'après l'Ecriture, de s'asseoir *aux flancs de l'aquilon* : l'orient et le midi rappelaient par leur éclat celui du *soleil de justice, splendeur du Père* et *lumière du monde*.

Au fond des transepts s'ouvrent trois fenêtres surmontées d'une rose. La fenêtre centrale est à deux baies. Dans l'une de ses deux lancettes Moïse incline son front rayonnant, et rend hommage à Jésus-Christ, debout à sa droite dans la baie voisine. Le premier tient les deux tables du Sinaï, et le Sauveur l'Evangile, où se trouve la réalisation des figures, la plénitude de la vérité.

Chacune des deux lancettes adjointes se divise dans sa hauteur pour donner place aux quatre évangélistes accompagnés de leurs symboles.

Dans la grande rose supérieure sont personnifiées les vertus filles de la parole et de la grâce divines : la Foi, l'Espérance et la Charité ; la Force, la Justice, la Tempérance et la Prudence. Au centre, l'Église couronnée continue le long des siècles l'école de sainteté ouverte par Jésus-Christ.

Sur les murs, en retour du transept, montent huit lancettes dans quatre fenêtrages. Du côté de Moïse sont les quatre grands prophètes : Isaïe, Jérémie, Ezéchiel, Daniel, et du côté du Sauveur les quatre grands docteurs latins : S. Grégoire-le-Grand, S. Jérome, S. Ambroise et S. Augustin.

TRANSEPT NORD.

Au midi la vérité triomphe, au nord c'est la puissance. Dans les deux baies centrales le fils de Dieu est assis sur son trône de nuées, et près de lui son auguste Mère l'implore. Le juge ne sera pas cet athlète de Michel-Ange prêt à frapper ses ennemis de sa main musculeuse ; ce doit être le juge impassible de l'ancien art chrétien qui montre aux humains ses plaies ouvertes pour le salut de tous, plaies ruisselantes encore du sang qui protège les élus, comme faisait en Egypte le sang de l'agneau, contre les coups de l'exterminateur, mais qui crie vengeance comme celui d'Abel contre les réprouvés. Les quatre anges sonnant de la trompette sont superposés dans les deux lancettes voisines. Un plan inférieur dans les quatre baies laisse apercevoir les tombes ouvertes et la mort rendant sa proie temporaire à celui qui vit dans les siècles des siècles. Aux deux extrémités s'entr'ouvrent les deux cités éternelles du bonheur et du désespoir.

Dans la rose correspondante à celle des vertus chrétiennes, la parabole des dix vierges. L'époux au centre est couronné de roses et invite à sa fête éternelle. Cinq vierges sages montent joyeuses, la lampe allumée à la main, vers la salle du banquet nuptial, et cinq vierges folles, tenant la lampe renversée, se détournent désolées et descendent en entendant ces mots : Je ne vous connais pas.

Les huit lancettes en retour recevront huit béatitudes, écrites, comme sur la couronne de lumière d'Aix-la-Chapelle, sur des symboles portés par des anges : la forme des ouvertures n'eût pas permis d'y introduire les œuvres de miséricorde.

Jésus-Christ a enseigné les hommes durant sa vie mortelle, il les a jugés au dernier jour du monde, il triomphe dans l'éternité avec ses élus.

ABSIDE.

Debout, au centre de l'abside, Jésus-Christ porte le globe du monde et le bénit. La sainte Vierge se tient à sa droite, et présente au maître suprême les deux titulaires de l'église, sainte Clotilde et sainte Valère. A la gauche du Sauveur,

S. Pierre représente le collége apostolique, et les deux évêques de Paris, S. Denis et S. Marcel, la chaîne ininterrompue du ministère apostolique.

Ce serait par trop exercer la patience du lecteur que de le faire s'arrêter devant chacune des cinq chapelles de l'abside, celle de la sainte Vierge, de la sainte Croix, de S. Joseph, de S. Rémi et de S. Louis, où je voudrais que des médaillons semés sur un fond en mosaïque permissent de développer les légendes en rapport avec le titre des chapelles.

Par exemple, dans la chapelle de la sainte Vierge les mystères joyeux, douloureux et glorieux ; dans celle de la croix, ses figures, ses gloires et ses triomphes; dans celle de S. Joseph, les saints ouvriers, S. Éloi l'orfèvre, S. Luc le peintre, S. Fiacre le jardinier, etc.; dans celle de S. Rémi, les vies des grands pontifes S. Denis, S. Martin, etc.; dans celle de S. Louis, les membres canonisés de nos familles royales, S. Sigismond, S. Cloud, S. Félix de Valois, etc.

A la naissance des chapelles de l'abside se trouvent de grandes surfaces réservées à la peinture murale; on ne peut les consacrer qu'à l'histoire de sainte Clotilde et aux souvenirs de la conversion des Francs.

Appelé à Bayonne, en 1850, par son vénérable évêque, pour disposer le programme et tracer les croquis d'une décoration générale de la cathédrale, j'eus l'honneur de soumettre à la fabrique un vaste projet d'ensemble que ses richesses permettaient de réaliser; mais l'exécution est restée incertaine. Plus heureux, mon collaborateur et moi, pour le plan iconographique de la nouvelle église de Notre-Dame-de-Bon-Secours, à Rouen, nous avons vu le travail achevé en quelques années, grâce au zèle infatigable de son fondateur, M. l'abbé Godefroi; car un pauvre pasteur de campagne, uniquement appuyé sur la piété populaire, a pu faire avec du dévouement ce que la ville de Paris essaie en ce moment avec ses trésors.

PILIER MYSTÉRIEUX DE LA CRYPTE

DANS LA CATHÉDRALE DE FRISINGUE.

I.

Le monument que nous allons essayer d'interpréter est d'un travail trop grossier pour appartenir à la reconstruction de la cathédrale due à l'évêque Albert vers la fin du douzième siècle : j'y trouve au contraire quelques détails de nature à le faire remonter au onzième : ce sont les appendices du second socle protégeant les angles du premier. Leur forme, sans être identique avec celle des bases de Spire, présente des points de ressemblance où j'ai cru reconnaître le passage d'une même école. Si cette observation est juste, le pilier de Frisingue aurait été sculpté à l'époque où Ellenhard éleva le ciborium de l'autel. D'autres pourront trouver plus vraisemblable que la sculpture remonte jusqu'à l'époque d'Hitto ou de Valdo. Au reste, en ajoutant à son âge on ne fera que rendre plus vraisemblable l'opinion que nous allons exposer sur le sens du bas-relief.

On remarque sur la première face, A, deux dragons et deux guerriers. Un de ces guerriers perce le monstre de son épée, l'autre le tient embrassé, et ce dernier est menacé par un dragon placé sous ses pieds. Sur la deuxième face, B, reparaissent un dragon et un homme nu : celui-ci présente cela d'étrange qu'il semble à moitié englouti par le dragon et qu'il n'en tient pas moins la mâchoire inférieure du monstre d'une main victorieuse. Des rameaux touffus garnissent le bas de la scène. Sur la troisième face, C, un animal inconnu est dévoré par un serpent. Enfin sur la quatrième face, D, se voit une femme, aux longs cheveux bou-

clés, qui tient entre les mains un objet de forme indécise. Deux gros oiseaux ornent le chapiteau et paraissent appartenir au même drame.

Au premier aspect d'un combat contre un dragon, représenté dans un lieu aussi saint, le souvenir qui s'offre le plus naturellement à l'esprit est celui de la légende de S. Georges. S. Georges se trouverait ici d'autant mieux à sa place que l'église paroissiale de Frisingue, dont on fait remonter la fondation jusqu'à S. Corbinien, est consacrée à ce martyr, et qu'il est placé parmi les protecteurs particuliers de la cathédrale sur le célèbre reliquaire de la sainte Larme. Nous savons qu'à une époque plus récente on voyait dans la crypte les statues de tous les patrons de l'église. Celle de S. Georges devait s'y trouver : ne serait-ce pas l'équivalent que nous aurions sous les yeux ? notre pilier n'aurait-il pas servi d'ornement à l'autel du S. martyr? Telle fût ma première pensée ; mais en examinant plus attentivement le bas-relief et la légende il fallut renoncer à cette interprétation. Où trouver dans la légende une partie des incidents de la sculpture?

Auprès d'une ville de Libye, appelée Silène, se trouvait un lac habité par un monstre amphibie qui mettait en fuite des multitudes et venait jusqu'au pied des remparts de la ville empoisonner les habitants de son haleine. Comme à l'ancien minotaure, pour apaiser sa voracité il fallait chaque jour des victimes humaines. Le moment vint où la fille du roi dut à son tour lui servir d'horrible pâture. Arrachée par la violence du peuple à des parents désespérés, la vierge était seule sur la rive, attendant son heure dernière, lorsqu'elle voit passer près d'elle un jeune et brillant chevalier ; et c'est en vain qu'elle voudrait lui persuader de fuir une mort inévitable : ce chevalier était S. Georges. Une victime innocente à sauver, un monstre formidable à vaincre, était un double attrait pour le guerrier chrétien. En ce moment le dragon sortait de la mer, et s'élançait sur sa proie ; Georges vole au devant, la lance en arrêt, et le dragon est percé de part en part aux applaudissements du peuple assistant au combat du haut des remparts. Cependant le dragon vivait encore : la jeune fille l'attache avec sa ceinture, et le conduit docile au milieu de la cité, où, après avoir reçu de la part des habitants la promesse d'une conversion générale, S. Georges donne la mort au monstre. Telle est la légende : il ne s'agit pas le moins du monde ici d'en rechercher la source historique, de montrer que ce récit n'est qu'une explication populaire et poétique des peintures byzantines, où la Cappadoce, convertie par S. Georges, était, selon l'usage, représentée par une femme en même temps que le paganisme détruit revêtait la forme symbolique d'un dragon. La question est de savoir si les traits du bas-relief reproduisent ceux de la légende : or le moindre examen convaincra du contraire. Nous trouvons bien ici, comme dans la légende, une femme, un dragon et un guerrier vainqueur. Les deux coups d'épée de la première et de la troisième face pourraient s'expliquer par la première blessure et la mort du monstre ; mais nul moyen de donner raison de la situation du personnage à moitié englouti, impossible de se rendre compte des oiseaux du chapiteau. L'artiste a donc eu autre chose en vue.

C'est ici qu'inévitablement on se rappelle le souvenir du Sigurd de l'Edda, du Siegfried des Nibelungen, c'est à dire du héros d'un des cycles poétiques les plus célèbres dans l'Europe scandinave et germanique. Le dragon ne serait-il pas Fafnir, un des guerriers, Reging, la femme aux longs cheveux, la Valkyrie Sigurdrifa, la belle mais vindicative Brynhild? Les regards fixés sur le monument, nous allons analyser avec soin les traditions populaires, rapprocher les principaux traits des diverses époques et par conséquent des diverses phases de la fable épique, et, les pièces du procès rassemblées, le lecteur prononcera.

Avant d'en venir aux applications, un mot sur les héros du drame, sur les sources et sur les transformations de leur histoire.

II.

Il n'est pas question de Sigurd dans la *Voluspa*, regardée comme un des plus anciens poèmes de l'Edda, et attribuée par M. Bergmann au neuvième siècle[1]. Il n'en est fait mention ni dans le *Vafthrudnismal* ni dans le *Lokasenna*, que le même critique juge de la fin du dixième siècle; les poèmes qui le concernent n'apparaissent qu'à la fin du douzième siècle, dans la collection de Sœmund[2]. Il n'en faudrait pourtant pas conclure qu'ils en soient la partie la plus récente, puisqu'on n'y rencontre encore aucune trace de christianisme, bien que le *Chant du Soleil* qui les précède dans la même collection soit d'un chrétien et peut-être de Sœmund lui-même. Quant aux traditions qui forment dans l'Edda le cycle de Sigurd, si elles appartiennent généralement à un âge héroïque plutôt qu'à un état primitif, si elles ne font que se rattacher à l'Odinisme, au lieu d'en exprimer le système, évidemment elles remontent par plusieurs endroits aux premiers âges, et laissent apparaître de vifs reflets d'une origine orientale, de sorte que le silence des autres poèmes de l'Edda indique peut-être moins leur antériorité que la différence des tribus où ils ont pris naissance. De l'Edda le mythe de Sigurd a passé dans les Sagas, où il s'est peu à peu dépouillé de ce que son écorce avait de rudesse presque sauvage. Dans les Nibelungen de la fin du douzième siècle, l'ancien Sigurd, le Siegfried des Allemands, n'est plus qu'un chevalier chrétien. Quant à notre monument, antérieur au poème des Nibelungen, contemporain des Sagas, dont on n'a plus que des débris, ne tiendrait-il pas tout à la fois et

---

[1] *Poèmes Islandais*, Paris, 1838.
[2] *Edda Sæmundor*, Hauniæ 1818, Pars II, Sigurdar quida fafnisbana, I, II, III, et Brynhildarquida.

de la première forme de la tradition et de son expression mourante? L'examen des faits nous le dira.

Et d'abord qu'était Sigurd? L'Edda lui donne pour père Sigmund, de la famille des Voëlsungs (fils de la splendeur), souche des Sicambres. Sigmund était roi de Franconie, s'unit au Danemarck par une première alliance, et prit pour seconde femme Hjoerdis, fille d'Eylime. C'est de Hjoerdis que naquit Sigurd-le-Rapide, l'Achille du Nord, le type des héros. Sigurd avait perdu son père avant de naître. D'après la Volsunga Saga, Odin lui-même était descendu au milieu d'une bataille pour combattre Sigmund, et sa lance divine avait fait voler en éclats l'épée du roi mortel. Quand la nuit eut couvert de ses ombres le champ de carnage, Hjoerdis avait cherché son époux parmi les cadavres, et l'avait trouvé expirant. Il n'eut que le temps de faire à sa femme une recommandation suprême; c'était de recueillir les fragments du glaive qui avait combattu Odin et de les remettre un jour au fils qu'elle portait *sous son cœur*, pour qu'il s'en fît une épée invincible. Presque au même instant Hjoerdis est enlevée par Alfr, fils du roi Hialprekur, et le jeune Sigurd grandit à la cour du ravisseur de sa mère.

A cette cour se trouvait déjà le personnage qui doit jouer le second rôle dans notre drame, Reginn, fils du géant Hreidmar. Nain habile dans toutes les œuvres d'art, instruit dans toutes les sciences, magicien puissant, Reginn est chargé de l'éducation du jeune Voëlsung : il l'aime et lui enseigne, dit la Volsunga, le jeu des échecs, les lettres runiques, les diverses langues : mais ses services ne sont pas gratuits. Aussi cruel qu'il est intelligent, il songe à se servir du courage de son royal élève pour accomplir sur un frère les plus noirs desseins d'avarice et de vengeance, et pour disposer l'esprit de Sigurd il raconte ainsi son histoire.

Son père, le géant Hreidmar, avait trois enfants, Otur, Fafnir et lui. Ils habitaient ensemble auprès d'une cascade où Otur se rendait souvent pour la pêche. Un jour que, transformé en loutre (c'est le nom d'Otur presque conservé en français), il mangeait un saumon, tranquillement couché au bord de l'eau, trois Ases vinrent eux-mêmes pêcher dans la rivière poissonneuse : Odin, Haener et Loki. Loki, le dieu du mal, tue Otur d'un coup de pierre, l'écorche et porte fièrement sa dépouille dans la demeure de Hreidmar, auquel il demande, ainsi que les deux autres dieux, le privilége de l'hospitalité : mais Hreidmar a reconnu son fils ; Reginn et Fafnir ont reconnu leur frère. Dans leur ressentiment, ils s'emparent des trois dieux, et en exigent le prix du sang, peine qui devait consister à remplir la peau de la loutre et à la couvrir d'or rouge. Où rencontrer le précieux métal? Le méchant Loki, envoyé à sa recherche, songe à s'emparer des trésors du nain Anduari, qui vivait dans la cascade sous la forme d'un brochet. Armé d'un filet qu'il obtint de Rana, la déesse de la mer, il saisit en effet le brochet demi-dieu et lui arrache par la peur ses secrets et son or. Mais avant de perdre cet or bien aimé, le nain prononce sur lui une malédiction qui frappera tous ses possesseurs futurs : « Cet or deviendra une cause de mort pour deux frères et un sujet d'inimitié entre huit princes. Que personne ne jouisse de mon bien. » Et Loki, comptant au géant la rançon des dieux, n'a garde d'oublier l'anathème du nain : « Le bonheur ne sera pas le partage de ton fils ; ce métal causera votre mort à tous les deux. »

En effet, le bien si convoité des mortels aveugles ne tarde pas à porter de premiers fruits de discorde et de deuil. La soif de l'or va tourner contre un père la main de ses enfants, et faire jurer à un frère la mort de son frère.

Reginn et Fafnir se sont unis pour réclamer auprès de Hreidmar une part du trésor. Hreidmar refuse et tombe mortellement blessé par Fafnir. On l'entend chanter à ses filles son chant de mort : « Lyngheidr et Lofnheidr, c'en est fait de mes jours. Je dois subir l'arrêt du sort ; » et Lyngheidr lui promet vengeance : peu de femmes ont, en perdant leur père, à venger sa mort sur leur frère. Le mourant répond : « Si tu n'as pas de fils, femme chérie de la race des loups, donne à ta fille un appui ; car le fils qui naîtra d'elle vengera tes douleurs.

Hreidmar n'est plus : mais son égoïsme a passé au fils parricide, qui refuse à son tour de céder à Reginn une seule parcelle du trésor acheté si cher. Ce trésor, il le cache au fond d'une caverne, et pour garder l'entrée il se transforme en dragon.

De là l'inimitié mortelle de Reginn. En vain sa sœur Lyngheidr lui a-t-elle adressé de pacifiques conseils : « Réclame de ton frère avec douceur et justice ta portion d'héritage. Il serait peu convenable d'exiger de Fafnir avec le glaive l'or qui te revient. »

Il faut à Reginn du sang, comme il lui faut de l'or, et son espoir est en Sigurd. Des débris du glaive de Sigmund il a fabriqué pour le jeune héros l'épée Grani, merveilleuse épée qui tranchait un flocon de laine, comme elle eût fendu l'eau.

Le descendant de Sigmund, chante-t-il, le prince aux déterminations promptes est venu dans nos salles ; il a plus de courage que les vieillards : il m'aidera à prendre le loup féroce ; car je l'ai élevé, ce roi hardi, pour les combats. Le descendant d'Ingué est venu vers nous ; il deviendra le plus riche souverain de la terre, et par tous les pays on parlera de sa brillante destinée.

Sigurd, qui s'est laissé gagner par Reginn, veut avant de combattre Fafnir consulter le plus habile des devins. Monté sur le cheval Grann, il est allé trouver le griffon Griper, fils d'Eylime ainsi qu'Hjoerdis : l'avenir ne saurait avoir de secrets pour Griper. Alors se déroule aux yeux du jeune héros la série de ses exploits futurs et aussi celle des malheurs de sa courte carrière.

Le jour vient où les prédictions s'accomplissent, et ici s'ouvre le drame représenté sur notre pilier.

III.

Sigurd et Reginn se rendirent dans la bruyère de Gnita, et y découvrirent le sentier sur lequel Fafnir se glissait pour descendre vers la rivière.

On sait que, dans les idées antiques, les dragons étaient d'une nature tellement enflammée qu'ils avaient à craindre d'être consumés par leurs propres ardeurs.

Sigurd fit là un grand trou, où il se blottit. Fafnir, en se glissant du haut de son trésor, lança son venin, et passa par dessus la tête de Sigurd : celui-ci lui donna un coup d'épée dans le cœur.

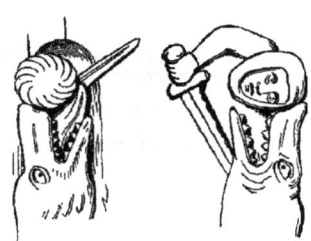

Qu'on veuille bien maintenant jeter les yeux sur l'angle supérieur des faces A et B. Rien manque-t-il à la scène. Ce guerrier dont la tête est entourée de la cotte de mailles et qui perce le dragon n'est-il pas en effet caché dans une fosse? Telle est, du moins, l'explication naturelle de l'espèce de niche arrondie au dessus de la tête et du fourreau de l'épée. Le souffle du dragon est lui-même indiqué par la langue tirée contre le héros [1].

[1] Je crois devoir rapprocher de cette première scène du drame le chapiteau suivant, dessiné dans la cathédrale d'Autun. On voit à Bourges la vertu militaire de l'adresse représentée dans une attitude presque semblable ; mais le guerrier

est protégé par un long bouclier dont la présence explique la supériorité que l'intelligence donne à la faiblesse sur la force. Ci, au contraire, le combattant n'a d'autre défense que sa cotte de mailles. Il s'agit donc d'un héros : mais dans un héros l'attitude choquerait la vue si elle n'était un souvenir. Il ne me paraît pas douteux qu'il s'agisse à Autun de Siegfried.

PILIER MYSTÉRIEUX.

«Fafnir se secoua, frappa la terre avec sa tête et sa queue : Sigurd sortit du trou, et ils se virent face à face. » Je vois cette seconde scène au dessous de la première. Tout à l'heure le guerrier se montrait placé transversalement pour arrêter le monstre dans sa marche ; il est ici debout, et le tient embrassé pour mieux le contraindre à révéler ses secrets avant de mourir. C'est dans cette situation que s'établit entre eux ce dialogue, empreint d'une poésie primitive et grandiose.

« Fafnir chanta :

Jeune homme, ô jeune homme, quelle est donc ta mère? De quel héros es-tu donc fils? toi qui as pu rougir ta lame étincelante dans le sang de Fafnir, toi qui as pu percer son cœur?»

Sigurd cache d'abord son nom, parcequ'on croyait dans les anciens jours que si, en maudissant un ennemi, on l'appelait par son nom, c'était attirer sur lui d'inévitables malheurs.

SIGURD.

On me nomme le loup de la forêt. J'ai marché dans la vie privé de mère, et je n'ai pas eu de père comme les autres fils des hommes. Je suis seul.

FAFNIR.

Si tu n'as pas eu de père comme les autres fils des hommes, quel miracle donc t'a donné la vie?

SIGURD.

Ma race ne t'est pas plus connue que moi. Mon père s'appelait Sigmund (celui qui tient la victoire, d'où l'on a fait Sigismond) ; moi ton vainqueur, je suis Sigurd.

FAFNIR.

Qui t'a poussé à me donner la mort, jeune homme aux yeux brillants? Tu es donc le fils d'un homme farouche? Les oiseaux de proie se seront réjouis à ta naissance.

SIGURD.

Mon cœur a excité ma main, et mon glaive tranchant a fait le reste. On ne trouve pas les hommes capables de braver un sort terrible parmi ceux qui furent lâches dans leur enfance.

FAFNIR.

Je le sais, tu avais grandi dans le sein d'une famille, pressé dans des bras amis; on t'eût vu combattre en héros; mais tu as été jeté dans une ignoble prison : les prisonniers, dit-on, tremblent toujours.

SIGURD.

Comment, Fafnir, oses-tu me reprocher d'être loin de la demeure des miens? Suis-je enchaîné, bien que prisonnier de guerre? Tu aurais dû t'apercevoir que j'étais libre?

FAFNIR.

Mes paroles étaient méchantes : je vais t'en dire une qui est vraie : l'or qui raisonne, l'or rouge comme le feu, les bagues d'or causeront ta perte.

SIGURD.

Tout homme veut dominer par le moyen de l'or, jusqu'à ce que vienne la dernière heure. Il est dit que chacun des hommes ira quelque jour trouver Hel. (La déesse de la mort.)

FAFNIR.

Veux-tu tourner en dérision l'oracle des nornes? (des parques). Si tu vas sur mer durant la tempête, tu te noieras : tout porte malheur à l'homme condamné par le sort.

SIGURD.

Dis-moi, Fafnir, toi qu'on appelle sage et qui sais tant de choses, quelles sont les nornes qui nous soulagent dans nos peines, celles qui délivrent une mère dans les douleurs.

FAFNIR.

Les nornes sont d'origine diverse : elles n'appartiennent pas toutes à une même race : les unes descendent des Ases; d'autres proviennent des Alfes, quelques-unes sont filles des nains.

SIGURD.

Dis-moi, Fafnir, toi que l'on appelle sage et qui sais tant de choses, quel est le nom du champ où les Ases et Surtur (Dieu du feu) mêleront ensemble l'eau de l'épée (le sang).

FAFNIR.

Il s'appelle Oscopnir (lieu auquel on n'échappe pas), champ où les dieux jouteront avec leurs lances. Baefrocst (l'arc-en-ciel pont des dieux joignant le ciel et la terre) brisera son arche après qu'ils auront passé, et leurs chevaux nageront dans le fleuve infernal.

Quand j'étais couché sur mon trésor parmi les enfants des hommes, je portais le casque d'Aegir ; je me croyais le plus fort de tous ; car sur mon chemin il se rencontrait peu d'hommes.

SIGURD.

Le casque d'Aegir ne préserve personne en face des héros qui combattent courroucés. On reconnaît alors qu'on n'est pas le plus fort de tous.

FAFNIR.

Quand je reposais sur l'héritage de mon père, je vomissais le poison contre ceux qui m'attaquaient.

SIGURD.

Eblouissant dragon, tu inspirais une crainte horrible ; ton cœur était dur comme le rocher, et c'est ce qui enflammait de fureur les enfants des hommes.

FAFNIR.

Maintenant, Sigurd, je te donne un bon conseil, sache en profiter. Remonte sur ton coursier, retourne dans ta demeure ; car l'or qui raisonne, l'or rouge comme le feu, les bagues d'or causeront ta perte.

SIGURD.

Assez de ton conseil ! Je veux remonter sur mon coursier pour me diriger vers la bruyère où tu as caché ton or. Quant à toi, Fafnir, reste couché dans les angoisses de l'agonie, en attendant que tu deviennes la proie de Hel.

FAFNIR.

Reginn m'a trahi : il te trahira de même, et causera notre mort à tous les deux : mais je sais que Fafnir doit abandonner la vie : je sens que ta force a prévalu.

Le dragon expire. C'est le moment que choisit, pour entrer en scène, un troisième interlocuteur plus distingué par son habileté et sa prudence que par sa générosité et sa bravoure. Tant qu'à vécu Fafnir, Reginn s'est tenu à une respectueuse distance : le dragon mort, il s'avance avide de recueillir le fruit du dévouement d'un autre.

REGINN.

Honneur à toi, Sigurd ! tu as remporté la victoire, tu as immolé Fafnir. De tous les hommes vivants, je le déclare, le plus intrépide c'est toi !

SIGURD.

Quand nous autres, fils de la victoire, nous serons un jour rassemblés, on saura lequel naquit le plus valeureux ; mais il est ici des hommes qui prennent le le nom de braves et qui n'ont jamais enfoncé le fer dans le flanc d'un ennemi.

REGINN.

Te voilà joyeux, Sigurd, joyeux de la prouesse de ton bras, tandis que tu essuies dans l'herbe ton épée Grani. La mort de mon frère est bien ton œuvre ; pourtant j'y suis aussi pour quelque chose.

SIGURD.

Tu m'as conseillé de galoper jusqu'ici, par dessus la cime des hautes montagnes. Le brillant dragon serait encore vivant, le trésor serait encore à lui si tu ne m'avais pas excité à tenter l'aventure.

Reginn alors s'approcha de Fafnir, et lui ouvrit le sein avec son épée Ridill.

Voilà, si je ne me trompe, la scène retracée sur la face C. Si maladroit que fût le vieil artiste de Frisingue, il a su établir entre ce nouveau personnage et celui des deux scènes précédentes des différences qui les caractérisent. Le premier est un guerrier, un héros. On le reconnaît à sa cotte de mailles et à ses éperons; et il est évident que le second ne l'est pas. On en voit la preuve dans l'absence de la cotte de mailles et d'un fourreau d'épée et dans la fente de la chaussure. J'ajoute que Reginn ne perce une seconde fois le sein de son frère que pour arracher son cœur :

Il lui ôta le cœur et but le sang de la plaie.

Or que veut dire la main gauche avancée vers la plaie, sinon cette dernière circonstance du sombre drame. Cette paume qui se redresse, ces doigts qui se courbent n'indiquent-ils pas au mieux l'action de s'emparer violemment d'un objet désiré? Manger le cœur, boire le sang d'un dragon, c'était se pénétrer de son courage. Enhardi par le sang qu'il vient de boire, Reginn feint de vouloir prendre quelque repos : c'est pour ourdir une trahison. En même temps recommencent des altercations indices d'une catastrophe prochaine.

REGINN.

Assieds-toi là, Sigur; moi je vais aller dormir. Tiens le cœur de Fafnir auprès du feu : je veux manger son cœur après avoir bu son sang.

SIGURD.

Tu restais à l'écart, tandis que je teignais mon glaive affilé dans le sang de Fafnir; tandis que je combattais dans ma force le vigoureux dragon, tu étais caché dans la bruyère !

REGINN.

Il serait resté longtemps couché sur son or, le vieux géant,
si tu n'avais pas eu en main le glaive affilé que j'ai forgé pour toi.

SIGURD.

Mieux vaut le courage du guerrier courroucé que la pointe du glaive aigu. Souvent j'ai vu dans la main du brave l'arme émoussée gagner la victoire.

Les jeux de Hildur conviennent mieux à l'audacieux qu'au lâche. L'homme joyeux sait mieux braver le sort que l'homme triste.

Pendant le sommeil feint de Reginn, Sigurd rôtit le cœur du dragon, et, comme le sang sort en bouillonnant, il avance le doigt pour en goûter et éprouver si le mets est assez cuit; mais il se brûle, et porte à sa langue le doigt endolori. À l'instant s'opère une merveille. Une vertu secrète du sang des dragons était de donner aux hommes l'intelligence du chant des oiseaux. Le héros entend tout surpris des voix qui sortent du feuillage; il prête l'oreille : des aigles causaient ensemble et parlaient de lui et de Rgeinn.

Une aigle chanta.

Voilà Sigurd taché de sang; le voilà qui rôtit le cœur de Fafnir. Il ferait plus sagement, je pense, le ravisseur de l'or, s'il mangeait lui-même ce brillant nerf de la vie.

LA SECONDE CHANTA.

Voilà Reginn étendu sur la bruyère, le voilà méditant la trahison du héros qui s'est fié en lui. Dans sa colère, il arrange des paroles accusatrices. Cet artisan de malheur veut maintenant venger son frère.

LA TROISIÈME CHANTA.

Que Sigurd envoie aux enfers ce vieillard aux cheveux gris, en lui abattant la tête! Et Sigurd possédera seul tout l'or qui servait de couche à Fafnir.

LA QUATRIÈME CHANTA.

Sigurd serait prudent, mes sœurs, s'il suivait votre conseil. Il devrait songer à réjouir les corbeaux. Le loup n'est pas loin quand on voit ses oreilles.

LA CINQUIÈME CHANTA.

Le jeune héros n'est pas aussi prudent que je l'avais présumé du chef des armées, s'il laisse échapper un des deux frères après avoir tué l'autre.

LA SIXIÈME CHANTA.

Il hésite sur le parti à prendre à l'égard de son ennemi; il laisse étendu là-bas le traître Reginn, Reginn auquel il n'échappera pas s'il ne prévient ses coups.

LA SEPTIÈME CHANTA.

Que le géant au flanc glacé soit raccourci de la tête et jeté loin de cet or. Alors, ô Sigurd, tu jouiras seul des trésors de Fafnir.

Le héros cède aux conseils, moins sans doute pour s'enrichir que pour sauver ses jours.

SIGURD.

Le sort ne sera pas assez puissant pour soustraire Reginn à son arrêt de mort. Les deux frères vont bientôt se trouver réunis dans l'abîme.

Si la sculpture ne reproduit pas le meurtre de Reginn, elle rend assez bien la conversation qui l'amène. Les oiseaux prophétiques devant dominer le drame, l'artiste ne pouvait mieux les placer que dans le chapiteau. Et n'est-il pas remarquable qu'il les ait tournés précisément au dessus des scènes sanglantes dont ils s'entretenaient? Quant au nombre de deux au lieu de sept, si l'on trouvait qu'il fût trop hardi de supposer que les titres du texte de l'Edda ne font pas autorité, ou sont mal rendus, nous aurions encore à faire observer que ce nombre de deux oiseaux est formellement indiqué dans les Sagas.

Ceci, au reste, n'est pas le seul indice de l'influence des variantes conservées par les Sagas postérieures à l'Edda. Il est clair que l'artiste de Frisingue a dû s'inspirer des traditions orales ou écrites telles que les avaient modifiées la race dont il faisait partie, le peuple auquel il s'adressait, c'est à dire qu'il puisait à la source même d'où sont sortis les poèmes moins anciens, et qu'on peut s'attendre à rencontrer dans ceux-ci les détails dont l'Edda ne rendrait pas compte. C'est précisément ce qui a eu lieu ici.

PILIER MYSTÉRIEUX.

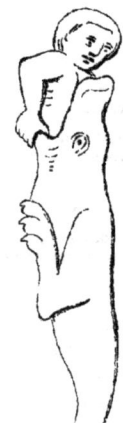

Que fait le personnage de l'angle supérieur, B C? Est-il dévoré par le dragon? En ce cas, comment des deux mains tient-il en respect les mâchoires du monstre. Est-il maître du dragon? Pourquoi se trouve-t-il introduit dans sa gueule? Enfin, par quel motif est-il sans vêtements? la Vilkina Saga et le Hürnin Siegfried révèlent le mystère. Dans le premier poème Siegfried (le Sigurd Germanique) prend le sang du dragon pour se rendre invulnérable; il s'en frotte les mains, qui deviennent dures comme de la corne; il ôte ses habits, et se frotte le corps entier. Dans le second, s'étant mis à cuire le dragon, un ruisseau de graisse et de sang en découle. Etonné, il y plonge le doigt, et son doigt acquiert la consistance de la corne. Puis il se baigne tout nu dans cette rivière enflammée, où toute sa peau devint impénétrable. C'est ce bain que nous avons devant les yeux. Pour rendre sa pensée sans équivoque possible et sous une forme plus naïve, par conséquent plus populaire, le sculpteur, resserré d'ailleurs par l'espace, fait prendre à Sigurd son bain dans le sein même du dragon. L'attitude s'explique d'elle-même ainsi que la nudité.

Derrière l'épaule de Siegfried on aperçoit une feuille recourbée : aurait-elle aussi sa raison? Le moyen d'en douter? Tout auprès, sur les autres faces du pilier, sont des plans qu'il était aussi naturel d'orner de feuillage et que l'artiste a affecté de laisser lisses : il y a donc ici une intention spéciale. Heureusement nous n'en sommes pas réduits pour la reconnaître à l'incertitude des conjectures. Les Sagas que nous venons de citer racontent en effet que, quand Siegfried se frotta le corps avec le sang du dragon, il y eut entre les épaules une petite place que sa main ne put toucher. Une feuille de tilleul détachée de l'arbre qui le couvrait vint s'y poser, et ce fut le seul endroit où le héros ne fut pas invulnérable : c'est par là qu'il périra trahi, à la fleur de ses années.

Mais pourquoi les serpents qui s'agitent au bas de nos scènes et les rameaux touffus qui les séparent? recourons aux mêmes sources, et tout s'éclaircira. Dans la Vilkina le dragon repose au milieu d'une forêt épaisse, à l'ombre d'un tilleul; c'est là qu'il dévore tous ceux qui l'approchent, à l'exception de son frère. Dans l'Hürnin Siegfried les détails sont encore mieux précisés. Après avoir tué le dragon sous le tilleul de la forêt, Siegfried pénètre dans l'intérieur des bois à la poursuite de Reginn. Il découvre un lieu sauvage où fourmillent les dragons enlacés autour des tilleuls :

On y voyait d'affreux serpents, des crapauds hideux. C'était au fond d'une vallée, entre deux gorges de montagnes. Il arracha les plus hauts arbres, les jeta pêle-mêle en cet endroit, les précipitant sur les monstres d'un bras si vigoureux qu'ils y demeurèrent tous ensevelis.

Au dessous des serpents et des dragons s'appuient sur la base du pilier des espèces de plateaux semi-circulaires. Leur trouverons-nous aussi une signification? Il se peut qu'ils ne soient destinés qu'à enrichir la base; mais on ne trouvera peut-être pas invraisemblable qu'ils représentent le trésor lui-même, les pièces, les bagues d'or cachées dans la forêt, défendues par le dragon, entourées des serpents et conquises par Siegfried. Toujours est-il que cette dernière circonstance compléterait toutes les autres. L'Edda raconte qu'aussitôt après sa victoire Sigurd suivit à cheval les traces de Fafnir jusqu'à son gîte : il y vit entr'ouvertes les portes de fer de la caverne, et trouva enfoui dans le terreau le trésor, dont il s'empara.

II.

Avant de quitter les ombrages de la forêt témoin de sa valeur, le héros entend de nouveau des voix mystérieuses au dessus de sa tête, et prête encore l'oreille au chant des oiseaux prophétiques.

Les aigles chantent :

Sigurd, attache ensemble les anneaux d'or : il n'est pas royal de gémir sur beaucoup de choses. Nous connaissons une vierge, la plus belle des belles; elle est richement parée d'ornements en or : tu serais heureux si tu pouvais l'obtenir.

Il y a chez Gjuke des sentiers verts; le destin montre la route au voyageur. C'est là que ce roi sage a élevé sa fille; tu pourrais, Sigurd, l'obtenir avec bonne dot.

Sur la haute montagne du cerf est un édifice environné de flammes; des êtres habiles l'ont bâti avec la splendeur éclatante des ondes (l'or recueilli dans les fleuves).

Je sais que sur la montagne dort une femme exercée à la guerre; le feu joue au dessus de sa tête. Igger (Odin) a autrefois piqué de l'épine du sommeil la vierge couchée sur les peaux d'ours, la vierge qui se plaisait à frapper les guerriers dans les combats.

Jeune homme, tu verras le visage de cette jeune fille, qui était montée sur le cheval Vingskorn en sortant des batailles; mais il n'est pas permis au fils des rois de rompre le sommeil de Sigurdrifa d'après le décret des nornes.

On le voit, le drame entre ici dans une voie nouvelle, et rapproche de la conquête de l'or la conquête de la femme, double objet des brûlants désirs de la plupart des hommes et double source pour un grand nombre de chagrins et de malheurs inattendus. Ici l'espace va faire défaut au sculpteur : il faudra que les souvenirs des poèmes populaires suppléent à ce que le pilier se refuse à reproduire, et néanmoins dans le seul buste de femme de la face D le malhabile, mais intelligent artiste a trouvé le secret de dire beaucoup.

Quelle est donc cette femme annoncée de loin par Griper et tout récemment par les augures, rejetée par le sculpteur aussi loin que possible des scènes de combat comme pour

 faire sentir qu'elle leur est étrangère? placée au haut du pilier comme pour indiquer qu'elle réside sur une hauteur? Cette femme, aux longs cheveux bouclés tombant sur les épaules est une Valkyrie : on l'appelait Sigurdrifa parmi les dieux, et Brynhild parmi les hommes.

Les Valkyries étaient les nymphes des peuples du Nord, les vierges de leur Valhalla. Êtres célestes bien qu'inférieurs aux Asinies, épouses des Ases, elles étaient chargées d'offrir les cornes à boire aux convives de la table du ciel, et servaient de messagères à Odin auprès des héros. Pour se mêler aux choses humaines, elles aimaient à revêtir les gracieuses formes et la blanche parure des cygnes, ou bien elles se couvraient d'une armure et traversaient les airs sur des coursiers ailés pour assister aux jeux sanglants des combats. Il leur appartenait de protéger contre les génies du mal les guerriers destinés à la victoire, et de conduire par la main au Valhalla ceux qui avaient mérité l'honneur envié de mourir sur le champ de bataille. Dans leur vol puissant, de la crinière de leurs chevaux la pluie découlait sur l'herbe des vallées, la grêle descendait sur les arbres des collines, la fertilité se répandait dans les campagnes. A la valeur guerrière elles joignaient le profond savoir, et découvraient à leurs favoris les mystères de la magie et les secrets de l'avenir. Plus tard les traditions vieillies altérèrent leur caractère primitif, et rapprochèrent leur destinée de celle des hommes. On vit des filles de mortels élevées, par une poétique apothéose, au rang des Valkyries, et au contraire des vierges célestes condamnées à perdre en même temps que la virginité leurs divines prérogatives et cesser d'être inaccessibles aux malheurs en même temps qu'aux passions de la terre. Telle fut l'héroïne du mythe de Sigurd.

La Valkyrie Sigurdrifa [1] avait présidé à un combat entre deux rois, le vieux Hialm Gunnar (guerrier au casque) et le jeune Agnar, que nulle divinité ne voulait exaucer ; et bien qu'Odin eût promis la victoire au vieillard, la Valkyrie avait fait pencher la balance du côté du jeune combattant. Sa désobéissance fut cruellement punie. Le chef des dieux l'endormit en la touchant de l'épine magique et la condamna à une double peine, à ne jamais plus décider de la victoire dans les combats et à devenir l'épouse d'un mortel. Au moment où les yeux appesantis de Sigurdrifa se fermaient sous le charme, elle n'eut que le temps de prononcer ce vœu que jamais, du moins, elle n'accepterait pour époux un homme capable d'éprouver la peur.

C'est à la recherche de la Valkyrie que Sigurd s'élance, monté sur Gram, l'émule de Gleipner, le coursier des dieux ; il gravit l'Hindarfiall (le Mont du Cerf) et se dirige au sud vers la Franconie. Soudain il aperçoit sur la montagne une grande lumière pareille à celle d'un incendie lançant ses flammes dans les cieux. En approchant, il découvre un retran-

[1] Celle qui pousse à la victoire? ou bien la tempête victorieuse?

chement formé de boucliers[1] au milieu duquel se dressait un étendard. Il entre : un guerrier, le corps entier couvert de son armure, était étendu sur sa couche et endormi. Sigurd en détachant son casque reconnaît une femme. Il essaie d'enlever la cuirasse ; mais elle adhérait fortement au corps : il saisit Gram, et tranche la cotte de mailles du haut en bas et le long des bras jusqu'au poignet. Dès qu'elle est dépouillée de ses armes, la femme s'éveille, s'assied sur son lit, regarde le héros, et dit :

Qui donc a coupé ma cotte de mailles ? Qui m'a troublée dans mon sommeil ? Qui m'a enlevé mes tristes chaînes ?

SIGURD.

Celui qui vient de déchirer ce sombre vêtement, c'est le fils de Sigmund. Le glaive dont il s'est servi est le glaive de Sigurd.

SIGURDRIFA.

J'ai dormi longtemps, bien longtemps : les souffrances des hommes sont longues. Odin m'avait empêchée de rompre le charme des runes du Sommeil.

Salut, ô jour! et vous, (rayons) enfants du jour, salut ! Salut, ô nuit, et toi, (ô lune ?) sœur de la nuit !
Jetez ici sur nous des regards propices : donnez la félicité à ceux que vous voyez assis en ce lieu.
Salut, ô Ases ! et vous, Asinies, salut ! Salut, ô terre, riche de tous les biens !
Donnez-nous l'éloquence et la sagesse, à nous dont la naissance est haute ; donnez-nous, pour tout le cours de notre vie, des mains habiles à guérir.

Sigurd met à profit le précieux moment pour obtenir de la Valkyrie les leçons des sciences secrètes, afin de connaître tous les événements du monde. Elle lui répond :

Je t'offre un breuvage, ô belliqueux héros ! un breuvage mélangé de force et de divine gloire, rempli de poésie et de baumes, de chants de fête et de joyeux discours.

Puis commence l'exposé de la haute philosophie scandinave, qui répond quelque peu, il faut l'avouer, aux recettes de nos sorcières, indignes descendantes des antiques fées, comme celles-ci l'étaient des Valkyries. Sigurdrifa recommande les formules magiques toutes puissantes sur la nature : la rune de la victoire, celle de la fidélité conjugale, celle de la délivrance d'une femme enceinte, celle du navigateur, celle du blessé, celle de l'esprit et du beau langage : à ces premières leçons elle en ajoute de plus utiles, et résume dans onze conseils toute la sagesse des vieux âges. Vénérer ses parents, abhorrer le parjure, éviter les contestations sans négliger la défense de son propre honneur, fuir la femme vicieuse et respecter la vierge, honorer les morts et se défier d'un ennemi, telle est en abrégé sa morale. Son dernier conseil fait présager au héros un triste avenir :

Cherche à découvrir d'où vient le danger et le but de l'ennemi. Une longue vie était destinée au roi; mais une embûche est dressée. »

Sigurd dit :

Il n'est pas de fille des hommes aussi savante que toi, et tu m'appartiendras, je le jure ; car tu es selon mon esprit.

[1] Ou bien une forteresse couverte d'un dôme.

Elle répondit :

Je te préfère à tous les hommes. Et ils confirmèrent ceci par serment.

Voilà le moment où, d'après la Volsunga Saga, Sigurd remet à sa fiancée une bague trouvée par lui dans le trésor de Fafnir. Et voilà aussi, à moins que je ne m'abuse étrangement, la circonstance retracée dans la sculpture (D). La Valkyrie est au haut de sa montagne : le rempart de feu a été franchi, le casque de la vierge vient de lui être enlevé, et de sa tête découverte descend sur ses épaules une longue chevelure, signe de sa virginité. Son armure de fer a disparu, et l'on remarque son vêtement et ses formes de femme ; ses grands yeux viennent de s'ouvrir après le long sommeil, et ses deux mains se rapprochent et se ferment pour saisir quelque chose de petite dimension. Quel est cet objet, sinon l'anneau qu'elle vient de recevoir pour gage de la foi de Sigurd, le magique anneau auquel Anduari attacha jadis une malédiction éternelle, anneau fatal d'où descend la longue chaîne des infortunes chantées dans les Nibelungen. Il y a, pour ainsi dire, dans tout ce petit détail une épopée entière, et rien ne saurait donner une plus juste idée de la largeur de conception habituelle aux artistes du moyen âge.

Je ne fais plus qu'indiquer les événements que l'anneau fait entrevoir. Après les fiançailles, Sigurd quitte la montagne pour revenir, après de plus grands exploits, célébrer ses noces avec la Valkyrie. A la cour du roi Giuki, son cœur reste fidèle jusqu'à ce qu'un breuvage magique le prive de ses souvenirs. Il épouse alors Gudruna, la fille du roi Gudrunur, et s'offre à conquérir pour Gunnar, frère de Gudruna, sa propre fiancée Brynhild (l'ancienne Sigurdrifa). Une seconde fois, il pénètre à travers l'enceinte de feu inaccessible à Gunnar, et se montre sous les traits de ce dernier à la vierge de la montagne. Soit que Brynhild eût perdu la mémoire ainsi que son fiancé, soit qu'un arrêt d'Odin lui défendît de repousser le vainqueur des flammes, les noces se célèbrent ; mais le faux Gunnar place une épée brûlante entre Brynhild et lui, et se contente de détacher de son doigt l'anneau magique, qu'il offre à sa femme Gudruna. Puis les deux princesses vivent à la même cour, où bientôt la jalousie les divise. Qui marchera la première ? Laquelle abaissera sa fierté devant une rivale ? Brynhild ne saurait céder le pas, puisque, Giuki étant mort, Gunnar est roi de la contrée. Mais comment Gudruna s'humilierait-elle devant sa belle-sœur, qui ne doit son trône qu'à Siegfried? La preuve, elle la possède, et pour triompher elle n'aurait qu'à montrer l'anneau fatal. Certes, si garder un secret de cette nature est, en tout cas, une rude épreuve pour la malignité, qu'est-ce donc quand l'amour-propre blessé conseille de le trahir ? « Es-tu bien sûre, s'écrie Gudruna avec un amer sourire, es-tu bien sûre que ce soit Gunnar qui ait traversé les flammes? moi je penserais que celui qui m'a remis cette bague a dû partager ton lit. Cette bague était celle d'Anduari, et je doute que ce soit Gunnar qui l'ait prise au désert de Gnita, dans la couche de Fafnir. Brynhild se tut, et retourna dans son palais : un poids écrasant était tombé sur son cœur.

Les poèmes des diverses époques varient sur les circonstances de l'altercation des reines : mais dans tous l'anneau maudit, auquel les Nibelungen joignent la ceinture, sert à dénouer le drame par une suite ininterrompue de scènes sanglantes.

Dans la honte de la défaite, dans le réveil d'un amour qui se transforme en rage de vengeance, Brynhild jure la mort de Sigurd : il meurt frappé en trahison à l'endroit resté seul vulnérable, et elle-même se déchire le sein et se jette dans les flammes sur le bûcher du héros.

Cependant l'héritage de Fafnir (le trésor) passe entre les mains des Niflungen, Gunnar et Haugni : la malédiction d'Anduari l'accompagne. Les deux frères sont invités à un festin par Atli (Attila), le frère de Brynhild; c'était pour leur faire souffrir d'horribles morts. L'intrépide Haugni mutilé sourit avec dédain au moment où on lui arrache le cœur. Gunnar, jeté dans un puits rempli de serpents, les endormait en jouant de la harpe, lorsqu'une vipère lui dévore le foie. Atli, à son tour, expie sa cruauté par d'indicibles douleurs. Gudruna, après l'avoir épousé, égorge les enfants qu'elle lui a donnés, et fait manger leur cœur à leur père. C'était trop peu, lui-même, d'après la Vilkina, meurt de faim et de soif emprisonné au milieu des monceaux d'or et de diamants du trésor maudit. Enfin Gudruna ne survit que pour voir se prolonger et se multiplier ses maux. Des enfants d'un second mariage, sa fille bien aimée Swantil, dans la fraîcheur de son adolescence, est foulée aux pieds des chevaux, au milieu du chemin, et ses trois fils périssent comme leur sœur à la fleur de leur âge : elle ne vit plus que pour pleurer.

III.

Le pilier de Frisingue me paraît expliqué. Après l'explication du monument par la légende, on me demandera peut-être l'explication de la légende elle-même, c'est à dire l'analyse des éléments mythologiques, historiques et poétiques entrés dans sa composition. Ce travail, à peine possible dans l'état de la science, n'est pas fort heureusement un devoir pour l'humble monumentaliste. Aussi me bornerai-je à présenter quelques aperçus sans la moindre prétention d'exposer un système.

Il est d'abord évident qu'ici, comme presque partout ailleurs dans la poésie épique, deux sortes de traditions se trouvent confondues, les traditions mythologiques appartenant aux premiers souvenirs des peuples, et les traditions héroïques écloses avec l'aurore de leur civilisation. Il reste peu de chose des premières, et le peu qui en reste annonce une époque assez avancée ; car les trois dieux prisonniers du géant se montrent presque aussi faibles que des hommes, et la Valkyrie exilée par Odin sur la terre s'élève peu au dessus d'une simple femme. Quant au personnage principal de la légende, le modèle des guerriers francs est moins un demi-dieu qu'un héros, et si le merveilleux féerique l'entoure, ce n'est aucunement dans ses priviléges surhumains et en son bras vigoureux, mais en son cœur intrépide que réside surtout sa gloire. Cependant cette poétique réalisation de l'idéal de la bravoure se réduit à deux faits dont l'origine peut être différente. L'un est la conquête de l'or par la mort du dragon, et l'autre est la destinée du héros condamné à mourir trahi après n'avoir fait qu'entrevoir le bonheur.

Il est impossible de ne pas être frappé du rapport entre la destinée de Sigurd et celle d'un être mythologique, dont la conception est certainement antérieure : je parle du dieu Balder. Balder était parmi les Ases ce que Sigurd est devenu parmi les héros. Balder était le plus éloquent, le meilleur des dieux et aussi le plus aimé. Pourtant de sombres rêves inquiètent son sommeil, et lui parlent d'une mort prochaine. Effrayés de ses appréhensions, les dieux obtiennent de toutes les créatures l'engagement que nulle ne nuira à Balder. Une toute petite plante a été seule oubliée, et servira d'instrument de meurtre à Loki. Il place la gui sur l'arc de Hœnir, l'Ase aveugle, et dirige le coup : Balder tombe, et les larmes de tout ce qui peut aimer dans l'univers accompagnent Balder dans sa descente vers la sombre demeure de Hel. Je n'ai pas à exposer ici les rapports de ce mythe avec les fêtes de l'équinoxe d'hiver, ni à examiner s'il tient par quelques liens traditionnels aux mythes correspondants de l'Asie et de l'Égypte, ou bien s'il a été, au milieu des races germaniques, le développement spontané de la poésie populaire. Il me suffira de faire remarquer qu'il ne paraît pas douteux que, sur la légende peut-être historique d'abord de Sigurd, la poésie a fait briller plus d'un reflet du mythe de Balder. Et lui aussi, comme Balder, il était brillant de jeunesse, de force, de beauté ; et lui aussi il entend des voix qui prophétisent sa gloire et son malheur ; et lui aussi il se croyait à l'abri de tous les maux : une seule créature pouvait nuire à Balder, un seul endroit du corps était resté vulnérable dans Sigurd ; tous les deux succombent par trahison, et sont amèrement pleurés ; ainsi que la mort de Balder pronostique le crépuscule des dieux, la mort de Sigurd annonce la destruction de la race des héros. Enfin les vieux scaldes semblent reconnaître ces rapports en appelant Sigurd le Balder des armées.

Quant au combat contre le dragon, plusieurs en cherchent l'origine non dans la mythologie, mais dans l'histoire ; j'entends l'histoire transfigurée par l'imagination d'une race poétique. On sait qu'il est beaucoup de peuples chez qui les dragons étaient envisagés comme les gardiens des trésors. Ce qui a fait dire à Martial, parlant d'un avare (XII, 53) :

> *Largiris nihil, incubasque gazæ*
> *Ut magnus draco quem canunt poetæ*
> *Custodem Scythici fuisse luci.*

Dans les premiers âges, l'or se recueillait dans les fleuves, et se retirait des mines. De là ces trésors d'Anduari, le nain de la cascade, et ces trésors cachés au milieu des forêts dans les cavernes des montagnes. Après les avoir péniblement amassés, il fallait encore les défendre par une vigilance incessante contre les violences des envieux. Or n'était-il pas naturel à la cupidité impuissante de regarder comme d'odieux reptiles les gardiens armés de l'or. Cette métaphore était d'autant plus facile que, les pierres précieuses et une partie des riches métaux se trouvant enfouis sous la terre, les serpents qui habitent ses entrailles s'unissaient naturellement dans la pensée avec ses richesses. Ainsi s'expliquent les images du Plutus indien Cuvera, entouré de serpents au fond d'une caverne ; à cela revient la fable également indienne du roi des serpents, qui distribue à son gré des richesses à ses adorateurs ; et surtout c'est ce qui nous donne la raison des serpents représentés sur d'anciennes monnaies en or du nord de l'Europe, et de ces innombrables dragons qui garnissent les serrures des cassettes et qui se tiennent en arrêt ou grimpent, s'entrelacent, se tordent, se combattent, attaquent leur proie et la dévorent sur les meubles du moyen âge. En suivant la même idée, on pourrait avoir dans les guerriers vainqueurs des dragons la personnification des races conquérantes qui soumirent et dépouillèrent, à une époque inconnue les races industrielles. Et ici l'enlèvement de la Valkyrie se confondrait avec la prise du trésor ; car deux passions brûlantes poussaient les vainqueurs, et leur poésie aimait à glorifier deux sortes de conquêtes.

Ce système d'interprétation présente-t-il assez de profondeur, rend-il suffisamment compte de tous les éléments du mythe et de ses variantes chez les divers peuples qui eurent avec les races scandinaves et germaniques des liens aujourd'hui constatés de parenté ou de voisinage? nous ne le pensons pas, et il nous semblerait plus vraisemblable que si le dragon a jamais été pris par les vaincus pour le symbole des races conquérantes c'est parcequ'il était déjà celui des puissances mauvaises. Tandis qu'au nord de l'Europe on chantait Sigurd ou Siegfried, sous d'autres climats on chantait les combats de dragons d'Hercule, de Cadmus, de Bellérophon, de Jason, de Persée, de Dchemchid, de Chrichna. C'étaient des souvenirs recueillis à une source commune. En remontant à la première origine, on voit se dégager plus nettement la grande lutte de la lumière et des ténèbres, lutte envisagée surtout dans les phénomènes de la nature par les peuples tombés dans la nuit de l'idolâtrie, mais que la révélation primitive avait montrée dans le monde des esprits supérieurs où Lucifer et ses anges furent transformés en démons [1].

VI.

Le combat de Sigurd était, selon Magnüssen, le sujet traité de préférence par les anciens artistes sur les boucliers, sur les tentures, etc. [2] Et cela se conçoit. Ce qui se conçoit moins aisément, c'est qu'une fable si complétement, ce semble, empreinte de paganisme ait trouvé place dans un lieu tel que la crypte de la cathédrale de Frisingue, tout auprès des cendres d'un des plus grands apôtres de la Bavière. On sait assez combien il est difficile d'extirper de vieilles superstitions favorisées par l'ignorance. On n'ignore pas avec quelle persistance il a fallu que les conciles revinssent à l'œuvre pour abolir certains usages antichrétiens consacrés par les siècles ; mais ici, au dessous du sanctuaire, au milieu des dépouilles des saints, comment supposer qu'un évêque ait abandonné, sans réserve, un artiste à ses souvenirs les plus profanes? Dira-t-on que les traditions païennes ne sont exposées ici que comme des sujets de contraste, des objets de mépris, en vertu du principe qui faisait exiger de la race saxonne, dans le baptême, la renonciation formelle à Wodan (Odin). Cette opinion est inadmissible. Une pensée sarcastique ne se serait pas développée avec tant de complaisance dans un monument sérieux, et n'aurait pas pris tant d'importance relative. On trouvera plutôt la vérité dans l'opinion contraire. Oui, en effet, il y a ici selon moi une vue de contraste, mais de contraste où Sigurd tient la place d'honneur, sans qu'aucune bienséance rigoureuse soit peut-être trop compromise.

Qu'on veuille bien se rappeler le chapiteau où l'on voit deux bustes comme écrasés sous le tailloir : celui d'un homme passant la main dans sa barbe et celui d'une femme dévorée par des serpents à deux têtes. Voilà, si je ne m'abuse, l'objet du contraste sur lequel est appelée l'horreur du spectateur, tandis que la scène du pilier s'adresse à son émulation. En un mot, la signification du chapiteau donne par antithèse celle du pilier, qui exprime l'idée de la vertu, si le chapiteau rend celle du vice. Or le moyen de douter que ce soit là le sens

---

[1] M. Ozanam, dans ses *Études germaniques*, T. I, ch. v, a fait un intéressant dépouillement des opinions de J. Grimm, de Lachmann et de W. Muller sur la fable de Siegfried. Elle avait été précédemment étudiée par M. le baron d'Eichstein, dans *le Catholique*, et par M. Ampère, dans *la Revue des Deux-Mondes*, 1832. Voyez aussi M. Edelestand Duméril dans ses *Études scandinaves*.

[2] Hoc Sigurdi facinus prisci artifices in scutis, aulæis, etc., frequenter repræsentare solebant. (*V. Fafnir.*)

du chapiteau. Si le serpent à deux têtes dévore l'épaule de la femme au lieu de son sein, comme dans un grand nombre d'autres monuments, cette variante est suffisamment motivée par le défaut d'espace; mais le serpent à deux têtes n'en est pas moins de la famille de tous ces serpents qui se tordent en tant de manières autour des membres nus de femmes avilies, à Montmorillon, à La Charité-sur-Loire, à Vezelai, à Chartres, etc. Et quels sont tous ces serpents, si ce n'est l'image de celui qui a séduit la première femme et qui continue de séduire tant de filles d'Eve? qui les désole par ses tortures après les avoir trompées par ses séductions? Ver rongeur qui ne meurt pas pour que le châtiment dure autant que la flétrissure. Quant au geste de l'homme, nous aurons ailleurs l'occasion d'établir qu'il rend d'une autre manière l'idée des mêmes souillures: la barbe des idoles gnostiques peut mettre sur la voie du vrai sens.

En opposition avec ce chapiteau, le pilier représente donc la vertu, la vertu, qui pour les peuples simples s'offre surtout sous les traits de la force : elle emprunte ici ceux de Sigurd, comme elle prend ailleurs ceux de Samson ou de David. On se demande comment des chrétiens ont pu représenter dans un lieu aussi saint des fables toutes païennes. Je demanderai à mon tour s'il est certain que ces fables aient eu, dans la pensée de l'artiste et du peuple, un caractère païen; et, de ce que le sujet de la sculpture est pris en bonne part, je conclurais au contraire que le vieux mythe, en passant à travers les siècles et les imaginations chrétiennes, s'est modifié sous leur influence, et que le Sigurd ou le Siegfried de la crypte est un guerrier chrétien. Au reste il y a ici plus qu'une présomption, plus qu'une probabilité, puisque dans l'Hürnin Siegfried (composition du quinzième siècle, mais incontestablement formée d'éléments anciens) le victorieux fils d'Odin est devenu tout simplement un preux chevalier de Franconie, défenseur invincible de l'innocence opprimée[1], et la Valkyrie du Valhalla une fille du roi bourguignon Gibich de Worms, enlevée par un infâme géant transformé en dragon. Criemhild, c'est le nom de la vierge, transportée sur un roc inaccessible comme un château de Burgrave, invoque notre Dame par de naïves prières, et Siegfried en face d'une mort presque inévitable, sans trembler plus que les héros païens, met humblement tout son espoir dans le secours de Dieu. Ajoutez que, d'après les mêmes traditions, si le dragon est condamné à vivre sous une forme odieuse, c'est à cause de sa lubricité; et si le chevalier chrétien frappe ses terribles coups, c'est pour sauver l'honneur d'une vierge; de

---

[1] Aussi le nom de Siegfrid était-il en grand honneur. On en trouve bon nombre dans les documents diplomatiques recueillis par Meikelbeck dans son *Histoire de Frisingue* : c'est *Sigur, Sigibert, Sighor, Sikihart, Sigiperht, Sigo, Sigihilt, Sikifrid, Sifrid, Sigehart, Seyfrid*. On reconnait aisément le même nom sous ces variantes : ainsi le chancelier de Henri IV qui signe Sigefrid est appelé dans Ughelli (*Italia sacra*, t. V., n. 1248) Singifred, Sigeard et Sigheard. On a pu remarquer (p. 74) que sous l'évêque Valdo il y avait à Frisingue un prêtre de quelque renom appelé Sigefrid. Notre pilier ne serait-il pas de son temps, peut-être son ouvrage et sa signature parlante. Nul n'ignore les faits analogues de l'art grec.

sorte que la force merveilleuse exprimée sur le pilier exalte précisément la vertu, opposée au vice, symbolisé sur le chapiteau.

Si jamais quelque philologue entreprend, comme j'en forme le vœu, de publier dans notre langue le *Romancero* de Siefgried, ce *Cid campeador* des Francs d'Austrasie, en réunissant d'une manière plus complète que je n'ai dû le faire les fragments de son cycle poétique depuis les chants de l'Edda jusqu'aux dernières légendes germaniques, il trouvera que le pilier de Frisingue forme comme un anneau central dans la chaîne des transformations du premier mythe. Les serpents multipliés, les arbres touffus figurent surtout dans les derniers poèmes; l'anneau ou la ceinture appartiennent principalement aux poèmes intermédiaires; le reste descend de l'Edda. Ainsi se réunissent le génie semi-barbare de la haute antiquité et le génie chevaleresque du moyen âge, qui devait, aux approches de la renaissance, subir l'empreinte de l'esprit bourgeois, puis mourir sous les coups du ridicule dans ces contes où l'héroïque Sigurdrifa n'est plus que la Belle au bois dormant.

Arthur MARTIN.

ANCIENNES ÉTOFFES.

DE L'ÉTOFFE CONSERVÉE A LA COUTURE DU MANS. — DE L'ÉTOFFE DITE DE S. MESME, A CHINON.

(VOL. II, PL. XXXIX; VOL. III, PL. X.)

Il y a quatre ans, M. de Caumont m'ayant communiqué le dessin de plusieurs anciennes étoffes qu'il avait l'intention de publier dans son *Bulletin monumental*, je lui fis connaître le résultat de mes observations par une lettre qu'il eut la bonté de publier peu de temps après. Aujourd'hui le R. P. Martin, qui a repris, avec son zèle et son érudition accoutumés, le vaste et intéressant sujet des étoffes du moyen âge, m'apporte des calques pris sur la chape de S. Mesme et sur le voile conservé dans l'église de la Couture au Mans. Le nouvel examen auquel je me livre, d'après des communications beaucoup plus précises que les premières, m'a conduit à modifier et à rectifier quelques-unes des opinions que j'avais exprimées dans ma lettre à M. de Caumont. Je commence par reproduire cette lettre, en corrigeant quelques fautes d'impression qui ne laissaient pas de rendre obscure, sur quelques points, l'expression de ma pensée.

A M. A. DE CAUMONT.

« Mon cher Monsieur,

« Je réponds en peu de mots aux questions que vous avez bien voulu m'adresser relativement aux précieuses étoffes de soie signalées par vous à l'attention des antiquaires. J'avais vu la chape de S. Mesme entre les mains de M. Godard Faultrier, à Angers, dans le cours du printemps dernier; dès lors je crus pouvoir faire remonter ce tissu à une époque extrêmement ancienne, et j'y reconnus des indications positives d'une origine sassanide. La seconde pièce (provenant d'un reliquaire du Mans), que M. Hucher a figurée l'année dernière dans le *Bulletin monumental*, est encore plus remarquable sous ce double rapport. Quant à la troisième (la chape de Charlemagne), elle me semble appartenir à une époque un peu moins reculée : quoique les emblèmes empruntés aux anciennes religions de l'Asie, tels que l'*arbre sacré* appelé *Hom* et les *lions ailés*, y soient reconnaissables, on y aperçoit cependant l'influence arabe, et je n'éprouverais aucune répugnance à admettre que ce tissu ait fait partie des objets envoyés par Haroun-al-Raschid à Charlemagne, selon le témoignage d'Eginhart. On sait qu'il entrait dans la politique du célèbre khalife de cultiver l'amitié du puissant empereur d'Occident, et les *aigles* qui forment le principal ornement du tissu en question peuvent avoir été indiqués à l'ouvrier persan chargé de l'exécuter, comme un emblème tout à fait approprié au souverain qui devait le recevoir en présent. Jamais le prestige de l'aigle romaine ne s'est effacé aux yeux des Orientaux, et je l'ai vue, en 1841, déployée sur le Bosphore, à la proue de la barque d'honneur du sultan Abd-ul-Medjid, comme une marque de l'héritage des empereurs de Byzance.

« Le tissu conservé au Mans n'offre que des emblèmes de la religion de Zoroastre. L'objet placé entre les deux lions est un *pyrée* ou autel du feu. Les *deux lions* eux-mêmes se distinguent par une particularité qu'on retrouve sur les monuments sassanides : je veux parler de ces signes en forme d'*astre* ou d'*étoile* qu'on voit imprimés au haut de la cuisse de chacun de ces animaux.

« Voici le croquis d'un groupe de *deux lions* qui se croisent pour s'élancer en sens contraire et qu'on remarque sur un vase d'argent, repoussé et doré, de travail sassanide, probablement du quatrième siècle de notre ère, dont le Cabinet des Médailles et Antiques a fait récemment l'acquisition.

« Vous remarquerez des *étoiles* semblables aux épaules de ces lions, dont le dessin et le style rappellent d'ailleurs l'étoffe du Mans d'une manière frappante. Un autre rapprochement non moins remarquable nous est offert par le fameux bas-relief des *lions* qu'on voit au dessus de la principale porte de Mycènes. J'en mets sous vos yeux un croquis tiré du second volume de l'ouvrage de Morée.

« Vous y reconnaîtrez sans doute, comme M. Creuzer l'avait fait depuis longtemps, un *pyrée* entre *deux lions*, avec le *bois* disposé sur l'autel pour entretenir le feu sacré, au lieu de la *flamme* qu'on voit figurée sur l'étoffe du Mans. La représentation du *pyrée* et des *lions* à l'entrée de la ville d'Agamemnon ne peut plus nous étonner depuis que les dessins recueillis en Assyrie par M. Layard, l'heureux et habile émule de notre compatriote M. Botta, nous ont appris qu'aucun des emblèmes de la religion de Zoroastre n'était étranger au culte professé par les Assyriens à une époque antérieure. C'était à la même source que les Pélopides, originaires de l'Asie mineure, contrée dont une partie, au moins, dut figurer parmi les dépendances du grand empire d'Assyrie, avaient puisé la connaissance et l'usage de ces emblèmes religieux.

« A côté des *deux lions croisés* de notre vase d'argent se trouve la fidèle représentation du *Hom*, telle que vous l'avez vue tant de fois répétée dans les dessins de M. Layard. [1]

« C'est aussi le *Hom* qu'il faut reconnaître, sur la chape de S. Mesme, dans la plante allongée, placée entre deux animaux de race féline, à la peau mouchetée, au cou mince et à la tête comparativement petite, qui ne peuvent être que des *guépards*, sorte de panthère assez facile à apprivoiser et dont les Indiens se servent encore à la chasse. Ces animaux sont enchaînés

---

[1] M. de Caumont était présent lorsque M. Layard apporta à Paris et fit voir à l'Académie des Inscriptions et Belles-Lettres le recueil de ses dessins d'antiquités assyriennes. Depuis lors ces dessins ont été publiés à Londres en un beau volume in-folio.

par le cou à un autre objet dont la forme rappelle celle d'un *pyrée*. L'ensemble de ces représentations offre donc un mélange d'emblèmes religieux et d'usages propres à la vie des princes de l'Asie, mélange qui atteste la même origine et la même époque que celles du tissu conservé au Mans. Or la tradition veut que l'étoffe de Chinon ait servi de vêtement sacerdotal à S. Mesme (*Maximus*), disciple de S. Martin de Tours, lequel, après avoir dirigé le monastère de l'île Barbe, auprès de Lyon, revint à Chinon, sa patrie, et y accepta la direction d'un autre établissement monastique. S. Mesme était encore fort jeune lorsque son maître mourut, l'an 400 de notre ère. En supposant qu'il ait prolongé son existence jusqu'à la seconde moitié du cinquième siècle, ce serait vers cette dernière époque qu'il faudrait placer l'exécution en Perse et le transport dans l'Occident de l'étoffe en question. Le tissu, en lui-même, justifie parfaitement la tradition que nous venons de rapporter. Ainsi le pieux respect de l'Église catholique pour les reliques de ses héros nous a conservé un tissu fragile, vieux d'au moins quatorze siècles, et qui, dans sa décoration, reproduit des emblèmes déjà employés du temps des Patriarches.

« Agréez, etc. »
1848.

Depuis que j'ai écrit cette lettre, les choses ne sont pas restées entières : à l'époque où j'avais vu la chape de Chinon entre les mains de M. Godard Faultrier, l'extrémité supérieure de l'étoffe était recouverte d'une bordure cousue qu'on a fait disparaître depuis, et sous laquelle on a retrouvé le *chef* du tissu ; il se compose d'une inscription en caractères cufiques et en langue arabe. Cette découverte a donné lieu à une publication de M. Victor Luzarche dont voici le titre : *La chape de S. Mexme de Chinon. Note lue dans la séance de la Société Archéologique de Touraine du 28 mars 1851. Tours, 1851, in-8°*.

Dans cet écrit, M. Luzarche établit d'abord sa compétence pour juger de l'âge des étoffes de soie. Il raconte qu'en 1843 il passa un jour entier « dans un magasin de curiosités à Gênes, qu'il y trouva une collection de soieries anciennes, » et que « le résultat de son examen le conduisit à cette règle générale, que les étoffes de soie les plus anciennes sont aussi les plus lourdes, celles dans lesquelles il est entré une plus grande quantité de matière première. » Fort de cette observation « peut-être applicable à toute industrie humaine, ». M. Luzarche entreprend de fixer l'âge de la chape de S. Mesme (ou *S. Mexme,* comme il l'appelle,) contre l'opinion de M. l'abbé Bourassé, qui, malgré la découverte de l'inscription arabe, continuait de soutenir l'authenticité de la tradition suivant laquelle ce vêtement aurait appartenu au disciple de S. Martin.

Cette réfutation n'offrait pas de sérieuses difficultés, et je ne sais comment il serait désormais possible de rapporter à S. Mesme, qui vivait au commencement du cinquième siècle, une étoffe nécessairement postérieure à l'Hégyre et même à la conquête de la Perse par les Arabes, laquelle eut lieu l'an 652 de notre ère; mais je pense qu'il aurait fallu s'en tenir là, et ne pas s'imaginer qu'il fût nécessaire de placer après la première croisade l'introduction en Europe et, comme conséquence de cette donnée, l'exécution dans une fabrique musulmane d'une pièce de soierie comme celle que l'on conserve à Chinon. Il n'existe, à ce que je crois, rien de positif sur l'époque de l'introduction des fabriques de soie parmi les Arabes. Tout ce qu'on sait, c'est que ces fabriques étaient déjà florissantes dans le huitième siècle. La paléographie ne fournit pas de lumières plus précises à ce sujet. Le caractère de l'écriture a varié dans les pays musulmans dès le premier siècle de l'Hégyre, et l'on aurait tort de considérer comme un type invariable celui que fournissent les légendes cufiques des monnaies frappées par les premiers khalifes; car des monuments incontestables prouvent qu'on employait simultanément dans les contrats une écriture qui ne diffère pas notablement du *neschki*, bien que les auteurs arabes eux-mêmes attestent que le *neschki* n'a été introduit qu'au dixième siècle. C'est ce qu'a prouvé Sylvestre de Sacy dans des Mémoires connus de tous les orientalistes, et M. Salmon a donc commis une erreur évidente en écrivant à M. Luzarche que « l'écriture arabe ne remontait qu'au huitième siècle, et qu'en fait de « monuments écrits de cette époque on ne connaissait que des monnaies. [1] » S'il est donc vrai de dire que les lettres cufiques tissées dans la bordure de la chape de S. Mesme n'offrent point les traits anguleux de cette écriture, telle qu'on la trouve sur les plus anciennes monnaies des khalifes et sur les premiers en date des monuments musulmans de l'Egypte, il n'y a pas de raison péremptoire pour penser que les tisserands aient adopté un type absolument semblable à celui qu'observaient les monétaires et les sculpteurs, puisque ceux qui écrivaient sur le papyrus s'en éloignaient complètement. Le texte arabe lui-même, n'offrant aucun nom propre, aucune date, et ne renfermant, dans ce qu'on peut en lire, qu'un vœu banal en faveur du possesseur de l'étoffe, ne fournit par conséquent aucune donnée chronologique.

Il ne faut pas non plus s'imaginer, comme M. Luzarche paraît le faire, qu'une soierie de ce genre n'a pu être rapportée en Europe que « par quelque croisé » (p. 13). Comme c'est précisément après la première des grandes expéditions d'outre-mer que Roger, roi de Sicile, transporta, ou plutôt rétablit dans cette île le tissage des étoffes de soie, jusqu'alors propre aux Grecs de Constantinople et aux Musulmans, du moment que l'occident chrétien posséda des manufactures de ce genre, il y eut moins de chance pour qu'on importât du Levant ou de l'Espagne des produits semblables, tandis que c'est un fait notoire que, depuis le huitième siècle

---

[1] M. de Sacy a publié dans le *Journal asiatique* (T. X, p. 209 et suiv.) un *contrat arabe* de l'an 48 de l'Hégyre, et l'on vient de découvrir en Égypte une lettre autographe de *Mahomet*. Le caractère de ces deux documents se rapproche notablement du *Neschki*. Je parle du dernier sur la foi de mon savant confrère M. Caussin de Perceval.

jusqu'au commencement du douzième, l'Europe chrétienne a payé à l'Orient un impôt de luxe extrêmement onéreux, surtout en ce qui concerne les soieries, d'autant plus recherchées que les moyens de s'en approvisionner étaient plus difficiles. On sait l'antiquité des foires de Lyon : c'était principalement par l'intermédiaire de cette ville que les tissus de soie arrivaient en France, et rien n'empêche de croire que les moines de l'île Barbe, située à la porte de Lyon, aient envoyé cette chape, comme un hommage, au tombeau de leur ancien abbé. C'est ainsi que le nom de S. Mesme se sera attaché à ce vêtement, et que, par une confusion facile à comprendre, on aura cru plus tard que S. Mesme l'avait effectivement porté. L'idée qu'un abbé de l'île Barbe ou de Chinon eût fait usage d'une chape de soie, même au cinquième siècle, n'a rien de contraire aux souvenirs de la simplicité chrétienne des premiers religieux; et de ce que Sulpice Sévère nous dépeint, suivant M. Luzarche, les disciples de S. Martin « vêtus des plus grossières « étoffes de poil de chameau, et poussant le mépris des soins du corps jusqu'à la malpro- « preté [1], » il ne s'ensuit pas que ce qui tenait à la majesté du culte ait souffert de ces austérités. Sous ce rapport comme sous les autres, on ne peut affirmer qu'il y ait eu « entre « l'Église du cinquième siècle et celle du neuvième une différence, un contraste immense, » et c'est ce dont M. Luzarche se convaincra sans peine quand il aura mis le temps nécessaire à l'étude des antiquités chrétiennes.

Pourquoi donc emprunter avec tant de solennité à Innocent III l'anathème que ce grand pontife prononce contre les fraudes pieuses : *falsitas tolerari non debet sub velamine pietatis?* La *fraude*, *falsitas*, est évidemment étrangère à tout ceci, et l'erreur qui s'est introduite dans la tradition relative à la chape de S. Mesme n'a d'importance qu'au point de vue de l'archéologie, nullement à celui de la morale ou de la religion.

D'un autre côté, la présence de symboles empruntés aux doctrines de Zoroastre sur une étoffe exécutée au plus tôt vers la fin du septième siècle, par des Arabes ou par des ouvriers persans engagés à leur service, montre d'une manière beaucoup plus frappante que je ne l'avais cru d'abord l'étonnante persistance de traditions et d'emblèmes qu'on peut maintenant faire remonter avec certitude jusqu'à l'époque antérieure à Cyrus où florissaient l'empire assyrien et le sacerdoce chaldéen de la Babylonie.

Quelques explications sont nécessaires à ce sujet.

Les monuments découverts sur les bords du Tigre joints aux *cylindres* et aux *cones* de pierre dure rassemblés aujourd'hui dans les principaux musées de l'Europe exigent impérieusement qu'on renonce à chercher l'origine du culte d'Ormuzd ailleurs que dans les grands centres religieux des contrées situées entre le Tigre et l'Euphrate. Nous n'avons pas à rechercher ici

---

[1] La *malpropreté* est ici un enjolivement de M. Luzarche ; seulement : *Plerique camelorum setis vestiebantur, mollior* dans le chap. VIII de la *Vie de S. Martin*. qu'il cite, on lit *ibi habitus pro crimine erat.*

quelle sorte de modification et de réforme le vrai Zoroastre, qui vivait très probablement dans la Bactriane sous le gouvernement d'Hystaspe, père de Darius, avait fait subir aux dogmes et au culte des Chaldéens. Il nous suffit de savoir que, dans leurs éléments et leurs emblèmes, ces dogmes et ce culte existaient déjà à Babylone et à Ninive, longtemps avant que les Perses et même que les Mèdes aspirassent à la domination de l'Asie. Les symboles représentés sur l'étoffe de Chinon, dont le R. P. Martin a pris soin de faire un calque exact, et que nous reproduisons ici,

remontent *tous* sans exception à l'origine antique que je viens de rappeler. On y voit :

1° L'arbre sacré, appelé *Hom*, dont j'ai parlé dans ma lettre à M. de Caumont ;

2° Les *lions*, transformés en *guépards* par l'ouvrier arabe ;

3° Les *aigles*, qu'on retrouve comme un emblème de victoire sur les monuments assyriens [1] ;

4° Un animal qu'on prendrait pour un *chien*, mais qui dérive, comme il me sera facile d'en fournir la preuve [2], du *cercopithèque*, tel qu'on le trouve représenté sur les cylindres ;

---

[1] M. Layard, Pl. 14, 18, 20, 23, 26, 64. L'Aigle figure sur un cylindre, Lajard, *Recherches sur Mithra*, Pl. LVIII, n° 8. On le voit aussi sur le *Caillou Michaux*, Millin, *Monuments antiques inédits*, T. I, Pl. 9. Munter, *Religion der Babylonier*, Pl. III.

[2] Lajard, Pl. XXVI, n° 2, 5. Pl. XXVII, n° 3, 8, 10. Pl. XXVIII, n° 6, Pl. XL, n° 7.

ANCIENNES ÉTOFFES DU MANS ET DE CHINON.

5° Enfin un *pyrée*, ou autel de feu, auquel se rejoignent les chaînes passées au cou des guépards. Ce pyrée est très déformé : il y manque la partie supérieure et essentielle. Mais après avoir suivi le dessin de cet objet sacré à travers toutes les modifications qu'il avait subies, même antérieurement au premier empire des Perses, je suis en mesure de démontrer matériellement l'exactitude de l'opinion que je viens d'émettre.

Il n'est donc plus téméraire de faire remonter à la source des idées orientales *l'aigle* de la chape de Charlemagne, comme du tissu de S. Germain d'Auxerre [1], et même celle de la chasuble de sainte Aldegonde [2].

Le R. P. Martin a eu également la bonté de me remettre un calque fidèle des emblèmes que l'étoffe du Mans représente.

Je n'ai rien à ajouter sur ce sujet, si ce n'est qu'il est tout à fait impossible de chercher dans cette composition une allusion à un texte de l'Écriture, comme l'a fait M. Hucher, du Mans, dans un article du *Bulletin monumental* de M. de Caumont [3]. Rien n'est plus assuré que l'origine orientale de ces diverses étoffes, soit qu'elles aient été fabriquées en Asie, soit qu'elles proviennent des métiers transportés par les musulmans dans l'occident de l'Europe. Qu'est-ce qui d'ailleurs empêche de croire que dans les manufactures de soie établies par le roi Roger en Sicile, vers le commencement du douzième siècle, ainsi qu'à Constantinople, on ait continué de même à reproduire, par pur esprit d'imitation, des emblèmes déjà em-

---

[1] M. de Caumont, *Bulletin mon.*, T. XIV, p. 413. [3] T. XIV, p. 582.
[2] *Ibid*, p. 419.

pruntés avec aussi peu de réflexion, par les tisserands arabes, aux monuments et surtout aux étoffes de la Perse?

Il ne me reste qu'à corroborer ce que j'ai dit dans ma lettre à M. de Caumont, de l'origine positivement assyrienne et chaldéenne des symboles qui se retrouvent sur les étoffes transmises de l'orient musulman à l'Europe chrétienne, avant l'introduction des manufactures de soieries dans l'occident catholique. Je reviens sur ce sujet, d'abord parceque la publication de l'ouvrage de M. Layard a mis à la disposition du public une partie des preuves sur lesquelles je m'appuie, et ensuite parceque j'ai vu récemment, avec chagrin, mon savant ami, M. Ed. Gerhard, contester l'origine orientale des symboles figurés sur la porte des Lions à Mycènes.

Pour le *Hom* et pour les *lions*, on ne peut avoir aucun doute. Le *Hom* n'est nulle part mieux figuré que sur le vase sassanide d'argent qui fait partie de notre Cabinet des Médailles et Antiques, et dont j'ai déjà fait usage dans ma lettre à M. de Caumont, pour le groupe des deux lions croisés. Cette figure du *Hom*, que je reproduis ici avec le reste de la décoration qui se déroule autour du vase[1],

se retrouve identiquement sur les broderies des étoffes dont étaient revêtus les personnages dessinés par M. Layard, à Nimroud [2], et elle sert à interpréter les arbres sacrés, gravés avec

---

[1] Ce vase est, pour la forme, une imitation peu adroite d'une *œnochoé* grecque ou d'un *præfericulum* romain. L'anse, qui sans doute n'avait été qu'imparfaitement soudée, a disparu. Derrière l'anse étaient les deux tiges séchées du *Hom*; sur la partie antérieure du vase on voyait d'un côté les deux lions croisés, et de l'autre la tige du *Hom*, chargée de feuilles et de fruits.

[2] Atlas, Pl. 6 - 10, 43 - 45, 47, 50 - 52, etc. Pl. 25, Pl. 39 b.

plus ou moins d'exactitude sur les cylindres [1]. Les deux tiges desséchées du *Hom* qu'on voit au revers du vase d'argent se retrouvent moins distinctement sur les monuments plus anciens, quoique je ne puisse affirmer qu'on ne les y rencontre pas [2]. Quant aux *deux lions croisés*, c'est un groupe fréquent sur les cylindres. Je puis citer pour exemple un de ces objets qui a fait partie de la collection Landseer [3], et un autre qu'on peut voir dans notre

Cabinet des Antiques. Le premier de ces monuments nous montre les deux lions debout, qui en se croisant attaquent chacun un bubale. Le reste de la décoration assez compliquée de ce cylindre se compose d'une figure de *guerrier* tenant à la main la *Harpé*, (חרב) et monté sur une pyramide de briques à trois degrés, d'une autre figure de face de *Venus-Anaïtis* [4], et de dix globules représentant sans doute des astres. Derrière le guerrier sont inscrits verticalement les caractères cunéiformes du système babylonien : ⋙ ⊲.

Le second cylindre nous montre également *deux lions croisés*, chacun prêt à dévorer un bubale. A gauche un *personnage nu et barbu*, tenant un glaive; entre les deux lions, une *flèche* la pointe dirigée contre terre, à l'extrémité de droite, un *luth égyptien*, surmonté d'une *étoile*, qui sans doute désigne la planète de Vénus.

A côté de ces monuments d'origine orientale, dont les uns, c'est à dire les deux cylindres, remontent à l'époque où la religion des Chaldéens était encore florissante, et dont l'autre, c'est à dire le vase sassanide, n'a pas moins de quinze cents ans d'existence, le droit que le R. P. Martin nous a donné de puiser dans ses inépuisables cartons nous permet de placer un vase d'or, orné d'émaux cloisonnés très délicats, que ce religieux a dessiné dans le

---

[1] Cullimore, *Oriental cylinders*, n°⁵ 14, 16, 145, 153, 157, 161. Les n°⁵ 153 et 157 n'offrent que la moitié du *Hom*. Lajard, *Recherches sur Mithra*, Pl. XVI, n°⁵ 4, 7 *b*. Planch. XVII, n°⁵ 5, 25, Pl. XXVI, n° 8, Pl. XXVII, n° 2. Pl. XXVIII, n° 1, Pl. XXX, n° 7, Pl. XXXI, n° 1, Pl. XXXII, n° 3, Pl. Pl. XXXIII, n° 9, Pl. XXXIV, n°⁵ 4, 8, XXXVII, n° 2, Pl. XXXIX, n° 38, Pl. XLIX, n° 9, Pl. LIV, *b*, n°⁵ 3, 9. Pl. LVII, n°⁵ 1, 8. Lotta et Flandin, *Monument de Ninive*, Pl. Cl...

[2] Le *Hom* dépouillé de ses feuilles se voit, à ce qu'il semble, sur un cylindre publié par M. Lajard, Pl. LIV B, n° 9.

[3] Cullimore, n° 35. Lajard, *l. l.* Pl. XXXIV, n° 3.

[4] Les dieux *Patèques* ont à peu près le même aspect. Cf. Lajard, *l. l.* pl. XII, n° 16, Pl. XXVII, n. 3. Pour la *Vénus Anaïtis*, v. Lajard, *l. l.* Pl. XXVI, n° 1, Pl. XXVIII, n°⁵ 6, 9, Pl. XXX, n° 1, Pl. XXXII, n°⁵ 9, 11, Pl. LIV, n° 12. La double Anaïtis et les deux Patèques se montrent réunis sur un cylindre publié Pl. XI., n° 9 du même ouvrage.

trésor de l'abbaye de Saint-Maurice en Valais. Ce vase est regardé comme un don de Charlemagne, et passe pour avoir fait partie des objets envoyés à cet empereur par le khalife Haroun-al-Raschid. C'est encore le *Hom* entre *deux lions* debout qui fait le principal ornement de l'une et l'autre face. Or, ou ce vase était persan d'origine, ou les Arabes y avaient imité, comme sur leurs étoffes de soie, les emblèmes religieux de la Perse; ou bien encore, ce qui est plus difficile à admettre, on avait copié en Occident des figures d'origine orientale. Ce qui me fait considérer cette dernière hypothèse comme la moins vraisemblable, c'est plutôt le style du monument (dont je n'ai d'ailleurs eu connaissance que par le dessin du R. P. Martin) que l'origine chaldéenne et mazdesnienne[1] des symboles qui y sont représentés; car nous retrouvons, avec une évidence qui me paraît incontestable, le *Hom* entre *deux lions* dans le tympan de l'église de Marigny (Calvados) dont M. de Caumont a donné le dessin. (*Rudiments d'Archéologie*, p. 128).

Le *Pyrée* est beaucoup plus rare que le *Hom* sur les monuments assyriens. Dans le plan du palais de Khorsabad, découvert par M. Botta, on retrouve d'une manière à peu près certaine l'emplacement de l'autel du feu[2]. Mais les sculptures de ce palais n'en offrent que deux exemples, et dont le premier même semble se rapporter à un peuple combattu par les Assyriens[3]. Dans une des expéditions dont les bas-reliefs de cet édifice montrent l'histoire, les Assyriens traversent un pays boisé, où se voit un temple sans idoles, soutenu par deux colonnes dont le chapiteau est ionique, et une colline au sommet de laquelle se montre un autel du feu.

---

[1] Les *Mazdesniens* sont ceux qui professent à un certain degré de pureté la religion de Zoroastre.

[2] Atlas, Pl. VI, n° 6, CXLVIII.
[3] Atlas, Pl. CXIV.

Nous reviendrons plus bas sur les particularités qu'offre la forme de ce pyrée.

Parmi les détails que M. Layard a donnés sur la religion et le culte des Assyriens, nous trouvons gravées en bois et intercalées dans le texte deux scènes, dont l'une a été tirée des dessins de Khorsabad [2], et l'autre appartient à un bas-relief du palais de Koïondjouk.

Voici d'abord deux eunuques qui s'approchent d'un *pyrée* de forme allongée, surmonté d'un cône dont la couleur rouge, encore visible sur l'original, indiquait qu'on avait voulu ainsi représenter la flamme. L'un de ces eunuques tient un vase à libations, l'autre paraît at-

tiser la flamme ou déposer un grain d'encens sur le foyer. Derrière l'autel du feu est un trépied que surmonte une offrande empruntée au règne végétal. Ces deux objets, le pyrée et le trépied, sont placés devant deux enseignes sacrées, portées chacune sur un pied de forme différente, et surmontées l'une et l'autre d'un disque ou d'un globe, d'un anneau et d'une frange.

[1] *Niniveh and its remains*, tom. II, p. 468 et 469. Cette scène religieuse est représentée comme un des détails
[2] Botta et Flandrin, *Monument de Ninive*, Pl. CXLVI. de la vie dans l'intérieur d'un camp fortifié.

Deux personnages du même genre offrent, dans la seconde scène, un sacrifice presque semblable. Derrière eux est un ministre d'un rang inférieur, qui amène une chèvre destinée sans doute à servir de victime. Le pyrée, de forme allongée comme le précédent, ne montre ici que le récipient du feu, sans la flamme. Le trépied porte une offrande dont la nature est moins facile à déterminer que sur le précédent bas-relief. Les enseignes, également au nombre de deux, et cette fois fixées dans le sol, sans support particulier, offrent, au lieu des disques de la première scène, deux serpents à tête de lion cornu qui rappellent les reptiles qu'on voyait à Babylone, auprès de la figure de Bélus [1], et même les monstres qui, suivant le *Schah-Nameh* [2], s'élevant au dessus des épaules de Zohac, venaient y recueillir chaque jour la cervelle de victimes humaines; car, dans les légendes poétiques de la Perse moderne, on retrouve l'empreinte à peine altérée des anciennes traditions religieuses, et l'empire de Zohac, représenté sous des couleurs odieuses dans les souvenirs des tribus Iraniennes, est certainement celui des Assyriens. Quant aux deux serpents, portés sur des enseignes, on remarquera l'analogie de ces idoles avec le signe que Dieu ordonna à Moïse d'élever dans le désert. Le *serpent* (שָׂרָף *Num.* XX. 8), appelé *serpent d'airain* (נְחַשׁ הַנְּחֹשֶׁת) dans le IVe *Livre des Rois* (XVIII, 4) était porté sur une *Virga* ou *Vexillum* (נֵס) dont la forme ne doit pas avoir beaucoup différé de celle qu'offre le support des deux serpents, sur le bas-relief de Nimroud [3]. Il

faut observer encore que, si les deux serpents du second bas-relief sont des idoles assyriennes, les *disques* ou *globes* du premier sont nécessairement aussi des emblèmes de la divinité. Or, les Chaldéens avaient l'habitude de représenter les principaux astres sous la figure d'un disque [4].

Les collections de cylindres et de cônes complètent le témoignage des sculptures de Khorsabad et de Koïondjouk. Je citerai d'abord un beau cylindre du Musée britannique, que je crois de travail assyrien. On y voit le dieu Bélus assis sur son trône, et devant lui un prêtre ou un

---

[1] Diod. II, 9.
[2] Tom. 1er, p. 66, 69, de la traduction de M. J. Mohl. Cf. les deux serpents à tête de lion et de coq, sur le *Caillou Michaux*, Millin, *M. A. I.* T. I, Pl. 9. Munter, *Religion der Babylonier*, Pl. III.
[3] Ainsi se résoudrait la difficulté qu'offre le texte du IVe *Livre des Rois*. Il y est dit qu'Ezéchias, dans son zèle pour la pureté de la loi, en même temps qu'il faisait disparaître tous les restes de l'idolâtrie, détruisit aussi le *serpent d'airain* en l'honneur duquel les Hébreux brûlaient de l'encens. Soit qu'en effet le *serpent* détruit par l'ordre d'Ezéchias fût celui que Moïse avait fait élever dans le désert, soit que les Juifs en eussent reproduit l'image, une superstition idolâtrique qui s'attachait à ce symbole offrait d'autant plus de danger qu'il différait moins pour la forme des idoles assyriennes, et c'est sans doute cette considération qui justifie Ezéchias d'avoir fait anéantir un emblème qui devait reparaître dans la loi nouvelle comme une figure de la croix. (Joann., III, 4.) Le support assyrien a lui-même la forme de la croix.
[4] V. le cylindre de la collection Landseer figuré et décrit plus haut, p. 125 ; sur le *Caillou Michaux*, le soleil, la planète de Vénus et la lune apparaissent sous la figure de trois disques, le premier tout enflammé, le second orné de quelques rayons, le troisième sans aucun signe de ce genre. V. Millin, *M. A.*, I. Pl. 9. Munter, *Religion der Babylonier* Pl. III.

roi qui l'invoque. Derrière ce second personnage est une espèce de guéridon portant deux vases destinés à contenir l'eau ou le vin, de la forme du vase à boire que j'ai signalé sur un monument céramographique du *Museo Gregoriano*, qui représente le retour de Xerxès dans son palais après sa défaite de Salamine [1]. Celui qui fait l'offrande porte suspendu à son poignet gauche un emblème composé des *deux tresses antérieures* d'une coiffure de femme, emblème qui a sa place parmi ceux dont le *Caillou Michaux* est décoré [2]; le pyrée qui s'élève entre le

dieu et son adorateur est de la même forme que ceux des bas-reliefs de Nimroud, quoiqu'un peu moins allongé. La flamme s'en élève distinctement en forme de cône, et les traits qui la divisent remplissent la même destination que la couleur rouge sur le premier des bas-reliefs ci-dessus reproduits. [3]

Ce monument, d'une exécution très finie, peut servir à expliquer une quantité considérable

de cônes assez grossièrement travaillés, sur le plat desquels est représenté d'ordinaire un sacrifice ou une invocation du même genre. Je reproduis ici un des plus complets dans ce genre, de ceux que possède notre Cabinet des antiques.

On reconnaîtra tout aussitôt dans ce tableau le prêtre ou le roi debout qui fait le sacrifice. Au dessus de sa tête est le disque du soleil associé au croissant de la lune ; devant lui est un animal aux jambes repliées, dans lequel il faut reconnaître ou la *Chimère*, sur laquelle se voit si souvent monté le dieu qui (les monuments et les cérémonies de la Cilicie l'attestent) se confondit avec Sardanapale, ou bien la *chèvre céleste*, l'un des principaux emblèmes dont le *Caillou Michaux* soit décoré : en tous cas, cet animal occupe ici la place de la divinité. Je laisse pour le moment de côté l'objet surmonté d'un globe, qu'on voit derrière l'adorant, et j'appelle surtout l'attention de mon lecteur sur les deux autres objets qui s'élèvent au dessus de la *chèvre céleste*. Dans l'un je reconnais, réduit à la forme la plus sommaire, le guéridon chargé de deux vases du précédent cylindre; dans l'autre on ne peut se refuser à voir le *pyrée*, dont la flamme prend décidément la forme d'un triangle, et devient ainsi l'un des principaux emblèmes de la religion chaldéenne, l'*étincelle* (כידו), analogue pour le nom et pour la forme au *fer de flèche* (כידור, *jaculum*), et qui, plutôt que l'*hydrie* (כד), me paraît être entrée dans la composition du nom du roi babylonien *Nabuchodonosor* (נבוכדנאצר). On trouvera aussi l'*étincelle* sur le *Caillou Michaux*.

C'est ici l'occasion de citer un remarquable cylindre babylonien, qui de la collection Rich

---

[1] *Mus. Etr. Greg.* Pl. II, Tab. IV, p. 2. *Ann. de l'Inst. Archéol.* t. XIX, p. 372 et 386.
[2] Millin, *M. A. I.* Pl. IX. Munter. l. c. Pl. III.

[3] J'omets de décrire les attributs qui figurent dans les mains de Bélus, à cause de la mutilation du monument, et faute des points de comparaison qui pourraient éclaircir la difficulté.

a passé dans le *Musée Britannique*[1] ; je laisse de côté le long texte cunéiforme dont ce monument est accompagné[2], et je me restreins au sujet très simple qui s'y déroule ; ce sujet consiste dans la figure de Bélus, assis sur son trône, ayant devant lui un *pyrée*, qu'on ne reconnaîtrait pas pour tel si l'on n'avait pour termes de comparaison les objets du même genre qui décorent les autres monuments. On remarquera surtout le triangle dans lequel s'absorbent, pour ainsi dire, et le foyer et la flamme, ce qui donne à l'*étincelle* toute sa signification emblématique. C'est d'après le même principe qu'il faut interpréter, ce me semble, l'objet placé au dessus du pyrée. J'y reconnais la réduction très sommaire des éléments dont se compose le symbole sacré, auquel M. Lajard a jugé à propos d'attribuer le nom comparativement très récent de *mir*, symbole qui n'est peut-être pas, comme l'a soutenu ce savant, la

figure de la triade chaldéenne, et qui en réalité se compose d'un disque ou d'un anneau porté sur les ailes, les pennes de la queue et les pattes étendues d'un oiseau, aigle ou colombe. Je ne parle pas des trois *croix grecques* qui forment une espèce de frise au dessus de ce tableau, et je n'ai pas besoin de dire que ces figures n'ont aucun rapport d'origine ou d'idée avec l'emblème de la Rédemption. [3]

On trouvera une figure bien complète et bien claire du *mir* de M. Lajard sur un cylindre très fin du *Musée Britannique*, dont je donne ici la figure [4]. Cet emblème domine un *pyrée* presque en tout semblable à celui qu'on voit sur le cylindre de la même collection dessiné et décrit pages 128 et 129 de ce Mémoire [5]. Je laisse provisoirement de côté les figures monstrueuses qui accompagnent le *pyrée* sur le cylindre que je viens de reproduire en dernier lieu : j'y reviendrai bientôt à une place plus favorable. Comme le travail de ce monument est aussi assyrien, on doit conclure de toutes les preuves que j'ai alléguées jusqu'ici que la forme du *pyrée* chez ce dernier peuple était à peu près toujours la même que nous l'avons trouvée, soit sur les objets de petite dimension, soit sur les bas-reliefs de Khorsabad et de Koïondjouk. D'autres fois au contraire, et probablement dans

---

[1] Cullimore, Pl. V, n° 22 ; Lajard, Pl. XXXVI, n° 2.
[2] On n'en a reproduit ici qu'une partie.
[3] Quelques personnes s'étonneront peut-être de me voir alléguer comme des *pyrées* les *autels à parfums* qui, sur les monuments de la Chaldée et de l'Assyrie, sont placés devant les dieux, tandis que, dans le système religieux de Zoroastre, le feu de l'autel était le symbole même de la divinité, laquelle en principe rigoureux ne devait jamais être représentée sous des traits humains. Mais de ce que le feu de l'autel brûle devant un dieu, il ne s'ensuit pas que ce feu ne soit pas en même temps l'image de la divinité. C'est alors une combinaison de l'anthropomorphisme avec des symboles d'une autre nature. Je n'oserais affirmer (quoique j'en aie depuis longtemps le soupçon)

que le *Jupiter Ercéus* dont il est question dans l'*Odyssée* (XXII, 335) n'avait pas d'autre simulacre que l'autel même placé dans le vestibule du palais ; mais quand les Grecs représentaient le *Jupiter Ceraunius* de Séleucie de Syrie sous la figure d'un *foudre* (*Nouv. Gal. Myth.* Pl. v, N° 17, p. 30) n'associaient-ils pas aussi à leur anthropomorphisme habituel l'usage non moins ancien dans l'Asie de présenter le *feu* comme l'emblème de la divinité dans sa plus haute expression?
[4] Cullimore, Pl. XXX, n° 160.
[5] Un pyrée sans la flamme, entre deux figures chimériques en tout semblables, se voit sur un cylindre publié par M. Lajard, Pl. LIV B, n° 2.

d'autres contrées de la région euphratique, le *pyrée* devenait, par ses proportions grêles et les anneaux dont sa tige était ornée, un véritable candélabre[1], comme par exemple sur un cône de  notre Cabinet des Antiques[2] dont il serait peut-être long et difficile d'étudier tous les détails, mais sur lequel on ne saurait méconnaître une nouvelle variante de la scène de sacrifice ou d'adoration, déjà signalée à plusieurs reprises dans le courant de ce Mémoire. Ici le prêtre ou le roi a devant lui, outre le *pyrée* en forme de candélabre, un cratère posé sur une courte colonne, qui doit remplacer le guéridon chargé de deux vases du bas-relief et du cône figurés et décrits ci-dessus, pages 128 et 129.

 J'appelle maintenant l'attention de mon lecteur sur un *scarabéoïde* de jaspe vert de notre Cabinet des Antiques, dont la forme et le style indiquent plutôt un monument phénicien qu'un objet de provenance babylonienne ou assyrienne. La scène ressemble à celle du cylindre babylonien qu'on vient de voir page 130. Mais le costume et les attributs moitié égyptiens, moitié chaldéens du dieu qu'on y trouve représenté démontrent, ce me semble, que ce n'est pas *Bélus* qu'on doit y reconnaître, mais *Baal*, dieu suprême des contrées intermédiaires entre le Nil et l'Euphrate. Outre la combinaison du disque solaire et du croissant de la lune, commune à l'Egypte et à la Chaldée, ce joli monument se distingue par la forme et par les détails du *pyrée* qu'on y voit placé devant Baal : c'est un objet de forme modérément allongée, muni de trois anneaux à moitié de sa hauteur, et surmonté d'un réchaud enflammé. Jusqu'ici aucun monument ne nous avait fait voir le réchaud distinct du récipient dans lequel il est placé. Mais cette circonstance se représentera de nouveau sur des monuments d'un âge plus récent.

 Tel est le cylindre de travail persique dont nous reproduisons ici la décoration ; ce cylindre fait partie du cabinet de M. le duc de Luynes[3]. On y voit le *pyrée* placé entre deux personnages : à droite est le *roi*, tenant de la main gauche les *deux tresses* que nous avons déjà signalées sur le cylindre assyrien figuré page 129. Il élève la main droite vers Ormuzd, identifié avec le *ferouer* du monarque lui-même[4]. A droite, le *mobed* attise la flamme du *pyrée* avec les baguettes, nommées *barsom* dans le Zendavesta, et qu'il tient à la main. Ici le *pyrée* offre un contraste complet avec le candélabre ou *thymiaterium* des cônes figurés page 129 et

---

[1] Dans la procession des Panathénées que Phidias avait sculptée sur la frise du Parthénon, on trouve, porté par une des jeunes Athéniennes, un *thymiaterium*, qui rappelle d'une manière frappante les *pyrées* de forme allongée que font connaître les monuments asiatiques ; ces autels à parfum sont souvent représentés sur les peintures des vases. V. *Ancient marbles in the Brit. Mus.*, Pl. VIII, Pl. 7 et 8, *Bas-reliefs du Parthénon et de Phigalie* (ed. in-4°). Pl. XII, n°˙ 2 et 3.

[2] Lajard, Pl. XVII, n° 1 *a*.

[3] Ce monument est inédit, ainsi que le précédent.

[4] Sur le *ferouer*, V. Creuzer, *Religions de l'antiquité*, II, 5. (T. I⁽ʳ⁾, p. 342 de la Traduction de M. Guigniaut, et les notes de ce dernier, *ibid.* p. 722, T. II, p. 917.)

au sommet de cette page. Il se compose d'une courte colonne posée sur trois degrés et surmontée d'un récipient d'où s'élève un réchaud enflammé; les ondulations de la flamme, nettement indiquées, sont en outre renfermées dans un triangle qui reproduit la forme de l'*étincelle*, autrement dit la *pointe de la foudre*.

De ce dernier cylindre nous passons, pour ainsi dire, sans intermédiaire aux monnaies des rois de Perse de la nouvelle dynastie, monnaies qui offrent constamment, dans l'or comme dans l'argent, d'un côté le buste du prince régnant, de l'autre le *pyrée* entre deux *mobeds*

ou prêtres du culte de Zoroastre. Je reproduis ici un beau médaillon d'argent de Sapor I[er][1]. Le lecteur y distinguera plus clairement encore que sur le précédent cylindre les diverses parties dont le *pyrée* se composait, c'est à dire la base sur laquelle il repose, le fût de la colonne, son chapiteau, son entablement, le récipient d'où sort le réchaud et la flamme qui s'en élève. On reconnaît que, dans l'intervalle de plus de cinq siècles qui s'étaient écoulés entre la chute du trône des Achéménides et la fondation de la monarchie sassanide, il ne s'était introduit aucune modification dans la forme de cet objet essentiel de la religion de Zoroastre, objet qui remplissait à la fois l'office de l'autel et le rôle de la divinité; ou plutôt on trouve ici une nouvelle preuve de la fidélité avec laquelle les Sassanides restaurèrent et les usages primitifs et les anciens emblèmes du culte national.

Le lecteur attentif remarquera sans doute qu'entre les divers *pyrées* qui ont jusqu'ici passé sous ses yeux l'autel dont la forme se rapproche le plus du type propre à l'ancienne Perse renouvelé par les Sassanides est celui qui figure sur un *haut lieu* dans le bas-relief de Khorsabad, reproduit page 127 de ce Mémoire. C'est presque le même galbe ; au lieu de la courte colonne, il semble qu'on doive reconnaître un pilastre cannelé : mais peut-être l'artiste a-t-il éprouvé quelque difficulté à rendre l'arrondissement du fût de la colonne. C'est aussi l'inexpérience évidente de l'artiste monétaire qui empêche de décider si le *pyrée* des Perses offrait un fût de

colonne surmonté d'un récipient quadrangulaire, ou si cette dernière partie était ronde comme la colonne elle-même. La particularité la plus curieuse du *pyrée* de Korsabad, ce sont les échancrures ou créneaux à gradins que présente le bord du réchaud : pour trouver quelque chose d'analogue sur les monuments d'un autre genre, il faut recourir à un cône magnifique de notre Cabinet des médailles, dont voici la figure fidèlement reproduite. [2]

Si l'on compare avec ce cône le cylindre dessiné page 130, on n'hésitera pas à reconnaître

---

[1] De Longperier, *Monnaies Sassanides*, Pl. III, n° 3.   [2] Lajard, Pl. LVII, n° 3.

que l'objet placé entre les deux sphinx est un pyrée. Il existe, en effet, une analogie incontestable entre l'une et l'autre scène; le globe ailé qui les domine complète la ressemblance. Il est vrai que sur le cône nous voyons en face l'un de l'autre *des lions ailés à tête humaine,* tandis que le cylindre nous montre un composé de têtes humaines que surmonte un bonnet conique, d'ailes d'oiseau, de pattes de lion et de queues de scorpion, assemblage bizarre et qui n'est pas sans rapport avec les figures chimériques qu'on rencontre sur quelques médailles d'Himéra de Sicile [1] ; mais ce ne sont là que des variantes d'une seule et même idée : les deux sphinx, plus ou moins compliqués de formes et d'attributs, doivent être considérés comme la représentation des deux principes opposés, que la religion de Zoroastre personnifiait sous les noms d'Ormuzd et d'Ahrimane, et leurs têtes affrontées montrent l'équilibre de leurs forces, qui, dans la doctrine plus ancienne, était indiqué d'une manière moins réservée que dans la réforme religieuse du contemporain d'Hystaspe.

Puisque c'est un pyrée qui se trouve placé entre les deux sphinx sur l'un et l'autre objet, il faut constater sur le cône l'échancrure du réchaud; il faut reconnaître aussi que la flamme y est remplacée par un globe : la seule particularité analogue que nous ayons rencontrée jusqu'ici se trouve sur le cône de travail négligé que nous avons reproduit page 129. L'objet placé derrière le prêtre ou le roi semble être un pyrée à réchaud échancré, surmonté d'un globe comme sur l'autre cône qui nous occupe en ce moment : mais l'*adorant* du premier cône a devant lui un autre pyrée surmonté de l'étincelle, et la présence sur un même monument de deux autels du feu est une circonstance difficile à expliquer ; tandis que, pour ce qui concerne le second cône, on n'a pas de peine à comprendre que la figure ordinairement triangulaire de la flamme ait été remplacée par une forme circulaire que la flamme affecte également : *flammarumque globos*, dit Virgile.

Pour trouver une ressemblance plus frappante encore avec les bords crénelés du réchaud que nous avons remarqués dans le pyrée de Korsabad, il faut recourir aux coiffures des rois sassanides; mais je ne pourrais justifier un tel rapprochement sans expliquer avec quelque développement la nature symbolique de ces coiffures composées exclusivement d'emblèmes religieux, et variant à tous les règnes, de façon que chaque combinaison différente écrit, pour ainsi dire, le nom du prince qui la montre sur sa tête. Un globe au dessus du récipient destiné à contenir le foyer, est l'emblème du feu sacré, tout à la fois sur la terre et dans le ciel ; c'est la concentration de ce que la doctrine de Zoroastre renferme de plus vénéré : car la flamme du pyrée se confond avec Ormuzd lui-même, et c'est ce que démontrent les médailles assez

---

[1] Torremuzza, *Siciliæ veteres nummi*, Pl. XXXV, n° 1 et 12, Eckhel, *D. N.* T. I, p. 213. Mionnet, *Descr.* T. I, p. 240, n° 265.

nombreuses sur lesquelles on voit la tête d'Ormuzd s'élever au milieu des flammes du pyrée [1].

J'en reproduis ici un bel exemple, d'après une monnaie d'or de Sapor II, où l'on voit d'un côté le roi portant sur la tête le réchaud du pyrée [2] avec le globe de feu, et de l'autre le buste d'Ormuzd sur le pyrée entre les deux *mobeds*.

Après cette longue digression, revenons à nos étoffes orientales, et surtout à celle du Mans, où les souvenirs de la Chaldée et de la Perse ont subi le moins d'altération. Le pyrée y est frappant de ressemblance : la colonne-balustre qui le supporte a des ornements comme sur plusieurs des monuments de la haute antiquité; il est annelé à la hauteur du chapiteau: les bords du réchaud sont échancrés comme sur le cône de la page 132; la flamme s'en élève comme sur le cylindre de la page 129; enfin les deux lions qui l'accostent rappellent les sphinx plus compliqués du cône page 132 et du cylindre page 130; ils sont donc aussi la personnification des deux principes égaux en puissance qui, suivant la doctrine de l'Orient, s'équilibrent en se combattant dans le monde; et le pyrée, placé entre les deux, représente l'unité divine qui rapproche et confond ces deux forces ennemies; en sorte qu'on peut dire une seconde fois que la réunion de ces emblèmes offre le résumé des dogmes les plus essentiels de la religion.

Tout le monde sera frappé au premier abord de l'identité du sujet représenté sur la porte de Mycènes et de celui qui décore l'étoffe du Mans. Je n'avais jamais hésité pour mon compte à reconnaître dans la décoration de la porte de Mycènes un sujet de la religion orientale : cette explication, soupçonnée par William Gell, exposée par Hirt, confirmée par M. Creuzer, me semblait si bien établie que je n'aurais jamais pensé à en chercher une autre. Il y aurait eu sans doute une objection insurmontable à l'encontre, si la religion du feu et des deux principes n'avait pas eu une plus haute antiquité que l'époque de Cambyse et d'Hystaspe; mais depuis longtemps j'avais acquis la conviction que la doctrine religieuse embrassée par les Perses, à

---

[1] Sur le cône dessiné page 131, le pyrée candélabre montre clairement au dessus de son réchaud un globe : mais ce globe est aligné avec le croissant de la lune; il remplit ainsi à la fois les rôles de la *flamme* et du *soleil*.

[2] Ces couronnes crénelées qui ressemblent au réchaud du pyrée qu'on voit sur le bas-relief de Khorsabad sont antérieures à l'époque des Sassanides, ainsi que le prouve une curieuse monnaie d'argent dont M. le duc de Luynes a bien voulu me communiquer l'empreinte et dont je reproduis ici la face et le revers.

C'est une imitation évidente des drachmes arsacides, et même il est à présumer que le prince dont on voit ici le buste appartenait à cette dynastie; mais la pièce a dû être frappée dans une province où le culte d'Ormuzd avait gardé toute sa ferveur, et c'est pourquoi d'un côté le roi se montre avec une coiffure vraiment mazdesnienne (le réchaud du pyrée sans le globe), tandis que de l'autre, au lieu de la figure assise d'Arsace Ier, on voit le *mobed* attisant la flamme du pyrée, entre quatre lignes de caractères orientaux rangés exactement comme les légendes des drachmes arsacides.

partir du règne de Darius Ier, n'était qu'une réforme d'un culte plus ancien dont il ne fallait pas chercher l'origine parmi les nomades de l'Asie, mais dans l'antique berceau de la civilisation qui avait flori entre le Tigre et l'Euphrate. Les découvertes de M. Botta et surtout celles de M. Layard (dont la moisson a été plus grande sous le rapport des sujets religieux que celle de notre compatriote) ont démontré surabondamment l'exactitude des principes que j'avais posés à cet égard, dès l'année 1835, dans mon cours de la Faculté des Lettres, et je n'aurais pas eu besoin de l'étoffe du Mans pour rattacher d'une manière définitive le bas-relief de Mycènes à la source orientale. Mais cette étoffe, qui reproduit presque identiquement le sujet figuré à l'entrée de la ville des Pélopides, sans qu'on puisse admettre un seul instant que l'auteur d'un tel tissu ait connu les monuments de la Grèce, ou, en supposant cette connaissance, qu'il ait songé à en tirer parti pour la décoration d'un objet à l'usage des Persans ou des Arabes ; cette étoffe, dis-je, me parut démontrer invinciblement que le sujet du pyrée entre les deux lions était un vieux type oriental, renouvelé comme tant d'autres à l'époque des Sassanides. C'était, par conséquent, le moyen de combler la lacune qui existait, à l'égard de ce type, dans la série des modèles primitifs, résultat nécessaire si l'on veut convaincre ceux qui refusent de se laisser guider par les lois de l'analogie, et qui pour se prononcer demandent, au lieu de ressemblances, des choses identiques.

J'ignorais alors que l'opinion de Gell, de Hirt et de M. Creuzer eût été attaquée en Allemagne, et c'est ce que m'apprit mon savant ami M. Ed. Gerhard, en m'envoyant son *dixième Programme pour la fête de Winckelmann à Berlin*. Dans ce programme, consacré aux *antiquités de Mycènes*[1], je vis qu'un savant professeur d'Iéna, M. Gœttling, avait à diverses reprises cherché à démontrer que l'origine et la signification du bas-relief de Mycènes sont exclusivement grecques. Or c'est aussi l'opinion que M. Gerhard exprime dans son *Programme*. Depuis lors, M. Gœttling a réuni dans un volume qui a paru l'année dernière à Halle [2] plusieurs dissertations, entre lesquelles se trouve reproduit son travail sur Mycènes. C'est en lisant ce Mémoire et la préface du volume dont il fait partie qu'on peut se faire une idée de la passion avec laquelle un certain nombre d'érudits allemands s'obstine à contester les rapports des monuments de la Grèce avec ceux de l'Orient, aimant mieux quelquefois se livrer aux conjectures les plus étranges que d'admettre la moindre modification à l'idée qu'ils se font, en faveur de la civilisation grecque, d'une originalité parfaite et, pour ainsi dire, d'une autonomie absolue.

La plus singulière de ces explications est celle qu'un savant célèbre, M. Fr. Thiersch, a proposée dans sa seconde dissertation *sur l'Erechtheum de l'Acropole d'Athènes*. A ses yeux, le

---

[1] *Mykenische Alterthümer*, 1850, in-4°.

[2] *Gesammelte Abhandlungen aus dem classicnem Alterthume*, Ier Band, 1851, in-8°.

retrait qu'on remarque dans le galbe de la colonne (qui, en effet, va se rétrécissant par en bas, ce qui n'arriverait pas s'il s'agissait en effet d'une véritable colonne) prouve qu'on a voulu représenter à Mycènes le fragment d'un *antique monument pélasgique renversé sens dessus dessous*, de façon que ce qui paraît au sommet désigne la partie inférieure, et réciproquement. C'est ainsi qu'il nous faudrait reconnaître dans cette figure retournée, sous le stylobate proprement dit, « une rangée de poutres cylindriques » supportée par une large pierre ou par un lit de maçonnerie ; à l'opposé, c'est l'architrave et la frise du monument détruit. » Deux lions, ajoute M. Thiersch, qui, comme symbole d'une force victorieuse, appuient leurs pattes sur la ruine d'un édifice mis à l'envers, doivent être pris pour l'emblème de la conquête d'une ville ennemie (ou pour mieux dire de sa *catastrophe, καταστροφή*, à proprement parler *action de mettre les choses sens dessus dessous*), et comme tels ils sont très convenablement placés à l'entrée du château que le vainqueur habite. » [1]

M. Gœttling, qui rejette avec raison cette manière d'interpréter la porte de Mycènes, et qui trouve que M. Thiersch fait tort aux Pélasges en supposant qu'ils mettaient des lits de bûches entre deux assises de pierre dans le soubassement de leurs édifices, n'est lui-même guère plus fidèle aux lois de la critique qui préside à l'interprétation des monuments figurés. S'autorisant de la conjecture d'un voyageur anglais, le colonel W. Mure [2], qui avait pensé que la *colonne* du bas-relief de Mycènes devait être l'image d'un de ces dieux primitifs que les Grecs représentaient sous forme de *colonne*, il veut que ce soit la figure de l'Hermès pélasgique, divinité protectrice du peuple auquel on devait la construction de l'enceinte cyclopéenne de Mycènes. Mercure était représenté avec deux têtes et même quelquefois avec quatre : les quatre disques qu'on voit au dessus du chapiteau de la colonne sont les quatre têtes de Mercure. Le bandeau placé au dessus de ces quatre têtes pourrait embarrasser ; mais le savant professeur d'Iéna tranche la difficulté en soutenant que ce n'est autre chose, à cette place, que la superficie de la pierre à laquelle on a laissé toute son épaisseur, afin que le bloc du bas-relief soutînt mieux la masse de la construction. Jusqu'ici on n'avait vu dans le soubassement de la colonne qu'un socle plus ou moins orné : mais M. Gœttling, qui a visité Mycènes et observé minutieusement tous les détails de la pierre, M. Gœttling a remarqué que le trait de scie qui existe au centre du bas-relief et à la partie inférieure n'était pas un éclat du bloc, mais une rainure régulière et tracée avec intention. Aussi voit-il sous les pattes des lions et sous la colonne *les deux battants d'une porte de ville soigneusement fermée*. Quant aux lions eux-mêmes, qui ne vont pourtant guère avec Mercure, ce sont tout simplement « les robustes et « menaçants défenseurs de la citadelle et de ses portes, qui, pour seconder Mercure, mon-

---

[1] *Ueber das Erechtheum auf der Burg von Athen;* Zweite Abhandlung, S. 149 ff.
[2] *Rheinisches Museum*, VI Iahrg. S. 266.

« trent leurs griffes à ceux qui s'approchent dans une intention hostile. » Pour trouver d'autres lions que ceux de Mycènes avec une fonction analogue, il suffit à M. Gœttling de rappeler ceux que les Athéniens avaient placés à l'entrée du Pirée « comme les défenseurs sym-
« boliques de ce port, et qui maintenant remplissent la même destination devant la porte de
« l'arsenal de Venise [1]. »

Nous regrettons d'avoir à le dire, l'opinion d'un homme tel que M. Ed. Gerhard, dont l'expérience archéologique a tant de poids, ne diffère que sur quelques points peu essentiels de celle de M. Gœttling. M. Gerhard propose de reconnaître dans la colonne du centre du bas-relief, au lieu de l'Hermès pélasgique, Apollon Agyéus, le dieu qui présidait à l'entrée des villes ; il remarque comme une preuve à l'appui de son opinion que, dans Sophocle, Oreste et Électre invoquent Apollon au moment d'entrer dans le palais paternel. Quant aux quatre disques qui surmontent la colonne, il trouve *ingénieuse* (*scharfsinnig*) l'interprétation de M. Gœttling, et cherche à prouver, assez timidement d'ailleurs, qu'elle peut aussi bien se rattacher à l'Apollon Agyéus qu'à l'Hermès pélasgique. Le seul avantage évident qui reste à M. Gerhard, c'est d'abord de ne rien dire de la prétendue « porte » que M. Gœttling voit au dessous de la colonne et des lions, et ensuite de reconnaître dans les lions qui accompagnent, selon lui, la figure d'Apollon la trace des animaux dédiés à Cybèle, divinité qui, avec les Pélopides, passa d'Asie dans la Grèce, et finit par se transformer dans la Junon de Mycènes.

En vérité, ce n'était pas la peine que tant d'habiles gens se missent l'esprit à la torture pour que la force des choses obligeât ainsi d'en revenir à la seule explication raisonnable, celle que les premiers interprètes avaient touchée du premier coup, c'est à dire à la preuve que donne le bas-relief de Mycènes de la transmission à la Grèce primitive des symboles et, par conséquent, des dogmes propres aux plus anciennes religions de l'Asie. La conclusion de tout ceci est donc évidente : les Pélopides avaient importé dans la Grèce le culte du feu et la croyance aux deux principes. Historiquement, si l'on manque de preuves directes, il n'y a, du moins, rien d'impossible, et même il est permis de dire que toutes les vraisemblances sont en faveur de cette opinion. La Lydie, d'où la famille de Pélops tirait son origine, avait été une dépendance du grand empire dont Ninive était la capitale, et la domination en Asie ne s'est jamais établie sans la religion. Le génie grec, sans abolir (M. Gerhard le reconnaît lui-même) cette ancienne empreinte asiatique, lui fit subir une transformation qui la rend méconnaissable à la première vue : mais la science doit traverser cette enveloppe superficielle, et la preuve que ce n'est pas là une vaine recherche, c'est qu'en Italie, où l'hellénisme fut moins dominateur, le culte transmis aux Romains par les

---

[1] Gœttling, *l. l.*, p. 66.

Etrusques, Lydiens d'origine, laissa subsister presque sans altération les dogmes et les symboles de l'Asie. Le feu de Vesta, dans son temple sans idoles, est le pyrée ; les licteurs avec leurs faisceaux sont encore des *mobeds* armés du *barsom*.

Ce qui frappe dans les monuments de Mycènes, c'est l'absence de tout élément hellénique. Les débris qu'on a recueillis de la décoration de la porte du Trésor d'Atrée et l'architecture même de ce tombeau sont aussi différents de l'art qui commença à se développer en Grèce après le retour des Héraclides que la *porte des lions* elle-même. Vous chercheriez en vain dans tout l'art proprement grec quelque chose de semblable à la tournure *héraldique* de ces lions, et c'est pourquoi je m'explique, (en même temps que j'en ris de souvenir) la bizarre méprise de quelques officiers du corps d'armée français qui occupa le Péloponèse en 1829, lesquels, arrivés à l'entrée de Mycènes, prenaient en pitié l'erreur des savants, assez sots pour ne pas reconnaître dans le bas-relief des lions les armes d'un baron du moyen âge. En effet, quand l'usage des armoiries commença à se développer dans l'Occident, l'Europe était inondée de produits des manufactures de l'Asie, et les premiers lions qu'on dessina sur les écus furent certainement copiés d'après des tissus persans ou arabes : ces tissus eux-mêmes remontaient d'imitation en imitation jusqu'aux modèles dont s'inspira, plus de mille ans peut-être avant Jésus-Christ, le *cyclope*, auteur du bas-relief de Mycènes.

Je trouve tout simple qu'un colonel anglais, si bon *scholar* qu'il ait pu être d'ailleurs, ayant lu dans ses auteurs que les premiers Grecs avaient représenté leurs dieux sous forme de *colonne* (στήλη), se soit mis dans l'esprit que la *colonne* de la porte de Mycènes pouvait bien être un de ces dieux : mais j'ai droit de m'étonner que des érudits de profession aient assez peu profité de l'expérience qu'on a aujourd'hui de l'extension donnée par les Grecs au mot de στήλη, pour admettre un seul instant que ces prétendues *colonnes* aient pu être munies d'un stylobate, d'un chapiteau et même d'un entablement, comme celles qui servaient à soutenir les monuments de l'architecture. Avant Zoëga, les savants qui trouvaient la mention des στῆλαι de l'Egypte traduisaient invariablement ce mot par *colonnes;* mais depuis les progrès qu'a faits l'archéologie égyptienne il a fallu introduire dans notre langue le mot de *stèle* pour rendre des objets qui n'avaient presque rien de commun avec des colonnes. Il en est, à peu de chose près, de même des dieux en forme de στῆλαι. Les *stèles*, quand elles étaient rondes (ce qui n'arrivait pas toujours), ressemblaient au fût d'une colonne : mais elles se terminaient en cône lorsqu'elles n'étaient pas surmontées d'une grossière imitation de la tête humaine, et c'est certainement ainsi qu'il faut entendre les figures de l'Apollon Agyéus.

Je suis également surpris qu'un homme aussi instruit que M. Gœttling ait pu affirmer, d'après la comparaison « des autels du feu qui se trouvent sur les monnaies sassanides, » que « ces pyrées avaient une forme totalement différente » de la prétendue colonne de Mycènes. Il faut se tenir dans une ignorance systématique des monuments orientaux pour se permettre une pareille assertion. Les *pyrées* des monnaies sassanides sont précisément au nombre de ceux qui ressemblent le plus à celui de Mycènes. Ce dernier autel porte, il est vrai, sur une base qui semble s'ouvrir par le milieu [1]; mais on a pu remarquer sur ces monuments que plusieurs des pyrées figurés dans le cours de ce Mémoire avaient une base également fourchue [2], et il en est de même de toutes les colonnes destinées à porter divers objets que nous avons passées en revue : ces colonnes reposent, tantôt sur une base pleine, tantôt sur trois ou quatre pieds [3]. Si la colonne du pyrée va en s'amoindrissant par le bas, c'est une conséquence assez directe de la destination d'un tel support, pour ne pas attacher à cette particularité une importance exagérée [4].

Restent les objets placés au dessus de l'abaque du chapiteau, ces quatre disques dont M. Thiersch et M. Gœttling ont donné à l'envi des explications si bizarres. Il est vrai que ce détail doit embarrasser, dans les diverses hypothèses où les partisans *quand même* de l'autonomie hellénique se sont placés; mais lorsque l'idée de l'autel du feu s'était offerte à l'esprit de leurs devanciers, l'intelligence de ces objets dérivait si naturellement d'une telle interprétation qu'il n'y a rien de surprenant à ce que je leur en aie fait honneur d'une manière, pour ainsi dire, implicite. C'est ainsi que, dans ma lettre à M. de Caumont, j'ai invité le lecteur à reconnaître dans le bas-relief de Mycènes, « comme M. Creuzer l'avait fait depuis longtemps, « un pyrée entre deux lions, avec *le bois disposé sur l'autel pour entretenir le feu sacré*, au lieu « de la flamme qu'on voit figurée sur l'étoffe du Mans; » et pourtant j'avais eu tort d'écrire cette phrase seulement de souvenir, et de ne pas vérifier mon auteur; en effet, aucun des partisans du pyrée, ni W. Gell, ni Hirt, ni M. Creuzer, n'ont reconnu une *strues lignorum* sur l'autel du feu, quoique l'opération dont cette figure est la conséquence soit décrite, pour ainsi dire, à chaque page du Zendavesta [5]; et il a fallu que M. Thiersch appliquât au monument de Mycènes la pensée certes de toutes la plus extraordinaire pour imaginer cette *rangée de bûches* qui occupe une place si originale dans son architecture pélasgique. M. Thiersch a pourtant raison sur un point ; ce sont bien des bûches dessinées de face, et la traverse qui les surmonte, et qui termine le bas-relief dans son état actuel, indique un autre lit de bois combustible vu de profil.

---

[1] Cette séparation que M. Gœttling croit avoir signalée le premier est bien marquée dans un dessin de la Porte des Lions qui sert de cul-de-lampe à la préface du volume intitulé : *Speeimens of ancient sculpture, by the Society of Dilettantis*, in-f°.

[2] V. plus haut, p. 130 et 131.

[3] P. 127 et 128.

[4] M. Gerhard, *Metroon zu Athen*, p. 31, fait remarquer que la *colonne* de la Porte des Lions se rétrécit par le bas comme les figures de la Diane d'Éphèse; mais cette déesse, sous sa forme asiatique, n'a point de stylobate comme une colonne; on lui voit constamment les pieds au dessous de la tunique qui l'enveloppe : le rétrécissement observé par M. Gerhard est donc alors le résultat de l'imitation du corps humain ; il n'en est pas de même du *pyrée* de Mycènes, qui n'a d'ailleurs aucun rapport avec la figure humaine.

[5] V. Anquetil Duperron, *Zendavesta*, T. 1, 2° partie, pages 389, 405, et surtout p. 245, n° 2.

Il faut remarquer que le bas-relief devait se terminer en pointe. Ces frontons formant un triangle équilatéral sont bien le type asiatique, encore brutalement régulier, si je puis m'exprimer ainsi, d'où les Grecs tirèrent plus tard la forme élégamment surbaissée de leurs ἀετώματα. Au dessus du bas-relief, l'espace est aujourd'hui vide, et laisse toute liberté de restituer, comme je viens de le faire, la forme originaire de cette partie du monument. Il y restait donc tout l'espace nécessaire pour figurer la flamme triangulaire que nous rencontrons sur les cylindres. Peut-être même était-ce en bronze que cette flamme était représentée. Les vestiges découverts dans le commencement de ce siècle à l'entrée du trésor d'Atrée[1] ont donné la preuve que les ornements de bronze en applique avaient été usités dans l'architecture des Pélopides. La manière singulière dont se termine le corps des lions de Mycènes, les deux trous et l'espèce d'entaille que l'on voit au cou de celui de droite[2], le peu de place qui reste à la pointe du fronton pour la tête de ces animaux, tout me porte à croire que leurs têtes devaient être en bronze appliqué, et que l'artiste leur avait donné le *méplat* qu'on remarque sur les cylindres.

Quoi qu'il en soit de cette dernière opinion, une seule chose pourrait encore étonner les lecteurs peu initiés à l'archéologie orientale. Comment l'autel du feu, qui n'était qu'un meuble, avait-il été figuré dans une place qui, je le reconnais avec MM. Gœttling et Gerhard, ne pouvait en effet convenir qu'à la figure de la divinité protectrice? mais j'ai répondu d'avance à cette objection quand j'ai fait voir que le feu sur l'autel était, dans les idées chaldéennes, le symbole même de la divinité. Les monuments à la main, j'ai démontré ce caractère divin du pyrée; et c'est ainsi que mon explication, si opposée d'ailleurs à celles de MM. Mure, Gœttling et Gerhard, se rejoint avec elles sur un point dont, moins que personne, je serais disposé à nier l'importance.

Je regrette d'avoir été obligé d'accumuler dans ce Mémoire tant de notions sur un sujet jusqu'ici peu exploré. En terminant, établissons une distinction nécessaire entre la transmission des *idées* et celle des *formes*. Quand il s'agit des Grecs ou des autres peuples de l'antiquité chez lesquels on retrouve des vestiges du culte asiatique, les symboles orientaux sont alors la preuve que les *idées* religieuses y avaient pénétré en même temps. Il n'en est pas de même des Arabes copiant les Perses, ou des chrétiens imitant à leur tour les Arabes. Les figures empruntées par eux à la religion de Zoroastre n'avaient pas à leurs yeux une signification plus précise que n'en ont pour nous les dessins des cachemires de l'Inde ; c'était pour eux pure ornementation, pure magnificence.

---

[1] Donaldson, *Antiquities of Athens, etc.*, Supplément de l'ouvrage de Stuart. 1830, in-f° Pl. LXXXI.

[2] Le dessin signé de MM. Blouet, Ravoisié, Poirot et Trézel, dans l'*Ouvrage de Morée*, tom. II, est sous ce rapport entièrement d'accord avec mes souvenirs personnels.

[1] Au commencement du règne de Louis-Philippe, un artiste distingué, Chenavard (l'architecte), fut chargé de divers dessins pour l'Imprimerie Royale ; on lui demanda un écusson pour

Je n'oserais décider si une étoffe est persane ou arabe d'après le plus ou moins de fidélité qu'on y constate dans la reproduction des symboles de la religion de Zoroastre : je ferai remarquer seulement qu'un tissu qui, comme celui du Mans, reproduit les anciens types avec une fidélité scrupuleuse (sauf peut-être l'ornementation insignifiante qu'on voit sur le fût de la colonne) a plus de chances pour remonter jusqu'aux fabriques de la Perse que la chape de S. Mesme, où les emblèmes empruntés à la même source sont notablement défigurés. C'est, je l'avoue, une observation que j'aurais dû faire, et dont le résultat aurait été de me tenir en défiance contre la haute antiquité que j'attribuais à ce tissu, avant de savoir que le *chef* en était décoré d'une inscription arabe. En effet les *aigles* y ressemblent à des *geais*, les *cercopithèques* à des *lapins*; le pyrée est divisé par étages comme une tour de porcelaine chinoise; le *hom* a perdu la plupart de ses feuilles et de ses fruits; les *lions* y sont devenus d'innocents *guépards*, enchaînés par le cou, suivant l'usage encore pratiqué par les chasseurs indiens, et pour comble d'inconvenance ces chaînes vont se rejoindre à la figure du pyrée, si auguste aux yeux d'un Perse.

Dans le *Mémoire sur le fauteuil de Dagobert*, qui fait partie du premier volume de ces *Mélanges*, j'ai fait voir que S. Eloi avait devancé l'erreur des héraldistes du moyen âge en confondant la *panthère* d'un trépied bachique avec les *lions* d'un siége consulaire romain. La substitution du *guépard* au *lion* sur l'étoffe de Chinon est le résultat d'une confusion du même genre, et c'est une preuve de plus à l'appui de ce que je disais tout à l'heure. Quand les archéologues sont appelés à traiter des questions mixtes comme celle qui m'a occupé dans le présent Mémoire, ils ne sauraient, à mon sens, trop se préoccuper de la nécessité de distinguer les circonstances où les *emblèmes* ont été transmis sans les *idées* de celles où les *idées* et les *emblèmes* ont suivi de compagnie la même route.

Ch. Lenormant

---

le titre des volumes de la collection orientale. Chenavard avait vu des armoiries de la couronne d'Angleterre entourées de la *Jarretière*; il trouva que cette jarretière faisait bien et en décora l'écusson de la France. Cette confusion a duré jusqu'à la chute de la monarchie de Juillet, sans qu'à ma connaissance aucune réclamation se soit jamais élevée.

ANCIENNES ÉTOFFES.

(SUITE.)

(PLANCHES XIX.—XXVIII.)

Aux précieux développements suggérés par l'étoffe de Chinon j'ajouterai seulement quelques mots sur les nombreux tissus qui suivent. Chaque branche de l'industrie ayant eu ses traditions et son faire propre dans les diverses contrées, il n'est pas toujours aisé d'assigner à un produit son époque et sa provenance, tout en s'appuyant, à défaut de renseignements positifs, sur les analogies fournies par les industries rivales. Nos incertitudes n'étonneront donc personne en présence de monuments si peu nombreux, remontant quelquefois si haut, venant ordinairement de si loin et si peu étudiés jusqu'ici. En jetant un grand jour sur l'histoire de l'industrie textrine, dans le remarquable travail qu'il vient de faire paraître, M. Francisque Michel [1] aurait désiré pouvoir comparer aux textes un plus grand nombre de spécimens. C'est ce vide que nous voulons continuer de combler, dans le double intérêt des antiquaires et des artistes.

PL. XIV ET XV.

Les trois tissus reproduits sur ces deux planches se trouvent dans le cabinet de M. le comte de L'Escalopier. Ils ont appartenu à l'église de Saint-Leu, à Paris, et enveloppé des reliques apportées d'Orient à l'époque des croisades. Parmi ces reliques se remarque le chef de Sainte-Hélène. On ne trouvera peut-être pas invraisemblable que les deux tissus de la planche XIV soient contemporains de l'illustre impératrice. Le tissu violet est encore tout imprégné de baume. C'est une sorte de taffetas dont les losanges me porteraient à supposer une origine byzantine. Quant à l'autre tissu, ses formes bizarres nous transportent au sein d'une civilisation différente; mais à quelle race attribuer un dessin dont la raison m'échappe? les points de repaire me manquent pour le dire. Le seul trait qui semble fournir quelque indication sur la provenance est l'étoile rouge à huit pointes, formant en quelque sorte la tête de la

---

[1] *Recherches sur le commerce, la fabrication et l'usage des étoffes de soie, d'or et d'argent et autres tissus précieux en occident, principalement en France pendant le moyen âge*, par Francisque Michel, t. 1, Paris, Leleux, 1852.

figure étrange où se trouve peut-être intentionnellement un personnage accroupi. Cette étoile, en effet, est-elle sans rapport avec celle que M. Lenormand nous a montrée sur les lions de l'étoffe du Mans et sur ceux du vase persan conservé au Cabinet des médailles ? Le tissu est croisé, et la soie fort belle ; plus le dessin est barbare, plus il était à propos de le produire pour attirer l'attention et appeler la lumière.

PL. XV.

On trouvera dans le beau tissu croisé et épais de cette planche plus d'un point de ressemblance avec l'étoffe de Charlemagne (t. II, pl. IX, X,) et celle d'Eichstædt (*id.*, pl. XVIII) ; mais cette dernière a dans son ornementation une largeur et une élégance qui sentent la belle époque byzantine et romane, au lieu qu'ici, plus encore que sur l'étoffe de Charlemagne, la finesse des détails, la maigreur et le style des découpures accusent le voisinage de l'art arabe. N'ayant à émettre que des conjectures timides, j'attribuerais volontiers cette étoffe aux manufactures de Sicile, où sont venus en quelque sorte confluer les grands courants d'art de l'orient et de l'occident, du nord et du midi. Bien que les monstres fantastiques soient de tous les temps et de tous les pays, on se rend d'autant mieux raison de leur présence dans des ouvrages exécutés sous l'influence arabe que produire des êtres en dehors de la nature c'était éluder la défense empruntée par le Coran au Pentateuque. La queue de paon de notre dragon ne tiendrait-elle pas au même ordre d'idées que celle de la jument de Mahomet célébrée par Orientaux ?

PL. XVI.

En décrivant l'étoffe de Charlemagne nous avons eu l'occasion de mentionner celle-ci, qui aurait droit au même titre, puisque nous l'avons également trouvée dans l'intérieur de la châsse du grand empereur. Ainsi que l'étoffe violette de M. de L'Escalopier, celle-ci se trouve très altérée par suite de son contact avec le corps. Il a fallu une patiente étude pour se rendre compte du dessin et des couleurs. Les couleurs, dont nous sommes loin de rendre l'éclat, devaient former un harmonieux ensemble. Dans le dessin on reconnaît tout d'abord le génie arabe, ami des fines découpures, des fonds vermiculés, des enlacements inattendus, enlacements qui devaient de plus en plus se compliquer dans l'avenir. Je maintiens l'opinion déjà émise que ce précieux tissu est celui que le ménologe d'Aix-la-Chapelle attribue à l'impératrice Béatrix et nomme l'*examita rufa*.

PL. XVII.

Nous revenons ici sur quelques détails de l'étoffe de Gunther à Bamberg. Ces détails avaient paru d'une manière trop incomplète dans nos planches du deuxième volume, et méritaient d'autant plus d'être étudiés à part et de grandeur naturelle qu'outre l'avantage du style et du coloris ils ont celui d'offrir des points sûrs de comparaison en signalant le faire des manufactures byzantines au commencement du onzième siècle. Le premier fragment appartient à la selle de l'empereur, le second à sa robe et le troisième à l'aigrette aux plumes de paon du casque appartenant au personnage symbolique, où nous avons cru reconnaître Rome et l'empire d'occident.

PL. XVIII.

Nous sommes encore ici, si je ne me trompe, à Constantinople et durant les beaux jours de ses manufactures de soieries. Le tissu rouge a été trouvé sur les bords du Rhin par M. le comte de Vielcastel, sous-directeur du Musée du Louvre, et appartient à nos collections nationales.

On remarquera les carreaux et les cœurs, motifs aimés des artistes byzantins et dont nous avons déjà fourni plusieurs variantes. C'est à l'évêché d'Autun que nous avons copié le second fragment, tissu d'un dessin à la fois simple et distingué, où il est présumable que l'on a eu l'intention de représenter la figure de la Croix. Cette figure éclate des plus vives couleurs sur le troisième fragment, étoffe magnifique où il me semble voir un reflet de l'enthousiasme des croisades. Il n'en existe malheureusement que quelques centimètres garnissant le dos d'un manuscrit célèbre, ravi à notre pays, ainsi que tant d'autres trésors, par nos judicieux et riches voisins d'outre-Manche. Je parle du livre d'Heures conservé jadis à la Grande Chartreuse de Grenoble, possédé depuis par M. Commarmont de Lyon et par M. Libri, et acheté huit mille francs par le British-Museum. Il est gardé maintenant avec un soin si jaloux que pour l'ouvrir il faut un privilége que les *trustées* royaux se sont réservé d'accorder. L'*Obit* de Beaudouin II, roi de Jérusalem (1131), et celui de la reine, Emorfie, sa femme, autorisent à penser que le monument a été exécuté en faveur de la reine Melisende, femme de Foulques d'Anjou, qui succéda à Baudoin et mourut en 1144. Nous aurons à revenir sur ce beau livre pour faire connaître quelque jour ses ivoires et ses miniatures.

PL. XIX.

J'ai découvert à Aix-la-Chapelle, au fond des vieilles armoires de Notre-Dame, le modeste tissu où des roses blanches, que l'on dirait du treizième siècle, se détachent sur un fond jaune sombre. On sent une époque autrement primitive à la vue du tissu bleu appartenant à une chape de l'abbaye de Saint-Emmeran, à Ratisbonne, monument que l'on croit avec raison du onzième ou douzième siècle. Si les croix semées au milieu des *ramages* n'avaient pas accusé une œuvre chrétienne, on aurait pu supposer un travail arabe. Peut-être faudrait-il voir ici un nouveau produit du rapprochement de deux races et de leurs arts.

PL. XX.

Que ce brillant tissu vienne de Palerme ou de Constantinople, sa date, en tout cas, ne peut pas s'éloigner de celle de nos grands monuments en style ogival primitif. Ne dirait-on pas le dessin de ces belles briques émaillées, où la fermeté du trait s'alliait à la grâce et où la simplicité des conceptions s'unissait à la richesse des effets. Il n'est pas besoin de rappeler la persévérance du type de l'arbre au pied duquel deux paons sont affrontés. Ce type, dont M. Lenormant nous a fait rechercher l'origine jusque dans les plus mystérieuses profondeurs de l'antiquité orientale, nous l'avons vu se produire sur les étoffes précédentes, et nous allons le retrouver sur celles qui vont suivre. Ici, au lieu des lions, des guépards, des canards, des aigles ou des dragons, on voit des paons s'abriter sous le feuillage de l'arbre adoré. Longtemps après qu'un symbole a perdu sa signification, il reste, à titre de forme usitée, dans les traditions de l'art imitateur ; mais il est rare que l'imitation ne se manifeste pas par quelque infidélité au *convenu* primitif, et ne trahisse ainsi un autre peuple et un autre âge. Cette étoffe m'a été communiquée par M. Dugué de Paris.

PL. XXI.

Un petit tableau sur bois, de la collection du très honorable Sidney Herbert, frère du comte de Pembrocke, nous a fourni les dessins des deux tissus dont la planche rend trop mal la grâce et la fraîcheur. Invité, en 1849, par la Société archéologique de Londres à un *meeting* tenu à Salisbury, je dus la connaissance de ce tableau à la bienveillance d'un homme que la science et le monde regretteront longtemps en Angleterre, l'illustre marquis de Northampton, et je pus, grâce à l'accueil des nobles maîtres de *Wilton-House*, étudier ce monument et beaucoup d'autres dans le vieux manoir illustré par le séjour des Philippe Sidney et des Shakespeare.

Le tableau représente un roi d'Angleterre agenouillé devant la Reine du ciel, qui tient en ses bras l'enfant Jésus. Celle-ci est assise sur un trône et entourée de charmants anges couronnés de roses. Il m'a semblé que le travail était de main anglaise, et même de celle qui a peint les murs malheureusement presque invisibles de cette belle salle du chapitre de Westminster, où sont entassées les archives publiques, en attendant qu'elles trouvent place dans le nouveau palais du Parlement. Dans le jeune roi en prière on reconnaît Richard II, qui succéda à Edouard III, en 1377. L'amour du luxe et le goût délicat qui caractérisèrent ce prince et son siècle se révèlent dans la splendeur des tissus et la grâce des compositions. Je ne pense pas avoir rien vu de plus suave que l'étoffe où les oiseaux d'or du paradis sont enchaînés par de royales couronnes au sein du céleste azur. Quelle parure concevoir plus digne de la reine des anges? En voyant ces tissus, on peut se faire une idée de la magnificence déployée par Richard II et Charles VI dans leur célèbre entrevue qui eut lieu au même endroit où, cent vingt-quatre ans plus tard, François I*r* et Henri VIII devaient de nouveau faire succéder à la rivalité de la bravoure militaire celle de l'élégance et de la splendeur. Le *camp du drap d'or* de la renaissance put respendir de plus grandes richesses; mais assurément il ne se vit pas émaillé de fleurs d'art plus riantes et plus belles. On voudrait, en les admirant, pouvoir oublier une partie des souvenirs qu'elles rappellent, les exactions odieuses employées par Richard pour entretenir son faste oriental et les malheurs mérités de sa courte carrière.

PL. XXII.

Nous restons en présence du même pays, du même siècle et du même prince. J'ai copié les deux étoffes de cette planche sur un portrait en pied de Richard II, peint sur bois par une main contemporaine, et conservé dans le vieux palais de Westminster. On en peut voir une bonne gravure dans les *Vetusta Monumenta*.

PL. XXIII.

C'est encore à la peinture sur bois que j'ai emprunté les deux tissus de cette planche et ceux de la suivante. L'étoffe rouge, ainsi que le second fragment de la planche XXIV, se voient sur un tableau italien du quatorzième siècle, où j'ai cru reconnaître l'école mystique de l'Ombrie. Ce tableau se trouvait en 1847 chez M. Webb, commerçant de la rue d'Old-Bund à Londres. Ici, comme dans nos bas-reliefs romans, comme sur nos étoffes orientales, les purs oiseaux du ciel et les dragons immondes de la terre sont tour à tour affrontés des deux côtés de l'arbre mystérieux. Les écoles respectaient encore les symboles antiques qu'elles ne pouvaient plus comprendre, ou plutôt ces symboles étaient probablement devenus l'expression d'une autre idée, la représentation de l'arbre de vie dans le paradis terrestre. Peut-être la science nous montrera-t-elle un jour dans le *Hom* oriental un rejeton de l'arbre de l'Eden; peut-être l'instinct de l'art chrétien n'a-t-il fait que devancer la science.

Londres nous a encore procuré le second tissu, copié sur un tableau de Simon Memmi, possédé par un amateur, M. Baxter, à Piccadilly. La grâce et l'enjouement font de ce dessin, dont je n'ai pu reproduire toutes les fraîches couleurs, une composition charmante.

ANCIENNES ÉTOFFES (Suite).

PL. XXIV.

Il m'a semblé retrouver encore l'art italien dans un tableau de la sainte Vierge, connu, dans la cathédrale de Séville, sous le doux nom de *Nuestra senora de los Remedios*. Toujours est-il que les physionomies offrent un mélange de suavité et de noblesse surhumaines dont rien n'approche, à mon avis, dans la grande école classique de l'Andalousie. Si le tableau est espagnol, il faut en conclure que l'Espagne a eu ses frère Ange et ses Van-Eck avant que l'esprit de la renaissance eût imprimé à son art une direction plus humaine, en lui faisant perdre du côté de l'idéal chrétien ce qu'il lui faisait gagner en science et en sentiment de la vie physique. C'est à ce tableau qu'appartiennent les deux morceaux de la planche XXIV.

PL. XXV A XXVI.

De la peinture sur bois nous passons ici à la peinture sur verre, qui, à partir du quatorzième siècle, a traité les détails avec d'autant plus d'amour qu'elle cessait davantage de connaître les secrets et d'apprécier la valeur des effets d'ensemble. On me pardonnera d'avoir produit en or des dessins que les exigences de la peinture sur verre ont fait rendre en couleur sur couleur. Les broderies sentent encore le mouvement, la délicatesse et la grâce du quatorzième siècle près de finir ou depuis peu expiré. Il faut sans doute remonter beaucoup plus haut pour établir la date du petit morceau d'étoffe rose sur violet trouvé en Allemagne par M. le comte de Vielcastel et conservé au Louvre. Je ne puis m'empêcher d'y voir un travail italien, contemporain de la belle étoffe qui forme la chape dite de S. Dominique à Toulouse (Pl. XXXVI et XXXVII.)

PL. XXVII.

Dans ses courtes notices sur l'histoire des tissus, M. de Caumont a fait connaître, par un croquis gravé sur bois, une étoffe de soie blanche, brochée d'or, qui devait avoir appartenu au célèbre Charles de Blois. Je dois à M. Ramé d'avoir retrouvé cette étoffe entre les mains d'un marchand costumier de la rue des Saints-Pères. Elle forme un pourpoint complet, auquel se trouve cousue une inscription sur vélin, conçue de la sorte : *C'est le pourpoint et de la haire de Mons. Charles de Blois tué à la bataille d'Auray par Jean de Montfort son compétiteur au duché de Bretagne le 17 septembre 1364.* Je ne voudrais pas dire que l'inscription remontât jusqu'à l'événement : elle est du moins fort ancienne, et n'est aucunement démentie par le style du tissu et la forme du pourpoint. Cette forme est entièrement semblable à celle d'un vêtement conservé à la bibliothèque de Chartres et que la tradition locale rapporte à Philippe-le-Bel.[1]

Comment le gambeson de Charles de Blois est-il parvenu jusqu'à nos jours? où était-il conservé avant la révolution? Je n'ai pu le découvrir : mais cette conservation n'a rien que de vraisemblable, puisque Charles fut doublement cher aux Bretons, comme le représentant malheureux du parti national contre l'influence anglaise et comme un saint. Ses vertus chrétiennes jetèrent un tel éclat que, malgré le triomphe de ses ennemis, des instances furent faites, dès 1368, auprès d'Urbain V, par un grand nombre de prélats et de hauts barons, pour que le Saint-Siége fît procéder aux informations touchant la vie et les miracles de Charles. L'évêque de Bayeux et les abbés de Marmoutiers et de Saint-Aubin d'Angers furent en effet chargés de cet office par un rescrit d'Urbain V, renouvelé peu après par Grégoire IX, malgré les oppositions de Montfort. L'enquête se poursuivit à Angers, dans l'église des Frères Mineurs, et confirma l'opinion générale, en produisant soixante témoignages concernant les vertus héroïques et cent cinquante-huit concernant les miracles du duc Charles. Il semble que la politique de la maison de Montfort ait pu seule empêcher la décision du Saint-Siége[2].

PL. XXVIII.

Nous empruntons enfin à la peinture murale nos deux derniers tissus dessinés, non sans peine, d'après un tableau des plus célèbres et des moins accessibles de la cathédrale de Séville: *Nuestra senora dell'antigua*. Je n'ai pas à tracer ici l'intéressante légende de Notre-Dame-l'Antique ou Notre-Dame-des-Merveilles, vénérée depuis le temps des Goths, respectée sous la longue domination des Maures, miraculeusement visitée par le roi S. Ferdinand, pendant le célèbre siége de Séville et gardée depuis lors comme le *palladium* de la contrée. L'histoire de Notre-Dame-des-Merveilles est comme le résumé de celle du christianisme espagnol.

---

[1] Dans un article de la *Revue archéologique* (t. XV, p. 297), M. Doublet de Boisthibault fait remarquer que le Gambeson de Chartres n'a pu appartenir qu'à un enfant; il cite Souchet (*Histoire de Chartres*, Ms), et Pintard (*Hist. chron. de la ville de Chartres*, Ms), qui supposent que les armures conservées à Chartres pouvaient n'être que des monuments commémoratifs du vœu fait par Philippe à la bataille de Mons en Puelle, puis il conclut que Philippe fit réellement don de son armure à l'église de Chartres, et que le Trésor de Notre-Dame en fut d'abord dépositaire, mais que perdue ou détériorée à la suite des temps, on aura remplacé différentes parties de cette armure par d'autres plus ou moins ressemblantes aux proportions près. M. Gilbert, dans sa *Cathédrale de Chartres*, et auparavant, Jouet, dans son *Voyage à Munster*, avaient préféré voir dans l'armure faite pour un enfant celle de Charles de Valois, troisième fils de Philippe le-Bel, envoyé tout exprès à Chartres par le roi pour accomplir son vœu. Il n'y a rien, si je ne me trompe, d'invraisemblable dans cette opinion que rejette M. de Boisthibault. On sait qu'à la bataille de Mons en Puelle, Philippe avait voué ses armes à Notre-Dame de Paris aussi bien qu'à Notre-Dame de Chartres, et qu'à son arrivée dans la capitale il voulut descendre dans l'église même pour accomplir immédiatement une partie de son vœu. Il est clair qu'il ne pouvait plus offrir au Trésor de Chartres qu'un simulacre de son armure, et quoi de plus naturel que son fils chargé de ce message se dépouillât de sa propre armure à l'exemple de son père, pour la remettre en souvenir de celle du roi. Je ne parle que d'une partie des vêtements royaux de Chartres, puisqu'il en est d'évidemment plus récents.

[2] Les Saints de Bretagne, par Dom Lobineau.

Que l'image contemporaine des Goths ait subi d'intelligentes retouches en des jours plus rapprochés de la belle peinture mystique d'Italie, la vue de nos étoffes le fera supposer sans peine malgré le silence des chroniqueurs andalous. On sait que, quand nos pères reconstruisaient leurs cathédrales sur les mêmes assises ou seulement sur le même sol, ces nouveaux édifices s'identifiaient tellement pour eux avec le monument primitif, que nul témoignage direct ne constate ordinairement le renouvellement de l'œuvre. Je m'imagine qu'il en aura été de même du tableau de Séville, repeint peut-être plutôt que retouché, mais repeint sur la même pierre et en conservant sans doute une partie des mêmes traits. Le divin enfant tient en main un de ces oiseaux symboliques que l'on aimait à lui confier aux treizième et quatorzième siècles, petits oiseaux bien aimés qui se montraient quelquefois recueillis doucement sous la main divine, mais plus fréquemment dissipés ou mutins, et souvent revêches et impatients pour leur malheur d'abandonner leur asile. Il y a certes de grands rapports entre cette belle Vierge et les Vierges d'ivoire laissées par S. Ferdinand à la cathédrale de Séville, Notre-Dame-des-Rois, Notre-Dame-des-Batailles et Notre-Dame-du-Trône, si ce n'est que ces dernières ont plus de majesté, et l'autre plus de douceur et de grâce. L'expression semblerait de frère Auge et le dessin du Ghirlandaio. Qu'est-ce qu'une Vierge de Murillo lui-même, malgré la grâce des poses, la transparence de l'air et le velouté du coloris, auprès de ces créations moins savantes pour les habiles, moins séduisantes pour les sensuels, mais où le chrétien s'imaginerait voir soulevé un coin du voile qui lui dérobe le monde supérieur de ses affections et de ses espérances?

Arthur MARTIN.

NOTE

SUR

UN AMULETTE CHRÉTIEN

CONSERVÉ

AU CABINET DES MÉDAILLES.

L'Église, dans sa profonde sagesse, a toujours eu pour principe de purifier, en les rendant chrétiens, les usages païens qu'elle ne pouvait pas déraciner des habitudes du peuple [1]. C'est ainsi que dans nos pays les missionnaires plantèrent la croix sur les monuments druidiques, et sanctifièrent par l'établissement de temples dédiés au vrai Dieu toutes les sources, tous les lieux consacrés dans l'esprit du peuple par des superstitions qui remontent évidemment jusqu'aux plus anciennes époques gauloises.

Au nombre de ces habitudes que l'Église sanctifia en les rendant chrétiennes, parcequ'elle ne pouvait les déraciner, fut celle de porter des amulettes. Pour remplacer les bulles et les autres amulettes païens de cette forme dont l'usage était extrêmement répandu dans les populations romaines [2], l'Église institua les *Agnus Dei*, ou morceaux de cire bénis et moulés en forme de bulles portant la figure de l'Agneau pascal et des inscriptions chré-

---

[1] *Stimò suo impegno la Chiesa di santificare quegli usi profani e gentileschi, che difficilmente potevano svellersi dalle menti del popolo, con opporre ad. essi altri usi simili, ma giustied onesti, ed indirizzati al culto legittimo del vero Dio.* P. Bernardin Vestrini, *Dissertazione sopra 'uso sacro e profano degli agnelli*, dans les Mémoires de l'Académie de Cortone, T. VI, p. 154.

[2] C'est contre ces amulettes païens et non contre les *Agnus Dei* et autres oblets chrétiens du même genre que s'élèvent les Pères. (S. Augustin, *in Psalm.* LXX, *in Psalm*. LXXXVIII. *in Psalm.* XXXXI.—S. Jean Chrysostome, *in Ep. Thess., Hom.* 3; *in Jud.*, Or. V ; *Orat. de laude Dei* ; *in Ep. col. III, Hom.* 8. — S. Basile, *Epist. ad Amphil.*)

S. Jean Chrysostome (*ad Illum. Cathech. II*) reprend aussi avec vigueur l'usage des médailles d'Alexandre comme amulettes : Τί ἄν τις εἴποι περὶ τῶν... ὑοπίσματα χαὶ ἐξ Ἀλεξάνδρου τοῦ Μακεδόνος ταῖς κεφαλαῖς καὶ τοῖς ποσὶ περιδεσμούντων.

tiennes [1] ; cette coutume remonte à une époque très ancienne [2]. Elle inventa aussi les bulles d'or ornées d'une croix, de la forme exacte des bulles antiques, et dont l'usage s'est perpétué jusqu'à nos jours en Italie [3].

Parmi les amulettes païens se trouvaient également des feuilles d'or minces portant, écrites à la pointe, des formules magiques, et servant soit à préserver de maléfices celui qui les possédait, soit à guérir des maladies. A cette catégorie appartiennent les deux plaques d'or données au Cabinet des Médailles par MM. Rochette et Letronne. Sur l'une sont gravées,  au pointillé, une vingtaine de lignes très effacées de caractères grecs, parmi lesquels on distingue le mot XONC plusieurs fois répété. L'autre, qui provient d'Athènes, présente d'une façon très claire les mots magiques suivants, dont la signification nous est tout à fait inconnue :

ΠΑΝΧΟΤΧΙΘΑϹϹΟΥ
ΙΙΕΤΟΤΕϹΙ
ΕΝΕΦΕΡΩϹ
ΠΑΜΠΕΜΑΜ
ΨΑ
ΠΟϹΕΔΑΕΝ

Nous devons rapprocher de ces objets un monument du même genre trouvé dans un tombeau de Vulci, et actuellement dans la collection Capranesi, et un autre, découvert à *Hipponium*, sur lequel M. Rochette a lu, entre autres choses, la formule fort curieuse Ο ΟϹΙΡΙϹ ΔΟΙ ΟΙ ϹΟΙ ΤΟ ΨΥΧΡΟΝ ΤΔΩΡ [4]. Il est probable que la plaque d'or trouvée sur un

---

Le Cabinet national possède plusieurs de ces médailles qui portent d'un côté la tête d'Alexandre en Hercule, et son nom ; de l'autre une ânesse avec son poulain, et au dessus une écrevisse avec le nom de Jésus-Christ.

Cf. Vettori, *De vetustate et forma monogrammatis sanctissimi nominis Jesu dissertatio*. Rom. 1747, in-4°, p. 60. — *Epistola ad Paulum Mariam Paciaudi*. Rom. 1747, in-4°, p. 15. — *Dissertatio apologetica de quibusdam Alexandri Severi numismatibus*. Rom. in-3°, p. 6. Voyez encore, *Osservazioni di Paolo Maria Paciaudi*, teatino, *sovra alcune singolari e strane medaglie*. Naples, 1748, p. 48. Montfaucon, *Antiquité expliquée*, t. II. part. 2, pl. 168.

[1] *Però prima che fossero in uso le monete cristiane e le medaglie de'Santi istitui queste cere benedette, ove l'imagine consueta di Cristo serve di migliore amuleto di quella degl'Idoli e degl'Imperadori*. P. Bernardia Vestrini, *loc. cit.*

[2] On en trouva dans le tombeau de Flavius Clemens et dans celui de l'impératrice Marie, fille de Stilicon et femme d'Honorius. Ce dernier amulette mérite que je cite ce qu'en dit le P. Vestrini, tant il était extraordinaire : *Nel sepolcro di Maria, figlia di Stilicone moglie d'Onorio Imperadore, fu ritrovato un* AGNUS DEI *di cera, legato in un cerchio d'oro con le parole, d'una parte Maria nostra clementissima, e dell'altra Michael, Gabriel, Raphael, Uriel, come riferiscono il Marliano e Surio, benchè il Bosio voglia che fosse una medaglia*. (*Op. laud.*, p. 153.)

On voit des personnages portant des bulles sur quelques peintures des catacombes, et enfin l'exemple le plus connu est le beau sarcophage de S. Constance hors les murs à Rome, où les figures ailées qui portent le cartouche contenant l'inscription ont à leur cou des amulettes en forme de bulles. Le P. Vestrini (p. 152-153) cite d'autres exemples de l'usage de ces *Agnus Dei*, exemples qui remontent à l'époque carlovingienne, et réfutent victorieusement, ainsi que les précédents, l'opinion qui les fait instituer en 1370 par le pape Urbain V.

[3] *Noi gli attachiamo ai fanciulli, come facevano gli antichi, e glieli lasciamo visibili, fino che portano una veste alla muliebre, conforme o propria della loro età*. (P. Vestrini, p. 154).

[4] Rochette, *Monuments chrétiens*, Mém. III, p. 50.

cadavre, à Angoulême, dans le seizième siècle, et décrite par Kirchmann [1] comme portant des caractères grecs illisibles en carré, était du genre de celles dont nous venons de parler.

Ces feuilles d'or se trouvent le plus souvent roulées dans des bulles, quelquefois aussi elles sont renfermées dans des étuis d'une forme particulière; j'en ai fait graver un charmant exemple tiré de la collection de M. le duc de Luynes, qui, avec son obligeance habituelle, a bien voulu me permettre de le publier [2].

Il faudrait s'étonner que l'Église n'eût pas cherché à christianiser un usage aussi répandu dans les populations païennes. Jusqu'ici on en pouvait douter, car on ne possédait aucun monument qui prouvât le contraire; mais aujourd'hui je crois combler cette lacune en démontrant, par un exemple convaincant, que la religion chrétienne s'appropria cet usage comme tous ceux du paganisme qui ne lui étaient pas entièrement incompatibles.

Le monument que je fais ici connaître consiste en une mince feuille d'or de mètr. 0,029 de longueur, et de mètr. 0,021 de largeur, sur laquelle on voit gravées avec une pointe dix lignes de caractères d'un côté et trois de l'autre, en tout 13 lignes :

Cette petite plaque, qui provient des environs de Beirouth, a été trouvée roulée dans un étui aussi en or, long de mètr. 0,028 et large de mètr. 0,010, destiné à être porté au cou et dont la forme est à peu près celle de l'objet dessiné sur cette même page, seulement sans rien de païen ni de magique.

En examinant avec soin les caractères qui composent les 13 lignes, on y reconnaîtra bientôt du grec cursif et une étude attentive y distinguera les lettres suivantes :

---

[1] *De funeribus*, L. III, § XXIV.
[2] Ce petit étui trouvé dans les environs de Beirouth, en Syrie, porte sur une de ses faces, comme on peut le voir sur le bois, la ligne de caractères suivante ΕΡΧΕΖΥΕΕ. Le sens nous en est entièrement inconnu. Quant au premier caractère, il est impossible à déterminer.

NOTE SUR UN AMULETTE CHRETIEN.

(*Première face.*)
ΕΞΟΡΚΙΖΩ
ΣΕΩΣΑΤΑΝΝΑΣ
ΚΑΙΣΤΜΕΝΙΨΟ
ΙΝΑΜΗΠΟΤΕΚΑ
ΤΑΛΕΙΠΗΣΤΟΝΤΟ
ΠΟΝΣΟΤΕΠΙΤΩΟ
ΝΟΜΑΤΙΤΟΥΚΥ
ΡΙΟΥΘΕΟΥΖΩΝ
ΤΟΣΑΝΕΓΝΩΣ
ΜΕΝΟΝΕΠΙΤΩ

(*Deuxième face.*)
ΤΟΠΩΙΤΗΣ
ΤΙΙΝΕΠΕΚΕΧΡ
ΙΚΑ

La lecture de cette inscription n'offre pas de difficulté sérieuse. Ce n'est pas en effet CATANNAC pour CATANAC ou ΝΙΨΟ pour ΝΙΨΟΝ, soit parceque le second N a été effacé par un pli, soit par oubli de celui qui a écrit, qui peuvent nous arrêter. Nous ne sommes pas non plus étonnés d'ΕΠΕΚΕΧΡΙΚΑ pour ΕΠΙΚΕΧΡΙΚΑ, résultat de la confusion du plusqueparfait ἐπεκεχρίκειν avec le parfait ἐπικέχρικα.

Il ne reste donc qu'un point dont la lecture puisse, au premier abord, présenter quelques doutes : c'est la troisième ligne, ΚΑΙΣΤΜΕΝΙΨΟ[Ν]. Le premier mot et les deux derniers se lisent facilement. Il ne reste donc que les deux lettres ϹΤ qui soient embarrassantes. Pour nous, nous ne pouvons y voir que le vocatif σταυρέ, *ô croix!* ce qui nous fournit une fin de vers évidemment empruntée à quelque poète chrétien plus ancien, comme le

Νίψον ἀνομήματα μὴ μόναν ὄψιν

qu'on trouve dans l'Anthologie palatine [1] :

. . . . καὶ σταυρῷ με νίψον.

Ce vers se rapproche tout à fait d'un ἐπίγραμμα de Nilus le Scolastique, cité dans la même Anthologie [2] ;

Ὦ πάθος, ὦ σταυρός, παθέων ἱλατήριον αἷμα,
Πλῦνον ἐμῆς ψυχῆς πᾶσαν ἀτασθαλίην.

---

[1] III, 5. Ce vers, où on retrouve les mêmes mots quand on le lit à rebours, est peut-être l'exemple le plus curieux qu'on connaisse d'un vers rétrograde. [2] T. I, p. 18, n° 54.

Cette lecture s'accorde d'ailleurs parfaitement avec le reste du texte, qui ne peut être que chrétien, puisqu'on n'y trouve pas la mention de Salomon que nous devrions y voir, d'après la formule donnée par Josèphe [1], si l'exorcisme que nous avons sous les yeux était juif. Nous verrons un peu plus loin les raisons qui ont pu porter à écrire le nom de la croix, σταυρός, par les simples lettres CT.

Les formules de cet exorcisme sont, comme on le voit, parfaitement orthodoxes et semblables à celles dont l'Église fait encore usage. Tous les exorcismes se font en effet comme ici : *Per Deum vivum, per Deum verum, per Deum sanctum*. De plus, comme l'ordonnent les Pères, ils se font au signe de la croix sur les objets qu'on exorcise, ce que semble ici remplacer et indiquer la phrase : Καὶ Σταυρέ με νίψον

C'est donc ainsi que notre texte doit se rendre en caractères courants :

Ἐξορκίζω
σε, ὦ Σατανᾶς,
(καὶ Σταυρέ με νίψον)
ἵνα μήποτε κα-
ταλείπῃς τὸν τό-
πόν σου, ἐπὶ τῷ ὀ-
νόματι τοῦ κυ-
ρίου Θεοῦ ζῶν-
τος. Ἀνεγνωσ-
μένον ἐπὶ τῷ
τόπῳ τῆς
τὴν ἐπικέχρ-
ικα.

Je t'exorcise, ô Satan (ô croix, purifie-moi !) afin que tu n'abandonnes jamais ta demeure, au nom du Seigneur Dieu vivant.

Suit comme le certificat d'authenticité :

Prononcé dans la demeure de celle sur laquelle [2] *j'ai fait l'onction*.

Ce dernier mot, ἐπικέχρικα, ne peut s'appliquer ici qu'à *l'onction sainte*, à *l'extrême-onction*, et parmi les prières de la bénédiction des saintes huiles, citées par Dom Martène [3], d'après un manuscrit du dixième siècle, nous trouvons un exorcisme qui a les plus grands rapports avec celui de notre petite plaque : *Exorciso te, immundissime et refuga Spiritus, omnisque incursio Satanæ ac omne phantasma nefandorum inimicorum per Dei omnipotentis Patris majestatem, qui cœlum, terram, mare et omnia quæ in eis continentur admirabili sua condidit potentia ut cum omni falsitatis tuæ veneno procul recedas ab hujus olei creatura ad superventuram benedictionem, in nomine Patris, et Filii, et Spiritus Sancti.*

---

[1] Ant. Jud., VIII, 2.
[2] Je n'insiste pas sur la forme écourtée et presque grecque moderne : Τῆς τὴν ἐπικέχρικα.
[3] *De antiquis Ecclesiæ ritibus*, t. III, p. 250.

De plus, si par suite des changements que la liturgie latine a éprouvés dans les formes à diverses époques, nous ne trouvons rien d'analogue dans les prières de l'extrême-onction, nous invoquons encore le Seigneur dans la prière des agonisants, pour lui demander de contenir le démon dans l'enfer, afin qu'il ne vienne pas troubler le mourant à ses derniers moments : *Exurgat Deus, et dissipentur omnes potestates tenebrarum : fugiant cuncta spiritualia nequitiæ in cœlestibus, et ovem pretioso Christi sanguine redemptam violare non audeant.*

Mais toute l'importance de ce monument est dans son antiquité. Si nous devions l'attribuer au sixième siècle, toutes les particularités qu'il présente, quoique assurément curieuses, seraient bien loin de présenter un aussi grande intérêt; mais il n'en est pas ainsi, et les caractères paléographiques de l'inscription nous donnent le droit de la faire hardiment remonter quatre siècles plus haut.

Ces caractères appartiennent, en effet, à l'écriture cursive en usage pendant le deuxième siècle, et qui cessa complétement dans les premières années du troisième siècle. L'époque florissante de ce genre d'écriture est l'époque des Antonins, et nous ne la voyons pas se prolonger au-delà de celle de Septime-Sévère. L'inscription de notre plaque est, avec l'écriture des papyrus du temps des Antonins, dans le même rapport que celle de Canope avec l'écriture cursive des papyrus de l'époque Ptolémaïque [1].

Nous avons donc sous les yeux le monument épigraphique chrétien incontestablement le plus ancien, puisque les inscriptions datées ne se rencontrent jamais avant le troisième siècle [2]. Quant à celles qui ne portent pas de dates, elles sont aussi toutes postérieures au monument que je publie; car des deux qu'on a voulu faire remonter plus haut, l'épitaphe de Flavius Clemens donnée au premier siècle par quelques auteurs est évidemment du quatrième [3], et le *titulus* d'Autun nous paraît ne pas pouvoir remonter à une époque anté-

---

[1] Les exemples d'écriture cursive sur métal sont extrêmement rares; je n'en connais qu'un autre, c'est une bague de la collection de M. le duc de Luynes, provenant de la Cyrénaïque, qui porte sous le chaton une mince feuille d'or sur laquelle on lit distinctement :

MIMAKI
ΩN ΦΙΛΟΝ
ΧΑΙΡΕΙ
ΜΑΛΚΙΟΥ
ANKA....

Anca,.. fils de Malcius, salue son ami Mimacius.

Quelquefois les capitales écrites rapidement et avec un stylet qui glissait sur le métal prennent un faux air de cursif; tel est le cas des plaques de plomb portant des imprécations, trouvées à Athènes.

[2] La plus ancienne inscription datée que je connaisse m'a été communiquée par mon savant ami M. Edm. Le Blant, d'après une copie conservée à la custode des Reliques.

Elle porte la date de la deuxième année d'Elagabule. DN MA AVRELIO AVG II.

L'impression de ce travail était déjà commencée quand j'ai trouvé dans Boldetti (*Osservaz.* p. 79.) (cité par M. R. Rochette, *Mém. chrét.* p.) une inscription portant simplement un numéro d'ordre de la catacombe et la mention d'une des premières années du second siècle :

NXXXSVRRAETSENECACOSS.

Le consulat de Sura et de Seneca appelé par d'autres *Senecio* répond à l'an 102, avant la persécution de Trajan.

[3] C'est ce que prouve invinciblement la troisième ligne,

LEOIDOCTXISCŌVIASPEG

où on est obligé de reconnaître la mention du pontificat de Léon I*, soit qu'on y lise comme Mariani (P. de Vitry, *Titi Flavii Clementis tumulus illustratus*, dans le recueil de Calogera, t. XXXIII, p. 260): *Leo primus, doctor Christi, concilium sextum auctoritate Sancti Petri egit*, lecture qui nous plairait assez, soit qu'on y voie toute autre chose.

rieure à la dernière moitié du troisième [1]. L'inscription que nous publions appartient, au contraire, à un temps voisin de la persécution de Marc-Aurèle, et se trouve ainsi contemporaine de ces innombrables inscriptions de la Gaule lyonnaise portant la formule si diversement interprétée : SVB ASCIA DEDICAVIT, dans laquelle M. Lenormant et M. l'abbé Greppo reconnaissent une formule secrète des premiers chrétiens.

La coïncidence de la sanglante persécution de Marc-Aurèle et de celles que les préteurs suscitèrent à chaque instant dans leurs provinces, ainsi que le soin que les chrétiens des premiers siècles ont toujours eu de ne pas afficher les symboles apparents de leur foi, suffisent, je crois, pour expliquer comment σταυρέ est écrit sur notre monument par les seules lettres CT.

L'antiquité de cet amulette et l'inscription qui y est gravée en font donc, à nos yeux, un monument de la plus grande importance pour l'étude de l'archéologie chrétienne, car elle établit invinciblement chez les chrétiens de la fin du deuxième siècle, à l'époque des Antonins :

1° La croyance à la puissance du signe de la croix pour mettre en fuite les démons.

2° L'usage du sacrement de l'extrême-onction [2].

3° L'usage d'exorcismes conçus dans les mêmes formules que ceux dont se sert encore l'Église catholique.

FRANÇOIS LENORMANT.

Je sais bien que l'opinion généralement reçue et adoptée encore dernièrement par le savant abbé Greppo tend à faire considérer cette troisième ligne comme rajoutée postérieurement aux deux autres. Cette opinion se fonde principalement sur la différence de forme des e qui dans les deux premières lignes sont lunaires, et dans la troisième carrés, E. Mais d'abord nous ferons observer que, pour écrire FE dans *feliciter*, ils se sont servis d'un E carré qu'ils ont lié à l'F. De plus, à l'époque de Léon Ier, les caractères onciaux d'une introduction encore récente, ne régnaient pas encore sans partage dans les inscriptions latines, mais s'employaient concurremment avec les anciennes capitales carrées. Enfin les deux premières lignes, par la multiplicité des ligatures, la mauvaise forme des caractères et enfin la présence de l'e oncial, ne peuvent pas être antérieures au sixième siècle.

Si on voulait faire l'inscription de deux époques, on devrait considérer la troisième ligne comme antérieure aux deux premières, ce qui est impossible.

[1] Dom Pitra et le P. Secchi font remonter cette inscription aux premières années du troisième siècle; ils y reconnaissent l'influence de la colonie chrétienne des disciples de S. Polycarpe, venus à cette époque de la Syrie, sous la conduite de S. Irénée. Mais malheureusement nous ne croyons pas qu'il soit possible d'adopter l'opinion fort ingénieuse de ces deux savants ecclésiastiques, à cause des difficultés paléographiques vraiment insurmontables qui s'y opposent.

L'allongement des caractères onciaux que nous remarquons dans l'inscription de Pectorius règne partout dans l'écriture grecque soignée du sixième siècle; moins abondant au cinquième, il est très rare au quatrième, et reste complètement étranger au troisième, excepté dans le dernier quart, et cette seule observation suffirait pour ne pas faire remonter plus haut le *titulus* d'Autun.

De plus, les vers très élégants et formant un acrostiche, le style, enfin tout dans cette magnifique inscription dénote la main d'un homme habile et familier avec l'art de la versification grecque. Ces circonstances, jointes au caractère paléographique de l'inscription, confirment de plus en plus notre opinion sur sa date. A la fin du troisième siècle, époque de Constance Chlore, le christianisme était encore militant, ce qui explique pourquoi nous trouvons Jésus-Christ désigné par le mot ΙΧΘΥΣ dans toute l'inscription, mais la paix dont il jouissait en Gaule était déjà sensible ; nous voyons coïncider alors à Autun même la restauration de la célèbre et florissante école de rhéteurs grecs, qui fournit à l'empire quelques hommes d'une grande éloquence. Parmi ces rhéteurs rien ne nous empêche de penser qu'il ait pu se trouver des chrétiens.

Pour un monument où l'on trouve une expression si claire des dogmes de l'Église catholique, c'est encore une respectable et belle antiquité, et l'on ne s'éloigne pas tant ainsi des âges apostoliques. En faisant redescendre cette inscription à la seconde moitié du troisième siècle, nous ne croyons donc nullement en diminuer l'importance.

[2] L'usage du sacrement de l'extrême-onction, dès le temps des apôtres, est prouvé d'une manière indubitable par un passage de l'Épître de Saint-Jacques. (Chap. V, v. 14-15.)

PUPITRE

DE SAINTE RADEGONDE

CONSERVÉ

DANS LE COUVENT DE SAINTE-CROIX A POITIERS.

Le petit meuble dont nous offrons ici la figure est bien probablement l'ouvrage en bois de *travail chrétien* le plus ancien qu'il y ait en France. L'étonnement de plus d'un lecteur, à une pareille assertion, se mêlera d'un certain sentiment de doute, nous nous y attendons ; que sera-ce lorsque j'aurai ajouté, avec non moins de hardiesse, que ce meuble a appartenu à un personnage célèbre du sixième siècle, à sainte Radegonde, femme de Clotaire Ier, fils de Clovis.

Nous allons raconter simplement comment un objet aussi précieux et aussi curieux est venu à notre connaissance, et l'on comprendra pourquoi il est resté si longtemps ignoré du public.

Au mois de mars 1851, nous étions allé rendre visite à Monseigneur Pie, évêque de Poitiers. La protection affectueuse de ce prélat nous mit à même de visiter avec fruit cette ville antique et remplie de souvenirs. Voulant favoriser notre goût pour la recherche et l'étude des choses anciennes, Monseigneur prit la peine d'écrire à la supérieure du monastère de Sainte-Croix, pour nous recommander à elle d'une manière toute particulière. On ne sera donc pas étonné qu'avec un pareil appui nous ayons été accueillis avec une extrême complaisance. Admis dans la chapelle du couvent, Madame la supérieure nous fit montrer à travers la grille de clôture les objets conservés dans le Trésor. Elle exposa d'abord à notre vénération la célèbre relique de la vraie croix, qui a donné son nom au monastère. Suivant une tradition incontestable, ce morceau considérable du bois de la croix fut envoyé de Constantinople à sainte Radegonde, par l'empereur Justin-le-Jeune et sa femme l'impératrice Sophie. Cette relique fut reçue à Poitiers avec de grandes cérémonies et des transports de joie. Ce fut à cette occasion que le poète Fortunat composa ses belles hymnes du *Vexilla regis* et du *Pange lingua gloriosi prælium certaminis*. Il faut lire tous ces détails dans Grégoire de Tours, et les anciens historiens de la vie de sainte Radegonde. On nous montra ensuite d'autres reliquaires, des tableaux et des objets intéressants que nous passons aujourd'hui sous silence. Madame la supérieure termina en nous adressant ainsi la parole : « Monseigneur l'évêque « nous ayant recommandé, Monsieur, de vous montrer tous nos trésors, nous avons encore » apporté ici, pour lui obéir, un objet que voici. Vous ne le trouverez peut-être pas très beau, « mais pour nous, filles de sainte Radegonde, il est sans prix, et nous le conservons avec un « grand respect comme une relique, car c'est un meuble qui a appartenu et qui a servi à « notre sainte mère. » En même temps madame la supérieure débarrassait de son enveloppe d'étoffe le petit meuble et l'offrait à nos regards étonnés. Il était impossible, en effet, de méconnaître dans cet objet tous les caractères d'une haute antiquité et une analogie frappante avec les monuments chrétiens les plus anciens. Cependant, n'osant en croire nos yeux, nous sollicitâmes de pouvoir toucher et examiner de près ce précieux monument. On eut la bonté de le passer à travers le petit guichet pratiqué au bas de la grille et de nous le remettre entre les mains. Mais plus nous l'examinâmes, plus nous restâmes convaincu que ce meuble était du cinquième ou du sixième siècle.

Ce meuble est un petit pupitre sur lequel on peut placer un livre ouvert. Ses dimensions ne sont pas considérables. La partie supérieure a environ 17 centimètres de haut ; la hauteur de la partie antérieure n'est que de 10 centimètres, d'où il résulte que la face supérieure s'incline en avant. Cette face supérieure est formée de cinq petites plaques de bois, assemblées d'une manière fort simple : elle offre des sculptures d'un style un peu lourd et aujourd'hui un peu frustes : l'ensemble de ces sculptures forme le bas-relief que voici : ses dimensions sont de 26 centimètres 1/2 sur 21 1/2.

Nous avons offert dans le premier dessin l'ensemble du meuble. On peut s'en faire une idée assez précise en le comparant aux petits tabourets qui se font aujourd'hui pour poser les pieds. Les quatre angles sont formés par quatre montants carrés en partie, et en partie arrondis au tour, ils se terminent inférieurement en formant les pieds du meuble. Ces quatre montants sont reliés en haut et en bas par des traverses entre lesquelles sont placés des petits balustres formant un système d'assemblage solide et léger à la fois. La partie postérieure a conservé tous ses balustres, qui sont au nombre de quatre : la partie antérieure n'en a plus qu'un seul, trois manquent; les deux faces latérales en avaient chacune trois ; le côté droit les a tous perdus, le côté gauche en a encore deux. Il faut remarquer aussi sur ces quatre faces perpendiculaires la simplicité un peu rude de l'ornementation ; ce sont d'abord deux têtes de lion qui se voient au sommet des deux montants postérieurs ; puis, sur les traverses, une suite de petits cercles en haut, et de simples entailles en zig-zag en bas. Toutes ces ciselures sont d'un travail très simple et presque grossier.

Quant au bas-relief qui occupe toute la face supérieure, on reconnaît au premier coup d'œil le sujet mystique qu'il représente pour l'avoir vu figuré ainsi ou d'une manière analogue sur un grand nombre de monuments des premiers siècles chrétiens. Les peintures des voûtes ou les mosaïques, les retables d'autels, les miniatures des manuscrits, les sarcophages d'Italie ou du midi de la France offrent de nombreux exemples de cette composition hiératique représentant, sous les voiles du symbolisme, Jésus-Christ, la croix et les quatre évangélistes.

Il faut remarquer que l'agneau figurant Jésus-Christ au milieu de notre bas-relief n'a ni nimbe ni croix ; l'absence de ces signes est d'une grande importance, et nous indique une époque reculée. Des arbres ou des palmes, grossièrement indiqués, sont auprès de cet agneau : Ciampini, Aringhi et d'autres auteurs ont expliqué ces symboles.

Les quatre têtes des signes évangéliques manquent également ici de nimbes proprement dits, mais elles se trouvent circonscrites par des couronnes de feuillage : cela vient à l'appui des auteurs anciens qui ont avancé que le nimbe dérive de la couronne.

En regardant les parties supérieure et inférieure du bas-relief, où des colombes supportent dans des couronnes le monogramme du Christ et la croix, on se rappelle aussitôt les vers de S. Paulin, si souvent cités :

> Ardua floriferæ crux cingitur orbe coronæ,
> Et Domini fuso tincta cruore rubet :
> Quæque super signum resident cœleste columbæ,
> Simplicibus produnt regna patere Dei.

Enfin, les deux croix qui se voient à droite et à gauche ne sont pas placées là en regard par suite d'une stérile symétrie : nous pensons que cette *répétition* a été employée ici par l'artiste comme elle l'est souvent par les écrivains. Nous ne citerons que deux exemples qui se présentent à notre mémoire en ce moment. On trouve dans S. Jean Chrysostome : *Crux voluntas Patris, crux gloria Unigeniti*, et dans le livre de l'Imitation de Jésus-Christ : *In cruce salus, in cruce vita*. Ces deux croix sont ornées comme les faces latérales décrites plus haut par une suite de petits cercles concentriques avec un point au milieu. C'est une grossière imitation des perles qui ornaient toujours les croix dans les époques anciennes. L'extrémité supérieure de chacune de ces croix se recourbe de manière à former la lettre grecque Rho, c'est encore un signe d'ancienneté, à cause de son allusion au Chrisme.

Maintenant on attend peut-être de nous des preuves de l'antiquité et de l'authenticité du meuble que nous venons de décrire ; mais cela nous entraînerait bien au delà des bornes que nous nous sommes imposées. Nous n'avons ici d'autre but que de signaler l'existence de ce petit monument. Quoique parfaitement convaincu pour notre propre compte, nous ne prétendons en aucune façon imposer rigoureusement notre opinion à personne. Nous osons seulement espérer que tous ceux qui pourront voir le monument lui-même, se rangeront à notre avis.

Le monastère de Sainte-Croix, fondé à Poitiers par sainte Radegonde, a toujours et sans interruption existé dans cette ville. En 1793, il est vrai, les religieuses qui l'occupaient en furent chassées; mais au bout d'un petit nombre d'années, les mêmes religieuses purent rentrer dans leur cloître. On les avait dépouillées de leurs reliquaires enrichis d'or et de pierreries; mais il y avait d'autres trésors plus précieux à leurs yeux qui ne furent pas arrachés de leurs mains. C'étaient des ossements et des reliques de saints, c'étaient plusieurs objets considérés de tout temps dans le monastère comme ayant appartenu à la sainte fondatrice : une croix pastorale en bronze, une coupe et le pupitre qui nous occupe. Le peu de valeur de la matière, la simplicité du travail, étaient loin d'attirer les regards et la cupidité des spoliateurs. Des considérations et des sentiments d'un ordre plus élevé les faisaient considérer avec respect et conserver avec soin.

On ne peut se défendre d'un sentiment d'étonnement et de vénération en voyant ce frêle monument de bois qui a traversé un si grand nombre d'années. Les siècles qui ont passé sur lui l'ont, pour ainsi dire, revêtu d'une enveloppe de vétusté si évidente, que l'imagination en est vivement frappée. Comme toutes les œuvres exécutées à une époque reculée, il ne s'offre pas seulement à nos regards surpris comme un objet de curiosité, mais encore comme un sujet d'étude et une source de réflexions utiles.

Il ne reste, comme on sait, qu'un bien petit nombre d'objets ayant appartenu à des princes de la première race. Les armes trouvées dans un tombeau qui passe pour avoir été celui de Childéric, père de Clovis, sont plus anciennes que notre pupitre. On ne trouve plus ensuite que le fauteuil de Dagobert, dont une partie seulement est du temps de ce roi, le reste ayant été refait au XIIe siècle, ainsi que l'a prouvé savamment, dans ce recueil même, M. Lenormant.

Le pupitre de sainte Radegonde va donc venir prendre une place honorable parmi les vestiges remontant jusqu'aux origines de la monarchie française.

Nous ne pouvons nous empêcher, en terminant cette notice, de laisser échapper l'expression d'une crainte. N'avons-nous pas été imprudents de soulever le voile qui a si longtemps conservé dans l'obscurité cette relique des anciens temps et d'une sainte reine? En révélant des monuments inconnus pour donner une utile satisfaction au public instruit et sérieux, que de fois en même temps on a éveillé des intentions funestes à ces monuments! Quelque chose cependant nous rassure ici : nous savons d'une manière certaine que Monseigneur Pie, dont le zèle éclairé s'étend jusque sur les moindres choses de son diocèse, a pris des mesures efficaces pour la conservation du pupitre de sainte Radegonde. Ce ne sera donc pas en vain que nous formerons des vœux afin que jamais ce précieux objet ne sorte du couvent de Poitiers, où il a été si religieusement conservé. Les faibles mains des pieuses filles de Radegonde en ont été les fidèles dépositaires pendant plus de douze siècles et demi. Quelle collection privée ou publique, quel musée pourrait offrir une pareille garantie de stabilité ?

PAUL DURAND.

Chartres, le 15 avril 1852.

DU CHRISTIANISME

DE QUELQUES IMPÉRATRICES ROMAINES

AVANT CONSTANTIN.

C'est a peine si l'histoire profane fait mention des commencements de l'Église; on y trouve bien quelques passages relatifs aux premiers chrétiens, mais on désirerait avoir des détails plus étendus, plus circonstanciés. Deux faits rendent suffisamment raison de cette pénurie de documents historiques; d'une part, l'humble et obscure origine du christianisme; de l'autre, l'orgueil des païens qui confondaient dans un mépris commun les Juifs et les disciples de Jésus-Christ.

Cependant pour peu qu'on étudie avec soin, dans les anciens auteurs ecclésiastiques, les progrès du christianisme dans les trois siècles qui précédèrent l'avénement de Constantin au trône, on voit la religion chrétienne faire des prosélytes, non-seulement dans les classes pauvres et obscures de la société païenne, mais même parmi les grands et jusque parmi les personnages les plus illustres qui, de loin ou de près, tenaient à la famille des Césars.

Grâces aux remarquables recherches de M. l'abbé Greppo sur l'histoire ecclésiastique des premiers siècles, nous possédons un ensemble de documents sur les chrétiens de la maison de Néron, sur les chrétiens de la famille de Domitien et sur le christianisme de quelques empereurs avant Constantin [1].

Dans les derniers siècles de l'existence de la religion païenne comme culte public, les esprits en général étaient portés vers les idées syncrétiques; à Rome, du moins à l'époque impériale, on ne faisait aucune difficulté de recevoir le culte de divinités étrangères et de l'admettre au même rang, aux mêmes honneurs que le culte des divinités nationales, et comme le dit M. l'abbé

---

[1] *Trois mémoires relatifs à l'Histoire ecclésiastique des premiers siècles*, Lyon, 1840; *Notes historiques, biographiques, archéologiques et littéraires, concernant les premiers siècles chrétiens*, Lyon, 1841.

Greppo[1] : « Si le christianisme, de même que les religions idolâtres des nations soumises par le peuple-roi, avait pu s'allier, se fondre en quelque sorte avec la religion des maîtres du monde, il eût été reçu sans aucun doute, soit comme une secte philosophique dont on eût vanté la belle morale, sauf à la laisser, quant à la pratique, à ceux qui s'en seraient accommodés, soit comme un nouveau culte sans inconvénient, propre à satisfaire par la variété les personnes portées à la superstition ; rien n'eût été changé dans les institutions de l'empire ; il n'y aurait eu qu'un dieu de plus au Panthéon romain. Mais il n'en pouvait être ainsi, parce que le christianisme était essentiellement exclusif : les païens ne tardèrent pas à le reconnaître, quand ils eurent vu de plus près les adorateurs du Dieu crucifié ; et c'est alors que ceux-ci furent signalés à la haine publique, mis hors la loi et persécutés de la manière la plus cruelle, comme ennemis irréconciliables des dieux de l'empire. »

Telles sont les réflexions du savant ecclésiastique, et plus on étudie l'histoire de la primitive Église et les historiens profanes contemporains, plus on est pénétré de la vérité et de la justesse de ces réflexions. Les polythéistes acceptaient avec la plus grande facilité toutes les religions par cela même que leurs dogmes s'y prêtaient merveilleusement bien. A l'époque d'Alexandre-le-Grand et de ses successeurs, les Grecs avaient déjà cherché à fondre et à identifier avec leurs divinités les dieux adorés par les peuples de l'Asie[2]. Les maîtres du monde ne faisaient que suivre l'exemple des Grecs et continuaient de recevoir chez eux les divinités des peuples barbares soumis par leurs armes. On a souvent cité l'idée de Tibère de mettre Jésus-Christ au rang des dieux[3], le projet qu'avait eu Hadrien d'élever des temples au Sauveur[4], projet qu'on prête également à Sévère Alexandre qui, dans son Laraire, au milieu de ses dieux domestiques, avait placé l'image du Christ[5].

La société païenne ne repoussait donc pas d'une manière absolue la nouvelle religion ; ses tendances lui étaient, sous un certain rapport, plutôt favorables qu'hostiles, mais elle cherchait des moyens pour concilier le culte du vrai Dieu avec les idées polythéistes. C'est pour cette raison qu'à l'époque de la décadence de l'empire romain, on voit naître ou du moins se développer une quantité de sectes, les Basilidiens, les Gnostiques, les Ophites, etc., qui, à quelques dogmes empruntés au christianisme, réunissaient les superstitions païennes, surtout celles de l'Asie et de l'Égypte. On a généralement attribué à ces sectes les nombreuses pierres gravées connues sous le nom d'*Abraxas*, presque toutes d'un travail très-médiocre et sur lesquelles sont tracées des figures monstrueuses, accompagnées de symboles bizarres et de lé-

---

[1] *Mémoires relatifs à l'Histoire ecclésiastique des premiers siècles*, p. 236-237.

[2] Cf. Lenormant, *Nouvelle Galerie myth.*, p. 21 ; mon *Mémoire sur Géryon* dans les *Nouv. Annales de l'Institut archéologique*, tom. II, p. 274.

[3] Tertullian. *Apolog.* v ; Oros. *Hist.* VII, 4.

[4] Lamprid. *in Alex. Sev.*, 43.

[5] Lamprid. *l. cit.*, et *ibid.* 29. Cf. la *Dissertation* de M. l'abbé Greppo, sur *les Laraires de l'empereur Sévère Alexandre*, Belley, 1834.

gendes où les idées chrétiennes sont travesties, mêlées et associées aux superstitions des idolâtres[1]. Il faut néanmoins remarquer que la plupart de ces monuments, employés principalement comme amulettes à la guérison des maladies, ne semblent pas avoir commencé à se répandre dans l'empire romain avant la fin du IIIe siècle de notre ère.

De tout temps et à toutes les époques, chez les peuples civilisés comme chez les peuples barbares, les femmes ont exercé une grande influence sur les hommes et sur les événements. On sait la part qu'eut sainte Clotilde à la conversion de Clovis, et l'histoire des premiers siècles de l'Église nous a conservé plus d'un trait semblable. Souvent la conversion d'une femme païenne amenait à la vraie foi toute une famille. Si, dans certaines circonstances, l'exemple donné par une femme n'opérait pas le changement de religion de tous les membres d'une famille, du moins, quand son mari était un homme puissant, l'influence de la femme faisait obtenir des bienfaits aux chrétiens ou adoucissait leur sort dans les temps de persécution. Je citerai ici un fait qui était connu, mais auquel l'ouvrage d'Origène *contre les hérétiques*, récemment publié par M. E. Miller[2], vient d'ajouter une nouvelle autorité, en fournissant de nouveaux détails. Marcia, la concubine de Commode, protégeait les chrétiens et se servait de son ascendant sur l'esprit de ce prince pour leur obtenir divers bienfaits[3]. Origène donne à Marcia l'épithète de φιλόθεος et raconte comment furent délivrés par cette femme plusieurs chrétiens qui avaient été relégués et retenus captifs dans l'île de Sardaigne et qui sont qualifiés de martyrs, entre autres saint Calliste qui monta peu de temps après sur la chaire de saint Pierre. Les traits de Marcia nous ont été conservés sur quelques médailles du règne de Commode, où son buste paraît à côté de celui de l'empereur, avec les armes et les attributs de la déesse Rome[4]; le nom de Marcia prêtait naturellement à ce rapprochement. Cette femme, qui plus tard brisa par un crime les liens qui l'attachaient au tyran, était-elle chrétienne, ou montrait-elle seulement de l'inclination pour les adorateurs du Christ? L'histoire ne nous fournit aucun moyen de décider cette question. Seulement l'expression φιλόθεος paraît indiquer, avec la réserve habituelle du langage de la primitive Église, que Marcia professait en effet la foi en Jésus-Christ. Ce qui est certain, c'est qu'en prêtant son concours à la délivrance des martyrs, cette femme montrait des sentiments chrétiens : aussi Origène ajoute-t-il, qu'en agissant ainsi, elle voulait faire une bonne action (ἔργον τι ἀγαθὸν ἐργάσασθαι).

Eusèbe[5] fait allusion au christianisme de quelques impératrices avant Constantin. Mais comme l'évêque de Césarée ne s'exprime qu'en termes généraux, sans désigner par leurs noms les personnes auxquelles il fait allusion, on ne peut que faire de simples conjectures à

---

[1] Voyez Jablonski, *Opuscula*, tom. IV, p. 38 ; Heyne, *Opuscula academica*, tom. VI, p. 169 sqq.
[2] Origenis *Philosophumena sive omnium Hæresium Refutatio*, IX, 12, p. 287-288, Oxon., 1851.
[3] Dion. Cass. *Hist. rom.*, LXXII, 4.
[4] Eckhel, *D. N.*, VII, p. 128.
[5] *Hist. eccl.*, VIII, 1.

l'égard de ce passage. Les recherches qui vont suivre ont pour objet de faire connaître quelques faits peu connus ou mal appréciés par les critiques, faute d'avoir négligé de les rapprocher de faits analogues mieux appuyés par des documents historiques.

§ I. Julia Mamæa.

On possède des données certaines sur le christianisme de Julia Mamæa, mère de l'empereur Sévère Alexandre. Comme M. l'abbé Greppo [1] a rassemblé et examiné les passages qui donnent à connaître que Julia Mamæa professait la foi en Jésus-Christ, je ne ferai qu'indiquer ici les principaux arguments sur lesquels repose cette opinion qui n'a jamais été sérieusement contestée. Aussi le savant ecclésiastique n'hésite-t-il pas à déclarer que les données historiques ne permettent guère de révoquer en doute, avec quelque apparence de raison, le christianisme de cette princesse.

Le témoignage le plus imposant et le plus formel est celui d'Orose [2] qui, en parlant de Sévère Alexandre, dit : *Cujus mater Mammæa, christiana, Origenem presbyterum audire curavit.* Eusèbe [3] qualifie Mamée, de femme très-pieuse, θεοσεβεστάτη, mais cette épithète et quelques autres, comme celles de φιλόθεος, φιλοθεώτερος, ὁσιώτερος, etc., qui souvent, dans le langage de la primitive Église, servent à indiquer les fidèles, sont aussi appliquées quelquefois à des païens, même chez les écrivains ecclésiastiques [4]. On aurait donc tort d'attacher une trop grande importance à ces qualifications, quand on manque de données plus certaines. Mais comme Eusèbe [5] ajoute que l'impératrice avait désiré voir Origène, afin de profiter de sa profonde connaissance des saintes Écritures et qu'il demeura quelque temps auprès d'elle pour l'instruire des choses de Dieu, il n'y a pas moyen de se refuser à reconnaître qu'il s'agit ici de la religion chrétienne. Saint Jérôme [6], saint Vincent de Lérins [7], Georges le Syncelle [8] et quelques auteurs postérieurs parlent aussi de ces conférences de Julia Mamæa avec Origène. Je me contenterai de citer ici le passage de saint Jérôme : *Sed et illud quod ad Mammæam, matrem Alexandri Imperatoris, religiosam feminam, rogatus venit Antiochiam, et summo honore habitus est.*

---

[1] *Notes historiques, biographiques, archéologiques et littéraires concernant les premiers siècles chrétiens*, p. 130 et suiv. Cf. Tillemont, *Hist. des empereurs romains*, t. III, p. 179 et 621.
[2] *Hist.*, VII, 18.
[3] *Hist. eccl.*, VI, 21.
[4] Saint Denis d'Alexandrie, cité par Eusèbe (*Hist. eccl.*, VII, 23), donne à Gallien, qui certainement n'était pas chrétien, les épithètes de ὁσιώτατος et de φιλοθεώτερος. Josèphe (*Ant. Jud.*, XX, 8, 11) donne à la fameuse Poppée, femme de Néron, l'épithète de θεοσεβής.
[5] *Hist. eccl.*, VI, 21.
[6] *De vir. illustr.*, dans la *Bibl. ecclesiastica* de Fabricius, LIV, p. 128.
[7] *Commonit.* XVII, p. 343, ed. Baluz.
[8] *Chronograph.*, p. 358.

Tillemont[1] place ces conférences à l'an 218 de J.-C., quatre ans avant l'avénement du fils de Mamée à l'empire, et M. l'abbé Greppo ajoute que, si aucun des auteurs que je viens de citer ne dit d'une manière précise que ces conférences amenèrent Julia Mamæa à la vraie foi, tout semble du moins donner lieu de le présumer.

Ni les historiens profanes, ni les médailles frappées à l'effigie de Julia Mamæa, ne fournissent aucun argument en faveur du christianisme de cette princesse. Les monnaies, comme toutes celles de cette époque, portent sans exception des types païens; on retrouve au revers du buste de l'impératrice les divinités du paganisme accompagnées des légendes : IVNO AVGVSTAE, IVNO CONSERVATRIX, PROVIDENTIA DEORVM, VENERI FELICI, VENVS GENETRIX, VENVS VICTRIX, VESTA, etc. Je ne parle ici que des médailles latines ; mais les mêmes représentations et bien d'autres encore se voient sur les médailles à légendes grecques frappées en Asie ou dans les autres provinces de l'empire.

Les historiens et les monuments, il est vrai, donnent des éloges aux vertus de cette princesse et M. l'abbé Greppo fait remarquer que Lampride[2] la qualifie de *mulier sancta*, en ajoutant que c'est là peut-être une allusion pour ne pas prononcer le nom de *chrétienne*, odieux, comme on sait, aux écrivains païens. Mais *sancta, sanctissima*, comme je l'ai fait observer ailleurs[3], sont des épithètes souvent employées dans les inscriptions et chez les auteurs profanes, avec la signification de *chasteté*, de *pureté*. Isolée, l'épithète de *sancta*, comme celle de θεοσεβεστάτη employée par Eusèbe, ne fournirait pas un argument solide en faveur du christianisme de Julia Mamæa; mais cette épithète indiquant toujours une vie pure et intègre, elle sert à corroborer les preuves fournies par des témoignages plus clairs et plus précis.

Julia Mamæa périt avec son fils l'an 235 après J.-C., aux environs de Mayence.

§ II. OTACILIA SEVERA.

On sait peu de chose d'Otacilia Severa, femme de l'empereur Philippe. La lacune qui existe chez les écrivains de l'*Histoire Auguste*, depuis Gordien jusqu'à Valérien, fait que nous ne possédons pas de narration suivie des règnes ni de Philippe, ni de Trajan Dèce, ni des autres Césars qui se succédèrent rapidement sur le trône ; les seuls documents que nous ayons se bornent à des détails épars conservés par des chronographes d'une médiocre autorité.

On croit assez généralement que Philippe l'Arabe, son fils et toute sa famille étaient chré-

---

[1] *Hist. des Empereurs romains*, t. III, p. 180 ; *Mémoires pour servir à l'Histoire ecclésiastique*, t. III, p. 763.
[2] *In Alex. Sev.*, 14.
[3] *Mémoire sur l'impératrice Salonine*, p. 15, dans le XXVI° volume des *Mémoires de l'Académie royale de Belgique*.

tiens. Les assertions positives des anciens écrivains ecclésiastiques [1], le témoignage formel de saint Jérôme [2], sont favorables à cette opinion. Cependant, plusieurs modernes ont prétendu que l'empereur Philippe n'avait jamais été chrétien [3] ; ils rejettent sans hésiter les témoignages contraires des historiens. La bienveillance que Philippe, durant son règne, montra pour les chrétiens aurait donné lieu de penser que lui-même avait abandonné le culte des fausses divinités pour embrasser la vraie foi. Mais est-il juste de rejeter des témoignages formels? Les savants modernes sont-ils en état de fournir des preuves solides pour étayer leurs hypothèses, qui tendent à mettre en doute la véracité des plus graves écrivains ecclésiastiques? Je ne le pense pas. Et d'ailleurs, pourquoi les chrétiens devaient-ils tenir à revendiquer comme un des leurs un homme qui, certes, n'était pas recommandable par ses vertus? Philippe était un prince souillé de crimes, qui n'était parvenu au trône que par la trahison, l'assassinat et l'usurpation. Si, pendant son règne, il semble n'avoir donné aucune marque extérieure de sa croyance aux dogmes chrétiens, si, au contraire, on le voit rendre des honneurs aux divinités du paganisme, on peut croire que les exigences de la politique l'obligeaient à cacher sa religion aux yeux du peuple, et à se conformer, pour les sacrifices et les cérémonies extérieures, aux usages de l'empire. D'ailleurs, un prince qui n'avait pas reculé devant les plus horribles forfaits pour satisfaire son ambition, ne devait pas avoir de scrupules, ni tenir beaucoup de compte des croyances religieuses. Les témoignages des écrivains anciens doivent, sans le moindre doute, être préférés à ce que disent les modernes, surtout quand ces témoignages s'accordent tous à nous présenter Philippe et sa famille comme chrétiens, et que ce sont des auteurs graves et sérieux qui attestent le fait. C'est là aussi l'opinion de M. l'abbé Greppo [4], qui, après avoir examiné et pesé toutes les objections faites contre les écrivains ecclésiastiques, n'hésite pas à déclarer que tout cela n'infirme en rien les assertions positives de ces écrivains. Puis le savant archéologue ajoute :

« Les crimes odieux de Philippe, qui révoltent toute âme honnête, ne prouvent qu'une chose,
« qu'il fut un scélérat, indigne de la qualité de chrétien dont il portait le nom. Les monuments
« et les particularités historiques relatives aux jeux séculaires, à l'apothéose de son père, à des
« actes de paganisme en prouvent une autre : c'est qu'il n'eut pas le courage de se montrer chré-
« tien sur le trône qu'il avait obtenu d'une manière si criminelle. L'histoire n'offre que trop
« d'exemples semblables, et le nombre des chrétiens aurait été fort réduit dans tous les temps,
« si la vertu et la piété donnaient seules un droit rigoureux à ce titre. Mais conclure de ces
« données que Philippe n'était pas chrétien, au moins par sa croyance, c'est, à mon avis, pous-

---

[1] Oros., *Hist.* VII, 20 ; Zonar., *Annal.* XII, 19; *Chron. Pasch.*, p. 270; Syncell., *Chron.*, p. 362; Euseb., *Hist. eccl.*, VI, 34.

[2] *De viris illustr.*, LIV, p. 128. *Qui primus de regibus romanis christianus fuit.*

[3] On peut voir surtout Mouiglia, *de annis Jesu Christi Servatoris et de religione utriusque Philippi Aug. diss. duæ*, Romæ, 1741, in-4°.

[4] *Notes historiques, biographiques, archéologiques et littéraires, concernant les premiers siècles chrétiens*, p. 163 et 164.

« ser trop loin la sévérité de la critique, et traiter avec trop peu de considération les autorités
« respectables qui l'affirment en termes aussi clairs et aussi formels. »

Une fois le christianisme de Philippe reconnu et admis comme un fait suffisamment prouvé, et je m'incline devant les graves et respectables autorités qui l'attestent, on peut facilement supposer que sa femme, Otacilia Severa, partageait sa croyance. Si le christianisme de cette princesse n'est pas aussi positivement établi par des témoignages historiques que celui de Julia Mamæa, du moins nous apprenons de saint Jérôme[1] et d'Eusèbe[2] que l'impératrice, femme de Philippe, avait aussi eu des rapports avec Origène et avait été en correspondance avec ce docte personnage. Plusieurs historiens[3] ont parlé de la pénitence publique imposée par saint Babylas, évêque d'Antioche, à l'empereur Philippe, auquel il refusa l'entrée de l'église une veille de la fête de Pâques ; un seul témoignage, celui de la Chronique Paschale ou Alexandrine[4], associe à cette pénitence Otacilia Severa, et cependant l'histoire ne reproche à cette princesse aucune complicité dans le meurtre de Gordien et dans les autres crimes dont Philippe s'était rendu coupable. Quoi qu'il en soit, de ce fait seul que l'empereur et l'impératrice se soumirent humblement à une pénitence ordonnée par un évêque, on peut admettre, avec toute espèce de vraisemblance et de fondement, qu'Otacilia Severa était chrétienne.

Du reste, quant aux monnaies qui portent l'effigie d'Otacilia Severa, toutes sans exception, comme celles de Julia Mamæa, montrent des types païens ; on y lit les légendes de : IVNO CONSERVAT. ROMAE AETERNAE, etc.

Au règne de Philippe appartient une médaille fort singulière, frappée à Apamée de Phrygie ; mais comme le même revers se retrouve déjà, à une époque antérieure, sur des médailles de Septime Sévère et de Macrin, on ne peut en tirer aucune conséquence par rapport au christianisme de Philippe. Je veux parler du beau médaillon au type de l'arche carrée flottant sur les eaux et dans laquelle sont placés un homme et une femme. vus à mi-corps ; au dessus de l'arche est un oiseau, et un second oiseau, portant une branche dans ses pattes, dirige son vol vers les personnages enfermés dans l'arche. En dehors, un homme et une femme debout sont représentés levant la main droite, comme dans un acte d'adoration. Les lettres NΩE tracées sur le coffre carré (κιβωτός) ne sauraient, d'après l'avis des meilleurs critiques, désigner autre chose que le nom du patriarche Noé[5]. Ce type offre donc un souvenir du déluge, tel qu'il est raconté dans la Genèse, et la représentation de l'arche, tout en fournissant une allu-

---

[1] *De viris illustr.*, LIV, p. 128. Saint Jérôme dit la mère de l'empereur, mais il est évident qu'il y a ici une erreur.
[2] *Hist. eccl.* VI, 36.
[3] Euseb., *Hist. eccl.*, VI, 34 ; Zonar., *Annal.*, XII, 19 ; S. Joan. Chrysost., *de S. Babyla contra Julianum et Gentiles*, *Opera*, tom. II, p. 544 sqq. Cf. Tillemont, *Hist. des Empereurs romains*, t. III, p. 303 et 645 ; *Mémoires pour servir à l'Histoire ecclésiastique*, t. III, p. 401.
[4] P. 270.
[5] Voyez les autorités citées par M. l'abbé Greppo, *loc. cit.*, p. 149 et suiv.

sion au nom de la ville d'Apamée, surnommée κιβωτός, cachait une intention secrète. On ne peut se refuser, en effet, à reconnaître dans ce médaillon le travail d'un monétaire chrétien, qui aura voulu figurer un des symboles de sa religion, emprunté aux livres saints, symbole de rédemption si souvent reproduit dans les catacombes et sur les sarcophages des premiers chrétiens. On n'a qu'à ouvrir les recueils de la *Rome souterraine* pour retrouver à chaque instant la représentation de l'arche de Noé [1].

Otacilia Severa paraît avoir survécu à son mari, l'empereur Philippe, tué à Vérone en 241 après J.-C. et à son fils, mis à mort à Rome, par les prétoriens, dans la même année.

§ III. Sainte Tryphonia.

Les médailles ne nous ont transmis ni les traits, ni les noms de la femme d'Herennius Etruscus, fils de Trajan Dèce et d'Herennia Etruscilla.

Si nous pouvons ajouter foi à ce que rapportent d'anciens martyrologes, le nom de la femme du fils de Trajan Dèce aurait été *Tryphonia* ou *Cephinia*.

Au 18 octobre, le martyrologe romain, d'accord avec ceux de Bède, d'Usuard et d'Adon, fait mention de sainte Tryphonia, avec la qualification d'épouse de l'empereur Decius. *Item Romæ sanctæ Tryphoniæ uxoris quondam Decii Cæsaris.*

Dans les *Auctaria* du martyrologe d'Usuard [2], se trouvent rassemblés quelques détails sur cette sainte.

Romæ, natale sanctæ Triphoniæ (sic) seu Cephiniæ, uxoris Decii Cæsaris. Quæ, viro suo, post interfectionem beatorum Sixti et Laurentii, divinitus punito, petiit cum filia Decii Cyrilla, a Justino presbytero baptizari, et sequenti die defuncta, migravit ad Dominum, et apud sanctum Ypolitum (sic) in cripta sepulta est.

Romæ depositio sanctæ Triphoniæ (sic), uxoris minoris Decii imperatoris. Quæ satis erat crudelis, et tamen arguit eum de nece Sanctorum. Hæc, post mortem viri sui, cum filia sua Cyrilla, per beatum Justinum, christiana est effecta, et sequenti die, orans ad confessiones Sanctorum, migravit ad Dominum.

Nous apprenons de ces textes que Tryphonia ou Cephinia, après la mort de son mari, Herennius Etruscus qui s'appelait également *Messius Decius*, comme son père, se présenta à saint Justin et demanda à être baptisée avec sa fille Cyrille, et que le lendemain, pendant qu'elle était en prières à la confession des saints, elle trépassa. On ajoute que cette princesse était

---

[1] Voyez plus loin la note de M. Ch. Lenormant. [2] Ed. Sollerio, Antuerp., 1714, in-fol.

d'un caractère cruel, et que cependant elle reprocha à l'empereur le meurtre des saints qu'il avait fait périr dans les tourments.

Au 28 octobre, on lit dans le martyrologe romain : *Romæ sanctæ Cyrillæ virginis, filiæ sanctæ Tryphoniæ, quæ sub Claudio principe pro Christo jugulata est.*

Le martyrologe d'Usuard ajoute quelques détails : *Romæ beatæ Cyrillæ virginis, filiæ Decii junioris Cæsaris, quæ, cum matre sua Typhonia* (sic) *post mortem patris sui, christiana effecta est; et sub Claudio imperatore, pro fide Christi decollata est...... et sepulta a Justino presbytero, cum matre sua, juxta sanctum Hyppolitum* (sic).

D'après ces textes, *sainte Cyrille* vierge, fille d'Herennius Etruscus et de Tryphonia, qui avait reçu le baptême en même temps que sa mère, comme nous venons de le voir, aurait souffert le martyre sous le règne de Claude le Gothique, vers l'an 268 ou 269 de J.-C.

Il y a des savants, et le père Oderico[1] entre autres, qui refusent à sainte Tryphonia la qualité d'impératrice; ils prétendent que Tryphonia n'était qu'une esclave ou une affranchie, attachée au service de la femme de Trajan Dèce, Herennia Etruscilla. Le savant jésuite s'appuie surtout, pour justifier son opinion, sur certaines formules qu'on retrouve dans les inscriptions; il en cite plusieurs exemples tirés du recueil de Fabretti : *Cimber Liviæ, Philadelphus Cæsaris, Pythion Germanici Cæsaris, Artemisia Cæsaris,* etc. On se servait de ces formules pour indiquer que ces personnes de profession servile étaient au service des empereurs et des impératrices. On lit dans le martyrologe dit *Romanum parvum,* d'où l'ont pris Adon, Usuard, Bède et d'autres : *Romæ Tryphoniæ uxoris quondam Decii Cæsaris.* Cette manière d'écrire devrait, d'après le père Oderico, donner à entendre que Tryphonia n'était pas la femme de Decius, mais une esclave de la femme de cet empereur. Cette façon de parler mal comprise aurait donné lieu à écrire : *Tryphonia uxor Decii,* au lieu de *Tryphonia uxoris Decii.* Ce serait le mot *serva,* ou celui de *liberta,* ou encore celui de *famula* qui serait sous-entendu dans ces sortes de phrases. Enfin, de cette manière vicieuse d'interpréter le sens de ces formules serait venue l'erreur de considérer comme appartenant aux femmes elles-mêmes des empereurs les noms d'esclaves ou d'affranchies attachées au service de leur maison.

Quoi qu'il en soit de l'opinion du père Oderico et de ceux qui partagent cette manière de voir, il me semble que l'on peut embrasser avec quelque apparence de raison, le sentiment contraire, c'est-à-dire, considérer sainte Tryphonia comme la femme de l'empereur Herennius Etruscus. Les historiens, tant s'en faut, ne nous ont pas transmis les noms de toutes les impératrices romaines; on en connaît plusieurs uniquement par les médailles. Il n'y aurait donc rien d'étonnant à ce que les traditions chrétiennes consignées dans les martyrologes

---

[1] Gasparis Aloysii Oderici *Dissertationes et adnotationes in aliquot ineditas veterum inscriptiones et numismata,* Romæ, 1765, in-4°, p. 212-213.

eussent conservé les noms de quelques princesses qui n'ont joué aucun rôle important sur la scène du monde. Ces considérations me portent à ranger sainte Tryphonia parmi les impératrices qui ont embrassé le christianisme, et cette opinion acquiert quelque vraisemblance, si l'on se reporte à l'époque de Trajan Dèce. Nous avons vu que deux impératrices, Julia Mamæa et Otacilia Severa, avaient déjà, auparavant, professé la religion chrétienne et que toute la famille de l'empereur Philippe avait partagé la croyance aux dogmes chrétiens.

J'ai déjà parlé du type chrétien des médailles d'Apamée de Phrygie. Au règne de Trajan Dèce, appartient une médaille très-singulière frappée à Mæonia, ville de Lydie. Un exemplaire de cette médaille, extrêmement rare, est conservé au Cabinet de France. On y voit, au revers de l'effigie de l'empereur, un triomphe de Bacchus, accompagné de la légende : ΕΠΙ ΑΥΡ. ΑΦΦΙΑΝΟΥ Β. ΑΡΧ. Α ΤΟ Β ΣΤΕΦΑΝΗ., et à l'exergue : ΜΑΙΟΝΩΝ[1]. Or, on remarque dans cette légende que les lettres Ρ et Χ dans le mot ΑΡΧοντος sont liées ensemble de façon à figurer de la manière la plus parfaite le monogramme si connu du Christ, ☧. Ce monogramme, ainsi dissimulé et caché pour ainsi dire dans un titre, est placé tout à fait au milieu et au sommet du type de la médaille, comme dominant toute la composition. Il n'est peut-être pas trop téméraire d'attribuer au graveur de cette monnaie, qui nécessairement a dû être chrétien, comme celui qui a gravé le type des médailles d'Apamée, l'intention de représenter le triomphe futur de la religion chrétienne sur les superstitions païennes, malgré les sanglantes persécutions que les chrétiens avaient à souffrir sous le règne de Trajan Dèce; et le titre ἄρχων choisi par l'artiste pour y introduire le monogramme sacré du Christ, semble offrir une allusion directe à la domination et au règne du Sauveur.

Le médaillon de bronze que je viens de décrire est d'une authenticité indubitable; la légende qui se lit sur cette pièce ne saurait être ni plus nette ni plus distincte; elle est incontestablement antique et n'a jamais été altérée ni retouchée par une main moderne; en un mot, le médaillon de Mæonia est irréprochable sous tous les rapports.

Si l'on doit reconnaître ici incontestablement le travail d'un monétaire chrétien, ne peut-on pas dire que l'artiste dans la ferveur de sa foi a cherché à protester, en quelque sorte, contre la tyrannie des persécuteurs de l'Église, en mettant au-dessus d'une composition toute païenne le glorieux monogramme du Christ? C'est là, ce me semble, l'explication la plus naturelle qu'on puisse donner de la légende gravée sur le médaillon de Mæonia. Le monogramme du Christ s'y trouve introduit subrepticement, sans altération sensible de la légende consacrée par l'usage [2].

D'après les données que j'ai rassemblées, sainte Tryphonia aurait vécu plusieurs années

---

[1] Sestini, *Museo Hedervariano*, parte seconda, tav. VII, add., n° 4 et p. 309.

[2] Voyez plus loin la note de M. Ch. Lenormant.

après la mort d'Herennius Etruscus, tué, l'an 251 de J.-C., dans une bataille contre les Goths, livrée près d'Abricium, en Thrace. Cette princesse serait morte vers l'an 258. Dans les souvenirs des chrétiens, on tenait peu compte des dates. Ainsi ce serait une erreur de placer le martyre de saint Sixte et de saint Laurent sous le règne de Trajan Dèce, comme le marque le martyrologe d'Usuard, dans le passage transcrit plus haut. Ces deux saints souffrirent le martyre en 258, sous le règne de Valérien et sous le consulat de Tuscus et de Bassus. C'est ainsi qu'il convient d'interpréter ce qui est dit dans les anciens martyrologes [1]. Il y a, par conséquent, un intervalle de sept à huit ans entre la mort d'Herennius Etruscus et la conversion de sa femme, sainte Tryphonia.

§ IV. — SALONINE.

Le règne de Gallien est une des époques les plus obscures des annales de l'empire romain. On ne possède, pour l'histoire de ce règne, que des fragments sans suite, des documents qui, au lieu de fournir des lumières, ne donnent souvent que des détails contradictoires. Les historiens de ces temps ont presque tous péri; le seul écrivain qu'on peut considérer, à peu près, comme contemporain, est Trebellius Pollion, biographe de peu de valeur, dont le texte incorrect ne nous est parvenu que tronqué et altéré dans un grand nombre d'endroits. Les chronographes byzantins qui ont conservé la mémoire des événements de la seconde moitié du troisième siècle de notre ère ont tous vécu à une époque trop éloignée des faits qu'ils racontent, pour qu'on puisse avoir une confiance entière dans leurs récits. Confondant les dates, n'ayant aucun égard à la suite des événements, ils transposent les faits, les dénaturent ou les racontent en termes tellement abrégés qu'on ne sait comment s'y prendre pour les replacer à leur rang et dans leur ordre chronologique.

On ne possède donc que fort peu de documents sur l'impératrice *Salonine*, femme de Gallien. Dans un mémoire particulier [2], où j'ai tâché de rassembler ce que l'histoire et les monuments nous apprennent sur Salonine, j'ai cru pouvoir ranger cette princesse parmi celles qui, soit ouvertement, soit secrètement, avaient professé la foi en J.-C. Je me suis fondé, pour établir cette opinion, sur deux arguments principaux : sur la légende extraordinaire d'une médaille, et sur les édits donnés par Gallien en faveur des chrétiens.

La médaille dont je parle montre l'impératrice assise, avec les attributs de la déesse *Pax*,

---

[1] *Acta Sanctorum*, 6 Aug., p. 129, § 25, et p. 140, § 69. Cf. Tillemont, *Mémoires pour servir à l'histoire ecclésiastique*, t. IV, p. 39, et p. 596 et 597; t. III, p. 325 et suiv.

[2] Ce mémoire a été imprimé dans le XXVIe volume des *Mémoires de l'Académie royale des sciences, des lettres et des beaux-arts de Belgique*.

le sceptre et la branche d'olivier; mais la légende, tout à fait insolite dans la suite impériale, sans analogie aucune avec les légendes usitées sur les monnaies frappées aux effigies des Césars et de leurs femmes, ne se rencontre sur aucune autre pièce, ni avant le règne de Gallien, ni après.

Voici la description de cette médaille :

SALONINA AVG. Buste de Salonine à droite sur un croissant.

℞. AVGVSTA IN PACE. L'impératrice assise à gauche, tenant une branche d'olivier et un sceptre. Denier de bronze saucé.

D'autres pièces au même revers portent la légende abrégée : AVG. IN PACE, et à l'exergue les deux lettres M. S ou les lettres isolées P ou S.

Cette médaille a été publiée et commentée bien des fois. Vaillant [1], Banduri [2], Rasche [3], le P. Lupi [4], regardent la légende AVGVSTA IN PACE comme *ironique* et destinée à tourner en ridicule la femme de Gallien. Ils comparent le type de Salonine assise à celui où, au droit, autour de la tête de Gallien, barbu et couronné d'épis, on lit : GALLIENAE AVGVSTAE et au revers la légende VBIQVE PAX, tracée près d'un bige, guidé par la Victoire [5].

Si Gallien a pu faire frapper des monnaies à son effigie, sur lesquelles on lit : VBIQVE PAX, si Gallien paraît avoir sérieusement adopté cette légende [6], cela n'a pu être que dans les rares intervalles où les soulèvements, les séditions et les révoltes ont pu être domptés pour un instant par lui ou par un de ses lieutenants. Tout le règne de Gallien n'offre qu'une suite continuelle de troubles, d'usurpations et de guerres civiles. Un passage d'Aurelius Victor et une inscription du recueil de Gruter font connaître que Gallien avait eu réellement la prétention d'avoir rétabli la paix dans tout l'empire. L'historien latin s'exprime ainsi : *At Romae Gallienus,* PACATA OMNIA, *ignarus publici mali, inprobe suadebat.*

Aurel. Victor, *de Caesaribus.* XXXIII, 15.

Quant à l'inscription de Bénévent, publiée par Gruter, et qui se rapporte à l'année 265 de notre ère, la voici :

MAGNO ET INVICTO
GALLIENO
AVG XI COS VI
DESIGNATO VII
PACIS R[*estitutori*]
. . . .

---

[1] *Num. Imp. Rom.*, t. II, p. 375 et 376.
[2] *Num. Imp. Rom.*, t. I, p. 236, not. 3.
[3] *Lexicon universæ rei nummariæ*, t. I, p. 1279.
[4] *Dissertatio et animadversiones in Severæ martyris epitaphium*, p. 104, n. 2, Panorm. 1784, in-folio.
[5] Eckhel, *D. N.* VII, p. 411.
[6] Eckhel, *l. cit.*; Banduri, *Num. Imp. Rom.*, t. I, p. 155. Voyez *Numismata Cimelii Vindobonensis*, tab. XII n° 19.

Gruter, *Corpus Inscript.*, p. cclxxiv, 6; Donati, 1, p. 182, 1; Orell. *Inscript. Lat. selectæ*, 1005; Th. Mommsen, *Inscriptiones regni napolitani latinae*, 1412.

Cette inscription, rapprochée de ce que dit Aurelius Victor, rend parfaitement compte du type de la Victoire dans un bige, accompagnée de la légende : vbiqve pax.

Mais le rare *aureus*, sur lequel on lit : gallienae avgvstae, avec une intention ironique, rappelle trop bien ce que les historiens disent de la mollesse et de l'indolence de Gallien, pour qu'on se refuse à regarder cette pièce comme une médaille satirique destinée à insulter au courage de l'empereur romain [1]. Aussi peut-on considérer cet aureus comme ayant été frappé dans les Gaules, à l'époque où Postume avait pris la pourpre et cherchait à anéantir, par tous les moyens possibles, l'autorité de Gallien [2].

Eckhel [3] avoue que le type des médailles de Salonine, accompagné de la légende avgvsta in pace est un type sérieux, que la légende, quoique inusitée, n'a pas été inscrite sur les monnaies de la femme de Gallien pour porter atteinte à son honneur; enfin que ces pièces n'ont pas été frappées comme celles sur lesquelles on lit : vbiqve pax, par quelque tyran qui cherchait à insulter Gallien.

Le baron Marchant [4] veut que la légende in pace indique la publicité du double fait de la paix conclue avec Attale, roi des Marcomans, et du mariage de Gallien avec Pipara qu'il croit être la même que Salonine [5]; il reconnaît, dans la femme assise du revers, l'impératrice *Pacifère*, et non l'image de la paix personnifiée. Le baron Marchant ajoute : « Il s'agis-
« sait de faire connaître que, par un traité conclu dans de graves circonstances, les Romains
« avaient obtenu la *paix* et l'empereur une *épouse*, que cet événement et ses conséquences
« utiles, précieuses, devaient rendre chère à l'empire. »

Cette explication singulière ne peut pas se soutenir, pas plus que celle qui s'attache à présenter comme satirique une représentation grave et sérieuse. La légende avgvsta in pace n'a pas été gravée sur une monnaie pour indiquer la paix conclue entre deux peuples, les Romains et les Marcomans, au moyen d'un contrat de mariage entre l'empereur et la fille d'un roi barbare; cette légende n'a pas cette signification et ne peut pas l'avoir; pour la comprendre, il faut en chercher l'explication dans un tout autre ordre d'idées.

---

[1] Cette légende rappelle aussi la manière dont Julien, dans ses *Césars*, traite Gallien qu'il fait entrer au banquet des dieux avec une robe et une démarche de femme. Voyez les Observations de Spanheim sur *Les Césars de l'empereur Julien*, p. 92-93.
[2] Voyez Lenormant, *Iconographie des empereurs romains*, p. 100.
[3] *D. N.* vii, p 419.
[4] *Mélanges de numismatique et d'histoire*, lettre xxxi, p. 33, et dans la nouvelle édition de Leleux, p. 525.

[5] Dans mon *Mémoire sur l'impératrice Salonine*, p. 4 et suiv., je crois avoir démontré par des preuves solides, puisées dans les faits historiques et dans la chronologie, qu'il est impossible de confondre Salonine, la femme légitime de Gallien, mariée à ce prince au moins dix ans avant son avènement au trône, qu'il est impossible de confondre, dis-je, Salonine avec Pipa ou Pipara, fille du roi des Marcomans qui était une des nombreuses concubines du même Gallien.

J'ai déjà dit que cette légende est unique dans la suite impériale, qu'on ne la lit sur aucune monnaie ni avant Saloniue ni après.

Maintenant prétendre que le type de la médaille de Salonine ressemble au type banal de la Paix personnifiée qu'on trouve si souvent sur les médailles impériales latines de tous les Césars, c'est, à mon avis, méconnaître tout à fait l'intention et le sens qu'indique la légende IN PACE. Confondre cette légende avec celles de PAX AVG. PAX AETERNA, PAX PVBLICA qui se lisent sur une foule de monnaies impériales, c'est confondre des légendes qui n'ont aucun rapport entre elles, qui ont une signification propre et distincte. La Paix assise, tenant comme Salonine une branche d'olivier et un sceptre et accompagnée de la légende PACI AETERNAE, est représentée au revers d'un médaillon d'or de Commode [1]. Comparer ce type à celui que nous avons sous les yeux, c'est confondre deux types au premier aspect semblables, mais distingués par des légendes bien différentes. *Paci æternæ* n'est pas la même chose qu'*Augusta in Pace*.

La formule ΕΝ ΕΙΡΗΝΗ, IN PACE se lit sur un grand nombre de monuments, tous funéraires ; ces monuments sont des épitaphes chrétiennes ; il n'y a qu'une seule classe de monuments également funéraires qui fasse exception à cette règle ; nous en parlerons tout à l'heure. On n'a qu'à ouvrir les recueils de monuments chrétiens tels que ceux de Bosio, d'Aringhi, de Boldetti, de Bottari, etc., et les grands recueils d'inscriptions, tels que ceux de Gudius, de Fabretti, de Donati, de Muratori, de Gruter, etc., pour se convaincre que cette formule n'a été employée que par les chrétiens et qu'on la retrouve sur les pierres sépulcrales, dès les premiers temps du christianisme.

Dans mon *Mémoire sur l'impératrice Salonine* [2], j'ai cité quelques exemples de ces inscriptions. Mais cette formule est si commune, si fréquente, qu'il est parfaitement inutile d'en mettre des exemples sous les yeux des lecteurs. Je me bornerai donc ici à faire observer que souvent ces inscriptions funéraires ne se composent uniquement que du nom propre du défunt suivi des mots *in pace* ; d'autres fois elles sont surmontées ou accompagnées du monogramme du Christ ☧. Cette formule IN PACE était si généralement en usage chez les premiers chrétiens, que dans des inscriptions en langue grecque, on lit : ΕΙΝ ΠΑΚΑΙ ou ΕΙΝ ΠΑΚΕ au lieu de ΕΝ ΕΙΡΗΝΗ [3]. Le plus souvent les épitaphes ne portent que : IN PACE ; quelquefois on lit : IN PACE ☧, DORMIT IN PACE, REQVIESCIT IN PACE, etc. [4]. On cite à propos de cette formule consacrée par les rites chrétiens les paroles du Psalmiste [5] : *In pace in idipsum dormiam et requiescam*, et ces expressions consacrées par l'Église : *Corpora Sanctorum in pace sepulta*

---

[1] Mionnet, *Rareté des médailles romaines*, t. I, p. 245.
[2] P. 40 et suiv.
[3] Bottari, *Roma sotterranea*, t. III, p. 116 ; B. Passionei, *Iscrizioni antiche*, p. 111.
[4] Voyez Steph. Ant. Morcelli *Operum epigraph.*, vol. II, p. 76. Cf. Marini, *Atti de' Fratelli Arvali*, p. 422.
[5] IV, 9.

sunt[1]. Mais le passage le plus formel et le plus remarquable est celui qu'on lit dans le troisième livre de la Sagesse :

1. *Justorum autem animæ in manu Dei sunt, et non tanget illos tormentum mortis.*
2. *Visi sunt oculis insipientium mori : et æstimata est afflictio exitus illorum.*
3. *Et quod a nobis est iter, exterminium : illi autem sunt* IN PACE.
4. *Et si coram hominibus tormenta passi sunt, spes illorum immortalitate plena est.*

Dans les premiers siècles de l'ère chrétienne, on entendait par la formule *avoir la paix du Seigneur*, être dans la communion de l'Église, laquelle communion se nommait par excellence *la paix* (PAX); c'est pour cette raison que, dans les épitaphes chrétiennes, la formule *in pace* signifie que le défunt est mort dans la communion de l'Église. Dans la mosaïque de l'église de Sainte-Constance, à Rome, le Sauveur du monde est représenté donnant à un apôtre, probablement saint Pierre, un volume sur lequel on lit ces mots : DOMINVS PACEM DAT $\bar{x}$ [2].

Les juifs ont quelquefois employé, dans leurs épitaphes, la formule : EN EIPHNH, IN PACE, et c'est là la seule et unique classe de monuments funéraires non chrétiens sur lesquels on retrouve cette formule. On comprend facilement que la source commune où les juifs et les chrétiens ont été chercher ces expressions se trouve dans les Psaumes et dans les autres passages de l'Écriture Sainte dont je viens de rappeler le texte, d'après la version de la Vulgate; mais rien n'est plus facile que de distinguer un tombeau juif d'un monument chrétien, à cause de la représentation du chandelier à sept branches, symbole de la loi mosaïque, et du mot ΣΥΝΑΓΩΓΗ qu'on retrouve constamment sur les épitaphes juives [3].

Je sais bien, et le savant Morcelli en a fait l'observation avant moi, que les païens ont aussi consacré, mais très-rarement, des monuments funéraires *à la paix et au repos*, PACI ET QVIETI, des morts [4]. Cette dernière formule diffère essentiellement de celle qui est employée dans les monuments chrétiens. PACI ET QVIETI est une formule qui se rapproche beaucoup de celles de SOMNO AETERNO, et de MEMORIAE AETERNAE, si souvent tracées sur les urnes cinéraires et les sarcophages des païens. Je n'ignore pas que plusieurs archéologues ont soutenu une opinion contraire à celle que je produis ici; ils ont prétendu que les païens s'étaient quelquefois servis, dans leurs monuments funéraires, de la formule : IN PACE. Ainsi on a rangé au nombre des monuments païens le sarcophage d'une femme nommée Artemidora [5]. Ce sarcophage publié

---

[1] *Eccl.* XLIV, 14. *Corpora ipsorum in pace sepulta sunt.*

[2] Voyez Buonarotti, *Osservazioni sopra alcuni frammenti di vasi antichi di vetro ornati di figure trovati ne' cimeterj di Roma*, p. 29. Cf. ces paroles de Jésus-Christ: *Pacem relinquo vobis, pacem meam do vobis; non quomodo mundus dat, ego do vobis.* St. Joan. XIV, 27.

[3] Voyez une savante dissertation de M. l'abbé Greppo: *Notice sur des inscriptions antiques, tirées de quelques tombeaux juifs à Rome*, Lyon, 1835. Cf. Aringhi, *Roma subterranea*, t. I, p. 236 ; Oderici, *Dissertationes et adnotationes in aliquot ineditas veterum inscriptiones et numismata*, p. 253.

[4] Orell., *Inscript. lat. select.*, n° 4866. La formule QVIETI AETERNAE ou QVIETI PERPETVAE se rencontre aussi quelquefois dans les épitaphes païennes. Voy. Artaud, *Inscriptions de Lyon*, Lyon, 1816.

[5] Raoul Rochette, *Deuxième mémoire sur les antiquités chrétiennes*, dans le tome XIII de la nouvelle série des *Mémoires de l'Académie des inscriptions et belles-lettres*, p. 196.

par Guattani [1] est enrichi d'un bas-relief sur lequel sont représentés des enfants et des génies nus et ailés qui jouent à divers jeux. L'inscription est de la teneur suivante :

ΕΝ ΘΑΔΕ
ΚΟΙΜΑΤΑΙ
ΑΡΤΕΜΙΔΩ
ΡΑ ΕΝ ΕΙ
ΡΗΝΗ

On voit assez souvent sur les sarcophages chrétiens des représentations de ce genre, et il suffirait peut-être de citer le célèbre sarcophage de porphyre de sainte Constance [2]. Sur ce monument sont représentés des enfants nus et ailés qui foulent le raisin et sont occupés aux travaux de la vendange, sujets semblables à ceux qui sont figurés dans la voûte en mosaïque du mausolée de cette princesse. On pourrait nous objecter que les représentations de la vendange et les emblèmes bachiques ont été souvent employés dans les monuments chrétiens avec une intention mystique; c'est pourquoi je me hâte d'ajouter que sur plusieurs sarcophages indubitablement chrétiens, on voit deux *enfants ailés et complétement nus* qui sont dans l'attitude de soutenir avec les mains le cartel ou tablette sur laquelle est tracée l'épitaphe [3]. Sur le sarcophage de porphyre, dans lequel on croit que furent renfermés les restes de l'impératrice sainte Hélène, on voit également des enfants nus entre les guirlandes de feuillage, sculptés sur le couvercle de ce précieux monument [4]. D'ailleurs on sait que le plus grand nombre des sarcophages étaient fabriqués d'avance et exposés en vente dans les ateliers des sculpteurs qui étaient comme de véritables magasins où tout le monde pouvait aller voir, choisir et acheter à son gré et à sa convenance une tombe, plus ou moins riche, pour y déposer les restes de ses parents ou de ses amis. Les chrétiens ont pu souvent employer des sarcophages sculptés et préparés d'avance, sur lesquels se trouvaient représentés des sujets indifférents, des enfants ou des génies occupés à différents jeux, et c'est à cette classe de sujets qu'appartiennent ceux sculptés sur le sarcophage d'Artemidora.

M. Raoul Rochette [5], pour confirmer ce qu'il dit au sujet de l'origine païenne de la formule IN PACE, cite une inscription de *teneur profane* (ce sont ses expressions) appartenant à l'ancien pays des Marses et dans laquelle on retrouve cette formule sous la forme suivante : QVESQN PACE pour QVIESCAT IN PACE [6].

---

[1] *Monum. ined. per l'anno* 1786, Maggio, tav. III, p. XLI seg.
[2] Visconti, *Museo Pio Clem.* VII, tav. XI, XII; Bottari, *Roma sotterranea*, t. III, tav. CXXXII.
[3] Maffei, *Mus. Veron.*, p. CCCCLXXXIV ; *Verona illustrata*, p. III, c. 3, p. 57 ; *Monumenti di S. Ambrogio*, tav. XIV, p. 99. Cf. les autres monuments cités par M. Raoul Rochette, dans son *troisième Mémoire sur les antiquités chrétiennes*, t. XIII des *Mémoires de l'Académie des inscriptions et belles-lettres*, p. 709.
[4] Aringhi, *Roma subterranea*, t. II, p. 22 ; Bottari, *Roma sotterranea*, t. III, tav. CXCVI.
[5] *L. cit.*, p. 195.
[6] Voyez De Sanctis, *Dissertazione sopra la villa d'Orazio Flacco*, p. 54, ed. 2, Roma, 1768, in-4°.

Je donne ici d'après Nibby [1] le texte complet de l'inscription :

VAL. MAXIMA MATER
DOMNI PREDIA VAL.
DVLCISSIMA FILIA
QVE VIXIT ANNIS XXX
VI MEN. II D. XII IN PRE
DIIS SVIS MASSE MAN
DELANE SEPRETORVM
HERCVLES QVESQN PACE [2].

J'avoue que, pour ma part, je ne trouve, dans l'inscription de Massa Mandelana dont je viens de reproduire le texte complet, aucune trace, aucune marque, aucune expression propre au paganisme. Et quoique M. Raoul Rochette [3] attribue à *l'autorité de longues habitudes et à l'influence de vieux préjugés*, l'opinion de considérer comme chrétiens tous les monuments qui portent le formule IN PACE, je crois qu'on doit soutenir avec Mabillon [4] que cette formule est exclusivement chrétienne.

C'est aussi l'avis de M. l'abbé Celestino Cavedoni [5] qui, au sujet de la formule : EN EIPHNH, IN PACE, dit que cette formule appartient en propre au christianisme et qu'on doit regarder comme des monuments funéraires indubitablement chrétiens tous ceux qui portent cette formule, jusqu'à ce qu'on puisse produire un exemple certain de la formule IN PACE sur un monument païen. Ainsi d'après l'illustre archéologue de Modène, les polythéistes n'ont jamais employé dans leurs épitaphes l'expression *in pace*; on aurait tort d'attribuer à un personnage païen un tombeau sur lequel on lirait ces mots. On vient de voir que les deux seuls exemples qu'on a cités comme appartenant aux païens, le sarcophage d'Artemidora et l'inscription de Massa Mandelana, sont des épitaphes chrétiennes comme toutes les autres qui portent les mots IN

---

[1] *Dintorni di Roma*, vol. I, p. 295. Cf. la troisième édition de la *Dissertation* de De Sanctis, p. 53, Ravenn., 1784, in-4°.

[2] Dans le *Lexique* de Forcellini, au mot *Domniprædius*, on cite aussi cette inscription et on fait remarquer l'absence de la diphthongue *æ* dans plusieurs des mots, ce qui doit nécessairement faire attribuer cette épitaphe à l'âge de la basse latinité. En effet, on observe cette suppression des diphthongues dans un grand nombre d'autres inscriptions chrétiennes.

[3] *L. cit.*, p. 196.

[4] *De cultu Sanctorum ignotorum*, § VI, *Vetera Analecta*, p. 557.

[5] *Ragguaglio critico dei monumenti delle arte cristiane primitive nella metropoli del cristianesimo disegnati ed illustrati per cura di G. M. D. C. D. G.*, Modena, 1849. Je cite ici les expressions dont se sert l'illustre numismatiste de Modène, p. 33 et 34 : *La formola degli epitafi cristiani* QUIESCIT IN PACE, REQUIESCIT IN PACE, *sebbene anche ne' gentilesche s'incontri talora la voce* REQUIESCIT (voyez Raoul Rochette, *l. cit.*, p. 192-196) *parmi* UNICAMENTE PROPRIA DEL CRISTIANESIMO *segnatamente riguardò alla parola* IN PACE, *e ritratta da fonti Biblici*. Ici M. l'abbé Cavedoni cite les textes que j'ai transcrits plus haut, puis il ajoute : *Il sarcofago pubblicato dal Guattani..... dovrà fermamente tenersi per monumento cristiano fino a che non si produca qualche esempio non dubbio della formola* EN EIPHNH, IN PACE, *in monumento pagano*. Cf. Steph. Ant. Morcelli, *Operum epigraph.*, vol II, p. 77. *At dictio illa*, IN PACE, *christiana est tota : ut jam viri eruditi, quum oculis usurpaverint, nullum aliud requirere vestigium soleant quo vetus epitaphium inscriptionibus christianis adnumerent.*

PACE[1]. Mais c'est uniquement aux *épitaphes* que M. l'abbé Cavedoni borne cette application. On ne devrait donc pas conclure de ce que le savant ecclésiastique dit au sujet de cette formule que dans une légende monétaire les mots *in pace* aient été employés avec le sens que les inscriptions chrétiennes leur donnent.

Si sur les monnaies de Salonine les mots *in pace* n'avaient réellement pas le sens que les chrétiens de la primitive Église y attachaient, quand ils plaçaient ces mots sur leurs épitaphes, je n'aurais pas été fondé à dire que Salonine était morte chrétienne. En effet, si on pouvait donner une explication satisfaisante de ces deux mots, ce que j'ai dit à ce sujet se réduirait à une simple conjecture sans la moindre valeur, sans la moindre autorité.

Mais d'autres objections m'ont été faites quant à mon opinion sur ces médailles et quant aux inductions que j'ai cherché à tirer de la légende : AVGVSTA IN PACE.

D'abord on a prétendu que si on avait trouvé la formule IN PACE inscrite sur le tombeau même de Salonine, on aurait pu être fondé avec assez de raison à penser que la femme de Gallien était morte chrétienne. Mais que l'on doit se garder d'assimiler une légende monétaire à une formule lapidaire, employée dans les épitaphes chrétiennes avec un sens tout particulier. Qu'une monnaie frappée du vivant de l'impératrice ne peut signifier autre chose, si ce n'est que la princesse jouissait de la paix : *Augusta (degebat) in pace*.

On a dit que les lettres M. S. placées à l'exergue se retrouvent non-seulement sur la pièce qui porte : AVG. IN PACE, mais encore sur des monnaies qui montrent les images des divinités du paganisme : IVNO AVG. VENVS VICT. etc. Que la lettre s placée à l'exergue de quelques monnaies portant également la légende : AVG. IN PACE se rencontre sur d'autres pièces de Salonine qui montrent Vesta assise, accompagnée de la légende : VESTA FELIX. Que par conséquent toutes les pièces qui portent les sigles M. S. sont sorties d'un seul et même atelier monétaire, comme aussi toutes celles ayant à l'exergue la lettre s qui servait à indiquer une autre officine. Et comme celles de ces pièces sur lesquelles on voit des divinités païennes ont sans aucun doute été frappées quand Salonine occupait le trône, il s'ensuivrait assez naturellement que la légende : AVG. IN PACE se rapporte non à Salonine morte, mais à Salonine vivante, représentée assise dans une pose tranquille et jouissant de la paix. Cette paix à laquelle ferait allusion la légende de la monnaie de Salonine serait la paix que Gallien avait la prétention d'avoir rétablie dans toutes les provinces de l'empire, fait qui lui avait valu le titre de restaurateur de la paix, *Restitutor pacis*[2].

On allègue aussi plusieurs passages tirés des auteurs anciens qui auraient employé la locu-

---

[1] J'ai parlé ailleurs (*Revue de la numismatique belge*, 2e série, t. II, p. 335 et suiv.) d'une autre inscription évidemment païenne dans laquelle on avait cru retrouver la formule IN PACE, tandis qu'il y est question d'une trirème nommée *Pax*.

[2] *Supra*, p. 174.

tion *in pace* avec la signification de *paix*, de *repos*, de *quiétude*, appliquée à des personnes vivantes.

On pourrait m'objecter encore que si plusieurs types et légendes monétaires sont communes à la plupart des Césars, d'autres n'appartiennent en propre qu'à un seul règne en particulier ; qu'on aurait tort d'attribuer une intention toute spéciale et contraire aux usages à une légende, uniquement par la raison qu'elle ne se rencontre que sur les monnaies d'une seule princesse.

Je crois avoir réuni ici, sans en dissimuler aucune, les objections qui m'ont été faites par rapport à mon opinion sur la monnaie de Salonine qui, à mes yeux, semble prouver le christianisme de cette princesse.

D'abord je suis obligé de dire que ce n'est pas par une idée préconçue que j'ai rangé Salonine parmi les impératrices romaines qui, ouvertement ou secrètement, ont professé le christianisme avant Constantin. Que ce n'est pas en accumulant des textes plus ou moins spécieux, plus ou moins favorables à mon opinion et en torturant le sens d'une légende monétaire, que j'aurais forcément détournée de sa signification originelle pour la faire concorder avec le plan que je m'étais tracé, que j'ai voulu établir et prouver le fait que j'avance. Bien au contraire, mon point de départ a été cette légende même : AVGVSTA IN PACE, unique dans la suite impériale. Cette légende singulière m'a frappé, et comme je n'ai rien trouvé de semblable, sinon dans les épitaphes chrétiennes, j'en ai conclu que cette légende devait avoir le sens que ces épitaphes lui donnent et que la monnaie de Salonine sur laquelle cette légende est inscrite, venant à nous révéler un fait jusqu'ici inconnu, était une monnaie commémorative frappée en l'honneur de Salonine, après sa mort.

Je suis persuadé, d'un autre côté, que si on possédait le sarcophage dans lequel furent déposés les restes de l'impératrice Salonine, après sa mort, on n'y lirait sûrement qu'une épitaphe toute païenne, précédée de la formule ordinaire D. M. (*Diis Manibus*). On conçoit facilement que le tombeau consacré publiquement à la mémoire d'une princesse, femme d'un empereur romain, ne pouvait et ne devait porter pour épitaphe officielle, si je puis m'exprimer ainsi, qu'une inscription dans laquelle étaient employées les formules usitées et prescrites par les lois et la religion de l'empire. Autre chose est le tombeau érigé à une princesse, aux frais et avec le concours de l'État, et autre chose une médaille frappée, sinon secrètement, du moins avec une formule secrète destinée à honorer la mémoire d'une chrétienne. Pour admettre la présence d'une inscription chrétienne sur le tombeau même de Salonine, il faudrait supposer qu'après la catastrophe de Milan, dans laquelle périt Gallien avec sa famille, les chrétiens eussent eux-mêmes élevé un monument à Salonine. Or, cette supposition n'est guère admissible, puisque, sous le règne de Claude le Gothique et sous celui d'Aurélien, successeurs immédiats de Gallien, nous voyons se renouveler les édits de persécution contre les chrétiens. Si un prince chrétien était monté sur le trône immédiatement après Gallien, on pourrait dire que sous son règne on avait voulu honorer la mémoire d'une princesse qui avait embrassé la même religion, en lui élevant un tombeau aux frais du trésor public. Mais il en est tout autrement et un hommage public ne pouvait pas être rendu à une princesse chrétienne, dans un temps où les disciples du Dieu Sauveur étaient obligés de fuir et de se cacher pour se soustraire aux tourments et à la mort.

C'était un usage chez les Romains de frapper des monnaies en l'honneur des princes après leur mort. On possède un grand nombre de pièces qui rappellent les honneurs de l'apothéose décernés aux Césars, à leurs femmes et aux membres de leur famille. On connaît aussi des pièces qui ne sont que des médailles commémoratives, frappées en l'honneur de quelques princesses qui n'ont pas été divinisées. Telles sont les médailles de bronze frappées à la mémoire d'Agrippine, femme de Germanicus et de Domitille, fille de Vespasien, après leur mort, et sur lesquelles on voit le *Carpentum* traîné par deux mules [1]. Le Sénat fit mettre Constantin au rang des dieux, malgré sa profession de chrétien et on frappa des monnaies pour célébrer son apothéose [2]. On connaît des monnaies de petit bronze, frappées, comme tout porte à le croire, après la mort de l'impératrice sainte Hélène, mère de Constantin ; ces pièces portent une légende dédicatoire : FL. IVL. HELENAE AVG. ; au revers, on lit : PAX PVBLICA, et à l'exergue, TR S. [3]. Cette forme d'apothéose avec une modification dans le ton de la dédicace qui faisait supprimer l'adjectif *diva*, la rendait, comme le fait observer M. Lenormant [4], *à peu près chrétienne*. La commémoration en l'honneur de Salonine, que nous révèle la monnaie sur laquelle on lit : AVGVSTA IN PACE, est *tout à fait chrétienne* et tellement conforme à la simplicité des épitaphes des premiers siècles, que cette conformité doit exciter l'étonnement.

Si des païens ont pu mettre au rang de leurs dieux un empereur chrétien, qui avait ouvertement embrassé la foi, qui avait protégé et comblé de faveurs les chrétiens, et cela immédiatement après sa mort et pendant que l'autorité de ses fils, également chrétiens, était reconnue ; si des païens, dans tout l'empire, ont pu faire frapper des médailles pour célébrer cette apothéose et en consacrer la mémoire [5], ne peut-on pas conjecturer que des artistes chrétiens, en secret et dans quelque coin de l'empire, ont usé de ce même moyen pour rendre hommage à la mémoire d'une princesse chrétienne ? Il est vrai que l'autorité du Sénat sanctionnait l'apothéose de Constantin, tandis qu'aucune loi ne pouvait autoriser l'altération des types ou des légendes des monnaies pour y introduire des signes chrétiens.

---

[1] MEMORIAE AGRIPPINAE OU MEMORIAE DOMITILLAE. S. P. Q. R. Eckhel, *D. N.* VI, p. 213, 346. Le *Carpentum* n'était pas un signe d'apothéose ou de consécration. Voyez Eckhel, *D. N. l. cit.*, p. 347.

[2] Eutrop., *Hist.* x, 8 ; Eckhel, *D. N.* VIII, p. 92.

[3] Eckhel, *l. cit*, VIII, p. 54.

[4] *Revue numismatique*, année 1843, p. 101. Cf. les Annotations de la lettre XVII du baron Marchant, dans la nouvelle édition de Leleux, p. 243.

[5] Les médailles frappées en l'honneur de Constantin, après sa mort, offrent un mélange de symboles païens et d'emblèmes chrétiens qui laisse l'esprit dans le doute par rapport au motif qui a pu présider à leur émission. Eusèbe (*Vita Constantini*, IV, 73) a parlé de ces pièces.

Plusieurs médailles frappées sous les règnes précédents nous ont montré des emblèmes chrétiens, cachés d'une manière subreptice dans une légende ou dans un type. La médaille commémorative de Salonine serait un exemple de plus de ces licences que se permettaient les monétaires. J'ai tâché de démontrer, dans mon *Mémoire sur l'impératrice Salonine*[1], que ces licences s'expliquaient assez naturellement par les troubles continuels de ces temps. On a parlé de l'altération des monnaies, si sensible sur les pièces frappées à Rome depuis Valérien. Ne peut-on pas croire, d'après les exemples que j'ai cités, que les monétaires ne se bornaient pas seulement à altérer et à diminuer le poids de la monnaie, à y introduire un alliage de métaux de moindre valeur, mais encore que cette licence allait jusqu'à altérer les types et à y introduire des détails ou insolites ou contraires même aux lois? Et remarquons-le bien, que c'est toujours d'une manière détournée et avec une certaine timidité que les légendes ou les types sont altérés.

Ainsi, si la médaille de Salonine nous montre dans la légende du revers une formule chrétienne qui donne à connaître que la princesse est morte dans la communion de l'Église, au droit le monétaire a conservé le buste de Salonine, placé sur un croissant, représentation adoptée à cette époque pour les effigies des impératrices romaines, et consacrée par les dogmes et l'usage des païens qui, par adulation, cherchaient toujours à identifier les princes et les princesses aux divinités; au revers, le type de l'impératrice assise, tenant le sceptre et la branche d'olivier, attributs ordinaires de la déesse *Pax*, s'assimilait, du moins extérieurement, au type de la Paix si fréquent sur les monnaies impériales. On représentait donc l'impératrice avec des attributs vagues ou indifférents aux yeux des chrétiens, on conservait les formes extérieures admises sur les monnaies publiques, mais la légende, assez explicite pour un chrétien, suffisait au but qu'on s'était proposé.

Et remarquons que la même observation s'applique aux médaillons d'Apamée et de Mæonia, que j'ai décrits plus haut [2] : sur l'un, le triomphe de Bacchus est conservé, mais il est surmonté du monogramme du Christ ☧ ; sur l'autre, l'arche de Noé (κιβωτὸς) fait allusion au surnom de la ville, Apamée, Κιβωτὸς, mais le nom de ΝΩΕ inscrit sur l'arche ne permet pas de confondre cette représentation avec le déluge de Deucalion ou avec celui de Xisuthrus.

J'ai rappelé dans mon *Mémoire*[3] la révolte des monétaires, sous Aurélien, l'an 274 après J.-C., six ans à peine après la mort de Gallien[4]. La coïncidence de ce fait avec l'altération des types et des légendes mérite une sérieuse considération. Cette révolte, provoquée par les réformes qu'Aurélien voulait introduire dans la fabrication des monnaies, prouve l'indé-

---

[1] P. 50 et suiv.
[2] *Supra*, p. 169 et 172.
[3] P. 53.
[4] Vopisc. *in Aureliano*, 38; Aurel. Victor, *de Cæsaribus*, XXXV, 6; *Epit.*, XXXV, 4; Eutrop., *Hist.*, IX, 14; Suid., *v.* Μονητάριοι.

pendance de ces monétaires, leur puissance et la liberté extrême dont ils jouissaient et dont ils abusaient. J'ajouterai que quoique Aurélien vint à bout de vaincre les monétaires et ceux sans doute qui s'étaient joints à leur révolte, comme il arrive toujours dans des cas pareils, la réforme monétaire d'Aurélien fut loin d'être complète ; les pièces d'or frappées après cet événement se distinguent par le mérite de la fabrication et le poids[1], mais quant à la monnaie d'argent, ce n'est qu'à la neuvième ou dixième année de Dioclétien que les pièces de bronze saucé disparaissent pour faire place aux nouveaux deniers d'argent pur portant les sigles XCVI, marque du poids légal du denier d'argent[2].

Maintenant, si les lettres M. S. se lisent non-seulement sur la médaille à laquelle j'attribue une intention secrète, mais encore sur des pièces qui ont pour type des divinités du paganisme, il ne s'ensuit pas d'une manière rigoureuse que les unes et les autres aient été frappées du vivant de Salonine. Les monétaires chrétiens auxquels j'attribue la fabrication des pièces en question avaient tout intérêt à dissimuler sous des formes avouées et consacrées par les usages païens une formule gravée d'une manière subreptice sur une monnaie qui allait entrer en circulation avec les autres monnaies publiques de l'empire. De là, comme je l'ai déjà fait observer, la forme et les attributs de la déesse *Pax*, sous lesquels l'impératrice est ici représentée ; de là, les lettres qui se retrouvent sur des monnaies à l'effigie de Salonine et portant des types païens. Et d'ailleurs, pourquoi ne pas admettre que dans les ateliers monétaires qui étaient indiqués par les différents M. S. P. ou S. et qui avaient émis, du vivant de Gallien et de Salonine, des pièces à types païens, il ne se trouvait pas des chrétiens qui, après la mort de Salonine, voulurent honorer une princesse qui, en secret ou en public, avait professé la foi en Jésus-Christ[3] ? Il me semble que la présence d'un différent monétaire identique ne doit pas faire attribuer toutes les pièces sur lesquelles il se trouve gravé à une seule et même émission de numéraire.

On cite plusieurs passages tirés des auteurs de la bonne latinité, tant en prose qu'en vers, pour prouver que les mots *in pace* ont été appliqués à des personnages vivants, avec la signification de repos après le travail. Il me semble nécessaire de soumettre ces passages à un nouvel examen avant de prononcer d'une manière définitive sur le sens que j'attribue à la légende monétaire : AVGVSTA IN PACE.

Il est certain que les anciens honoraient d'un culte une déesse qui était la personnification

---

[1] Lenormant, *Iconographie des Empereurs romains*, p. 106.

[2] Voyez mes *Annotations* de la lettre XXVII du baron Marchant, dans la nouvelle édition de Leleux, p. 416 et suiv. Cf. Th. Mommsen, Ueber den Verfall des römischen Münzwesens in der Kaiserzeit, dans les Berichte über die Verhandlungen der Königl. Sächsischen Gesellschaft der Wissenschaften zu Leipzig, 1851, S. 264 u. folg.

[3] M. Anatole Barthélemy (*Revue numismatique*, année 1853, p. 67), a cité quelques passages historiques qui viennent à l'appui de mes remarques, et qui prouvent, quoique ces textes se rapportent à une époque postérieure au règne de Gallien, que le christianisme comptait de nombreux prosélytes parmi les ouvriers monétaires.

DU CHRISTIANISME DE QUELQUES IMPÉRATRICES ROMAINES.

de la paix. Εἰρήνη, représentée sous les traits d'une femme assise, portant le caducée, est figurée sur les médailles des Locriens, accompagnée de la légende ΕΙΡΗΝΗ[1]. Les nombreuses monnaies latines que nous possédons reproduisent à tous les règnes l'image de la déesse *Pax*, accompagnée de plusieurs épithètes: PAX AVG., PAX PVBLICA, PAX AETERNA, PAX PERPETVA, etc.

Juvénal a dit :

Ut colitur PAX, *atque Fides.*
Sat. I, 115.

Dans les calamités publiques, on demandait la paix des dieux. *T. Sulpicio Petico et C. Licinio Stolone Coss. pestilentia fuit, et* PACIS *deûm exposcendæ causa tertio, post conditam urbem, lectisternium fuit.*
T. Liv. VII, 2.

Sed votis precibusque jubent exposcere PACEM.
VIRG., Æn. III, 261.

Hostia cæsa PACEM *deûm adorare.*
T. Liv. VI, 12.

Je pourrais multiplier les citations au sujet du culte rendu par les anciens à la déesse *Pax*; mais les textes que je viens de citer me paraissent suffire.

Il est certain aussi qu'on s'est servi de l'expression *quiescere pace*, pour indiquer le repos que prend un homme après de rudes travaux, qu'on a pu dire *in pace*, pour régner en paix, être en paix, tenir en paix, préparer quelque chose pendant la paix, etc. On a souvent cité, et précisément à l'occasion de la médaille de Salonine portant la légende : AVGVSTA IN PACE[2], le vers de Virgile relatif à Anténor :

. . . . . *Nunc placida compostus* PACE *quiescit.*
VIRG. Æn., I, 249.

Le poëte a pu dire, en parlant du règne de Latinus ou de celui de Saturne,

. . . . . *Rex arva Latinus et urbes*
Jam senior longa placidas IN PACE *regebat.*
VIRG. Æn., VII, 45-46.

. . . . . *Sic placida populos* IN PACE *regebat.*
VIRG. Æn., VIII, 325.

En parlant de l'avenir des Troyens et des Rutules, peuples destinés à vivre dans une paix éternelle, Virgile a dit :

. . . . . *Tanton' placuit concurrere motu,*
Juppiter, æterna gentes IN PACE *futuras?*
VIRG. Æn., XII, 503-504.

Ovide loue L. Pomponius Flaccus de tenir en paix les peuples Mysiens :

Hic tenuit Mysas gentes IN PACE *fideli.*
OVID. Ex Ponto, IV, Epist. IX, 77.

---

[1] Eckhel, *D. N.*, I, p. 176; Mionnet, I, p. 195, n° 914.

[2] A. M. Lupi, *Dissertatio et animadversiones in Severæ martyris epitaphium*, p. 104, n. 2.

Cicéron parle de préparatifs de guerre faits dans la paix et le loisir : *Audire cupio : qui* IN PACE *et otio, quum manum fecerit, copias pararit, multitudinem hominum coegerit, armarit, instruxerit,* etc.   Cic. *Pro A. Cæc.* XII.

Mais tous ces passages, et quelques autres qu'on pourrait peut-être y joindre, ont-ils quelque rapport, quelque ressemblance avec la formule elliptique *Augusta in pace ?* Cette forme n'est-elle pas exactement celle des épitaphes chrétiennes ? C'est sur ces épitaphes qu'on trouve une quantité d'exemples du nom propre du défunt, seul, isolé, sans être accompagné d'un verbe, suivi simplement des mots *in pace.* Pour attribuer à Salonine vivante la légende monétaire que j'examine, il faut nécessairement sous-entendre un verbe, *degere, vivere, quiescere,* etc. Mais peut-on citer un seul exemple analogue de cette forme elliptique, tiré de quelque écrivain latin ? Je ne le pense pas. Et puis les mots *Augusta in pace* peuvent-ils avoir le sens qu'on leur attribue ? Peuvent-ils s'entendre de la paix qui règne entre les vivants ou entre les peuples ? Ce serait une chose étrange que sous aucun autre règne on n'eût employé cette locution, tandis que les exemples d'allusion à la paix surabondent dans la suite impériale latine. C'est toujours PAX AVG. ou AVGG. (*Pax Augusti, Augustæ* ou *Augustorum*) qui est la forme habituelle des légendes tracées près de la figure de la *Paix* personnifiée.

Comme les Romains n'ont jamais employé l'expression *in pace* dans le sens que les inscriptions chrétiennes lui donnent, c'est-à-dire de *repos paisible* dans la tombe, on ne peut guère se refuser, ce me semble, à adopter l'explication que j'ai proposée.

Et d'ailleurs, le souhait de la paix, adressé aux vivants comme aux morts, est une expression si éminemment chrétienne, si éminemment biblique qu'à chaque instant on en trouve des exemples dans l'ancien comme dans le nouveau Testament. L'ange dit à Tobie : *Ne craignez point, la paix soit avec vous*[1]. Dans l'Évangile, à la naissance de Notre-Seigneur, les anges chantent l'hymne : *Gloria in altissimis Deo et in terra pax hominibus bonæ voluntatis*[2]. Quand Jésus-Christ, après sa résurrection, apparaît aux apôtres assemblés, la première parole qu'il leur dit est : *La paix soit avec vous*[3]. Je pourrais multiplier ces citations, mais les passages que je viens de rappeler suffisent surabondamment pour faire apprécier la valeur du mot *paix* dans le langage chrétien, surtout si on rapproche ces passages de ce que j'ai dit plus haut[4], à savoir que le mot *pax* indiquait formellement la communion de l'Église. Aussi, dans les épitaphes chrétiennes, trouve-t-on non-seulement DORMIT IN PACE, mais aussi quelquefois ces expressions : QVI VIXIT IN PACE.

Je persiste donc à regarder la monnaie de Salonine portant la légende : AVGVSTA IN PACE, comme une monnaie commémorative frappée en l'honneur de Salonine après sa mort, par

---

[1] *Pax vobis, nolite timere.* Tob. XII, 17.
[2] S. Luc., II, 14.
[3] S. Luc., XXIV, 36 ; S. Joann., XX, 19.
[4] *Supra,* p. 177.

des monétaires chrétiens, et à reconnaître dans la légende : AVGVSTA IN PACE un de ces signes secrets au moyen desquels les chrétiens se reconnaissaient entre eux sans révéler leur profession à leurs ennemis.

Le mot MEMORIAE chez les païens est employé, tant sur les tombes que sur les monnaies commémoratives, comme une marque d'affection envers les morts, qui n'implique pas l'idée d'apothéose [1]. Pourquoi les chrétiens n'auraient-ils pas pu également employer sur une monnaie une formule propre aux monuments funéraires?

Un autre argument dont je me suis servi dans mon *Mémoire* [2] pour corroborer ce que je dis du christianisme de Salonine, ce sont les édits de Gallien en faveur des chrétiens. En effet, et ceci mérite quelque considération, à peine Valérien, qui avait cruellement persécuté l'Église, est-il fait captif par les Perses, que son fils donne des ordres pour apaiser la persécution. Eusèbe [3] nous a conservé le texte même d'un de ces édits, adressé aux évêques d'Orient et d'Égypte [4].

On a dit que ce serait deviner que de vouloir assigner à quelque motif particulier les dispositions bienveillantes de Gallien pour les chrétiens. On a voulu attribuer ces dispositions à la haine que Gallien portait à Macrien, qui, fort puissant sous Valérien, s'était révolté aussitôt après le malheur arrivé à ce prince, et s'était déclaré empereur en Orient [5].

C'est à l'influence de Salonine que j'attribue la promulgation de ces édits en faveur des chrétiens. Nous avons vu plus haut [6] que, sous le règne de Commode et de Sévère Alexandre, deux femmes, Marcia, la concubine du tyran, et Julia Mammæa, la mère de l'empereur, avaient su, par leur ascendant, concilier aux chrétiens la protection de ces princes. Gallien, malgré les débordements de ses mœurs, avait conservé des sentiments d'estime, de respect et d'amour pour sa femme [7]. Le palais de Valérien, au dire d'Eusèbe, était rempli de gens pieux (θεοσιβεῖς) et craignant Dieu [8], et, ce qui est remarquable, c'est que l'évêque de Césarée tient le même langage en parlant de la cour de Constance Chlore [9]. L'écrivain ecclésiastique a, sans aucun doute, voulu donner à entendre, par ces expressions, qu'il y avait des chrétiens parmi les gens de la cour de Valérien, et cette opinion acquiert d'autant plus de force et d'autorité et de ce que je viens de faire remarquer relativement au langage d'Eusèbe en parlant de la maison de Constance Chlore, où nous savons positivement qu'il y avait des chrétiens, et de ce que l'historien ajoute que le palais de Valérien avait l'apparence d'un oratoire (καὶ ἦν ἐκκλησία Θεοῦ). Salonine, aussi bien que les autres princesses qui avaient occupé le trône avant elle, a pu entendre parler de

---

[1] Eckhel, *D. N.* VIII, p. 465.
[2] P. 33 et suiv.
[3] *Hist. eccl.*, VII, 13.
[4] C'est ce qui résulte clairement du texte de cet édit, comme l'a fait observer Tillemont, *Mémoires pour servir à l'Histoire ecclésiastique*, t. IV, p. 23.
[5] Crévier, *Histoire des empereurs romains*, l. XXVI, § 6.
[6] *Supra*, p. 165 et 166.
[7] Voyez mon *Mémoire*, p. 11, 12, 16, 34.
[8] *Hist. eccl.*, VII, 10. Καὶ πᾶς ὁ οἶκος αὐτοῦ θεοσιβῶν πεπλήρωτο, καὶ ἦν ἐκκλησία Θεοῦ.
[9] *Vita Constantini*, I, 17.

la religion chrétienne; elle a pu se faire instruire dans les dogmes chrétiens. Mais l'histoire, qui ne parle qu'en passant de Salonine, garde le silence le plus absolu sur la religion qu'elle professait. Nous avons déjà fait observer [1], d'après M. l'abbé Greppo, que sur les médailles aux effigies de Mamæa et d'Otacilia Severa, on ne trouvait aucun signe qui rappelât la religion chrétienne. Il en est de même, abstraction faite de la médaille sur laquelle nous croyons reconnaître un signe chrétien secret, il en est de même, dis-je, des types gravés au revers des pièces qui portent l'effigie de Salonine. On voit sur ces pièces plusieurs divinités païennes, accompagnées des légendes : CERERI AVG., IVNO AVG., IVNO CONSERVAT., IVNONI CONS., IVNO REGINA, IVNO VICTRIX, DEAE SEGETIAE, ROMAE AETERNAE, VENVS AVG., VENVS FELIX, ou VENERI FELICI, VENVS GENETRIX, VENERI ou BENERI GENETRICI, VENVS VICTRIX, VESTA ou VESTA FELIX, etc.

J'ai rappelé dans mon *Mémoire* [2] les circonstances dans lesquelles se trouvait l'empire romain, au moment où l'on peut présumer que Salonine se convertit à la vraie foi. Le malheur de Valérien, fait inouï dans les annales du peuple roi, qui n'avait jamais vu tomber son chef entre les mains des ennemis, la peste, la famine, les tremblements de terre, la guerre civile, les invasions des Barbares, etc., toutes ces calamités réunies étaient bien capables de frapper de terreur les païens et surtout les Romains, peuple superstitieux, s'il en fut jamais. Si Salonine n'avait pas encore renoncé au culte des fausses divinités à l'époque où Eusèbe signale la présence de chrétiens à la cour de Valérien, on peut, avec quelque vraisemblance, placer la conversion de la femme de Gallien quelques années plus tard, quand tous les désastres que je viens de rappeler vinrent fondre sur l'empire.

Ce que les historiens nous apprennent du caractère de Salonine ne dément en aucune façon ce que l'on peut dire en faveur de sa conversion à la foi chrétienne. Les marbres et les médailles célèbrent à l'envi sa *sainteté*, sa *chasteté*, sa *piété* [3]. Et quoique les inscriptions et les légendes monétaires donnent souvent des éloges à des personnages qui en sont peu dignes, d'après ce que l'on connaît de leurs actions, de leurs mœurs et de leur caractère, il n'est guère permis d'élever des doutes sur les vertus de Salonine. C'est là l'avis des critiques les plus graves [4]. Aucune donnée historique ne justifierait d'ailleurs ces doutes.

Je suis entré dans des détails assez étendus sur Salonine, et surtout sur le fait qui me paraît résulter de l'interprétation des mots : AVGVSTA IN PACE, tracés sur une médaille à l'effigie de cette princesse. Je me suis cru obligé d'insister sur le sens qui, à mon avis, appartient à ces mots. Les recherches qui précèdent me semblent justifier la place que je donne à Salonine parmi les princesses chrétiennes, avant Constantin. J'ai tâché d'exposer, avec autant de clarté et d'exactitude qu'il m'a été possible, les raisons qui me font croire au christianisme de Salonine.

---

[1] *Supra*, p. 167 et 169.
[2] P. 35 et suiv.
[3] Voyez les inscriptions et les médailles citées dans mon *Mémoire*, p. 15.
[4] Voyez les réflexions de M. Creuzer, *Notæ ad Porphyr. Vit. Plotini*, p. CVII, sqq.

Le fait me paraît suffisamment prouvé par la médaille. Si l'histoire n'en parle pas, du moins, indépendamment de la médaille, il existe certains faits moins positifs, il est vrai, qui viennent jeter quelque jour sur cette question, si on les rapproche d'autres faits antérieurs. En effet, plusieurs impératrices avaient professé, plus ou moins ouvertement, le christianisme avant le règne de Gallien. On ne peut élever aucun doute à cet égard. Il n'y a aucune invraisemblance non plus à reporter à Salonine l'honneur des édits rendus par Gallien en faveur des chrétiens. Les règnes précédents nous ont habitué en quelque sorte à voir se renouveler des traits de cette nature; j'ai cité l'exemple de plusieurs femmes qui, animées de sentiments d'humanité et de charité, avaient profité de leur haute position pour rendre des princes païens favorables aux disciples du Christ. Mais mon hypothèse se change en certitude, si on admet le seul sens vrai et raisonnable de la légende gravée sur la médaille de Salonine; AVGVSTA IN PACE est une formule chrétienne, éminemment et exclusivement chrétienne, les monuments l'attestent; rien de pareil ne se trouve chez les polythéistes; cette formule a été employée par les seuls chrétiens, sur leurs épitaphes, pour indiquer que le défunt était mort dans la communion de l'Église; la médaille sur laquelle cette même formule se retrouve est une médaille commémorative destinée à honorer la mémoire d'une impératrice chrétienne.

Du reste, la conviction que j'ai acquise en faisant ces recherches, est sincère et dégagée de toute espèce de préoccupation. C'est avec le désir de trouver la vérité, au point de vue scientifique, que je me suis livré à une nouvelle étude de la locution *in pace*. Je n'ai pas d'autre but en soumettant ces recherches à l'appréciation et au jugement des savants qui se sont occupés de ces matières.

§ V. — SAINTE SERENA.

Les historiens du règne de Dioclétien ont péri. On cite les commentaires d'un certain Claudius Eusthénius[1], qui avait conservé la mémoire des gestes de Dioclétien; mais aucun fragment de ces commentaires n'est parvenu jusqu'à nous. On en est donc réduit à l'autorité d'écrivains d'une époque plus récente, pour connaître les événements de ce règne.

Aucun monument ne fait mention de la femme de Dioclétien, et jusqu'au XVIIᵉ siècle, époque à laquelle Baluze publia pour la première fois le traité de Lactance, intitulé : *De Mortibus Persecutorum*, on ne connaissait même pas le nom de cette princesse, ou du moins on ne la connaissait pas sous le nom que Lactance lui donne.

On sait d'une manière certaine que Dioclétien, pendant toute la durée de son règne, n'a eu

---

[1] Fl. Vopisc. *in Carino*, XVIII. Cf. Baron., *Annales eccl. ad ann. Christi* 295.

qu'une seule femme; les érudits s'accordent tous à cet égard[1]. D'après Lactance[2], le nom de cette princesse aurait été *Prisca*. On ne possède aucune médaille à l'effigie et au nom de Prisca; son nom ne paraît pas non plus dans aucun monument épigraphique; on n'a aucun renseignement particulier sur cette princesse; Lactance, enfin, est le seul auteur qui en parle; encore ne la désigne-t-il par son nom propre qu'une seule fois et dans un seul endroit de son livre de la *Mort des Persécuteurs*.

Cependant, il existe d'autres documents auxquels on n'a accordé jusqu'ici que peu ou point d'attention, faute d'en avoir bien apprécié la valeur.

Au 16 août, le martyrologe d'Usuard, d'accord avec celui d'Adon, fait mention de *sainte Serena*, qualifiée de femme de l'empereur Dioclétien. *Romæ sanctæ Serenæ uxoris quondam Diocletiani Augusti*. Plus loin, on lit dans les *Auctaria* : *Romæ, depositio sanctæ Serenæ imperatricis, uxoris Dyocletiani* (sic) *imperatoris, quæ christianis, suo in tempore, multum utilis fuit, et multis christianis vitam istam prolongavit ne punirentur*.

Romæ, passio sanctæ Serenæ martyris, uxoris quondam Diocletiani Augusti.

D'après ces textes, *Serena* aurait été le nom de la femme de Dioclétien; elle aurait rendu de grands services aux chrétiens, aurait sauvé la vie à un grand nombre d'entre eux, pendant la sanglante persécution qui s'éleva dans la dix-neuvième année du règne de Dioclétien (303 de J.-C.), et plus tard elle aurait reçu la palme du martyre.

Au même jour, on fait mention de *sainte Artemia*, vierge et martyre, fille de Dioclétien et de sainte Serena. Voici ce qu'on lit au sujet de cette sainte dans les *Auctaria* du martyrologe d'Usuard : *Artemiæ virginis et martyris, filiæ sanctæ Serenæ et Diocletiani imperatoris. Quæ per beatum Ciriacum* (sic) *a demonio liberata et baptizata, a Galerio Maximino* (sic)*, fratre suo, post mortem patris, imperante, martyrio coronata est*.

Nous apprenons par ce texte qu'Artemia fut convertie et baptisée par saint Cyriaque et qu'elle souffrit le martyre, après la mort de son père, par ordre de Galère Maximien, qui est qualifié ici de frère d'Artemia, parce qu'il avait été adopté par Dioclétien, dont il était devenu le gendre par son mariage avec Galeria Valeria, fille de ce prince, qu'il avait épousée en l'an 292 de J.-C. Il y a ici un anachronisme évident. Dioclétien ne mourut à Salone qu'en 313, tandis que Galère Maximien était déjà mort deux ans auparavant, en 311.

Les actes de sainte Susanne et ceux du pape saint Marcel semblent être les documents les plus anciens que nous possédions, qui donnent à sainte Serena le titre d'impératrice et la qualification de femme de Dioclétien. Ce serait de ces actes que les auteurs des anciens martyrologes auraient tiré ce qu'ils disent de sainte Serena et de sa fille, sainte Artemia. Malheureuse-

---

[1] Steph. Baluz., *Annotat. ad Lactant. de Mortibus Persecut.*, p. 296, ed. Lenglet Dufresnoy.

[2] *De Mortibus Persecut.*, xv.

ment, ces actes, d'après les autorités les plus graves, ne méritent que peu de confiance; Tillemont[1] dit qu'ils sont absolument insoutenables. Mais tout en n'attachant pas une grande importance à l'autorité de ces actes (je laisse entièrement de côté la question de leur authenticité), ne serait-on pas fondé à penser que c'est d'après quelque tradition plus ancienne que, dans ces actes, on a donné à sainte Serena la qualification d'impératrice et de femme de Dioclétien, et à sainte Artemia celle de fille de ce prince[2]?

Dans les actes du martyre de saint Georges[3], il est question d'une *Alexandra*, impératrice, femme de Dioclétien. Cette Alexandra accompagne l'empereur dans un voyage de Rome à Nicomédie, dans le dessein d'aller voir sa fille, mariée à Galère Maximien; un miracle arrivé pendant le martyre de saint Georges est cause de sa conversion à la foi chrétienne.

Dans les *Acta Sanctorum*[4], les Bollandistes ont rassemblé ce qu'on sait sur sainte Serena et sur sa fille sainte Artemia. Les savants hagiographes n'admettent pas que la femme de Dioclétien ait pu avoir plusieurs noms. Dire que Serena et Alexandra ont été des concubines de Dioclétien, ne serait pas exact. Les Bollandistes préfèrent reconnaître dans sainte Serena une matrone respectable, peut-être attachée à la cour impériale, qui aura embrassé le christianisme avec sa fille Artemia.

Le père Oderico[5] regarde *Serena* comme une esclave ou une affranchie attachée au service de l'impératrice Prisca et la joint à *Tryphonia* pour lui refuser, ainsi qu'à cette dernière, le titre d'impératrice.

Ce que j'ai déjà dit[6] de sainte Tryphonia, la femme d'Herennius Etruscus, peut s'appliquer également à sainte Serena. Les martyrologes ont pu conserver et transmettre à la postérité les noms de quelques princesses qui n'ont joué aucun rôle important sur la scène du monde et de plus, qui, à cause de leur changement de religion, ont dû être méprisées par les historiens païens.

On a dit que Prisca et sa fille Valeria avaient l'une et l'autre embrassé le christianisme, mais que plus tard, sur les menaces de Dioclétien, elles avaient abandonné la religion chrétienne pour retourner au culte des idoles. Et comme Lactance, qui semble faire allusion à la conversion de ces deux princesses ainsi qu'à leur faiblesse, n'indique nulle part qu'elles soient revenues de leur erreur et aient fait pénitence, on met en doute qu'elles aient réellement professé la foi en Jésus-Christ, ou du moins qu'après avoir offert de l'encens aux idoles, elles aient expié leur faute. On en conclut que certainement on doit se garder de confondre Prisca avec sainte

---

[1] *Mémoires pour servir à l'Histoire ecclésiastique*, t. IV, p. 760 et suiv.

[2] Voyez les controverses auxquelles ont donné lieu ces qualifications dans les *Acta Sanctorum*, 16 Febr., p. 64; § 22 sqq.; 11 Aug., p. 629; 16 Jan., p. 7, § 10; 16 Aug., p. 263-265. Cf. Baron. *Annales eccl. ad ann. Christi* 295.

[3] *Acta Sanctorum*, 23 April., p. 103, § 11; p. 119, § 9.

[4] 16 Aug., p. 263 sqq.; 8 Aug., p. 331 sqq.; 11 Aug., p. 629 sqq.; 16 Jan., p. 7 sqq.; 16 Febr., p. 66 sqq.

[5] *Dissertationes et adnotationes in aliquot ineditas veterum inscriptiones et numismata*, p. 212, 213.

[6] *Supra*, p. 171 et 172.

Serena. Je suis loin de me dissimuler les graves difficultés qui se présentent à l'égard de cette question. Mais examinons de nouveau le texte de Lactance et voyons si les expressions dont se sert cet auteur ne sont pas, au contraire, très-favorables à l'opinion de ceux qui se prononcent pour le christianisme de Prisca et de Valeria.

Furebat ergo imperator non jam in domesticos tantum, sed in omnes, et primam omnium filiam Valeriam, conjugemque Priscam sacrificio pollui coegit.
Lactant., *de Mortibus Persecut.* xv.

« L'empereur était en fureur non-seulement contre ses serviteurs, mais contre tout le « monde, et il obligea, avant tous les autres, sa fille *Valeria* et sa femme *Prisca* à se souiller « par un sacrifice. »

J'ai souligné à dessein les mots *à se souiller par un sacrifice*, car ne peut-on pas conclure d'une manière sûre de ces mots : *sacrificio pollui*, que Valeria et Prisca professaient l'une et l'autre la foi en Jésus-Christ? Si ces princesses n'avaient pas été converties, l'action d'offrir un sacrifice aux dieux n'aurait pu les souiller! Et, d'ailleurs, si elles avaient été païennes, pourquoi l'empereur les aurait-il obligées, par contrainte, à donner l'exemple aux gens de sa maison? Une païenne n'aurait fait aucune difficulté de s'acquitter d'un acte religieux qu'elle était habituée à considérer comme une action louable, comme un devoir. De plus, Lactance, quand il raconte la fin tragique de ces deux princesses, se garde bien de se servir d'expressions blessantes; il déplore le sort affreux que Licinius leur avait réservé; il n'a pour leur mémoire ni la moindre parole de blâme, ni le moindre reproche, ni la moindre expression d'aigreur.

Valeria quoque per varias provincias quindecim mensibus plebeio cultu pervagata, postremo apud Thessalonicam cognita, comprehensa cum matre pœnas dedit. Ductæ igitur mulieres cum ingenti spectaculo et miseratione tanti casus ad supplicium, et amputatis capitibus corpora earum in mare abjecta sunt. Ita illis pudicitia et conditio exitio fuit.
Lactant., *l. cit.* LI.

« *Valeria*, après avoir erré pendant quinze mois dans plusieurs provinces, vêtue comme « une femme du peuple, fut enfin reconnue aux environs de Thessalonique; ayant été arrêtée « elle fut condamnée avec sa mère, à perdre la vie. Les deux femmes étant donc conduites « au supplice, le spectacle de leurs malheurs excita une grande pitié. On leur trancha la tête, « et leurs corps furent jetés dans la mer. Ainsi leur chasteté et leur condition furent la cause « de leur perte[1]. »

La femme de Dioclétien a pu avoir plusieurs noms[2], et ceci ne serait nullement contraire aux usages romains. Pourquoi n'admettrait-on pas que cette princesse s'appelait

---

[1] Cf. Tillemont, *Histoire des empereurs romains*, t. IV, p. 157. *empereurs romains*, t. IV, p. 8 ; *Mémoires pour servir à l'Histoire ecclésiastique*, t. IV, p. 761. Cf. Banduri,
[2] C'est aussi l'avis du savant Tillemont, *Histoire des* *Num. Imp. Rom.*, t. II, p. 43.

Serena Alexandra Prisca[1]? Toutes les impératrices romaines portaient plus d'un seul nom; les historiens et les médailles l'attestent. Sallustia Barbia Orbiana, la femme de Sévère Alexandre, n'est connue que par la numismatique; encore les monnaies à son effigie, frappées en Égypte, portent-elles quelques noms qui ne se lisent pas sur les monnaies à légendes latines[2]. Il en est de même des médailles de Salonine à légendes grecques qui ajoutent aux noms de ΚΟΡΝΗΛΙΑ ϹΑΛΩΝΕΙΝΑ. celui de ΧΡΥϹΟΓΟΝΗ[3]. Si le nom de *Chrysogone* s'était trouvé seul dans quelque historien, sans que les médailles en eussent conservé le souvenir, personne n'eût pu se douter qu'il appartînt à Salonine; on aurait pu penser soit à une seconde femme de Gallien, soit à une concubine de ce prince. Il en est de même du nom de *Cupressenia*, qui est un des noms propres d'Herennia Etruscilla, la femme de Trajan Dèce. Un marbre publié par Muratori[4] est le seul monument qui fasse mention de ce nom.

Maintenant, dire que Galeria Valeria, dont on a des médailles[5], est la même qu'Artemia ne serait peut-être pas exact, puisque sainte Artemia est qualifiée de *vierge* dans les anciens martyrologes. Valeria, comme je l'ai dit plus haut, avait été la femme de Galère Maximien; elle ne fut condamnée à perdre la vie que sous le règne de Licinius, en 315, tandis qu'Artemia vierge, qui a pu être sa sœur, souffrit le martyre par ordre de Galère Maximien lui-même, s'il faut en croire les actes de saint Marcel[6]. Il est vrai que Lactance[7] parle de la *chasteté* de la fille de Dioclétien, mais ceci se rapporte au refus qu'avait fait Valeria de prendre pour second mari Maximin, après la mort de Galère Maximien[8].

Les faits racontés dans les anciens martyrologes acquièrent une autorité et un intérêt vraiment historiques, si on a soin de les rapprocher d'autres données. Je crois avoir restitué au texte de Lactance sa véritable signification. La femme de Dioclétien a pu non-seulement être chrétienne, mais encore avoir été mise après sa mort au nombre des saints. J'ai eu occasion de citer dans ce travail les noms de plusieurs princesses honorées du titre de saintes par l'Église. D'ailleurs le pape saint Caïus qui vivait à cette époque était lui-même proche parent de l'empereur Dioclétien[9].

---

[1] Je ne parle pas ici du nom d'*Eleutheria* qu'Anastase le Bibliothécaire, dans la Vie du pape Vigile (*Vit. Pont. Rom.*, 60, p. 41 B), semble attribuer à la femme de Dioclétien. Voyez Tillemont, *Histoire des empereurs romains*, t. IV, p. 3; Steph. Baluz., *Annotat. ad* Lactant., *de Mort. Persecut.*, p. 296.

[2] ΓΝ. ϹΕΙ. ΕΡΕ. ΒΑΡΒ. ΟΡΒΙΑΝ. ϹΕ. Eckhel, *D. N.*, VII, p. 286.

[3] Eckhel, *D. N.*, VII, p. 410.

[4] P. MXXXVI, 4.; Maffei, *Mus. Veronense*, p. CII. Cf. Eckhel, *D. N.* VII, p. 346.

[5] Mionnet, *Rareté des médailles romaines*, t. II, p. 187.

[6] *Acta Sanctorum*, 16 jan., p. 8, § 20.

[7] *De Mort. Persecut.*, LI.

[8] Lactant., *de Mort. Persecut.*, XXXIX. Cf. Tillemont, *Hist. des empereurs romains*, t. IV, p. 117, 118. On rapporte une inscription tracée sur une lame de plomb et trouvée en 1726 sous le maître-autel de l'église de saint Celse, à Rome:

ARTEMIA. VIRG. FILIA. DIOCLETIANI.

Si cette inscription est authentique, mais les Bollandistes (*Acta Sanctorum*, 8 Aug. p. 331, § 24) semblent en douter, elle confirmerait entièrement la qualification que les actes de sainte Susanne et ceux de saint Marcel, d'accord avec les martyrologes, donnent à sainte Artemia.

[9] *Acta Sanctorum*, 22 April., p. 13, sqq. Saint Caïus gouverna l'Église jusqu'en 296 après J.-C.

D'après les réflexions qui précèdent ne peut-on pas croire avec quelque probabilité que Prisca et Valeria, la femme et la fille de Dioclétien, avaient embrassé le christianisme, que contraintes et forcées elles eurent la faiblesse de céder aux menaces de l'empereur et de prendre part ou du moins d'assister à un sacrifice solennel offert aux dieux? Si Lactance ne dit pas d'une manière formelle que les deux princesses étaient chrétiennes, les termes dont il se sert suffisent pour donner à entendre que Prisca et Valeria avaient changé de religion. Et d'ailleurs, le fait était encore tout récent; il était sans doute trop connu de son temps pour qu'il se soit cru obligé de le préciser davantage, en entrant dans des détails ou des développements qui l'éloignaient du sujet de son livre. On a prétendu que si la femme de Dioclétien avait été réellement chrétienne, si elle avait souffert la mort en confessant la foi, ces circonstances étaient trop glorieuses, trop favorables à la cause des chrétiens pour qu'un écrivain tel que Lactance se fût permis de les passer sous silence[1]. Mais tout ceci n'est fondé que sur des conjectures et sur des inductions négatives, et si Lactance ne dit pas non plus d'une manière expresse que ces deux malheureuses femmes firent pénitence, afin d'expier la faute qu'elles avaient commise, le récit de leurs longues infortunes pouvait suffire pour donner à entendre qu'elles avaient souffert une dure punition du ciel. En effet, l'exil auquel Maximin les condamna en les reléguant dans les déserts de la Syrie[2], les vexations de toute espèce auxquelles elles furent exposées pendant nombre d'années, et enfin leur mort tragique sont des faits qui peuvent bien être considérés, ce me semble, comme des moyens d'expiation.

On pourrait objecter, d'un autre côté, à ceux qui ne veulent pas reconnaître que Prisca et sa fille aient fait pénitence, que si Lactance ne dit pas qu'elles périrent par le glaive, à cause de leur religion, et en confessant la foi en Jésus-Christ, il ne dit pas non plus que le dernier supplice auquel elles furent condamnées doit être considéré comme la punition de leur apostasie. Pourquoi n'admettrait-on donc pas, avec Lebeau[3], que les malheurs de ces princesses ont pu être le moyen le plus efficace pour expier la faiblesse avec laquelle elles avaient trahi leur religion? Les hagiographes nous ont conservé plus d'un récit analogue relatif à de saints personnages qui avaient eu la faiblesse de céder aux instances et aux menaces des païens et de renier leur foi, effrayés ou vaincus qu'ils étaient par la force des tourments; mais souvent, après un premier moment de faiblesse, ces personnages venaient hardiment confesser qu'ils étaient chrétiens; on les condamnait à mort, et le martyre effaçait les fautes, les faiblesses, les erreurs dans lesquelles ils étaient tombés. Il est nécessaire aussi de considérer que les empereurs, les impératrices et leur famille étaient souvent obligés, bien plus que les simples particuliers, pour se conformer à des usages établis, de

---

[1] Voyez Gisberti Cuperi *Annotationes ad* Lactant., *de Mort. Persecut.*, p. 509.

[2] Lactant. *de Mortibus Persecut.*, XXXIX-XLI.

[3] *Histoire du Bas-Empire*, l. II, § 53.

prendre part à des cérémonies que leur conscience pouvait réprouver. Sans parler des actes de paganisme qu'on peut reprocher aux empereurs et aux princesses qui semblent avoir professé le christianisme avant Constantin, sans rappeler encore une fois les types païens empreints sur les monnaies de ces princes et princesses, ne voit-on pas ces mêmes types se perpétuer pendant très-longtemps sur les monnaies des successeurs de Constantin? La religion officielle, le paganisme, professée par un nombre immense de sujets de l'empire, imposait certains ménagements au souverain, et d'après la remarque de M. l'abbé Greppo [1], les princes qui montèrent sur le trône après Constantin n'étaient encore chrétiens que de nom.

Mais il est temps de mettre fin à ces recherches. Nous voici arrivés à l'époque où la religion chrétienne va être ouvertement protégée. La fin des persécutions approche et en même temps le triomphe de la Croix. Constance Chlore, dans les Gaules, traite avec faveur les chrétiens. Sainte Hélène va paraître et bientôt son fils, le grand Constantin, converti à la foi chrétienne, fera porter le labarum surmonté du glorieux monogramme du Christ à la tête des légions, et c'est sous la protection de ce signe sacré qu'il les conduira à la victoire et à la conquête de Rome.

J. DE WITTE.

---

[1] *Mémoires relatifs à l'Histoire ecclésiastique des premiers siècles*, p. 299. Voyez aussi un article de M. Senckler sur les types des monnaies romaines au temps et sous l'influence du christianisme, dans les *Jahrbücher des Vereins von Alterthumsfreunden im Rheinlande*, XVII, S. 75 folg.

DES

SIGNES DE CHRISTIANISME

QU'ON TROUVE

SUR QUELQUES MONUMENTS NUMISMATIQUES DU IIIᵉ SIÈCLE.

PL. XXIX ET XXX.

La discussion imprévue soulevée dans une des séances de l'Académie, à propos du Mémoire que M. J. de Witte avait lu à la compagnie, semble rendre nécessaires de ma part quelques explications sur un point accessoire à l'objet principal de cet écrit. Je veux parler des médailles de Mæonia de Lydie et d'Apamée de Phrygie, sur lesquelles M. de Witte, de concert avec d'autres antiquaires, a vu des signes d'une influence chrétienne. Je laisse à ce savant la responsabilité de son opinion sur la médaille de Salonine, et le soin de la défendre. Mais comme, ainsi que j'ai eu déjà l'occasion de le dire à la compagnie, j'avais été consulté sur le caractère des autres médailles dont il vient d'être question, et comme il s'en fallait que j'eusse détourné M. de Witte d'en faire usage dans l'intérêt de sa cause, il doit paraître convenable que je donne les raisons qui motivent ma conviction. Je le ferai succinctement, et en évitant toute controverse personnelle.

La première pièce dont je parle est un médaillon à l'effigie de Trajan Dèce, au revers duquel est représenté « Bacchus dans un char traîné par deux panthères. » La légende de ce revers se compose des mots suivants : ΕΠΙ ΑΥΡ Α·|··|·ΙΑΝΟΥ Β. Α☧ Α ΤΟ Β ϹΤΕ·|·ΑΝΗ, c'est-à-dire : ἐπὶ Αὐρηλίου Ἀππιανοῦ δὶς ἄρχοντος, ἀγωνοθέτου τὸ δεύτερον, στεφανηφόρου [1] ; on lit à l'exergue : ΜΑΙΟΝΩΝ. Ce monument, d'une

---

[1] L'ordre régulier aurait été : ἄρχοντος δὶς, ἀγωνοθέτου τὸ δεύτερον. Un autre médaillon de bronze de la même ville, frappé sous le même empereur et représentant au revers le même sujet, a pour légende : ΕΠΙ ΑΥΡ. ΑΠΦΙΑΝΟΥ.ΤΟΥ. Κ.

parfaite conservation, a passé du cabinet de Hedervar dans celui de la Bibliothèque impériale. Les rédacteurs du catalogue de D'Ennery [1], qui avaient sous les yeux, ou la même pièce ou un médaillon semblable, firent remarquer les premiers que le P et le X du mot APX étaient combinés de manière à former le monogramme ☧ qui est, comme on sait, le plus fréquemment et le plus anciennement employé de ceux qui servent à désigner le nom du Sauveur sur les monuments des premiers siècles du christianisme. J'ajouterai qu'au moyen d'une perturbation évidente dans les éléments constitutifs de la légende, le graveur a pu placer ce monogramme entre deux A (sic A☧A) au sommet de la médaille, comme pour dominer le tableau qu'il surmonte. Cette particularité me fait penser qu'en effet un monétaire chrétien a eu l'intention d'introduire sur la pièce qu'il gravait le signe encore mystérieux de la foi nouvelle, sans s'arrêter à ce que le sujet représenté au-dessous offrait de contraire aux dogmes de l'Évangile. Les emblèmes bachiques, appropriés à l'institution de l'Eucharistie, couvrent et le sarcophage de sainte Constance, et les mosaïques qui décorent le mausolée de cette princesse. Si l'on ne savait, à n'en pouvoir douter, par le témoignage des monuments, que le symbole d'Orphée avait été adopté par les premiers chrétiens, qui ne serait disposé à refuser toute créance à une telle opinion?

Afin de révoquer en doute cette introduction subreptice du monogramme du Christ dans un monument païen, on a rappelé que des sigles semblables se trouvaient déjà sur des monnaies évidemment antérieures au christianisme. Cette circonstance n'aurait rien de surprenant : car les noms qui commencent par XP ne sont pas rares en grec, et de ce qu'on aurait ainsi exprimé, par exemple, le nom de XPύσιππος, il ne s'ensuivrait pas que les chrétiens auraient dû s'interdire la combinaison des mêmes lettres pour rendre le nom sacré de XPιστος. Mais cette coïncidence, toute possible qu'elle est, repose jusqu'ici sur des observations inexactes. Il n'est pas vrai que le monogramme ☧ figure sur des médailles en bronze des Ptolémées ou sur les tétradrachmes d'Athènes. Le monogramme 1182 que Mionnet a signalé sur des Ptolémées incer-

ΑΘΗΝΑΙΟΥ. ΑΡΧ. Α. ΚΑΙ. ΣΤΕΦΑΝΗ. Cette légende, qui indique une année antérieure à celle du premier médaillon, doit se lire : ἐπὶ Αὐρηλίου Ἀππιάνου τοῦ καὶ Ἀθηναίου ἄρχοντος, ἀγωνοθέτου καὶ στεφανηφόρου. Il faut remarquer de plus que le sujet du *triomphe de Bacchus* est traité tout autrement sur le second médaillon que sur le premier. Ici le dieu se montrait sur un char, formant un groupe voluptueux avec Ariadne qu'il tenait embrassée ; l'Amour, son flambeau à la main, volait devant le char. Là, l'héroïne est réduite au rôle d'une Ménade qui court devant le char, un long pampre à la main ; l'Amour a disparu, et l'on remarque, dans la main de Bacchus, un vase renversé comme pendant une libation. On dirait que le monétaire qui a gravé le monogramme du Christ au-dessus de cette scène s'est attaché à écarter du tableau ce qui pouvait offusquer la modestie chrétienne, et à y faire prédominer les emblèmes qui n'étaient pas incompatibles avec la nouvelle religion.

[1] P. 433, n° 2430.

tains, de différents modules, depuis le plus grand (mod. 13) jusqu'au plus petit (mod. 2), présente une différence notable avec celui du Christ (☧ au lieu de ⳩). On y voit de plus un T [1]

et probablement un K et un Γ. Le tétradrachme d'Athènes gravé dans Hunter [2], auquel l'auteur de la Doctrine a certainement fait allusion, présente aussi, plus que les éléments propres au monogramme du Christ, une barre horizontale (*sic* ☧) qui, sur les exemplaires mieux conservés, comme ceux du cabinet de France, devient un Γ très-distinct (*sic* ☧). Ce n'est donc pas encore le sigle qui plus tard désigna le nom du Sauveur [3]. Il n'en est pas de même du monogramme gravé sur une monnaie de Tigrane : au revers de l'effigie de ce prince, on voit une ville assise sur un rocher, du pied duquel la figure d'un fleuve semble sortir : sur ce rocher, est inscrit le monogramme ⳨, tout à fait semblable à celui qu'adoptèrent les chrétiens d'Alexandrie pour rendre le nom du Christ, après qu'en détruisant le Serapeum de cette ville, on eut remarqué dans les décorations sculptées de cet édifice des signes presque semblables que l'on considéra comme une figure anticipée de la croix [4]. Ce monogramme semblerait indiquer que la ville représentée sur ces monnaies serait, au lieu d'Antioche, comme on l'a cru jusqu'ici, *Tigranocerte*, fondée par le puissant roi d'Arménie et dont le fleuve *Nicephorus* baignait les murailles. On y retrouve, en effet, les éléments des quatre premières lettres de *Tigranocerte* TIΓP [5].

[1] Sur un précieux saphir de la collection de pierres chrétiennes de M. James Hamilton, le nom de XPICTOC se voit exprimé tout entier par le monogramme suivant ⳩.

[2] Tab. X, 5.

[3] Une monnaie d'argent de Mithridate, roi de Pont, montre derrière le cheval Pégase le monogramme ☧, dans lequel on reconnaît aisément la présence d'un A, d'un P et d'un X.

[4] Lactance *de Mort.* (*Persec.*, 44), décrit le *chrisme* adopté par Constantin comme offrant, avec les initiales du mot Χριστὸς, la forme de la croix ; mais les monuments de Constantin lui-même n'offrent que le monogramme primitif.

[5] Mionnet, t. V, p. 108, n° 939, monogramme n° 1151.
La conjecture que je produis ici ne saurait s'établir d'une manière vraisemblable, sans une discussion développée sur le monument d'Antioche qui servit de type à presque toutes ces représentations d'une ville assise sur le rocher ; mais l'espace me manque pour un tel examen.

SIGNES DE CHRISTIANISME SUR DES MONUMENTS NUMISMATIQUES DU IIIe SIÈCLE. 199

Quant à l'explication du type extraordinaire que présentent certaines médailles d'Apamée de Phrygie, j'aurai peu d'observations à présenter de mon chef, la question de fait me paraissant résolue depuis une soixantaine d'années. Sans doute l'autorité des devanciers les plus illustres ne nous dispense pas d'un nouvel examen : mais autant nous devons nous défendre de céder à une autorité antérieure, quand celle-ci n'a pas eu à sa disposition tous les renseignements qui pouvaient l'éclairer, autant nous nous sentons peu disposés à soulever inutilement de nouveaux doutes, alors qu'un homme d'un jugement sûr a prononcé en connaissance de cause. Tel est le cas, à ce qu'il me semble, pour les médaillons d'Apamée qui offrent, au revers de Septime Sévère, de Macrin et de Philippe le père, une double scène qui, de l'aveu de tout le monde, se rattache à la tradition du Déluge Comme, sur ces médaillons, il y a, soit

dans l'arche (κιβωτός), soit hors de l'arche, deux personnages, un homme et une femme, les noms qui se présentent le plus naturellement à l'esprit sont ceux de Deucalion et de Pyrrha, et au premier abord, cette explication semble mieux convenir que toute autre à un monument d'une

telle époque et d'une telle origine. Mais le sujet, ainsi qu'il est représenté, offre des particularités qu'on ne retrouve pas dans les traditions relatives à Deucalion et à Pyrrha. D'un côté, se montre un oiseau perché sur l'arche, probablement un corbeau[1] ; de

---

[1] Malgré l'exiguïté des détails on distingue, sur les médaillons d'Apamée, la forme du corbeau de celle de la colombe. La tradition biblique rend d'ailleurs seule raison de la présence de ces deux oiseaux ; on doit même remarquer que la manière dont l'artiste a conçu le tableau s'accorde mieux avec le texte hébreu qu'avec celui des Septante ou avec la Vulgate. On lit en effet dans le grec, à propos du corbeau (VIII, 7.) : καὶ ἐξελθὼν οὐκ ἀνέστρεψεν ἕως τοῦ ξηρανθῆναι τὸ ὕδωρ ἀπὸ τῆς γῆς, « et étant sorti, il ne revint pas que la terre ne fût séchée, » et la Vulgate est d'accord avec cette manière de traduire. L'hébreu dit au contraire : « Et exiit egrediendo et redeundo, usque dum « siccarentur aquæ super terram. »

וַיֵּצֵא יָצוֹא וָשׁוֹב עַד־יְבֹשֶׁת הַמַּיִם מֵעַל הָאָרֶץ

ce qui veut dire que le corbeau, sans s'aventurer très-loin, se mit à voltiger autour de l'arche : c'était un mauvais messager, et Noé en prit un autre. C'est pourquoi on voit le premier perché sur le toit de l'arche, tandis que la colombe revient vers le patriarche avec la branche d'olivier, signe que les arbres avaient commencé à sortir de l'eau. On a rappelé, à propos de cette colombe, qu'il en était question dans une des formes du mythe de Deucalion.

(Plut. de sol. anim., t. X, p. 37, ed. Reiske) οἱ μὲν οὖν μυθολόγοι τῷ Δευκαλίωνί φασι περιστερὰν ἐκ τῆς λάρνακος ἀφιεμένην δήλωμα γενέσθαι, χειμῶνος μὲν εἴσω πάλιν ἐνδυομένην, εὐδίας δ'ἀποπτᾶσαν. Mais dans ce récit, ou plutôt dans cette assertion, il n'est nullement question de la branche d'olivier, non plus que du second oiseau, double circonstance de la tradition biblique que les médaillons d'Apamée rappellent. Dans le mythe chaldéen du déluge, tel qu'il était rapporté par Bérose, par Moïse de Chorène et par Abydénus, Xisuthrus (dont le nom conviendrait mieux en Asie que celui de Deucalion, si l'on ne savait, par le témoignage de Lucien, de dea Syria, 12, que ce dernier nom avait été naturalisé par les Grecs à peu de distance des bords de l'Euphrate), Xisuthrus envoie, à deux reprises, des oiseaux pour savoir si les eaux sont retirées ; et cette mention de plusieurs oiseaux irait assez bien au sujet représenté sur les médaillons d'Apamée ; mais, dans ce récit, ce n'est pas une branche d'olivier qu'ils rapportent à Xisuthrus, c'est de la boue à leurs pieds, πόδας πεπηλωμένους, (Berosi Fragmenta, p. 57, éd. Richter), et ce détail contraire nous éloigne de nouveau du but que nous poursuivons. On est donc forcé de s'en tenir aux indications que corrobore la mention expresse et indubitable de Noé.

l'autre, on voit une colombe tenant dans ses pattes une branche d'olivier et qui vole vers le personnage enfermé dans la κιϐωτός. Outre cela, des lettres tracées en relief sur le corps de l'arche ont fourni depuis longtemps aux érudits qui se sont occupés de ces médailles le nom de *Noé*, ΝΩΕ, écrit exactement de la même manière que dans la version des Septante. L'opinion s'est donc établie de bonne heure que le type des médaillons d'Apamée se rapportait à la version biblique de *Noé* et du Déluge universel.

Mais l'apparition insolite d'un sujet judaïque sur des médailles grecques ne pouvait immédiatement concilier tous les suffrages : aussi, pour écarter le nom et le personnage de *Noé*, proposa-t-on diverses explications que je crois inutile de rappeler ici. Eckhel trouva la question déjà longuement débattue, et dans le troisième volume de sa Doctrine, il crut devoir discuter le problème avec d'assez grands développements. On pourra lire avec fruit cette dissertation dont je me contente de donner ici les conclusions. Eckhel se prononce sans hésitation pour le déluge de *Noé*. Quoiqu'il n'ait vu sur les deux médaillons qu'il avait pu étudier, l'un de Vienne et l'autre de Florence, que les lettres ΝΩ, il y reconnaît l'indication du principal personnage de la tradition biblique. Selon lui, le tableau se divise en deux scènes ; dans l'une, Noé et sa femme (dont parle aussi la Genèse), encore renfermés dans l'arche dont le couvercle est soulevé, reçoivent avec joie le message de paix de la colombe ; dans l'autre, les mêmes personnages s'avancent sur la terre, et expriment par leurs gestes la reconnaissance et l'admiration.

J'ai voulu vérifier sur les médailles de notre Cabinet les assertions d'Eckhel. Nous en possédons trois où les scènes du Déluge se trouvent représentées ; les deux premières frappées sous Septime Sévère, la troisième appartenant au règne de Philippe. Je mets sous les yeux de la compagnie l'empreinte d'un des médaillons de Septime Sévère, dont la conservation ne laisse rien à désirer. La légende du revers est complète, et très-claire : on y lit ΕΠΙ. ΑΓΩΝΟΘΕΤΟΥ. ΑΡΤΕΜΑ. Γ. ΑΠΑΜΕΩΝ. *Sous Artemas, agonothète pour la troisième fois, (monnaie) des Apaméens.* Le médaillon du règne de Philippe, qui reproduit le même type, offre également une légende à laquelle on n'a pas un mot, pas une lettre à ajouter : ΕΠ. Μ. ΑΥΡ. ΑΛΕΞΑΝΔΡΟΥ. Β. ΑΡΧΙ. ΑΠΑΜΕΩΝ : *Sous M. Aurélius Alexandre, grand-prêtre pour la seconde fois, (monnaie) des Apaméens.* Le médaillon de Septime Sévère montre très-nettement sur l'arche les deux lettres ΝΩ, et en outre le demi-cercle de l'E arrondi de cette époque, ce qui justifie la leçon ΝΩΕ que Falconieri a le premier trouvée sur le médaillon de Florence. La constance de ces initiales ΝΩ, et la place qu'elles occupent sur l'arche, au-dessous du personnage de *Noé*, montrent surabondamment qu'il ne peut être question d'un titre de *Néocore*, que d'ailleurs Apamée n'a jamais porté. C'est l'opinion d'Eckhel, et nous la croyons bien fondée sur ce point comme sur tous les autres. Vaillant proposait seul de lire ΝΕΩΚ sur une pièce où il est certain qu'il n'y avait qu'un N de visible [1].

[1] Le médaillon sur lequel Vaillant a indiqué la légende ΝΕΩΚ, est celui qui, dans le XVII° siècle, appartenait au car-

Si ces données matérielles ne suffisaient pas pour forcer la conviction, j'apporterais (non le premier, car je n'ai nullement en ceci le mérite de l'initiative), j'apporterais, dis-je, un argument tiré de la manière dont l'histoire de Noë se trouve représentée dans les peintures des catacombes et sur les sarcophages chrétiens. M. Savinien Petit a bien voulu me communiquer les beaux dessins qu'il a faits récemment dans la Rome souterraine, et je mets sous les yeux de l'Académie, à côté d'un dessin grandi de la double scène des médaillons d'Apamée, celui de plusieurs peintures des hypogées chrétiens (V. Pl. XXIX et XXX). On sera frappé, j'en suis convaincu, de la similitude qui existe dans la manière de concevoir et de représenter cette scène. Nous ne trouvons pas, il est vrai, sur les monuments chrétiens, la femme de Noë dans la κιβωτός ; le *corbeau* manque également : mais la forme de cette arche, son couvercle, la figure de Noë, la colombe, et la branche d'olivier qu'elle porte, tout cela constitue un ensemble d'analogies, qui ne peut être le résultat du hasard. Le mérite éminent sous le rapport de l'art des peintures exécutées dans les catacombes, telles qu'on peut les étudier pour la première fois dans les beaux dessins de M. Savinien Petit, la tradition purement romaine qu'on remarque dans ces peintures, et qui les lie presque sans intermédiaire aux monuments de la fin du premier siècle, me semblent donner une grande vraisemblance à l'opinion suivant laquelle les plus anciennes de ces décorations auraient été exécutées dans le cours du IIIe siècle de notre ère, pendant les intervalles de paix dont jouit alors l'Église romaine. Si cette opinion était admise, les médaillons d'Apamée seraient contemporains des peintures des catacombes qui montrent le même sujet, représenté à très-peu de chose près de la même manière.

Il resterait à expliquer comment un sujet judaïque et rendu chrétien par l'idée symbolique de la Rédemption qu'y attachaient les fidèles de la primitive Église, a pu s'introduire sur les médaillons d'Apamée, et même y être répété sous plusieurs règnes. Bien qu'Eckhel ait produit à ce sujet plusieurs bons arguments, entre autres une précieuse citation des vers sybillins, il s'en faut qu'il ait épuisé la question, et toutes les raisons qu'il donne ne lui paraissent pas à

---

dinal Pierre Ottoboni, devenu ensuite pape sous le nom d'Alexandre VIII. Or Falconieri, qui le premier décrivit cette pièce, atteste qu'on n'y distinguait qu'un N (V. *Numismata sel. Seguini*, p. 251). Quant à la leçon NΩE sur le médaillon de Florence (à l'effigie de Philippe), où Eckhel n'a vu que NΩ, Falconieri, qui le premier donna le dessin de cette pièce avec la légende complète, appelle en témoignage de cette lecture, et Séguin auquel il s'adresse, et tous les amateurs qui de longtemps se trouvaient à Rome. Séguin lui avait envoyé l'empreinte d'un autre médaillon de sa propre collection, à l'effigie de Septime Sévère, semblable à celui dont nous mettons l'empreinte sous les yeux de l'Académie, mais moins bien conservé. Quoique le savant italien eût été frappé de la présence du nom de Noë sur le médaillon de Florence, il n'en proposait pas moins de lire sur la pièce de Séguin, ΕΠΙ. ΑΓΩΝΟΘΕΤΟΥ ΑΡΤΕΜΑ-

ΓΝΗΤΩΝ, comme si le nom de l'agonothète n'avait été mis qu'en abrégé, et comme si les lettres inscrites sur la κιβωτός n'avaient été que la fin du nom des *Magnètes*, présentés comme formant une ὁμόνοια avec les habitants d'Apamée. Le médaillon de Séguin a été réuni au cabinet de France avec le reste de la collection de ce numismatiste distingué, et je puis attester, *de visu*, qu'au lieu de ΝΗΤΩΝ, on n'y voit sur la κιβωτός que la trace presque effacée du mot de NΩE comme sur les médaillons à l'effigie de Philippe et de Macrin (ce dernier, qui nous manque, fait partie du cabinet de Vienne). Enfin un médaillon de Philippe, parfaitement conservé, qui d'une collection de Metz a passé récemment dans le cabinet de M. Waddington, offre les trois lettres NΩE avec u e netteté et une évidence qui ne laissent rien à désirer.

lui-même également concluantes. Je m'abstiendrai, comme je l'ai fait pour le reste, de reproduire ses raisonnements ; mais il me semble que je ne puis mieux terminer cette note, qu'en empruntant textuellement à ce grand numismatiste les réflexions suivantes, dont la justesse m'a beaucoup frappé : « At quæ causa, cur Apamenses Phrygiæ, neque recutiti, neque « tum adhuc Christiani, peregrinum et a sacris suis alienum typum arcesserent? Aio, nemi- « nem fore tantum sibi tribuentem, ut quæ privatim civitatibus fuere placita creditaque, « speret se causas et originem posse quocumque studio reperire, aut tam morosum, ut factum « quodpiam certum, et monumentorum auctoritate confirmatum credere nolit, propterea, « quia causas ignorat. » D. N. t. III, p. 137.

CH. LENORMANT.

BESTIAIRES

Suite du tome II (p. 106-232).

40 (Fig. AR).

UNE BESTE QUI EST APELÉE HIENNE[1].

Une beste est qui est apelée hienne[2]. Cèle beste est de corsage del ours, mais il est d'autre color, et si a coe com un goupils; et adès siet en ordure. La lois desfent que on ne mangue de lui, porce qu'èle est moult orde beste. De li dist[3] Jérémies li philosophe[4] : *Li abit*[5] *de le hienne est iretages à celui qui ordement vit.* Phisiologes dit que li bienne a II natures : à la fois se contient comme malle, et[6] à la fois comme fèmèle ; et por ce est orde beste.

Cestui sanblent[7] les fils Israel, qui en commencement servirent Dieu, et après se donèrent as délices et à luxure, et cotivèrent[8] les mahomeries[9]. Et por ce dist li prophètes que Sinagoghe resemble ceste orde beste.

On puet ben dire[10] par droit qu'èle est orde beste. Car en quel lieu qu'il puet avenir en lieu où mort home est enfois[11], èle le grate hors de la tombe et le mangue; et l'aime plus et covoite plus à mangier que nule autre cose qu'èle puisse trover.

Et tu hom[12], quiconques tu es, se tu as avarice en toi, resambles ceste orde beste. Service d'avarice est rachine de tos mals, selonc l'Apostre quil[13] dist. Et tuit cil qui avarisce maintiènent, resamblent cèle orde beste, et sont autretel, et son (sont?) samblable à lui; car il n'est hom ne feme, ne loial ne tréceor[14]. Ains sont de cels dont Salemons dist[15] : *Homes dobles de corages*[16] *qui n'est estables en*[17] *oevres* ne en ses voies plus que li hienne en abit de malle, ne de fèmèle. Nostre Sire dist en l'Ewangile à cels[18] : *Vos ne poes servir à Dieu ne al déable ensamble.* Ce que[19] cèle orde beste se contient comme malle et comme fèmèle, sénéfie II langhes en une

---

[1] R. *Hyène*; S. *yenne*.
[2] Toute la phrase suivante a été retranchée dans R et S.
[3] S. *De ce dist le prophètes : Li habit de l'yenne est héritaiges*...
[4] R. *Li prophètes.* Jerem., XII, 9 (selon les LXX); la Vulgate suit un sens fort différent : nouvelle preuve, entre cent, de l'origine grecque du Bestiaire.
[5] R. *Habis del hyène éritages à celui qui ordenéement* (sic) *vit.*
[6] S. *Autrefois comme femelle.*
[7] R. *Cesti sanble les fius Israel*, etc. S. *Ceste semblance eurent les enfans d'Israel.*
[8] S. *Cultivèrent.*
[9] Honorèrent les idoles, pratiquèrent les rites païens. Mahomerie, payennie, etc., s'employent au moyen âge comme synonymes d'idolâtrie.
[10] Ce qui suit, jusqu'à la moralité (*Et tu hom*), est un véritable hors d'œuvre; aussi les mss. R et S, en le retranchant, ont très-légitimement usé des droits d'un abréviateur.
[11] Enfoui, enterré.
[12] *Tu crestiens, quecunque tu soies.*
[13] *Qui le? R* et S *qui dit* (II Tim. VI, 10).
[14] R. *Trecheor*; ANGL. treacherous. S. *Tricheur.*
[15] Quoique les trois mss. s'accordent à citer Salomon, le texte a bien l'air d'être emprunté à saint Jacques (I, 8). Le bestiaire rimé en fait autant, et tout cela doit remonter aux vieux bestiaires latins (Cf. *infra*, p. 205), que D. n'a point copié en ceci, et que H. corrige.
[16] De cœur.
[17] S. *Ne en oeuvres, ne en ses voies; ne plus que l'yenne.*
[18] Matth. VI, 24.
[19] Les deux phrases suivantes ne se trouvent point dans R ni dans S, et il n'y a pas de quoi blâmer ces mss. qui se tiennent d'autant plus près des textes latins.

bouce, et li doubles cors ; c'est beax sanblant devant, et pus traïr (traïr?) en derrière. Qui tels est, il est de II natures comme li hienne est ; et por ce dist Dex que il ne poent mie servir à Deu ne al deable.

BESTIAIRE LATIN.

A. B.

XVIII. DE HYENA QUE BELUA [1].

(Point d'hyène dans C.)

Est animal [2] qui graece [3] dicitur hyena, latine belua. De qua lex [4] praecepit [5] : *Non manducabis hyaenam* [6], *neque quod simile est illi* [7] ; *quoniam immundum est*. De quo [8] etiam per Hieremiam [9] prophetam dictum est (Jerem. XII, 9) : *Spelunca hyaenae* [10] *hereditas mea facta est*. Physiologus [11] dicit [12] de ea quoniam duas naturas habet hyena [13] ; et [14] aliquando quidem masculus est [15], aliquando autem femina ; et ideo immundum animal [16] est.

Cui [17] similes aestimati sunt filii Israel, quoniam [18] ab initio quidem servierunt Deo vivo [19] ; postea vero deliciis [20] et luxuriae [21] dediti, idola coluerunt. Propter hoc [22] propheta animali [23] comparavit Synagogam ; sed et nunc [24] quicumque sunt inter nos circa cupiditatem [25] et avaritiam studium habentes, quae est [26] secundum Apostolum (I Tim. VI, 10), *radix omnium malorum*, sive [27] *idolorum servitus* (Eph. v, 5] ; huic ipse (sic) inmunde [28] beluae comparantur [29], quum nec viri nec feminae sint [30], id est nec [31] fideles [32] nec

---

[1] *Quae belua ?* A. point de titre ; D. *de pastore et ejus tugurio*, titre occasionné par une propriété (Cf. Observations) dont il n'est rien dit dans les vieux bestiaires que j'ai vus, et dont l'exposé modifie beaucoup la première partie de cet article dans H et D.
[2] A. *item est*.
[3] B. omis..... *quod dicitur*.
[4] M (p. 593). *Hyaena graecum est, quod latine dicitur belua*. Le texte du Pentateuque allégué par le Physiologus, comme par saint Barnabé (*Epist.* 10) et Clément d'Alexandrie (*Paedag.*, II, 10), semble être pris dans le Deutéronome (XIV, 7). Les uns y ont vu le lapin ou la gerboise ; selon d'autres ce serait le Χοιρογρύλλιος, dont je ne me charge point de donner la synonymie.
[5] B. *dicit ;* M. omis.
[6] A et B. *hyenam*.
[7] B. *ei*.
[8] M. *qua*.
[9] A et B. *Hyeremiam*.
[10] A et B. *hyenae* ; D et H. *facta est mihi hereditas mea quasi spelunca hyenae*.
[11] B. *Fisiolocus* ; D et H. *cujus natura est ut aliquando masculus sit, aliquando femina*, *et ideo est immundum animal*.
[12] A. *dixit*.
[13] M. omis.
[14] B. omis.
[15] B. omis.
[16] A. *est animal*.
[17] D et H. *huic belluae* (D. omis) *assimilantur filii* Israel, qui ab initio quidem (H. omis) Deo vivo servierunt ; postea divitiis.
[18] A. *quem*.
[19] B. omis.
[20] B. *diliciis ;* D et H. *divitiis*.
[21] B. *luxoriae*.
[22] B. omis.
[23] A. *immundum animal ;* D. *immundo et crudeli animali sinagogam comparavit*.
[24] B. omis. C'est à cet endroit que D et H citent le passage de Jérémie, placé par A et B dans la première partie de cet article. Après quoi vient : *Quicumque igitur inter nos luxuriae et avariciae inserviunt*, *huic bestiae* (D. *belluae*) *comparantur*, etc.
[25] B. *nos circa nos capite* (sic) *et avaritia*.
[26] B. omis..... *habentes secundum*.
[27] B. omis. A. écrit *sine*, j'y ai changé une lettre.
[28] B. *inmundo*.
[29] B. répète une seconde fois *comparantur*.
[30] B. *sunt*.
[31] B. omis ; D. *neque calidi*, *neque frigidi ; sed tepidi*, etc. (tont différent).
[32] H. *plene fideles, nec perfidi ; sed sunt sine dubio de quibus ait Jacobus apostolus : Vir duplex animo, inconstans*. Dans les bestiaires allemands publiés par M. Hoffmann (*l. cit.*, p. 26), ce même texte, avec quelque changement, se trouve encore attribué à Salomon par un article où la *fulica* figure à la suite de l'hyène, avec un symbolisme tout différent de celui que représente cet oiseau, non-seulement dans nos bestiaires, mais même dans

perfidi, sed dubii [33]. De quibus ait Salomon (*sic.* Iacob. 1, 8): *Vir duplex inconstans* [34] *est in omnibus viis suis;* et [35] Salvator (Matth., vi, 24) in evangelio celui-là, où il reparaît quelques feuillets plus loin (p. 34) avec ses véritables attributions. Aussi présumé-je que ce prétendu premier article sur la *futica* n'est, dans le fait, qu'un démembrement maladroit du texte destiné à l'hyène.

[33] B. *sed sunt sub* (H. *sine*) *dubio.*
[34] B. *et inconstans in.*

ait [35] ad discipulos suos: *Non potestis duobus dominis servire, id est Deo et mammonae* [36].

[35] H. *de quibus et Dominus: Non potestis.*
[36] B. *dicit ad eos: Non*, etc.
[37] D et H. ajoutent, au sujet de la pierre *hyaenium*, quelques phrases qui ne mènent à rien pour la moralité. On en trouvera l'indication dans le bestiaire rimé (note 20) sans plus d'application.

BESTIAIRE RIMÉ.

XVIII. Mult ad à dire et à retraire
Ès essamples del bestiaire
Que[1] sunt de bestes et d'oiseis.
Profitables[2] et bons et bels
Est li livres, car il enseinne
En quel guise li mals remeinne[3],
Et la veie que deit tenir
Cil qui à Deu velt revenir.

   Le bestiaire nus recorde
D'une beste malveise et orde,
Qui ad non YEINE[4] en griseis[5];
Ne la sai nomer en franceis,
Mès la Lei devie[6] et défent
Que l'em ne la mainjust[7] naient,
Ne chose que li seit semblable;
Car el[8] n'est mie covenable,
Einz,[9] est tote malveise et orz,
Car èle manjue[10] les morz
Et[11] en lor sépulcres habite.

Trestoz ceis dévore et subite[12]
A qui èle poet avenir;
Pur ceo s'en fait mult bon tenir
De ceste beste si aïe[13].
Dist le prophète Jérémie:
La fosse[14] *à l'yaine salvage,*
Ceo est, dit-il, *mon héritage*[15].
Une père[16] porte en son oil[17]
Ceste beste dunt dire voil;
Que[18] suz la langue[19] la teudroit,
L'em dit que il devineroit
Les choses que à venir sunt
Des [20] aventures qu'el mond sunt.
   Ceste beste ad dous[21] natures,
Que[22] si habite ès sépultures; *
Jà de tèles parler n'orrez:
L'em dit que vus la troverez
Une feiz masle, altre femèle
Et od traianz et od mamèle.

[1] X et Y. *qui.*
[2] X. *Mult profitables, boens et beaus.*
[3] Y. *remaigne et enseigne;* X. *remaigne et enseigne. Remaindre* semble prendre ici, non plus la signification du latin *remanere*, mais le sens transitif de *relinquere.*
[4] Z. *yeule*, et dans le titre c'était *yelve;* X. *yenne;* Y. *yaiaue.*
[5] X. *grizeis;* Y. *grejois;* Z. *grigois;* esp. *griego.* Il serait possible que le *feu grisou* des mineurs wallons eût pris son nom du feu grégeois, à raison de ses effets redoutables et de sa nature longtemps inconnue.
[6] X et Y. *devée, défend;* ital. *divieto.*
[7] X et Y. *menjue.*
[8] V et Y. *èle.*
[9] V. *car èle est malveise;* Y *qu'èle est tote mauvaise.*
[10] X et Y. *menjue.*
[11] V. *en lor sépultures;* Y, *sépoutures.*

[12] X. *sobite;* ce mot appartiendrait-il à la même famille que le *sobissare* (engloutir) des Italiens?
[13] X et Z. *haie.*
[14] X. *la fole yenne la salvage.*
[15] Y. *iretnige.*
[16] X et Y. *pierre.*
[17] X. *œl*, et *voel.*
[18] X et Y. *qui.*
[19] X. *sor sa laingue.*
[20] Y et V. *les.* Cette pierre *hyaenium*, sorte de bézoar magique, ne donne lieu à aucune application morale; aussi n'est-elle point mentionnée dans les vieux bestiaires latins. Mais H et D en parlent avec plus de détails encore que Guilliame. Cf. Albert., *infra* (Observations). p. 207.
[21] X. *dens.*
[22] X et Y. *qui.*

Granz merveille est estrangement
Que si [25] change son vestement.

 Ceste beste, n'en dotez mie,
Les fiz [24] d'Israel signefie :
Que ben créurent veraiment [25]
El verrai Père omnipotent,
Et léalment [26] à lui se tindrent ;
Mès après, femèles devindrent.
Quant il furent suef norri
Et as délices adenti [27],
A la char et à la luxure ;
Pois n'orent de Dampnedeu cure,
Ainz le guerpirent, si folèrent [28]
Si que les idres [29] aourèrent.

 Mult i ad gent, si cum mei semble
Que à ceste beste resemble ;
Si vus dirrai quel gent ceo sunt.
Trop grand planté [30] i ad el mond
Qui ne sunt madles ne femèles :

En dit, en oevre, sunt novèles,
Doblez [31], feinz, et naient créables.
Ne en nul lieu [32] ne sunt estables.
De cels parole [33] Salemon
Qui fist le livre del sermon [34] :
Home doble, fals, et feingnant [35]
Que nule hore n'est parmeinant.
En ren qu'il face ne qu'il die.
Mult parest de malveise vie,
Servir volt à vus et à mei ;
A nul de nus ne porte fei.
Jhu Crist nostre verai Sire
Dist tel parole en le vangire [36] :
Nuls hom à dous seigneurs servir
Ne poet sofire [37] *ne fornir ;*
L'un amera, u [38] *l'un harra.*
Ce que Dex dist jà ne faldra ;
L'un voldrat [39] despire et haïr,
L'altre [40] amer et sostenir.

[23] Y et Z. *qu'ensi* ; X. *qui si.*
[24] Z. *fix..... sénefie.*
[25] X. *qui bien crurent premièrement* ; Z. *qui ben querurent vraiement.*
[26] X. *léaument* ; Z. *loiaument.*
[27] Y. *admti* ; adonnés.
[28] Est-ce *folâtrer*, ou le *folgar* (bolgar) des Espagnols ?
[29] X. *et les ydoles aourèrent* ; Y. *ydres* ; on trouve aussi *idles.*
Z. change ces deux vers, et dit :

 Ains le guerpirent folement,
 Et firent fol sourement.

[30] X. *planté* en *a.*
[31] Y. *doubles... et nient* etc. ; X. *torres et faus, et non créables.*
[32] X et Y. *leu.*

[33] Parle.
[34] X et Y. *sarmon.* On pourrait croire qu'il s'agit de l'Ecclésiaste ; mais Salomon est cité à tort, si je ne me trompe beaucoup (Cf. *supra*, p. 203, not. 15 ; et p. 205, not. 32).
[35] X. *faus et vagant.*
[36] X et Y. *le vangile*, malgré la rime en *ire.*
[37] X. *soufere.*
[38] X. *l'autre arra* ; Y. *ou l'un.*
[39] X. *voudra* ; Y. *vodra.* X termine ainsi ce chapitre, en ajoutant un vers :

 L'un voudra amer et chierir,
 L'autre despire et vil tenir ;
 N'en puet à nul boen chef venir.

[40] Z. *L'autre amer et cier tenir* ; Y. *Et l'autre amer et sotenir.*

OBSERVATIONS.

L'hyène avait été chargée par les anciens d'un véritable bagage de propriétés toutes plus merveilleuses les unes que les autres (Beckmann, *in pseudo-Aristot., De mirabil.*, c. 157, al. 155 ; p. 325. — Bochart, P. I, lib. II, cap. 56 ; p. 692, sq. ; et P. II, lib. III, cap. 7 ; p. 396, sq. — Saumaise, *in Solin.*, t. I, p. 238, sq. — Leemans, *in Horapoll.*, lib. II, 69-72 ; p. 360-362. — Liceti, *De reconditis antiq. lucern.*, lib. II, cap. 37 ; p. 122, sq. — Etc.) ; et notre auteur a fait preuve d'une grande retenue quand il s'est réduit à une seule de ces singularités. Le ms. D, copié dans l'édition d'Hugues de Saint-Victor (t. II, p. 421), n'a pas été si modeste : il y ajoute que l'hyène possède le secret d'appeler les bergers par leur nom ; en sorte que les faisant ainsi sortir de leur chaumière durant la nuit, elle les croque à son loisir : ce curieux renseignement, dont il rapporte du reste l'honneur à Solin (*Polyhist.*, c. 27), il le résume en deux vers techniques qui paraissent avoir eu cours dans le moyen âge, et que je transcris parce qu'ils ne sont pas copiés exactement dans l'imprimé :

De pastore et ejus tugurio (en titre, au lieu de *De hyaena*, comme *légende* d'une miniature) :
Hunc vocat ex cavea noctu per nomen hyaena,
Acceptumque rapit, et saevo vulnere carpit.

Solin fait part de la même distinction aux animaux nommés *crocotta* ou *crocuta*, et *leucrocotta* (Cf. Solin. *Polyhist.*, cap. 27, 52. — Cuvier, *in Plin.*, VIII, 30; al. 21), d'après Ctésias, sans doute (Cf. Ctes. fragm., ed. Car. Müller, p. 105. — Fragment. historic. graecor., t. III, p. 205). Si l'on pouvait réduire ce beau récit à dire, comme Aristote, que l'hyène attire les chiens près d'elle en imitant le vomissement d'un homme (Arist., *De animal.*, VIII, 5), ce serait déjà quelque chose. Mais, pour nous borner à ce que raconte le véritable bestiaire primitif après maint auteur classique, on a dit surabondamment déjà que cette prétendue singularité n'était fondée que sur une sorte d'anomalie anatomique que l'hyène partage avec les viverrides, et dont on a quelquefois gratifié le lièvre ou le lapin, en les confondant avec la gerboise peut-être. Cf. Tychsen, *l. cit.*, 21-30. — Ælian., I, 25; VI, 14; VII, 22; XIII, 12; — Plin., VIII, 44, 45 (al. 30); et XXVIII, 27, 29 (al. 8). — Etc., etc.

Albert le Grand, parlant de l'*iona* (loup cervier?), en raconte plusieurs curiosités qu'il ne garantit point, mais que les vieux auteurs d'histoire naturelle attribuent soit à l'hyène, soit au loup, soit même au dragon. Voici ses paroles (*De animalib.*, XXII, tract. II, cap. 1; Opp. t. VI, 599) : « Iona animal est ad quantitatem lupi fere, in sepulcris mortuorum frequenter habitans; stabula autem libenter sequitur equorum. Auditu frequenti discit et nominat homines et canes; et vocatos, deceptos occidit et devorat. Vomitus etiam, singultiendo ut homines, aliquando mentitur. Dicitur quod canes venatici umbra ejus contacti latratum perdunt. Dicitur etiam quod colorem variat ad libitum. Dicunt etiam quidam quod omne animal quod lustraverit, haeret vestigio ejus. Germanorum etiam artifices narrant hanc bestiam in oculis, vel verius in fronte, gestare lapidem pretiosum (Cf. *supra*, p. 24, note 3)... Dicunt quidam quod ita rigent sibi spondylia, quod collum flectere nequit nisi toto rotato corpore. Jorach (*al.* Jorath) etiam dicit quod aliquando est mas, et aliquando foemina; et quod in cauda virus colligit. Sed iste Jorach frequenter mentitur. » Cf. Mizald. *Memorabilium, utilium,... centuriae* .. (Lutet., 1566); cent. II, 97; IX, 28 (fol. 29, 125).

41 (Fig. A S.)

UNS OISEAU QUE ON APÊLE ULICA [1].

Uns oiseax est qui est apelés ulica [2]. Cis oiseax es entendans et sages sor tos autres oiseax. Il ne gouste de caroigne ne [en ?] nul liu [3] ne vole; ains demore et est desi [4] à la fin en I liu, et iluèques a sa viande [5]. Cis oiseax est si simples que nus n'est tant simples; et si n'est mie grans. Et si est de diverses colors tachelé chà et là; et si a le teste et le bec altretel comme un aigle, et cors de paon, et les piés d'aigle. Et le col et la keue se porsient à la samblance de faucon, mais il l'a plus grant et d'autre color. Cis oiseaus est parfais de III grans vertus : li premiers est savoirs, li secons que il est si net plus que nus oiseax, li tiers que il est cois en un liu et vit simplement avoec sa viande.

Tot altresi li bon hom [6] qui gardent la volenté de Deu, et nient [7] ne vont chà ne là mal oevre faisant si comme cil qui sont contre foy; cil ne se raemplisent des séculers désiriers. Ne que [8] li oiseax ne mangue de nule char, mais en un lieu se tient; c'est à entendre en sainte Yglise, et iluec permaignent [9] dusca la fin. Dont Dex dist en l'ewangile [10] : *Qui de ci en la fin se tenra o moi, il sera saus*. Et cil qui en sainte Yglise recevront le pain de vie, il èrent refait [11] de saintes viandes; c'est des doces paroles à Deu, dont l'Escriture dit [12] : *Del seul pain* [13] *ne vit mie li hom, mais de la parole de Deu* [14].

---

[1] S. *fulica;* R. *felica*.
[2] R et S. *fulica*.
[3] R. *Ne nuliu* (nului ?)... S. *cil oisiaux ne mangue de charongne, en nul lieu ne volt* (sic), *ains demeure et vole jusques à la fin...*
[4] R. *demore de ci en la fin en I seul liu.*
[5] Nourriture; ITAL. vivanda (vivres), FRANC. vivandière.
Tout ce qui suit jusqu'à la moralité, manque dans R et S.
[6] S. *Tout aussi le prodome...* Les soi-disant *bons hommes* (manichéens) du moyen âge, pourraient bien avoir tourné à leur profit les enseignements du *Bestiaire*, qui, dès son origine, avait probablement reçu quelque empreinte de gnosticisme. Mais cette question, avec plusieurs autres, se présentera plus à propos quand nous publierons le texte grec, dont les matériaux nous arrivent peu à peu, et qui nous conduira à parler de l'auteur.
[7] S. *et vivent en lui, et ne vont ça ne la errant si comme cil fout qui vont contre la foy...* R. *et vivent en I liu, et ne vont...*
[8] S. *que li oisel ne mangue de nulle charongne...*
[9] S. *permaint jusques à* (R. *de ci qu'en*) *la fin.*
[10] Matth. XXIV, 13.
[11] R. *Il est refais;* S. *il seront repeu et refait.*
[12] Matth., IV, 4.
[13] S. *de pain seulement ne vit mye hom.*
[14] S. *la parole Damedieu.*

BESTIAIRES (Pl. XXI, XXXI).

BESTIAIRE LATIN.

B.

XXII. DE FOLICA [1].

Est volatile quod dicitur fulica [2], satis intelligibile [3], et prudentissimum super omnia volatilia [4]; non ca[da]veribus [5] vescitur, non devacabunda [6] alibi pervolans atque oberrans; sed in uno loco commoratur et permanet usque in [7] finem, et ibi escam sibi [8] habet et ibi [9] requiescit; sicut [10] dicit David (Ps. CIII, 17) : *Folice domus dux est eorum*.

Sed [11] ergo omnis homo fidelis secundum Dei [12] voluntatem conversatur [13] et vivit. Non huc [14] atque illuc aut [15] per diversa oberrans circumvolat, sicut faciunt haeretici; nec saecularibus desideriis, ac voluptatibus delectatur [16] corporalibus, sicut illae volucres [17] quae carnibus vescuntur. Sed semper in uno eodemque loco [18] continet [se] et requiescit, id est in Ecclesia catholica; et [19] ibi permanet usque in finem : sicut Dominus [20] dicit in evangelio (Matth., x, 22) : *Qui autem perseveraverit usque in finem, hic salvus erit*. Ibi ergo se contineant [21], ibi Dominus *inhabitare facit*

---

[1] H (p. 418) et D. *de fulica*. Cet article manque dans M. et C.

[2] B. *folica*.

[3] B. *terribile*.

[4] D. ajoute : *quae volant super terram. Nam nec ullo cadavere vescitur, neque aliunde volans vel oberrans, sed in loco uno commoratur; ibique permanens usque in finem, in eodem escam loco et quietem habens. Sicut et David dicit : Fulicae domus*, etc.

[5] H. *cadaveribus non*.

[6] H. *aliunde alio pervolans*.

[7] H. *ad*.

[8] H. *suam*.

[9] H. *omis*.

[10] H. *omis..... requiescit. Sic ergo omnis*, etc. Cette suppression du verset des Psaumes pourrait bien avoir été suggérée au compilateur (ou à l'éditeur) par l'impossibilité de rencontrer la *fulica* dans la Vulgate, pas plus que dans le psautier de saint Jérôme ou dans les LXX.

[11] H. *sic;* D. *sic quoque ergo omnis fidelis habet* (debet?) *agere; id est ut non oberret cibum haereticorum quaerens, neque saecularibus desideriis inhaereat sicut aves aridae quae carnibus vescuntur. Semper in uno loco, id*

A.

XXXV. DE HERODIO [27].

(*Rien dans le ms. C.*)

Est volatile qui vocatur herodius, David dicente : *Fulicae domus dux est eorum*. Est autem volatile prudentissimum prae omnibus volatilibus, non multa copia (*sic*) quaerens, sed moratur ubi et dormit; neque morticinum manducat, nec volat in multis locis.

Ita et tu, homo, una tibi sit nutrix, et sempiterna, Ecclesia catholica; ut spiritalis esca et caelestis panis vitae digestibilis fiat tibi. Noli quaerere alienam gloriam per multa loca, hoc est per multa [28] haereticorum.

---

[27] Malgré la différence du titre, cet article a le même sujet que le n° XXII de A. Dans le fait, le texte (Ps. CIII, 17) cité dès la première ligne, pouvait bien mieux servir ici en suivant la Vulgate et les LXX, qui ont *Herodii domus*, etc.; mais tout en changeant le nom de l'oiseau, on a conservé la même version qu'alléguait B : ce qui s'explique à peine, puisqu'il en résulte une contradiction toute gratuite.

Le ms. D a fait autrement : bien qu'il ait un assez long article sur la *fulica*, il en consacre un autre de quelques lignes à l'*herodius*, que voici : DE HERODIO. *Herodius marina avis est, et nidificat in petra; et significat illos quorum Christus est dux et morum institutor, et qui eum imitantur*.

[28] Pour trouver un sens à ces mots, on pourrait y voir un hellénisme; à moins qu'il ne faille lire : *multa loca haereticorum*.

---

est in Ecclesiae catholicae domo, cum omni puritate usque in finem permaneat; ibique pascitur non in solo pane, sed et in omni verbo Dei.

[12] B. *Deum*.

[13] H. *conservatur*, peut-être par erreur typographique.

[14] B. *hunc*.

[15] H. *omis*.

[16] B. *delectantur convalibus* (carnalibus?)...

[17] H *Illa volucris, quae carnalibus non vescitur, semper in*.

[18] H. *Se continet et requiescit loco, id est*.

[19] H. *et apostolica; et ibi*.

[20] H. *dicitur in*.

[21] H. *continet, et ibi*.

unanimis²² in domo (Ps. LXVII, 7); et ibi habet quotidianum ²³ panem immortalitatis, potum vero pretiosum ²⁴ sanguinem Christi; reficiens se sanctis epulis ²⁵ et super mel et favum suavissimis eloquiis Domini ²⁶. *Non enim in solo pane vivit homo, sed in omni verbo Dei* (Matth., IV, 4).

²² H. *unanimes.*
²³ B. *cotidie unum panem.*
²⁴ B. *preciosum.*
²⁵ B. *omis.*
²⁶ B. *Dominum.*

BESTIAIRE RIMÉ.

XXIII. Or vus conterom d'un oisel ¹
Qui parest mult ² corteis et bel
Et mult sage et ben entendable ;
Tot dis est en yaue manable,
En ses estancs adès sojorne.
En mi ³ l'iaue son ni atorne,
U entre pères ⁴ en la mer
U nuls hom ne poet habiter ;
Toz jors meint assiduèlement
En une place solement,
Nule feiz ne s'en quiert mover ⁵,
Cur tot i ad son estover.
Et ne porquant, quant èle sent
Que il deit estre alkon torment ,
Dont s'en vait à un gué baigner
Et déduire et esbanéier ⁶ ;
Et ⁷ pois revent en sa meison.
Toz jorz manjue bon peison ⁸,
De nule charoine ne vit ;
Et savez que li livres ⁹ dit
Que sa chair est de tel manère
Cum est d'un lèvre ¹⁰ de bruière.
Icest ¹¹ oisel, ceo est la some,

Signefie le bon prodome
Que en seinte église demore,
Et iluec veille ¹² et prie et plore,
Et vit de pein cotidien
A guise de bon cristien :
Ceo est de la parole Deu
Que il retent et met en leu ¹³ ;
Son cors manjue, et son sanc beit,
Dignement le garde et receit ¹⁴ ;
Et bon ¹⁵ meint de si qu'à sa fin ,
Come bon cristien et fin ¹⁶ ;
Ne vait pas sus ne jus folant,
Ne as viandes aerdant
Que ¹⁷ font l'alme ¹⁸ à dolur périr
Pur le cors à aise servir ;
En seinte esglise meint adès
En joie, en amor et en pès.
Ceo est la bone viande pure
Que ¹⁹ l'alme garde et asséure,
Que ²⁰ est dulce et savorée

¹ Y et Z. *une oisèle, et cortoise et bâle* (Z. *oisièle, bièle*). Ce féminin est maintenu dans tout l'article, et certains vers en ont besoin pour la mesure. Le nom de l'oiseau ne parait pas une seule fois dans tout l'article, et le *rubricateur* n'a su quoi mettre en titre ; mais c'est le *fullica* de Philippe de Thaun. Par une singularité qui pourrait n'être pas due au hasard, l'*y* qui manque à ce nom dans le ms. de l'Arsenal, y manque également dans le texte publié par M. Wright.
² X, Y, Z. *Mult parest.*
³ Z. *èmi l'eve sen ni* ; Y. *aigne* ; X. *ève.*
⁴ Z. *pières* ; X et Y. *pierres.*
⁵ X. *Movrir, et estoveir* ; Y et Z. *movoir, et estevoir* (Z. *estovoir*).
⁶ Y. *esbanier* ; Z. *esbanoyer* ; *se récréer.*
⁷ X. *puis se remet.*
⁸ X, *peisson* ; Y. *poison* ; Z. *pisson.*
⁹ X. *la lètre.*
¹⁰ X, Y, Z. *lièvre.*
¹¹ Z et Y. *Ceste oisèle* (Z. *oisièle*).
¹² Y. *illuques veille* ; X. *et ilec prie et velle, et ore.*
¹³ X. *à preu.*
¹⁴ Y et Z. *reçoit , et boit.*
¹⁵ X, Y, Z. *bien maint* ; Y. *jusqa'à* ; Z. *dusques en* ; X. Y. Z. *la fin.*
¹⁶ Z. *et en vient à très boens fin* ; X. *comme boen* ; Y. *comment bon* ; X et Y. *crestien.*
¹⁷ X et Y. *qui.*
¹⁸ X. *l'âme* ; Y. *l'arme* ; X et Y. *dolor.*
¹⁹ X. Y. Z. *qui.*
²⁰ X. *plus très douce est et meins salée* ; Y. *qui est douce et essavourée.*

BESTIAIRES (Pl. XXI, XXXI).

Plus que n'est miel ne nule rée[21].
Oez que li psalmistres dist,
Davit qui le psalter escrist:
*Plus me sont dulz tes parlemens
A mes joes*[22] *et à mes denz,
Beal*[23] *sire Deu qui meins el ciel,
Que n'est la rée ne le miel*[24].

Seignors, pur Deu le rei de glorie[25],
Metez en oes[26] et en memorie
Les essamples que vous oez;

En seinte Eglise demorez
En bone fei et en créance,
Et en bone persévérance.
Car si vus persévérelz ben
Levangire vus promet ben
Que vus serez à la fin salfs[27]
Cum bon cristiens et léals.
N'avez mère fors seinte Eglise,
Que[28] par amor et par franchise
Vus amoneste et vus chastie
Que vus meiniez[29] en bone vie.

[21] Rayon de miel. Ps. xviii, 11.
[22] Z. *joies*; X. *orelles*, à etc.
[23] X. *beau*; Y. *biez*; Z. *biax*.
[24] Ps. cxviii, 103.
[25] X et Y. *gloire*; Z. *glore*, et *mémore*.

[26] Y. *oez*; X. *à ovre, et à* etc.; Z. *oevre*.
[27] X. *saus*, et *léaus*; Y. *saus*, et *loiaus*.
[28] X et Y. *qui*.
[29] X. *maigniez*; Z. *magniez*.

OBSERVATIONS.

Quel que soit l'oiseau qu'ait eu en vue le Psalmiste (Cf. Bochart, P. II, lib. II, cap. 28; p. 321, sqq.), ce qui importe uniquement ici, c'est de savoir ce que le *Physiologus* avait vu dans le texte du psaume CIII qui est l'origine de cet article. Indépendamment du nom de l'oiseau, qui varie ou même manque absolument dans les divers textes, il convient de se guider surtout d'après les qualités qui lui sont attribuées. Or elles sont trop vagues pour qu'on en puisse tirer une détermination bien précise. Cependant, malgré le nom de la foulque (poule d'eau, macreuse, etc.) qui semble dominer dans nos mss., le véritable objet de ce chapitre paraît avoir été le héron, si ce n'est peut-être la cigogne. C'est bien le héron, en effet, qui se tient grave et calme dans une sorte de recueillement solennel, comme s'il ne prenait nul soin de pourvoir à sa subsistance; vivant volontiers séparé des autres espèces, et nichant souvent sur les plus hauts arbres ou dans les rochers les plus élevés du bord de la mer. C'est ce que l'on peut absolument arranger avec ces paroles de Vincent de Beauvais (*specul. natural.* XVI, 76; p. 1202): « Glossa super Ps. CIII : *Fulicae domus est fortis, sed non in excelsis*. Unde *fulicae*, inquit, vel *Herodii domus*, etc. Fulica enim est avis marina vel stagnensis; cujus domus, id est nidus, est petra in aqua : quae tusa fluctibus, frangit eos, sed non frangitur.»

Quelques traits des traducteurs français annonceraient qu'ils prétendaient peindre un goëland ou un martin-pêcheur; mais si nous remontons au texte latin, je crois que le héron satisfait assez bien aux données principales. Cf. Tychsen, p. 99-101.—Ælian., I, 1, 35; VII, 7. — Plin. XVIII, 87; al. 35; et *nott. in h. l.* — Etc.

42 (Fig. A T).

LA COCODRILLE [1].

Une beste est que [2] on apèle cocodrille, et une autre beste que on apèle ydres; et cèle converse en l'aighe de Nill. Phisiologes dist qu'èle het moult le cocodrille; et si a ceste nature et ceste costume que il se [3] partot où il puet de traïr [4] la cocodrille. Li ydres est I serpent lonc et graille [5], et la cocodrille est I serpent marage [6]. Quant li hydres veit la cocodrille sor la rive de l'aighe dormant, lors va l'ydre, et si se loe [7] de boe [8] que il puisse légièrement coler [9] par les joes [10] de la cocodrille; si se met en l'encontre de la cocodrille, porce qu'il vielt estre transglouti de lui. Car alsi tost comme la cocodrille le voit, ele le transgloute tot vif. Et l'ydres qui est engloutis tot vif, dépèche [11] totes les entrailles de la cocodrille, et li deschire tot le ventre as piés et as ongles qu'il a grans et agus; et si s'en ist [12] fors tot vif, et la cocodrille demore mors.

Enfers porte la figure de la cocodrille ; l'ydre sénéfie nostre Salvère. Car nostre sire Jhésu Crist, quant il prist char en la virge Marie, il fu penés en la crois; lors entra il en la cocodrille, ce fu enfers, et desronpi [13] tot, et en jeta tot ses amis. Dont li ewangelistres dist [14] : *Enfers, je serai tes mors* [15].

[1] Crocodile ; ITAL. cocodrillo. Cet article, dans R et S, ainsi que dans les bestiaires les plus anciens, est intitulé *ydre* (ou *ichneumon*). Comme la description de l'un des deux animaux entraîne nécessairement celle de l'autre, j'emploierai parfois le nom de l'animal le plus connu quand j'aurai à désigner cet article.

[2] R. *est en l'ève, qui est apelée ydres. Phisiologes dit de cestui qu'èle het moult le cocodrile ; et si a*, etc.

[3] Un verbe (comme, par exemple, *il s'ingénie*) a sans doute été oublié en cet endroit; mais R ne nous aidera point à le restituer, car il suit une autre marche : *... que quant li ydre voit le cocodrile sor la rive de l'ève dormant, il va, et si se loie de soie (boe) qui (qu'il) puisse légièrement corre par ses èves (joes)*.

[4] Tromper, trahir.

[5] Fluet; l'orthographe moderne *grêle*, est bien moins conforme au latin *gracilis*.

[6] Aquatique, de marais ; amphibie ?

[7] Cela veut-il dire *se salir, se crotter* (ESP. lodo)? ou bien serait-ce notre *délayer*, détremper ?

[8] Boue.

[9] Glisser, couler.

[10] Joe, jou, etc., à cette époque signifie souvent le visage, la bouche, les mâchoires.

Le ms. R n'aurait pas besoin de toutes ces explications, il va bien plus droit au but : *... ses èves. Quant li cocodriles voit l'ydre, il li cort seure et l'englout tout vif. Li ydres qui est engloutiz toz vis*, etc.

[11] Déchire, met en pièces, dépèce ; R. *depièce* ; S. *despièce*.

[12] Echappe, sort ; FRANÇ. issue.

[13] Brisa ; LAT. disrumpere. Allusion au Ps. CVI, 16, qui semble avoir guidé les artistes du moyen âge quand ils représentaient Notre-Seigneur descendant aux limbes. Cf. Vitraux de Bourges, pl. v.

[14] Ce texte est tiré de la prophétie d'Osée (XIII, 14), et non pas de l'Évangile.

[15] S. *ta mort* (morsus tuus ero, Inferue).

BESTIAIRE LATIN.

A. B.

XIX. DE HILDRIS [1].

(*Point d'ichneumon dans C.*)

Aliud [2] animal est in Nilo flumine quod [3] dicitur ydris [4]. Physiologus dicit de eo quoniam satis hoc animal inimicum [5] est crocodilo [6], et hanc habet [7] naturam et consuetudinem : quum [8] viderit crocodilum [9] in littore [10] fluminis [11] dormientem aperto [12] ore, vadit et involvit se in [13] limum [14] luti, quod possit facilius inlabi in [15] faucibus [16] ejus ; et veniens [17] insilit in ore [18] ejus. Crocodilus [19] vero desubitatus [20], vivum transglutit eum. Ille autem, dilanians omnia [21] viscera ejus [22], exit [23] vivus de visceribus corchodrilli [24] jam mortui, ac disruptis omnibus [25] intraneis ejus [26].

Sic ergo mors atque [27] infernus figuram habent crocodili [28], qui [29] inimicus Domini et [30] Salvatoris nostri est [31]. Ideoque et [32] Dominus noster Jesus Christus [33], adsumens [34] terrenam naturam [35] carnem nostram, descendit in [36] infernum ; et disrumpens omnia [37] viscera ejus, eduxit [38] omnes qui ab eo [39] devorati detinebantur in mortem; sicut testatur evangelista (Matth. xxvii, 52) : *Et monumenta aperta sunt, et resurrexerunt multa corpora sanctorum.* Mortificavit igitur ipsam mortem et [40] ipse vivus resurrexit a mortuis, sicut [41]

---

[1] A. point de titre ; D. *de ydro.* Un autre article dans D, est intitulé *de crocodrillo*; mais le contenu est tout différent de ceci. H (p. 420), *de hydro.*

[2] D et H. *est animal in Nilo*; A. *item est animal in*, etc.

[3] A. *qui.*

[4] B. *hildris. Fisiolocus dixit*, etc. D et H. *hydrus* (D. *ydrus*). Pour cet article, entre autres, les analogies que je signalerai dans D et H ne doivent pas faire conclure que les autres parties sont conformes aux textes de Bruxelles et de Berne. Le compilateur y a fait entrer plusieurs détails puisés à diverses sources.

[5] B. *inimicus*; D et H... *hic jam* (H. *hydrus praefatus*) *dictus ydrus est... nimium* (H. omis) *inimicus crocodrillo* (H. *crocodilo*) *et hanc.*

[6] A. *corchodrillo*; B. *corcodrillo.* Dans A, la première r de ce mot est souvent traversée par un trait oblique qui paraît l'œuvre d'un correcteur. De cette façon l'on avait à peu près la forme italienne *cocodrillo.*

[7] A. *habere naturae consuetudinem.*

[8] D et H. *ut quum viderit* (H. *venerit et viderit crocodilum*) *crocodrillum.*

[9] A. *corchodrillum*; B. *corcodrillum.*

[10] A et B. *litore.*

[11] D et H. omis.

[12] H. omis, ,. *dormientem , vadit.*

[13] D et H. *luto, quo possit.*

[14] B. *limun.*

[15] B. omis.

[16] H. *fauces crocodili.*

[17] A. *venit et* : D et H. omettent cette dernière partie de la phrase.

[18] B. *faciem.*

[19] A. *corchodrillus*; B. *corcodrillus*; D. *crocodrillus*

igitur sentiens ydram (sic), *subito vivum eum transglutit. Ille vero dilanians*; H. diffère peu de D.

[20] B. *desubmatus intrans glutit.* Ce *desubitatus* voudrait-il dire *pris au dépourvu* ?

[21] B. *eum.*

[22] D et H. *crocodrilli* (H. *ejus*), *non solum vivus, sed etiam illaesus exit. Sic ergo* (H. *igitur*) *mors*, etc.

[23] A. *et exiens.*

[24] B. *corcodrilli* (sic), *corcodrillo jam mortuo, ac disruptis interaniis* (sic), etc.

[25] B. omis; voyez note précédente.

[26] B. omis.

[27] D et H. *et*; B. *moratque.*

[28] A. *corchodrilli*; B. *corcodrillo*; D. *cocodrilli.*

[29] B. omis; D et H, *quorum inimicus est Salvator* (H. *Dominus noster,* etc.), *et Redemptor noster Jesus Christus. Nam sumens* (H. *assumens*) *humanam carnem ex* (H. *descendit,* etc.) *Maria virgine, descendit ad infernum.*

[30] B. omis.

[31] B. omis.

[32] A. omis.

[33] B. omis.

[34] A et H. *assumens.*

[35] A. omis.

[36] B, D, H. *ad.*

[37] D. *vincula, et confringens portas mortis et Inferni, eduxit omnes suos qui injuste detinebantur apud inferos; sicut per prophetam suum promiserat, dicens* : O mors, *ero mors tua, morsus tuus ero, Inferne*; *et cetera.* Là s'arrête l'article de l'ichneumon dans D.

[38] B. *et ducens.*

[39] B. *ab ea tenebantur,* etc. ; H. *eduxit eos qui injuste ab eo detinebantur in morte.*

[40] B. omis.

[41] H et B. *et.*

insultat illi propheta [12] dicens (Osee, xiii, 14) : *O mors ero mors tua*, et [15] *reliqua*. Et alibi (I Cor. xv, 54) : *Absorta* (sic) *est mors contentio* [14] *tua, ubi est, mors, aculeus tuus* [15] ?

[12] H, D, B. *per prophetam.*
[13] A. *ero morsus tuus, Inferne;* H et D. *morsus tuus ero,* etc.
[14] B. *in victoria; ubi est, mors, contentio,* etc. A. suit de nouveau son habitude de supprimer tout ce qui sépare

un mot de sa répétition (Cf. *supra*, t. II, p. 132, note 50; p. 230, note 47; et C. Cavedoni, *memorie... di Modena,* serie III, p. 352, svv.).
[15] H. termine par le passage de saint Matthieu (xxvii, 52) que A et B ont cité deux phrases plus haut.

BESTIAIRE RIMÉ.

XIX. Une manère est de serpent
Que en yaive [1] ad habitement ;
Ydrus ad non, si est salvage,
Et mult ben set faire dammage [2]
Al cocadrille [3] qu'èle het ;
Sagement enginner le set.
Ben vus dirrai avant coment
Ceste l'engine cointement.
    La cocadrille est beste fère,
Et vait adès en la rivère [4]
De [5] cest fluive que Nil a non ;
Boef [6] resemble alques de façon.
Vint cotés [7] ad bon de long,
Si est si gros come fust [8] un tronq ;
Quatre pez [9] ad, et ungles granz,
Et dens agües [10] et tranchanz ;
De ceo est-il mult ben armé.

Tant ad le quir [11] dur et serré
Que grant cops de père cornue [12]
Ne prise un ramet de ségüe [13].
Unques hom tel beste ne vist,
Car en terre et en yaue [14] vit ;
La noit [15] se tient en l'lave [16] clos,
Et en terre ad le jor repos.
S'il encontre home, et il le veint [17]
Manjue le [18], ren n'i remeint ;
Mès toz jorz après pois [19] le plore
Tant dis [20] cum en vie demore.
De ceste sole beste [21] avent
Que les gencives [22] de suz tent
Tot en pès [23] quant èle mangue,
Et icèle de sor [24] remue ;
Ceste nature n'est donée
A altre créature née.

[1] X. *qui en live a,* etc. ; Y. *en aigue ;* Z. *en inue.*
[2] X. *demage ;* Y. *domage.*
[3] X. *au coquatrix que ele ;* Y. *quocadrille qui le ;* Z. *cochadrille qu'èle.* Je laisse aux hommes spéciaux le soin de chercher l'origine du nom donné à la rue *Cocatrix* par les Parisiens ; quand même cela remonterait à une famille nommée ainsi.
[4] X. *rivière ;* Y. *revière.*
[5] X. *de cel flueve ;* Y. *en cest fluive.*
[6] X et Y. *buef ;* Z. *bos.* Comme *bos* signifiait *bois* et *serpent*, la dernière variante sort du domaine de la simple orthographe ; mais le ms. Z se donne des licences qui peuvent infirmer beaucoup son témoignage.
[7] Z. *si a ben XX costes ;* X. *coutes ;* esp. *codo ;* franç. *coude, et coudée.*
[8] X. *est un tronc.*
[9] X et Y. *piez ;* Z. *piés.*
[10] X et Y. *denz ;* Z. *agus et ben trencans ;* Y. *tranchanz.*
[11] X et Y. *cuer ;* Z. *cuir ;* esp. *cuero.*
[12] X. *nule beste, tant seit cornue ;* Y et Z. *pierre cornue.* S'agit-il du hornstein, ou silex ?

[13] Z. *ne doute fuelle de cène ;* X. *un grain (rain ?) de cégue.*
[14] X et Z. *ève ;* Y. *en aigue et en terre.*
[15] X et Y. *nuit.*
[16] X. *ève ;* Y. *aigue.*
[17] Y. *vaint.*
[18] X. *menjue lei, riens n'i remaint ;* Y. *si le menjut, rien,* etc.
[19] Y. *pus après.* Nous avons eu déjà (*supra*, t. II, p. 157, suiv.) un article consacré à cette propriété, sous le nom de la *harpie.*
[20] Y. *tandis.* L'orthographe des mss. V et X valait bien la nôtre, pour exprimer l'étymologie ; ital. *tanti giorni.*
[21] Z. *seule ;* X. *de ceste beste sole avient, et tient.*
[22] Y. *jancives.* Ce mot exprime ici la même chose que *mâchoires.* Z. *les gens (!) que desous lui tient.* Voilà ce que c'est que les copistes gens d'esprit ! Les textes sortent de leurs mains dans un état à ne plus s'y reconnaître.
[23] Y et Z. *pais ;* Z. *et èle ;* etc.
[24] Trois mss. sont contre moi ; mais je passe outre avec X. V. *suz ;* X. *sus ;* Y. *jus ;* Z. *sous*, qui n'est que la traduction de V. en orthographe plus moderne. (Cf. *infra*, observations, p. 216.).

De sa coue [ne?] veirement [22]
Soleit l'em faire un oignement [26],
Les vieilles femmes s'en oigneient [27] ;
Par cel oinnement s'estendeient
Les ronces [29] del vis et del front,
Et plosurs encore [29] le font.
Mès pois que la suur [30] survent,
Sachez que nul preu [31] ne lor tent.

L'altre beste dont [32] vus ai dite,
Que [33] en yaue [34] toz jorz habite,
Het le cocadrille [35] de mort ;
Et il lui [36], si n'ad mie tort.
Mult s'entreheinnent [37] de grant heine,
Mès cèle seit plus de traïne.
Quant à terre [38] le voit dormir
Et en dormant la gule [39] ovrir,
En tai et en limon se moille [40],
Iloc se dévoltre et soille [41]
Pur estre plus escororiable [42] ;
Pois veit tot dreit à ces dé[a]ble,
Très parmi sa gule se lance,
Et cil la transglute [43] en sa pance.
Si n'i ad mie esté grant pièce
Qu'èle li desront [44] et despièce
Del ventre totes les entrailles [45]
Et les boels [46] et les corailles ;

Issue quiert délivrement,
Si s'en ist fors tot [47] suavement,
Et cil moert, car morir l'estuet,
Car des plaies garir ne poet [48].

Ici poet [49] l'om ensample prendre
Et [50] grant signefiance aprendre.
Li kocadrille [51] signefie
Mort et enfern [52] ne dotez mie.
Altresi come la serpent
Dunt jo vus dis primèrement [53],
Occist le kocadrille et tue,
Et sagement [54] purchace issue,
Fist Nostre Seignor Ihu-Crist :
En la char que il pur nus prist,
Si sagement s'envolupa [55],
Que mort et enfern estrangla
Et d'iloc osta ses amis
Que [56] remés i èrent cheitifs [57] ;
Si come li prophète dist
Quant [58] il propheliza de Crist :
O tu, mort, je serrai ta mort.
Deus, qui est nostre léon [59] fort,
Destruist nostre mort en morant,
Dunt toz jorz est enfern plorant ;
Et resordant, reparilla [60]
Nostre vie qui ne faldra [61].

---

[20] X. *coue solement* ; Y. *coue voirement* ; Z. *keue veraisment*.
[26] Z. *ongement*.
[27] Ce vers manque dans X et V.
[28] X et Z. *fronces*. Cet ancien substantif explique notre verbe *froncer* ; ANGL. furrow ?
[29] X. *plusors uncore*.
[30] X et Y. *suor*.
[31] Y. *sachez, nul parfit*.
[32] X. *que* ; Y. *don*.
[33] X et Y. *qui*.
[34] X. *ève* ; Y. *aigue*.
[35] X. *cocatris* ; Y. *cocadrille*.
[36] Y. *li* ; X. *et cil, cèle*.
[37] X et Z. *se hèent de grant haïne* ; Y. *munt se hahent*.
[38] X. *quant le coqnatris voit* ; Z. *quant èle voit l'autre*.
[39] X. *gole* ; Y. *goule* ; Z. *bouce*.
[40] X et Y. *molle*.
[41] X. *solle* ; Y. *soulle*.
[42] Z. *oscuriable* ; X. *escoloriable* ; Y. *escolurable* ; *glissant* ; FRANÇ. écouler.
[43] Z. *transgleut* ; X. *transglot* ; Y. *tranglot*.

Les deux vers suivants manquent dans X.
[44] Z. *descent* ; Y. *déront* ; LAT. *disrumpere*.
[45] Y. *ventrailles* ; X. *el ventre cerche les entrailles*.
[46] X. *boiaus* ; Y. *bonèles*. Nous avons donc eu les formes des deux genres pour ce mot qui n'est que féminin en Italie (*budelle*).
[47] Y. *à sauvement* ; X. *isnèlement*.
[48] X et Y. *puet*.
[49] X. *puet* ; Y. *pait*.
[50] X. *cil qui à Deu se vendent rendre* ; Y. *sénéfiance antandre*.
[51] Y. *cocadrilles* ; X. *le cocatriz*.
[52] X et Y. *enfer* ; et de même quelques vers plus bas.
[53] X et Y. *premièrement*.
[54] V, X, Y. *sauvement*. J'ai suivi Z à tout hasard.
[55] X et Y. *s'envelopa*.
[56] X et Y. *qui*.
[57] X. *cheitis*, captifs. Cf. *supra*, t. II, p. 129, not. 14, etc.
[58] X. *bien devant la mort Ihu-Crist*.
[59] X. *lion* ; Y. *li hom*.
[60] X. *aparella* ; Y. *raparilla*.
[61] X et Y. *faudra*.

OBSERVATIONS.

Le bestiaire de l'Arsenal s'écarte autant de l'ordre des idées que de la marche de ses devanciers, quand il donne à penser par son titre que le crocodile figure ici au premier plan. Les rôles partagés entre l'ichneumon et son redoutable ennemi, montrent bien que le plus petit animal est cependant le principal aux yeux du *Physiologus*. Mais venons-en à ce qu'il y a de réel dans l'exposé de nos divers textes.

Comme Pline n'a jamais été plus fidèle à copier Aristote que quand ce grand observateur avait été trompé, il a contribué par son influence à faire croire bien longtemps que la mâchoire supérieure du crocodile se mouvait sans que l'inférieure fît autre chose que de lui opposer une surface fixe (Cf. *Revue des Deux-Mondes*, xxv, 904). D'où il est arrivé qu'afin de donner au crocodile une mastication normale, les artistes du moyen âge lui ont ajusté la tête à peu près à l'envers, comme pour tourner la difficulté.

C'est de la fiente du crocodile, et non pas de sa graisse, que l'on faisait, ou que l'on prétendait faire usage à Rome pour la toilette des femmes élégantes (Cf. Horat. , *Epod.*, xii. — Lacépède, *quadrup. ovip.* , Stellion); en quoi il paraît que la graisse de vipère supplanta plus tard ce curieux cosmétique (Cf. Lacépède, *serpents*, vipère commune). Quant aux larmes répandues par le crocodile après avoir dévoré un homme, nous en avons parlé à propos de la prétendue harpie.

L'histoire de l'hydre ou de l'ichneumon doit s'être formée de plusieurs éléments réels fondus en un composé fabuleux. C'est d'abord l'inépuisable belette (Cf. Tychsen, *l. cit.*, 47-49) qui, faisant la guerre à plusieurs reptiles, a passé, grâce au nom générique ἀσπίς, pour l'ennemie mortelle de toute la race des serpents en général, et des plus redoutables en particulier. Puis c'est le squale vanté par Pline et Sénèque (Cf. Plin., viii, 38; Hard. et Cuvier, *in h. l.* — Lacépède, *quadrup. ovip.*, crocodile) comme un adversaire acharné de cet énorme lézard dont il perce le ventre, trouvant ainsi, dans un corps si bien armé, le défaut de la cuirasse. L'oiseau appelé *trochile* par Aristote, y a aussi sa part, lui qui pénètre impunément dans la bouche du monstre pour la débarrasser des sangsues que son séjour dans l'eau y a réunies. La symbolique de l'ancienne Égypte (Cf. Horapoll., *Hierogl.*, ii, 81 ; et Leemans, *in h. l.*, p. 368), du moins telle que nous la présente Horapollon, porterait à croire que cet opérateur, si confiant et si privilégié, était précisément l'ibis; mais les modernes ont adjugé l'honneur de cette cure à un petit pluvier. Enfin, la principale portion dans tout ceci doit revenir à la mangouste (*ichneumon* des anciens), espèce de viverride; et dont la gloire, par conséquent, a rejailli sur la belette (Cf. *supra*, t. ii, p. 150, not. 10; et p. 153, sv.) comme type privilégié de cette famille ou tribu , que les anciens ne circonscrivaient pas avec une grande rigueur. La mangouste recherchant ordinairement les rats, les souris, les volailles, les œufs du crocodile et des serpents, ces habitudes la rapprochent sensiblement de la *mutoile;* et G. Cuvier (in Plin. VIII, 35; al. 24), avec cette sagacité qui le distinguait, a fait voir comment a pu naître l'histoire de cette cuirasse de boue, dont la mangouste était censée couvrir son corps pour voler à la grande lutte contre l'aspic (qui s'est d'abord changé en saurien, puis en basilic, chez les compilateurs). Je pense qu'il faut en outre admettre aussi le tupinambis pour une répartition exacte des propriétés accumulées sur la tête de l'ichneumon par Hérodote et ses successeurs (Cf. Leemans, in *Horapoll.*, p. 330, sq. — Plin., VIII, 35-37, al. 34-35; et not. *in h. l.* — Antigon. Caryst., 32, al. 38; p. 70, sq. — Etc.). Les goûts de ce reptile sont assez semblables à ceux de la mangouste; et le sifflement que l'effroi lui arrache quand il aperçoit son ennemi mortel, a bien pu être pris par les Egyptiens comme un cri de combat destiné à convoquer des auxiliaires (Cf. Leemans, *l. cit.* p. 331).

Il me semble que par cette réunion d'actionnaires, pour ainsi dire, que l'antiquité aura donnés à l'ichneumon, la plupart des attributions contradictoires qu'il avait reçues trouvent leur explication. Il sera donc vrai, jusqu'à un certain point, de dire que c'est un animal aquatique et une sorte de chien (*chien de mer*) et de mammifère carnassier, un oiseau (Cf. Berger, *l. cit.*, 527, 531, sv.), un serpent (reptile saurien), etc. Il est inutile de développer les autres conséquences, puisqu'il ne s'agit pas de faire un mémoire sur cette question, mais seulement de présenter un aperçu qui puisse conduire à des explications satisfaisantes (Cf. Bochart, *l. cit.*, P. II, lib. v, cap. 16-18, t. II, 769-795. — Tychsen, *l. cit.*, p. 170-172. — Berger, *l. cit.*, p. 526-533). M. de Blainville, dans son grand ouvrage d'*ostéographie* (mammifères carnassiers, *mustelas*, p. 51), a fait observer que l'*enhydris* de l'antiquité désigne la *loutre;* autre source de confusion.

Je dois avouer que presque toute l'histoire du crocodile, telle que la donnent nos bestiaires, se trouve dans les œuvres d'Albert-le-Grand (*De animalib.* XXIV, t. VI, 52) qui n'avait pu observer par lui-même cet animal : « Quum sint multa genera crocodilorum, omnia movent mandibulam inferiorem (*superiorem?*), praeter tencheam (*scincum?*); et ideo hoc animal est fortissimi morsus. Adeo jacet immobile ad solem, quod videtur esse mortuum; et tunc magno hiatu os aperit, et aviculae venientes purgant ei dentes, quas etiam, os concludens, deglutit... De stercoribus ejus meretrices faciunt unguentum quo rugas faciei extendunt, sed tota facies deterius in pristinas convertitur rugas... Avis autem quae sibi dentes purgat, et quam aliquando glutit, crochilos (*trochilos*) graece, latine *regulus* (le roitelet?) dicitur. » A cet endroit, il n'est rien dit de l'ichneumon, que l'oiseau semble remplacer; mais nous retrouvons notre petit quadrupède au livre XXVe (Opp. t. VI, p. 669) : Hidra, vel hydrus, serpens est omnium serpentum pulcherrimus... Apparet autem in Nilo flumine; et quum crococodilus dormit super ripam ore aperto, involvit se luto lubrico ut facilius illabatur in eum; et sic immergit se faucibus crocodili quem evigilans crocodilus transglutit; et tunc viscera crocodili serpens lacerat, et exit. »

43 (Fig. A U).

LA CHIÈVRE [1].

Une beste est que on apèle en grieu Dorcon [2], c'est [3] chièvre en françois. Phisiologes dist qu'il aime moult les hals [4] mons, et paist volentiers ès pendans [5] des mons. Ceste beste est moult cler véans, et molt voit de loing; et s'èle voist en altre région, èle i conistra bien les mons [6]; et saura ben s'il i sont veneor ou [7] errant.

Tot altresi aime nostre Sire les haus mons; ce sont li apostre et li prophète, et li patriarce, et les bons homes [8]. Dont ès canticles est escrit [9] : *Il vint saillant sor les mons.* Et si comme [10] la chièvre paist ès pendans des mons, tot altresi est nostre Sire peu [11] en sainte Yglise ; car les bones oevres des crestiens et les almosnes des felons [12] sont viande de Deu. Dont il dist [13] : *Jo fameillai* [14] *et vous me donastes à mangier* [15], *j'oi oi soif et vous me donastes à boire.* Par les pendans des mons, poons entendre sainte Yglise qui est establie par les divers lieus du monde. Si comme la beste voit loins et conoist, tot altresi, comme l'Escriture dist [16] : *Est Dex sire de tot science, et totes les devines coses cria il et fist;* il governe tot et [17] voit et esgarde devant ce que on le pense, et le voit dedens le cuer, le dit et le fait, et le conoist clèrement tot en apert et anchois. Nostre Sire sot et conut la traïson de Judas devant ce que il la pensast; li dist Dex [18] : *Tu traïras* [19] *par le baisier le fils à la vierge* [20]. Ben devons entendre ceste samblance.

---

[1] Outre l'article correspondant à celui-ci, le ms. R en a un autre intitulé : *De la chièvre sauvage*, mais qui répond au n° 64 du Bestiaire de l'Arsenal'.
[2] R. *en griu dragon;* S. *draconce.* Ce sont là des modifications un peu trop fortes de *dorcas.*
[3] S. *et en latin cheièvre.* Le titre portait tout simplement *chèvre*, mais dans le cours de l'article on retrouve *chièvre.*
[4] R. *haus;* S. *hauls.*
[5] Pentes, ITAL. *pendio.*
[6] R... *conoistra bien s'il sont veneor*, etc. S. *se ilz sont veneurs.*
[7] Si ce sont des chasseurs ou des voyageurs.
[8] R... *prophètes et les apostres, et les patriarches et les homes bons.* Peut-être dès le temps de Pierre le Picard le mot *bons hommes* avait-il été gâté par l'emploi qu'en firent les manichéens de l'Occident. Cf. *supra*, p. 208, not. 6.
[9] Cant. II, 8.
[10] De même que; ITAL. *siccome.*
[11] Nous n'avons plus que *repú;* S. *est repeus nostre sire.*
[12] R. *feus;* on disait alors *féel, feal;* ITAL. *fedele;* ESP. *fiel;* S. *des bonnes gens.*
[13] Matth. XXV, 35.
[14] J'ai eu faim.
[15] R. *mengier; j'oi soif,* etc.
[16] I Reg. II, 3.
[17] R. *voit tout et garde tout; et devant ce que nos conaisse aucune chose en dit ou en fait, ou en pensée, le cognoist Diex et voit ançois.*
[18] Luc. XXII, 48.
[19] R. *trais.*
[20] Les mss. sont d'accord : L'auteur primitif aurait-il lu παρθένου au lieu d'ἀνθρώπου ?

BESTIAIRE LATIN.

A. B.

43   XX. DE CORCON [1].
(Point de Dorcas dans C.)

Item [2] est animal qui [3] graece dicitur dorcas, latine vero caprea. De hac Physiologus [4] dicit quia amat altos montes, pascitur [5] autem in [6] convallibus montium. Est vero [7] satis perspicuum animal et nimis de longe praevidens; ita ut si viderit [8] subito in [9] alia regione homines ambulantes, statim agnoscit an viatores [10] sint an venatores [11].

Sic et Dominus Iesus [12] Christus amat excelsos [13] montes : hoc est prophetas [14] et apostolos et patriarchas; et [15] sic in canticis [16] canticorum (Cant. II, 8, 9) dicit [17] : *Ecce fratruelis* [18] *meus sicut* [19] *caprea venit* [20] *saliens* [21] *super* [22] *montes* [23]; *transsiliens super colles* [24], *et sicut caprea in convallibus pascitur montium* [25]. Sic [26] et Dominus noster Iesus Christus in [27] Ecclesia pascitur, quoniam [28] bona opera vesce [29] sunt Christi qui dicit (Matth. xxv, 35) : *Esurivi enim et dedistis mihi manducare, sitivi* [30] *et dedistis* [31] *mihi potum*; et reliqua quae sequuntur. Convallia vero [32] montium [33] qui [34] sunt per universum mundum, Ecclesiae per diversa loca intelliguntur [35] ; sicut dicit in canticis canticorum (Cantic. VIII, 14) : *Convertere fratruelis* [36] *meus, et similis esto capreas aut* [37] *hinnulo cervorum supra* [38] *montes convallium*. Quoniam [39] autem

---

[1] Ce même titre reparaît dans la table générale de A. B, point de titre; D. *de capra*; H. *de capri natura* (lib. II, cap. 13, p. 422). Rien sur ce sujet dans M.

[2] B omet toute cette première phrase, et ne commence qu'à *de hac*; D. *est et animal*; H. *est animal quod dicitur caper...* (une phrase évidemment moderne). *Has* (agrestes capras) *Graeci, eo quod acute vident, dorcades appellaverunt. De quibus Physiologus dicit quod amant montes altos*, etc.

[3] D. *quod Graece dorcon dicitur, latine autem capra.*

[4] B. *fisiolocus.*

[5] D et H. *et pascitur* (H. *pascuntur*) *in*, etc.

[6] B. omis.

[7] B. *autem praescium animal;* D. *autem satis preciosum* (sic) *animal, providens omnia a longe nimis bene : ita ut*; etc. H. *enim valde providum animal, praevidens omnia*, etc. (comme D).

[8] D et H. *si in alia* (H. *aliqua*) *regione viderit homines* (H. *homines viderit*) *ambulantes, mox cognoscit si sint venatores vel viatores* (H. *internoscit utrum sint venatores nec ne*).

[9] B. *homines in alia regione.*

[10] B. *venatores.*

[11] B. *viatores.*

[12] D et H. *noster Iesus.*

[13] B. *altos.*

[14] A. *prophetas, apostolos*, etc.; D. *patriarchas et prophetas et apostolos, omnesque sanctos, ut in*, etc. ; H. *et patriarchas, et apostolos, omnesque sanctos; et ut in.*

[15] B. *sicut in.*

[16] D. *cantica.*

[17] H. *dicitur.*

[18] A. *patruelis.*

[19] H. *venit sicut caprea.*

[20] D. *veniens;* hoc est Dominus noster Ihs Xpc qui pascitur in Ecclesia per opera pietatis quae faciunt fideles; ut in evangelio suo dicit : Esurivi et dedistis mihi cibum, et reliqua quae ibidem numerantur laudabilia. Convallia, etc.

[21] B. *salliens.*

[22] H. *in montibus. Hic est Dominus noster.*

[23] A. *colles, et sicut caprea.* Encore une fois, il saute d'un *super* à l'autre, comme nous l'avons déjà observé fréquemment. Cf. *supra*, p. 214, not. 44.

[24] Réellement le copiste a écrit *transsiliens super montes transiliens* (sic) *super colles*; mais j'ai modifié ce qui semblait l'effet d'une erreur évidente.

[25] B. omis.

[26] H. *hic est*, etc.

[27] H. *qui pascitur... ut... dicit* (comme D).

[28] A. *in his qui christiani boni sunt; sicut ipse dicit.*

[29] Le copiste a-t-il estropié *escae*; ou bien *vescae* était-il pour lui un synonyme d'*edulia*? Ce mot reparaîtra encore dans l'article de l'onagre.

[30] H. omis.... *manducare, et reliqua... laudabilia* (comme D).

[31] B. *non dedistis.*

[32] B. omis.

[33] A. *muntium.*

[34] D et H. omis :... *montium, Ecclesiam per diversa loca figurant, ut in cantica* (H. *canticis*) *canticorum : Convertere*, etc.

[35] A. *intelleguntur.*

[36] A. *patruelis.*

[37] B, D, H. *hinnuloque.*

[38] D. *super.*

[39] D. *Quoniam igitur acutissimam oculorum aciem habet capra, prospiciensque a longe venatorum insidias;*

acutissimam [40] habet aciem oculorum caprea, et procul omnia prospicit, et [41] a longe omnia cognoscit; significat Salvatorem nostrum, dicente Scriptura (I Reg. II, 3): *Deus* [42] *scientiae Dominus est*. Et in psalmo centesimo trigesimo septimo [43] dicit [44] : *Quoniam Deus excelsus Dominus et* [45] *humilia respicit, et alta a longe cognoscit*. Et [46] omnia quae divina maiestate sua creavit et condidit, regit et videt [47] et prospicit; et antequam in cordibus nostris dicto [48], facto aut cogitatu aliquid oriatur, ille [49] tanquam Deus longe ante praescivit [50] et praevidit et recognovit. Denique [51] sicut caprea a [52] longe cognoscit venantium dolos [53], ita [54] Dominus noster Iesus Christus providit et praescivit dolus (sic) diaboli et proditoris sui Iudae [55] : *Et dixit* (Luc. XXII, 48) *illi Iesus : Judas* (sic) *osculatum* (sic) *tradis filium hominis*. Bene ergo de corcone (sic) exposuit fisiolocus.

---

significans Christum Dominum Nostrum, ut Scriptura dicit : *Quoniam Deus scientiarum dominus est ; et alibi : Excelsus Dominus*, etc. ; H. *caprea igitur acutissimam habens aciem oculorum, aspiciensque a longe venatorum insidias , significat Dominum Nostrum Jesum Christum; quoniam ut Scriptura dicit : Deus scientiarum... excelsus Dominus*, etc. (comme D).
[40] D. *acutissimam*.
[41] B. *omis* :..., *prospicit*, *significat*.
[42] B. *quoniam Deus*.
[43] B. CXXXVII.
[44] A. *omis*.
[45] B. *omis*.
[46] D et H changent la phrase suivante en une sorte de période énorme qui est toute de façon moderne.
[47] B. *vidit*.
[48] B. *dicito, facta, hac cogitatu*.
[49] B. *illico ante , Deus longe ante*.
[50] A. *ante praevidet et recognoscit venantium*, etc. ; double omission qui tronque deux phrases consécutives. Cf. *supra*, p. 214, not. 44.

[51] D et H. *nam*. Ici ces deux textes recommencent à suivre le nôtre d'assez près. Voici comment D. termine cet article : *Sicut capra venatorem, ita Dominus N. J. C. longe ante prospiciens Judam proditorem , sic aiebat* (Matth. XXVI, 21) : *Unus ex vobis me traditurus est ; et manifestius : Juda osculo tradis Filium hominis*.
[52] H. *Venatorem praevidet, ita*. Tout le reste, comme D.
[53] B. *esse dolus*.
[54] A. nouvelle omission :... *dolos proditoris sui*.
[55] Éloigné de Bruxelles, je ne trouve point dans mes notes le collationnement de ce qui suit. Je pense que le ms. A s'arrête à *Judas* ; mais le peu d'importance d'une semblable vérification ne m'a pas semblé mériter une information bien précise. —D, outre l'article *De capra*, en a un autre *De capro* (entre le singe et la panthère) qui pourrait fournir quelques autres variantes ; mais le texte de ce ms. a généralement un caractère de remaniement si prononcé, que l'on ne peut lui accorder qu'une médiocre confiance. Quoi qu'il en soit, en cet endroit il termine ainsi : *Praescivit insidias sui proditoris ; et dixit* (Matth. XXV, 46) : *Ecce appropinquat qui me tradet*.

BESTIAIRE RIMÉ.

XX. Bestes sunt mult, foles et sages,
Des [1] privées et des salvages :
Vus tenez pur [2] coard le lièvre,
Et pur sole tenez la chèvre [3] ;
Mès de la chèvre ne porquant [4]
Avom ensample [5] bel et grant.
Buc [6] ad non le madle [7] en remanz,
Barbes ont longues et pendanz,
Et cornes longues et aguës,
Et les peals [8] durement velues.
En [9] granz mons mainnent [10] volonters
Es plus [11] hals et ès plus pleners ;
Es valeies [12] d'entor se poissent [13],
Et se norrissent et encreissent.

[1] X. *de privées et de sauvages*.
[2] X, Y, Z. *por ; Z couart* ; X. *coart*.
[3] X. *chièvre* ; Z. *le kièvre*.
[4] Y. *nou porquant*.
[5] X et Y. *essample*.
[6] X. *boc* a ; Y. *bouc* a.
[7] X. *matle en romanz* ; Y. *li mâle*, etc.
[8] X. *peaus* ; Y. *piax*.
[9] X et Y. *ès*.
[10] X. *maignent volentiers*, et *planiers* ; Y. *veinent volntiers*, et *pleniers*.
[11] Y. *ous haut* ; X. *hauz*.
[12] X et Y. *valées*.
[13] X. *poissent et engressent* ; Y. *paissent et engraissent*.

Mès de clère véue sont :
Quant sont la suz el som del mont,
Mult veient halt et loin et cler :
Se veient home trespasser,
De vérité, errant [14] sauront
Si veneor u errant [15] sont.

    Ceste beste qui si cleir veit
Et que [16] de si loin aperceit [17]
Son enemi qui mal li quert,
A l'ensample de Deu afert [18].
Car Deus qui est sire del mond,
Meint là desuz el plus halt mont ;
De loing esgarde, et veit et sent
Quanque font çà et là la gent.
Si veit et sent come veir [19] sire
Quanque l'em poet penser et dire ;
Ainz qu'en le quer [20] seit concéu [21]
Le penser, ad le il connu.
Es églises [22] que sues sont
Establies parmi cest mond
Est Deus péus et abévrés [23]
Des almosnes, des charités
Que font li cristien féel
Qui ont sa grâce et son conseil.
Quant nus, por amor Deus, peissom [24]
Un povre, u quant [25] le vestom,
Quant en chartre [26] le visitom,
En maladie [27] u en prison ;

Quant un pélerin herbergom [28]
Qui n'a ne bordel [29] ne meson ;
A Deu le faimes [30] purement
Qui le receit [31] béniguament.
Car, sicom il méismes dit
En levangelie [32] ù est escrit :
Quant tot le mond juger vendra,
A cels de destre part dirra :
Venez les honurez [33] *mon Père*
En la [34] *méson halte et clère*
Que aparillée [35] *vus fu*
Ainz que home [36] *fust concéu.*
Quant nu et povre me veistes,
Dunt me péustes et vestistes ;
Quant jo ou seif [37] *vus m'enbevrastes,*
Et en chartre [38] *me visitastes ;*
Pur ceo [39] *en avez déservie* [40]
Joie de [41] *pardurable vie.*
Ceste bone parole orront
Cil qui de [42] destre part serront ;
Cil de la senestre partie
Itel promesse n'orront mie,
Anceis orront tot le contraire.
Deu lor dirra : *Gent de maleire* [43]
Alez el fu qui ne faldra,
Mès pardurablement durra ;
Car une n'eustes pité de mei [44] :
Quant jo avaie [45] *et feim et sei,*

---

[14] X. *demeintenant ; por veir.*
[15] X. *ou errans ;* Z. *ou autrs.*
[16] X, Y, Z. *qui.*
[17] V. *se porveit ;* Y et Z. *se porvoit.*
[18] X et Y *afiert ;* convient, appartient, se rapporte.
[19] Y. *voir ;* X. *com verai.*
[20] X. et Y. *cuer.*
[21] X. *eins que el cuer seit conceüe*
La pensée, l'a il véue.
[22] X. *yglises qui ici*, etc. ; Y. *iglises qui soies sunt.*
[23] Y. *abeuvres ;* Z. *abevrés ;* ital. *abbeverare.*
[24] X. *por amor repesson ;* Y. *por amor Dieu paisson.*
[25] X. *ou nos le reveston.*
[26] Z. *cartre ;* prison.
[27] X. *ou quant de dras le recovrons.*
[28] Y *aberjon ;* X. *le pelerin herberjon ;* allem. *herberg.*
[29] X et Y. *borde ;* chaumière. Bordier signifiait : colon, métayer.
[30] Y. *fames ;* X. *feson ;* ital. *femme.*
[31] Y. *reçoit ;* X et Y. *benignement.*

[32] X et Y. *levangile.*
[33] Y et Z *bonuré ;* X. *venez en la meson mon Père,*
Qui tant parest et bèle et clère.
[34] Y. *sa maison haute ,* Z. *sa cas en sa maison haute.*
[35] X. *aparellis ;* Z. *aparillie.*
[36] X. *einceis que hom..*
[37] Y. *caut je ou soi, vos m'abeuvrastes ;* Z. *jou eue soif, vous m'abrévastes.* Ce vers est remplacé dans X par deux autres :

    Hostes fui, vos me herbergastes ;
    Enferm fui, vos me visitastes.

[38] X. *en cherité ;* Z. *et en cartre.*
[39] X et Y. *por ce ;* Z. *por çou.*
[40] Z. *desservie ;* mérité.
[41] X. *et.*
[42] X et Y. *à.*
[43] X et Y. *malaire.*
[44] X et Y. *pitié ;* Y. *moi, et soi.*
[45] X. *je avoie ;* Y. *je avoie fain.*

Ne me volsistes herberger [46],
Ne doner beivre [47] *ne manger ;*
Visiter, ne ensevelir,
Ne mei chalcer [48] *ne revestir ,*
Dunt dirront cil: Sire, merci !
Quant vus véismes nus issi [49] ?
Deu respondra à la persomme [50] :
Quant vus véistes le povre home
U povre femme [51] u orphanin,
U le mésaisé [52] pélerin
Qui por m'amor quereit del ben,
Et vus ne l'en féistes ren [53].
Dunt me véistes pain querant,
Et povre pélerin errant.
Pur ceo [54] irrez el val parfond
U Sathan [55] é si angle sont ;
Cel leu vus est aparillé

Dès que li mond fu commencié.
Pur Deu, seignors, entendez ci,
Que tantes feiz avez oï .
Que almosne [56] *esteint péché ;*
Faites [la ?] dunt [57] al mésaisé
Quant il por Deu vus requerra.
Oez cum ben [58] il vus valdra :
Deu vus enmerra [59] à sa destre,
Amont à sa [60] glorie célestre [61] ;
A la joie qui ne faldra,
Mès sanz fin toz jorz dur[e]ra.
Et Deu nus doint [62] issi ovrer
Que là poissom [63] sanz fin régner
U il vit et il règnera
Per seculorum seculis.
        Amen.

[46] Y. *volistes oberger;* X. *vousistes herbergier.*
[47] Y. *doner à boivre, n'a mangier.*
[48] X. *chaucier;* V. *e mei vestir ;* Y. *moi chaucier.*
[49] Y. *ensi.*
[50] X. *parsumme ;* pour conclurre (en somme).
[51] X et Y. *ou... fame, ou,* etc. ; X. *orfelin;* Y et Z. *orfenin.*
[52] X. *méseasié;* Y. *mésaisé;* Z. *mésaisii.*
[53] X et Y. *rien, et bien.*
[54] X et Y. *por ce.*
[55] Y. *satanz et si ange sunt;* X... *et ses angres.*
[56] X et Z. *l'aumône;* Y. *amone.*

[57] Y. *faites donques au mésaisié ;* X. *aidiés donc au mesaisie, et péchié.*
[58] X et Y. *combien.*
[59] Y et Z. *enmenra.*
[60] X. *en la joie, etc.* ; et à ce vers finit l'article du ms. X.
Y. *an sa gloire ;* Z. *en sa gloire.*
[61] Les Italiens se servent encore de *cilestre* pour nommer le *bien-de-ciel.*
[62] Z. *Dix nos doinst... ouvrer.*
[63] Z. *que sans fin pussons là régner.* Ce ms. ne pousse pas l'article *chèvre* au delà de ce vers.

OBSERVATIONS.

    Les noms de *Dorcas* et de *capra* ainsi que l'origine asiatique du bestiaire, annoncent qu'il doit être question de quelque bisulque à cornes permanentes, et probablement de la gazelle, ou du chamois. Ces animaux sont en effet extrêmement timides et défiants, et font sans cesse une surveillance qu'il est difficile de mettre en défaut ; secondés qu'ils sont par une rare finesse de l'odorat, de la vue et de l'ouïe. Il n'est donc pas besoin de recourir aux habitudes du chevreuil qui aime les collines élevées et les revers des montagnes, et qui évente aussi le chasseur de fort loin.

    Du reste, l'auteur de ce traité a réservé en cet endroit toutes les ressources de son esprit pour faire arriver d'un peu loin une moralité presque imprévue, et qu'il développe avec une affection marquée. Nous n'aurons donc point à parcourir les écrivains de l'antiquité pour expliquer ses assertions.

44 (Fig. A V).

LA CENTICORE [1].

Une beste qui converse ès deserf (*désers*) d'Inde; si est nomée centicore. Phisiologes nos dist qu'èle est tote noire, et c'est une des plus cruels bestes qui soit. Et si a II cornes en la teste, alsi droit com une ligne, et plus agu devant que nus espiés [2]. Quant èle se combat contre autre beste, si met l'un de ses cornes en lonc outre [3] son dos; et de l'autre corne se deffent qu'il samble qu'il soit enmi son front quant èle se combat. Et est la corne plus longhe de III coltes [4], et en abat et tue quant quèle ataint à cop. La teste de ceste beste est moult diverse; si a un roont [5] musel comme le fons d'un tonel. Si a quisses et pis comme de lion, et piés et cors tels comme de ceval, et keue comme un olifant. Et sa vois porsieut près à vois d'ome. Et li basilecoc le het plus de nule autre beste. Quant il le puest trover dormant, si le point entre II ex; et s'en passe avant quant il l'a pointie. Et lors enfle la centicore si que li oeil li saillent de la teste, et si muert par le venin del pasilecoc (*sic*).

La centicore est example de nos meimes. La corne dont il combat sénéfie les ex del cief, qui tot covoitent; par coi li cors a adès bataille par la novèle qu'il portent al covoitous cuer. Et la corne qui gist coie en lonc parmi son dos, qui nient ne se conbat, sénéfie les ex de l'âme qui n'a cure de bataille, ne de covoitise ne de nule desraison. Et li basilecoc qui la pointie et envenime, nos sénéfie diable qui par son art done à l'ome male temptation en mainte guise, par coi il le fait péchier. Ce que la beste enfle par le venim, ce sénéfie les péciés mortels. Ce que les ex saillent à la beste fors du cief, nos senéfie la mort qui li fait les ex avugler par la force du mort. Dont s'esjoissent li diable de lui, et enporte l'âme el fu de covoitise où èle art sans estaindre, et vit à tos jours en mort sans morir.

[1] Rien sur ceci dans R et S.
[2] Pique, épieu ; ITAL. spiede.
[3] Par dessus.
[4] Coudées ?
[5] Rond ; LAT. rotundus. Ailleurs nous trouverons *réont*, qui rappelle les formes *redondo*, *rededor*, etc., conservées en Espagne.

(*Point de centicore dans mes mss. latins.*)

OBSERVATIONS.

Comme on pourrait penser que le nom de cette étrange bête n'est qu'une altération de celui de la *manticore* (on *martichore*), voici la description de ces deux monstres telle que la donne (dans le même ms. P., fol. clxxj, r°) l'*Image du monde* sous la rubrique *des serpens d'Ynde* :

En Ynde a serpens de tel force
Qui (*que?*) les cers dévorent à force.
Si r'a une autre beste encore
Qui (*sic*) on apèle CENTICORE ;
Com faite èle est jo vous dirai,
Car sa faiture en escrit ai.
Corne a de cerf desor le vis,
Et de lion quisses et pis,
Piés de ceval, oreilles graus
Qui li croissent en lieu de dens ;
Bouche réonde, et le musel
Ensi comme (*com?*) le chief d'un tonel ;
Les ex l'un de l'autre ben près,
Et la vois d'un home ben près ;
Cors de ceval, de senglier teste,
— Mult a en lui orible beste ;—
Et la coe d'un olifant,
II cornes d'une onde (*aune?*) de grant,

Dont l'une sor son dos abat
Tant com de l'autre se combat.
Noirs est, et beste mult orible,
En aighe et en terre pénible
. . . .
. . . .
En Yndes autre beste i a
C'on apèle MANTOCORA (*sic*) :
Vis d'ome, et III oreilles ens
Li sont en la bouche de deus (*sic*).
Ex de chièvre, cors de lion,
La coe d'un escorpion,
Voix de serpent, qui par sous cans
Atrait et dévore les gens ;
Et est plus isnèle d'aler
Que n'est uns oisieaus de voler.
Etc.

Si ce n'était donc faire beaucoup d'honneur à cette fable sans portée, on pourrait se donner la tâche de montrer que la centicore est l'*eale* de Solin (cap. 52. Cf. Hug. a s. Vict. Opp., t. II, p. 435) et de Pline (VIII, 30; al. 21), qui aura dû ce nom, à quelque mauvaise leçon de mss. En examinant attentivement le texte de Solin, on se convaincra sans peine que tout ce passage de l'*Image du monde* lui a été emprunté presque littéralement, et que la *centicore* représente à peu près la *leucrocotta* et l'*eale* réunies.

Cet aperçu peut suffire pour un point de si mince importance ; mais pour l'apprécier à sa juste valeur il faut se rappeler que Solin était le manuel scientifique des écoles au moyen âge, où presque tous les catalogues de bibliothèques accusent un exemplaire de ce triste compilateur.

45 (Fig. A X).

LI ASNES SAUVAGES.

Une beste est, que on apèle asne salvages ; dont Phisiologes dist que al XXV^{isme} [1] jor del mois de march, muit [2] XII fois en la nuit, et el sesime [3] jor. Por ce poes [4] estre coneus li quinsimes [5]. Car li asnes salvages conoist ben le nombre [6] par lor mujemes (mujemens?)

[1] R. *c'à* XXV *jours du mois de mars.*
[2] Il mugit.
[3] R. *et ensement ou jor*; S. *et* XII *fois ou jour*.
[4] H et S. *puet*.
[5] R. *li équinoxes*; S. *li équinoction*.
[6] R. *les nombres des ores par lor mujemens*.

Li asnes salvages [a la figure al deable [7] et[si est la beste del monde qui plus s'esforce de braire, et qui plus a laide vois et orible. Car sa nature est tels que il ne racane [8] onques, fors quant il a très esragié fain, et que il ne poet trover en nule manière de coi il se puist saoler. Mais adont met il si grant paine à racaner, que a poi [9] que il ne se déront trestot.

Li asnes salvage a la figure al deable. Car quant il sent le jor et la nuit oel [10] estre; ce [11] sénéfie que li poples qui maint [12] en la nuit de cest monde, est en péchié convertis [13]. Dont muit li asnes et quiert la viande, qu'il ne le perde. Et quant li poples qui maint en la nuit de cest monde se tient ès oevres Dieu, et se retraient des délis del monde; dont brait et crie li asnes salvages, que lors pert il sa pasture. C'est li diables qui crie et brait porce qu'il voit que hom se reconnoist qu'il quida ben avoir pasture en lui. Dont Job dist [14] : *Ja li asnes salvages ne criera s'il ne désire pasture.* En autre liu dist S. Pière del diable [15] : *Nostre aversaire nos avirone [16] si comme li lions qui quiert que il devort* [17].

[7] Les mots que j'ai renfermés entre deux traits verticaux m'ont paru n'avoir pris place ici que par une inattention du copiste. Il ne s'agit pas encore de la moralisation, mais l'histoire naturelle de l'âne sauvage continue. Aussi retrouvons-nous à quelques lignes de là ce même début que je crois être ici de trop. Quant aux mss. R et S, ils se sont débarrassés de ces trois phrases qui, dans le fait, ne mènent à rien pour le résultat symbolique.

[8] Brait? chante.

[9] Peu s'en faut qu'il ne crève; ITAL, a poco che non...

[10] Egaux; ESP. igual; ITAL. uguale. R. *célestre* (oel estre?); si je n'ai pas mal lu, ce serait une bévue énorme pour un copiste qui avait si bien commencé, et qui nous dirigera encore plus d'une fois. S. *la nuit et le jour estre égal.*

[11] R. *c'est quant il voit le pueple, qui maint en la nuit,* — *c'est en péchié,* — *convertir à Dieu, et estre oel à la foy des patriarches et des prophètes. Dont muit li ânes;* — *c'est li deables,* — *qui quiert la viande qui* (que?) *perdi. Dont Jacob* (sic) *dit : Ja li ânes,* etc.

[12] Habita, résida; LAT. mansit.

[13] S. *ce quant le pueple qui est en la nuit,* — *c'est en péchié,* — *se convertit a Dieu : a la foy des patriarches et des prophettes; lors muist l'asne, ce est li diable, qui quiert la viande que perdi. Dont Job dist : L'asne sauvage...*

[14] Job VI, 5.

[15] I Petr. v, 8.

[16] Rôde, tourne autour de nous; FRANÇ. environne.

[17] R. *que il quiert qui devore*; S. *qu'il puisse dévourer.*

BESTIAIRE LATIN.

A, B.
XXI. DE ONAGRO [1].

Physiologus [2] dicit de onagro [3] quia vigesimo quinto [4] die mensis faminoth [5], qui [6] est martius,

[1] A, sans titre, *item est animal qui dicitur onager. Phisyologus* (sic) *dicit.*

[2] B. *Fisiolocus.*

[3] B. *Honagro.*

[4] B. *XXV*; H. (p. 421) *quod undecimo die ;* D. *quia vicesimo primo die mensis martii, id est duodecimo kalendas aprilis, duodecies.*

[5] A. *fanoth*; H. *famochi, id est martii.*

[6] B. *quem martius.*

A.
XXVI. DE ONAGRO [36].

In Iob (XXXIX, 5) dicit (sic) : *Quis dimisit onagrum liberum ?* [Masculus] est gregis primus in

[36] A. consacre à l'*onagre* ce second article tout différent du premier, et qui en est séparé par huit autres. Mais Guillaume le Normand, comme D et H, débute par exposer cette jalousie de l'onagre sans en tirer aucune moralisation; c'est là tout simplement un luxe d'histoire naturelle pour embellir (à ce qu'ils pensaient, sans doute) la collection. Quant à M, cet animal n'y paraît à aucun titre. On voit pourtant, par le ms. de Bruxelles, que la jalousie de l'onagre n'est pas seulement chez Guillaume

A, B.

duodecies in [7] nocte rugit. Similiter et in die [8]; et [9] ex hoc agnoscitur [10] quia [11] aequinoctium [12] est diei [13] vel noctis, ex numero horarum rugitus [14] onagri per singulas oras (sic) semel [15] rugientis.

Onager [16] igitur figuram habet diaboli qui [17] quum scierit noctes [18] et dies aequari [19], hoc est quum viderit diabolus [20] Gentium [21] populum, qui ambulabat [22] in tenebris et umbra [23] mortis, modo converti ad Deum vivum, et coaequati [24] fidei patriarcharum et prophetarum sicut coaequatur [25] nox diei [26]; idcirco [27] rugit [28] die noctuque per singulas horas [29], quaerens escam [30] suam quam [31] perdidit. Neque enim rugit onager nisi [32] quando escam sibi quaerit; sicut dicit Iob (Job vi, 5): *Numquid sine [33] causa clamavit onager agrestis, nisi pabulum desiderans?* Similiter et apostolus Petrus [34] de diabolo dicit (I, Petr. v, 8): *Adversarius noster [35] circuit, tamquam leo rugiens quaerit quem devoret.*

---

[7] D. *rugit in nocte, totidem vero in die; et ex hoc cognoscitur.*
[8] B. *diem.*
    A. omis.
[9] B, D, H. *cognoscitur.*
[10] H. *quod.*
[11] B. *equinoctiae diei.*
[12] D et H. omis :... *est, et numerum horarum diei et noctis a rugitibus onagri semel rugientis distingunt* (H. *per singulas cognoscunt, etc.*), *et cognoscunt horas. Figuram hujus diabolus tenet* (H. *habet*), *qui quum scierit noctem et diem coaequare* (H. *coaequari*), *id est quum viderit populum qui ambulabant* (H. *ambulabat*) *in tenebris converti ad Dominum, et coaequari fidei justorum, sicut coaequatur nox cum die, idcirco* (H. *illico*) *magis* (H. *rugit*) *rugit nocte ac die per singulas horas, etc.*
[13] B. *et rugitu.*
[14] B. *simul rugiens.*
[15] A. *Honager.*
[16] B. *quia.*
[17] B. *noctis* (sic) *diebus.*
[18] A et D. *coaequare.*
[19] D et H. omis :... *quum viderit populum qui*, etc., voyez note 13.
[20] A. *gentilium.*
[21] A *ambulat.*

A.

eos (sic); et si genuerit grex masculos, pater eorum confringit necessaria eorum uti ne faciant semen.

Patriarchæ semen carnale quaerebant creare ; apostoli autem carnales filios per abstinentiam non genuerunt , ut semen caeleste possiderent. Sic, ut dicit Spiritus Sanctus per Prophetam (Is. LIV, 1) : *Laetare sterilis quae non paris,* et cetera.

une de ces surcharges qui ont grossi le bestiaire de détails oiseux; ce pouvait être le reste d'un texte ancien où cette propriété avait sa moralisation qui la complétait. Aussi retrouvons-nous cette circonstance dans l'histoire de l'onagre exposée par Albert le Grand (*De animal* XXII, tract. II, cap. 1 ; opp. VI, 604) : « Onager est asinus ferus. qui, ut dicunt quidam, XV (XXV?) die martis duodecies rudit in nocte; et duodecies in die : aequinoctium indicans. Sunt autem masculi sylvestres, et singuli masculi praesunt singulis gregibus foeminarum , et foeminae valde sunt libidinosae, ita quod ex hoc odiosae masculis efficiuntur. Dicitur etiam mas esse zelotypus, et ideo filio nato cupit truncare dentibus testiculos, propter quod a matribus absconduntur in occultis, etc. « Cf. *infra*, p. 228, sv. (*observations*).

---

[23] B. *umbrae*, D et H. omis; voyez note 13.
[24] A, *coaequare*; B. *quo aequari fide.*
[25] B. *coaequat.*
[26] A. *et diei*; D et H. *cum die.*
[27] H. *illico.*
[28] A. *die noctuque rugiens.*
[29] B. *oras.*
[30] B. *vescam*; voyez l'article *Dorcas*, note 28.
[31] D et H. omis :... *escam sibi* (H. *suam*). *Neque enim* (D. omis) *rugit onager nisi quando quaerit escam sibi, sicut legitur* (H. *dicit Job*) *in beato Iob : Numquid clamabit* (H. *rugiet*) *onager nisi* (H. *quum habuerit herbam. Similiter et apostolus : Adversarius*, etc.) *papulum* (sic) *desirans. Unde et beatus Petrus apostolus : Adversarius, inquit* (H. omis), *vester diabolus* (D. omis) *tamquam leo rugiens circuit quaerens quem devoret. Africa hos* (H. *habet hos*) *habet magnos*. Ainsi finit l'article *Onagre* dans H et D.
[32] B. *sine pabulo, desiderans illud. Similiter et apostolus.* Ainsi les deux membres de cette phrase, qui se répètent à peu de chose près, ont été réduits à un seul par B.
[33] D et H. voyez note 31.
[34] B et D. omis.
[35] B, D, H. *vester.*

BESTIAIRE RIMÉ.

XXI. Del asne salvage [1] dirom
Le veir [2], que ja ne mentirom,
Sicum li livres nus aprent
Que [3] pas ne falt, ne ne mesprent
De mostrer essamples resnables [4]
Et veraies [5] et délitables.
Li livres n'est mie d'oisuses [6]
Essamples; ad [7] mult dilituses;
U il ad mult riche mistère [8];
Dunt nus fesom [9] la lètre clère,
Que l'em porra en descovert
Véer le mistère [10] en apert.

En déserz d'Aufrike [11] la grant
Trove l'em [12], qui les va querrant,
Ices asnes dunt jo vus cont;
Si n'a si grant en tot le mont,
Et si ne sont mie dantez [13].
Es desers et ès bois [14] ramez
Es valées et es montainnes
Sont les harraz à granz compainnes;
En chescon harraz finement
N'ad fors un madle [15] solement,
Et si les femèles mestreie
En la plaine [16] et en l'erbreie [17].

El harraz n'ad qu'un estalon;
Et quant la femèle ad féon [18],
Si femèle est, femèle seit [19];
Mès si [20] li pères s'aparceit
Qu'il seit madles, ne targe [21] gaires
Qu'il ne li (n'i ?) coipe [22] les génitaires
Od ses dens, que il ne volt mie
(Et quid que ceo seit gelosie) [23]
Que od ces membres tant créust
Que le harraz saillir [24] péust.

Quant le mois de marz [25] est entré,
Et quinze jorz [26] en sont passé,
Dunt rechane [27] l'asne [28] sa lvage
U en plaine [29] u en boscage;
Le jor rechane dozze [30] feiz,
Et la noit dozze, ceo sacheiz.
Dunt sèvent ben li païsant
Que [31] près de iloc sunt manant,
Que dunt sont la noit et le jor
D'un estat et d'une longor [32].
Pur ceo que dozze feiz s'escrie
Dès le jornant [33] dusqu'à complie,
Dozze feiz la noit ensement,
Conoissent il verraiement

---

[1] X. arne; X et Y. sauvage; Y. vus diron.
[2] Y et Z. voir; X et Z. n'en mentiron.
[3] X. qui ne faut pas; Y. qui pas ne faut.
[4] Z. raisnables; Y. raisenables.
[5] Z. et ben vraies.
[6] X. de oisouses, et delitoses; Y. d'oiseuses et délitouses; ITAL. diletloso.
[7] X, Y, Z. i a, et mult est supprimé.
[8] Y. matière.
[9] Y. faisons.
[10] Y. voir la matière en espert.
[11] X et Y. ès... d'Aufrique.
[12] Z. en treuve on.
[13] Domptés. Ce vers et le suivant manquent dans X.
[14] Z. bos ramés. Peut-être devrait-il y avoir remés (retiré, solitaire).
[15] X. malle; Y. masle.
[16] X. pleigne; Y. plainne; Z. plaigne.
[17] X. arbreie; Y. arberie, et maistrie; Z. herboie, et maistroie.
[18] X. foon.

[19] Y. soit, et aparçoit.
[20] X et Y. se, et de même au vers précédent.
[21] Y n'atarge gaire, et génitères; X. guères, et génétaires.
[22] X et Y. qui li (qu'il i?); X. coupe; Y. cope; Z. qu'il les tue, tant parest maires!
[23] Y et Z. jalousie; ITAL. gelosia.
[24] X et Y. saillir.
[25] V. mai; Y. li moys de may; Z. mai est passé, et entré y termine le vers suivant.
[26] X. quint (vint ?) et cinq jors sunt, etc.; Y. xv jor sunt; Z xv jors i sont. On a vu les mêmes différences entre les textes latins.
[27] X et Z. recane; Y. rechaigne.
[28] X. l'arne sauvage.
[29] X. plaigne, ou bochage; Y. plainne ou bochages.
[30] X. douze, et de même aux vers suivants.
[31] X. qui..... d'ilèques; Y. d'illuques.
[32] X. longuor.
[33] X. de l'ajornant si qu'à; Z. de jor mouvant dusqn'à; Y. jusqu'à; V. juste complie.

Que donc est la quinoce[54] dreit
En tel termine[55] et en tel dreit.
    Iceste beste par dreiture[56]
Porte del marfé[57] la figure.
Job reconte, que[58] ne ment mie,
Que l'*asne sulvage ne crie*
Nule feiz si[59] *faim ne l'espreie*[40] *;*
Altresi cil qui nus guerreie,
Nostre énemi[41], nostre adversaire,
Il ne fine de nus malfaire.
Pur quei[42] seint Père nus chastie[43]
Que nus *ne nus endormom mie,*
Mès que nus *en veillant*[44] *orom ;*
Car[45] *tozjorz nus vait environ*
Come léon[46] *pur dévorer,*
Se il sanz ceo nus poet trover.
    Quant il vist le pople venir
En la Deu lei[47] et convertir,
Qui séeit[48] en l'ombre de mort
Et en ténèbres sanz confort,
Dunt ot doel[49], et si rechana[50].
Et uncor plus rechanera

Quand il verra tote la gent
Venir à Deu comunement ;
Quant il verra les Sarazins[51]
Et les Gieus[52] qui or sunt frarins[53],
En la lei Dieu à égailler[54],
Dunt porra de faim baailler[55] :
Car sa viande aura perdue,
Que ad tant longement éue.
Quant les verra en bone fei[56],
Dunt averat et feim et sei.
Ausi cum li asne rechane
A mie noit[57] et à mériane[58],
A vinte (*vint é?*) quatre oures[59] qui sont,
Que[60] un jor et une noit font ;
Avra le sathan doel[61] et ire
Quant verra del mond tot l'empire
Venir en créance et en fei[62].
A Ihu Crist nostre vrai[63] rei
Que tot deit salver et juger[64].
Dunt avra[65] grant doel l'adverser,
Et cil doel ne faldra ja mès ;
Dont[66] porra rechaner adès.

[34] X. *est équinoce;* Y. *l'équinoce droit, et tel droit.*
[55] X *terme, et en tel endreit ;* Y. *manière.*
[36] Y. *droiture ;* ITAL. *a dirittura* (exactement).
[37] *Malfé?* Y et Z. *maufé.*
[38] Y. *récite, qui ;* Z. *raconte, qui.*
[39] X, Y, Z. *se fain.*
[40] X et Z. *asproie, et guerreie.*
[41] Y. *anemi ;* X et Y. *aversaire.*
[42] Z. *por cui saius Pières nos castie ;* X et Y. *saint Pierre nos ,* etc.
[43] Admoneste.
[44] Z. *nos en ovrant villon ;* X. *nos vellon et oron.*
[45] X. *quer... nos vet ;* Y. *nos va ;* Z. *nos waite.*
[46] X. *lion por ;* Y. *com vient lions.*
[47] Y. *la loy Dieu ;* X. *à la lei Deu.*
[48] Y. *séoit :* X. *se sist.*
[49] X, Y, Z. *out duel, et si.*
[50] Y. *rechagna ;* Z. *recana.*
[51] Ce vers et le suivant sont placés dans un ordre inverse par V, Y et Z.

[52] Z. *jnis ;* X et Y. *gens.*
[53] Gens de peu, sans honneur, perfides.
[54] X. ... *Deu esbatéier ;* Z. *égillier,* J'imagine que cela veut dire : devenir égaux, s'unir, se confondre (se fondre).
[55] Z. *de fain baellier.*
[56] Y. *foi, et soi.*
[57] X. *mée nuit ;* Y et Z. *mie nuit.*
[58] Y. *méraine* (méridienne), *et rechoigne.*
[59] X. *vint et quatre hores ;* Y. XXIIII *ores ;* Z. et XXIII *eures.*
[60] X. *qui une nuit et un jour font.*
[61] X et Y. *duel.*
[62] Z. *fay, et roi.*
[63] X. *le verai rei.*
[64] X et Y. *qui... sauver et jugier* (Y. *jujer*), *et aversier.*
[65] Y. *don ara..... duel.*
[66] L'orthographe *dunt* et *sunt,* assez constamment maintenue jusqu'ici par le ms. V, commence à se démentir dans cet article.

OBSERVATIONS.

La jalousie des onagres est un fait dont la responsabilité pèse sur Pline (VIII, 46; al. 30) et sur Solin (c. 27) ; pour ne pas parler d'Oppien (*Cyneg.* III, v. 101, sqq.) qui parlait sans doute d'après ces autorités, et d'Élien (IV, 52) qui semble s'arrêter juste au moment où il allait faire le même récit. Peut-être le texte de ce dernier représente-t-il une narration primitive qui aura été amplifiée avec le temps.

Que si l'on cherche dans l'antiquité classique quelque chose de semblable à cette histoire de l'âne sauvage qui brait à chaque heure du jour vers l'équinoxe du printemps, j'ignore où l'on en trouvera la trace bien sensible. Cependant, comme l'emploi des noms de mois égyptiens, dans l'ancien texte latin (de même que pour l'article du phénix, *supra*, t. II, p. 183), annonce un emprunt fait aux traditions de l'Egypte, et peut-être à l'hiéroglyphique, voici matière à conjecture pour les Saumaises. L'*onocéphale* d'Horapollon (Cf. Leemans, p. 32, 231) n'a-t-il pas été confondu avec le *cynocéphale* (ibid. p. 25, sq.; 209, 215) qui indiquait précisément les équinoxes, quoique par une autre propriété, en vertu de laquelle cet animal faisait à peu près la fonction d'une clepsydre? Ce ne serait assurément pas le plus étrange exemple des altérations produites par une lecture ou une copie fautive. Ce point accordé, un seul pas de plus rendrait raison de l'échange; et ici encore la substitution n'aurait rien de bien improbable. Il ne s'agirait que de supposer ὄγκημα ou quelque autre mot de cette famille, substitué à οὔρημα, οὔρησις, etc. (ὀγκησόμενος pour οὐρησόμενος, etc.). Moyennant ces permutations, véritablement assez peu hardies, on expliquera ce dont je ne sais point rendre raison autrement. D'ailleurs Horapollon raconte au même endroit que le cynocéphale seul, entre tous les animaux, marque aussi chaque heure du jour et de la nuit par ses cris à l'époque des équinoxes. Dans un texte plus court que celui d'Horapollon, la confusion de l'onagre (ou de l'onocéphale) avec le cynocéphale, s'expliquerait sans difficulté. Que les philologues en décident; pour moi, je me trouve avoir assez d'autres affaires sur les bras : surtout depuis qu'absent de Paris, je n'ai plus sous la main une foule de ressources qui me seraient nécessaires pour éclaircir mainte question. Je m'en console en songeant que le monde n'y perdra pas grand'chose, au moins cette fois-ci.

46 (Fig. A Y).

LI SIGNES [1].

Une beste est qui est apelée signes [2]. Phisiologes nos dist de sa nature que il est tels que il velt contrefaire ce qu'il voit faire devant lui. Et si aime les petis enfanchons moult plus qu'il ne fait les grans gens. Et quant il faone, si a II faons par droite nature ; et si aime l'un asés plus que l'autre. Et s'il avient que on le cace, il porte l'un en ses bras, et l'autre jète sor son dos detriés [3] soi. Mais en nule manière se délivrera de celi qu'il porte en ses bras ; c'est cil qu'il aime le plus. Et quant il ne puet [4] en avant, si laist celui qu'il porte derière soi. Tel nature à li singes.

[1] R et S. singe.

[2] R. singes. Phisiologes dit que li singes a la figure du deable. Sicomme li singe a chief et nient de queue... Tout autresi, etc. Voilà tout d'un coup neuf ou dix lignes retranchées sans que l'article y perde rien de ce qui mène au but. S. en fait autant ; et c'est également la marche que suit Richard de Fournival dans son Bestiaire d'amour, sotte imitation du vrai Bestiaire, qui n'a guère de valeur que comme témoin du rôle joué par le Physiologus au XIIIe siècle (c'est à un ms. de Richard que sont empruntées les miniatures reproduites par la planche xxv) : « Li nature de li singesse si est tèl que èle... a II faons à une litée... Ele aime l'un, et l'autre heit ; si ke quant on le cache (chasse) pour prendre, toutes voies (toutefois) ne vuelt èle ne l'un ne l'autre perdre, comme mère. Mais èle giète celui ke èle heit, derière li sus ses épaules ; et se il se puet tenir, si se tieigne. Et l'autre ke èle aime miux, porte devant li entro ses bras. »

[3] Derrière ; ESP. detras.

[4] Il doit manquer ici quelque mot comme courrir ; car le ms. D. dit : « Sed dum fuerit bipes eundo lassa (H. lapsa), projicit volens ex industria (H. nolens, quem...) « quem diligit, et quem odit simulat se retinere et portare « quasi cariorem. » Cette phrase latine ne s'accorde pas mal avec nos miniatures, où la mère laisse exposé aux coups du chasseur le petit qu'elle porte sur son dos. Ce serait donc chez le singe une preuve de malice, et non pas de sottise ; de même que dans la narration d'Oppien (Cyneg., II, v. 608, sqq.). Ainsi, quand les faiseurs d'emblèmes ont représenté le singe embrassant son petit, avec le mot : Cæcus amor prolis , ils auront eu probablement en vue bien moins le texte de Solin (cap. 27) qui

Et Amon [5] li prophètes dist que li signes a la figure al diable. Il a cief comme signes, et il n'a point de koe. Et tot est lais devant et deriers et de tot [6] oribles. Tot altresi a li deables cief, et si n'a point de coe [7], c'est qu'il ot commencement avoec les angles. Mais porce qu'il fu ypocrites et tréchières dedens [8], perdi il le cief. La coe qu'il n'a mie, c'est qu'il perira tot en la fin ; si comme il fist [9] al commencement ès ciels [10]. Dont S. Pol [11] dist [12] : *Cestui ocira Nostre Sires par l'esperit de sa bouche.*

est assez peu intelligible (sauf commentaire), que ce passage de Pline (VIII, 80 ; al. 54) : *Simiarum generi praecipua erga foetum affectio ; gestant catulos... Itaque magna ex parte complectendo necant.* Elien (VII, 21) raconte un fait isolé, à la vérité, mais qui aura pu contribuer, pour sa part, à confirmer la réputation du sot amour des singes. Cela s'explique un peu mieux dans le récit que donne Vincent de Beauvais (*Spec. nat.* XIX, 108, p. 1442) en l'attribuant à notre auteur : « *Physiologus.* Simia quum geminos pepererit, unum diligit et alterum odit. Si quando autem a venatoribus quaeritur, ante se illum quem diligit amplectitur ; et alterum quem odit, collo portat. Sed quum bipes eundo lassa fuerit, projicit volens quem diligebat ; servatque nolens quem odio habebat. » Cf. *infra*, p. 233 (*observations*).

[5] On ne parvient pas aisément à s'expliquer comment le prophète Amos a pu mériter la réputation physiologique que lui fait notre prosateur du XIIIe siècle. Cependant Pierre le Picard y tient, et se réclame d'Amos plus de cinq fois dans son bestiaire. Cf. *supra*, t. II, p. 141, not. 7 ; p. 147, not. 3 ; p. 162, note 13 ; p. 197, note 10 ; et *infra*, article 61.
[6] Tout à fait ; ITAL. del tutto, FRANÇ. du tout (absolument).
[7] S. *queue.*
[8] R. *par dedans.*
[9] R. *il perdi* (S. *péri*) *el commencement*, etc.
[10] S. *ès ciex.*
[11] R. *sains Pous.*
[12] II Thess. II, 8.

BESTIAIRE LATIN.

A, B.

46. XXX. DE SIMIA [1].

(*Point de singe dans* M *et* C.)

Similiter [2] et simia figuram [3] habet diaboli [4]. Simia enim caput quidem habet, caudam vero non habet ; et [5] licet totus turpis sit, tamen posteriora ejus satis [6] turpiora [7] et horribiliora [8] sunt. Sic [9] et [10] diabolus caput quidem [11] habuit [12], caudam vero non habuit [13] ; hoc est initium [14], quum esset archangelus, in caelis [habuit] ; sed quia hypocrita et dolosus erat [15] intrin-

[1] A. point de titre ; B. table générale, *simia.*
[2] D et H, après avoir énuméré diverses espèces de singes, racontent, comme Guillaume le Normand, la préférence que montre la femelle pour l'un de ses petits. Mais c'est encore une de ces surcharges disparates qui n'entraînent aucune leçon morale. Après cela, sans aucune description préliminaire, ils arrivent au fait, de la façon suivante : *Hujus* (H. *cujus*) *figuram diabolus imitatur* (H. *habet*), *qui caput habet, caudam vero non habet. Et licet simia* (H. *totus turpis*, etc.) *tota turpis sit, tamen*, etc. A. commence immédiatement par *simia*, etc.
[3] R. *figura.*
[4] B. effacé par l'altération de l'encre jusqu'à *non habet.* Cet effet de la vétusté se reproduit jusqu'à huit fois dans ce seul article, et le rendrait inintelligible si nous n'avions le secours d'autres mss.
[5] B. effacé jusqu'à *tamen.*
[6] B. omis ; H. *impense turpia.*
[7] B et H. *turpia.*
[8] B, D, H. *horribilia.*

[9] D et H. omis... *sunt. Diabolus enim inicium* (H. *inicium*) *habuit quum* (H. *cum angelis in coelis, sed quia hypocrita fuit et dolosus intrinsecus, perdidit*, etc.) *esset angelus in caelo ; sed superbus, ypocrita et dolosus, perdidit caudam quia in* (H. *totus in fine peribit, sicut dicit Apostolus : Quem Dominus*, etc.) *veritate non stetit ; et ideo finem bonae actionis, qui cauda figuratur, non accepit. De eo quod in fine seculi adhuc sit gravius contempnendus a Domino, manifestat Apostolus quia Dominus, inquit Ihs interficiet eum spiritu oris sui.* Puis vient, dans D et H, une phrase sur l'étymologie du mot *simia*, qui est évidemment d'un travail postérieur à la rédaction primitive des bestiaires.
[10] B. omis.
[11] A. omis.
[12] B. *babet* (sic) ; puis, deux mots effacés.
[13] B. effacé : .... *bet* (*non habet ?*).
[14] B. effacé jusqu'à *angelus* ; puis, de nouveau, jusqu'à..., [*hypo*]*crita et dolosus.*
[15] B. omis.

secus, perdidit caput [16]. Et nec caudam habet; id est sicut periit [17] ab initio in [18] caelum (sic), ita et in finem totus peribit : sicut dicit praeco veritatis Paulus (II Thess. II, 8) : *Quem* [19] *Dominus Iesus Christus*, inquit [20], *interficiet spiritu* [21] *oris sui.*

[16] B. effacé jusqu'à *habet.*
[17] B. *per...* (effacé).
[18] B. effacé jusqu'à *totus.*
[19] B. effacé jusqu'à *inquid* (sic).

[20] H et D. omis.
[21] H. *spiritui*, sans doute par faute d'impression; car l'éditeur ne paraît pas s'être rendu esclave des manuscrits. A. omis ; B. *spiritum.*

BESTIAIRE RIMÉ.

XXII. Une altre beste est mult vilaine,
De laidure et d'ordure pleine [1] ;
C'est li synge que vus véez,
Dont les mals homes sunt chertez [2].
Li synge est laiz et malostru,
Soventes feiz l'avez véu ;
Ja seit [3] ceo qu'il seit laiz devant,
De rère [4] est trop mésavenant.
Chef [5] ad, mès de coue n'ad mie.
Tot adès pense félonie.
Quant la mère ses féons a,
Cil que [6] plus aime portera
Entre ses braz pardevant sei ;
Et l'altre, dont ne prent cunrei [7]
Par derère s'ahert [8] à li (*lei?*),
Ambedeis [9] les porte issi.
 Ceste beste, sicum mei semble,
Al dé[a]ble afert et resemble :
Li dé[a]bles primèrement

Out chef, car al comencement
Fu angle le cel [10] ; mès par envie,
Par orgoil [11] et par présompcie,
Pardi [12] le chef ; ceo est ben voir.
Si chaï [13] en enfern le noir,
Dont ja mès ne retornera [14] ;
Mès sans fin en dolur meindra [15].
 Al synge de ren ne m'acort,
Car il est tot malveis et ort.
Plus de tres manères en sont :
Tels i ad que [17] grant coes ont,
Et plosors testes come chen [18].
Des altres synges savons ben,
Qui habitent ci entre nus ;
Qui sont mult mélancolius [19].
Tant come dure le creissant [20],
Sunt il mult haitez [21] et joiant ;
Mès pois que au decors [22] atorne
Sunt il dolent, triste [23] et morne.

[1] X, Y, Z. *plaine* et *vilaine.*
[2] Soit dépenses, soit estime (grand cas).
[3] Z. *ja soit*. Plus tard on a écrit *façoit.*
[4] X. *derrière*; Z. *derrière* e ; X. *trop est darers* (d'arers?). Trop, avec le sens d'*extraordinairement*, paraît emprunté au langage de la Vulgate.
[5] X. *chief a, mès de coe n'a* ; Z. *cief a, mais de keue n'a* ; Y. *chiez a, mais de c[o]e n'a.*
[6] V *celi qui plas* ; X. *cel que* ; Y. *celui que* ; Z. *celui que plus aime, porra.*
[7] Y et Z. *conroi,* et *li* ; ITAL. *corredo* : approvisionnement, bagage, trousseau, etc. ; c'est-à-dire : ... *dont elle ne s'embarrasse pas.*
[8] X. *se prent* ; V et Z. *s'aert*. Cette expression correspond exactement à *se saisir* : *aherdre* (ITAL. *afferrare*), en Picardie, signifie *empoigner.*
[9] Y. *ambedes* ; Z. *amba II* ; X. et *omedeus* ; ITAL. *amendue.*
[10] Y. *fu angre el ciel* ; Y. *fu angèle ou ciel.*
[11] X et Y. *orguel* ; X *presumpcie* ; Y. *présoncie.*
[12] X. *perdi le chirf que il aveit, et en enfer tot dreit.*

[13] Z. *caï en enfer* ; Y. *se chei en enfer.*
[14] X. *dom il... ne resordra*; Y. *don il zen fin ne retorra*
[15] X. *en dolor maindra* ; Y. *en dolor vendra.*
[16] Ne me plaît, ne m'attire.
[17] Z. *teus i a qui grans keues* ; X. *tex i a qui grans coes* ; Y. *tez i a qui grant coues.*
[18] Z. *cien* ; X et Y. *chien, et bien.*
[19] X. *qu'il sunt... mélancolios, et nos* ; Y. *que il sunt... mulocios, et nos* ; Z. *mélancotious, et nous.*
[20] La croissance ; Y. *li cressant,* et *joant* (enjoué) ; Z. *li croissans et joians.*
[21] X. *haitié* ; Y. *haiti* ; X. *hétié* ; gais ; ALLEM. *briter?* FLAM. *geestig?*
[22] Si ce n'était que quatre mss. s'accordent à employer ces deux expressions, d'ailleurs tout à fait corrélatives, *croissant* et *décours*, que nous avons conservées pour les phases de la lune; il y aurait quelque motif de présumer une variante : *pois que kaudecors* (quand ils entre t en chaleur).
[23] X Y, Z. *et triste, morne.*

OBSERVATIONS.

Les additions que renferment les Bestiaires français, paraissent empruntées à Solin (c. 27) et à Pline (VIII, 80; al. 54). Quant à la laideur d'une foule de singes, le *Physiologus* n'a pas besoin d'être justifié ou expliqué sur ce point; il n'est même pas aussi sévère qu'Oppien (*Cyneg.* II, v. 605, 607) qui semble traiter ces animaux comme le rebut de la création.

Relativement à l'embarras qu'ont éprouvé les auteurs du moyen âge lorsqu'ils ont voulu expliquer la préférence du singe pour l'un de ses petits, et les effets de cette particularité, il faut convenir que Solin avait besoin de commentaire quand il dit : *Immoderate foetus amant, adeo ut catulos facilius amittant quos impendio (impensius) diligunt et ante se gestant, quoniam neglecti pone matrem semper haerent.* Saumaise a sans doute compris cela; pour moi, je ne suis pas encore bien sûr d'y avoir tout à fait réussi. Cf. fabul. Æsop. quales ante Planud. fereb. ed. F. de Furia (Flor. 1809) fab. 182 (t. I, p. 288).

---

47 (Fig. A Z).

LI CHINES [1].

(Point de Cygne ni d'effraie dans mss. mss.)

Uns oiseax est qui est apelés chisnes. Phisiologes dist qu'il est 1 païs où il cantent si ben et si bel que ce est 1 droite mélodie d'oïr; que quant on herpe [2] devant ax, il s'acordent à la harpe tot en tel manière comme tamburs s'acorde al flagol. Et noméement en l'an que il doivent morir, si cantent le mieus. Si que la gent du païs quant il en oent 1 bien cantant, si dient : Cist mora o an [3]. Tot altresi comme on dit de un joene enfant quant on le trueve de bon engien; si dit-on : Cis enfés ne vivra pas longement.

Cest chine qui si bien cante encontre sa mort, sénéfie l'âme qui a joie en tribulation. Quer *li apostre menoient grant joie quant il issoient des consilles où on les avoit batus, porce qu'il estoient digne de sofrir honte por le nom de Nostre Segnor* [4]. Car Dex dit ès cantiques : *Ensi*

---

[1] L'orthographe *chisnes* (ESP. cisne), que nous avons déjà pu observer, se représentera encore. R et S n'ont rien sur le cygne.
[2] On joue de la harpe.
[3] Dans l'année, avec l'année.
[4] Act. V, 41.

comme li lis est entre les espines, ensi est m'amie entre les filles del monde [5]. Coment est li lis entre les espines? Eles les (*le?*) poignent, et èle ne les repoint [6] mie; ains rent bone odor. Ensi doit faire li sainte ame : èle ne doit mie respondre aspres paroles, ains doit bone odor rendre par pacience à ceux qui mal li font; si qu'èle puist dire avoec saint Pol [7]. *Nos somes bone odor Jhésu Crist en tos lius.* Mais cèles qui rendent mal por mal, et repoignent par signes ou par paroles; qui ne poent oblier une parolète s'on lor a dite, ou fait alcun tort; cèles ne resumblent mie la flor de lis, ne le chine qui si bien chantre (*chante*) contre sa mort. Mais qui l'amor de Deu velt à avoir, il covient qu'il soit droituriers en tos ses oevres; et sans envie, et sans covoitise, et sans orgoeil, et humbles de cuer contre [8] son proisme, et charitables de ses biens. Dont rendra il bone odor à Jhésu Crist.

[5] Cant. II, 2.
[6] Ces formes diverses du verbe *poindre*, maintenant réduit presque à rien, rappellent le vieux proverbe : « Oignez vilain, et vous poindra; poignez vilain et vous oindra. »
[7] II Cor. II, 15.
[8] Envers, à l'encontre de...

OBSERVATIONS.

Le savant éditeur d'Horapollon (*l. cit.*, p. 337) a réuni, avec son érudition ordinaire un grand nombre des témoignages classiques qui appuyaient cette vieille renommée du cygne. Mais tout le monde sait bien que le moyen âge n'était point l'inventeur de cette fable. Là, comme dans presque toute son histoire naturelle, il n'a guère eu que le tort de s'abandonner avec une probité trop confiante aux assertions de Solin en particulier. Le guide n'était pas fort bien choisi, j'en conviens; cependant il serait injuste d'oublier que les erreurs puisées aux sources antiques par saint Isidore et autres, sont l'effet de la bonhomie plutôt que de l'ignorance proprement dite. L'observation était devenue difficile, et les assertions résolues de Solin ou de Pline donnaient lieu de croire que l'examen des faits avait eu sa part dans le travail de ces compilateurs.

48.

LI HUERANS [1].

Uns oiseax est qui est apelés huerans. Phisiologes dit qu'il est de tel nature que il se tient volentiers entor [2] les sépultures des mors. Et si a tel nature : Quant alcons est près de mort, il le sent de lonc, et si crie par grant dolor.

[1] Ce nom ferait penser au chat-huant, mais on n'a accordé à cet article, ni miniature dans P, ni texte dans R et S.
[2] Autour des..., aux environs; ITAL. intorno.

Cis oiseax sénéfie l'âme compacience³ qui doit demorer entor ceaus qui sont en mort de péchié, por ax⁴ convertir et ramener à voie de salu. Et quant èle aperchoit qu'il aproisme⁵ le mort par mortel péchié, si doit crier à grant destroit à Deu, et en lermes et en orisons; por coi il aproisme Dieu, et eslonge la mort d'enfer.

³ *Compatiente?* compatissante.
⁴ Eux, les.

⁵ Approche ; LAT. approximare ; comme *proisme* (supra, p. 234), de *proximus*.

OBSERVATIONS.

Cet oiseau doit être, si je ne me trompe, l'effraie qui, se logeant volontiers dans les clochers afin d'y être solitaire et de dominer facilement un grand espace, s'est fait ainsi la réputation d'aimer les cimetières. D'ailleurs son cri, comme celui du chat-huant ou de la hulotte, et l'heure où elle le fait entendre, ont quelque chose de sinistre qui a occasionné bien des appréhensions superstitieuses. Ainsi cet animal, utile d'ailleurs, est devenu un objet d'effroi comme le témoigne son nom français; et bien des campagnes ont conservé intact, ou à peu près, le récit de Pierre le Picard sur l'oiseau de proie nocturne dont il s'agit. Dès les temps classiques Pline croyait déjà utile de faire remarquer (X, 16 ; al. 12) que la présence du duc ou de l'effraie sur une maison n'était pas toujours suivie de la mort de quelqu'un des habitants ; mais les augures romains n'en mettaient pas moins la rencontre de cet oiseau au nombre des présages les plus funestes, et Virgile n'a pas cru déroger à l'épopée en faisant annoncer ainsi la mort de Turnus (Æneid. XII, 862, sqq.) dans le tableau qui termine son poëme.

---

49 (Fig. B A).

UNE BESTE QUI EST NOMÉE PANTÈRE ¹.

Une beste qui est nomée panterre (*sic*), colorée² de moult diverses colors, bèle de grant beauté, et moult soef. Phisiologes dist de ceste beste que li dragons le het mult³ et fuit partot, por la grant odor qu'èle a en soi. Quant la pantère trueve sa proie, èle s'en saole⁴ de diverses viandes ; et après se repont en sa fosse. Et dont dort III jors tot entièrement, tèle est sa nature. Et après s'esveille et lièv e soi, et lors rent si grant odor et si doce, que l'odor s'espant près et loing par la forest ; et jète un grant mujement. Si⁵ que les bestes qui sont el

¹ R. *penthère* ; S. *panthère*.
² S. *coulorée de maintes couleurs diverses ; elle est de grant beauté, et moult souef flère.*
³ S... *le dragon la het. Quant le penthère menjue, èle se saoule.*

⁴ Rassasie ; ITAL. satollo, LAT. satur, FRANÇ. saoul.
⁵ S. *quant les bestes oient sa voix, elles se assamblent toutes de près et de loing, et ensuivent la souève odor qui ist de sa bouche. Mais le dragon quant il oit....*

bos environ lui, oent sa vois de mult loing. Lors s'asamblent totes les bestes qui sont et près et loing, qui [6] ont sentu la soé odor qui ist de sa boce; et se traient vers lui par la vois et par l'odor. Mais li dragons quant il ot sa vois, il en fremist tot de poor [7] et se repont [8] ès fosses de la terre; por ce que il ne puet soffrir l'odor de sa boche [9] que si parest doce et soef. Ains remaint iluec enpérécis [10] et vains [11], ensi comme s'il fust mors. Et les autres bestes sièvent la panterre par sa douce odor de sa bouce, en quel [12] liu qu'èle onques va, si espessement que nus nel poroit penser. Quer plus que la beste vait par la forest, plus de bestes le sièvent : que par droite nature le sièvent totes qui sa vois oent, et qui s'odor sentent; fors seulement li dragons, il fuit partot la pantère.

Nostre Sire Jhésu Crist, il est vraie pantère; quer tot altresi atrait il par sa sainte incarnation l'umain lignage que li dragons,—c'est li diables,—tenoit en mort. Dont David dist li prophètes [13] : *Il monta ès* [14] *ciels, et prist et mena nostre chaitiveté, et mist dons en homes.* La pantère, qui totes diverses viandes usse [15], sènèfie ce que Nostre Sire tot l'umain lignage et totes les gens et les pueples osta del lieu [16] al diable; quant il descendi des ciels et acompaigna à sa bonté [17], et fist de nos ses fils, et raempli ce que li prophètes [18] avoit dit devant : *Jo sui ensi comme la pantère.* La panterre est de diverses colors colorée, si comme Salemons dist de Nostre Segnor Jhésu Crist [19] : *Il est sapience de Deu, esperis véritables* [20], *sains hom, seus* [21], *monteploians* [22], *soutis* [23], *movables, certains, purs, verrais, ses* [24], *amans ben, covenables · quer* [25] *nule cose de ben ne devée* [26] *à faire; pitieus* [27], *fers (fermes?), estables, seurs, tos poissans* [28], *esgardans totes coses, faisans tot, plus movables de* [29] *sapience.* Ce qu'il dit ci, *Cris est sapience de Deu,* tesmoins [30] li maistres de vérité S. Pols [31] qui dist [32] : *Nos prééchons Jhesum Xpistum crucifijé.* Ce que la pantère est moult privée, de ce dist Ysaies li prophètes [33] : *Esjoisse toi ès lèèce, fille de Sion; fille de Jherusalem precche* [34], *car tes rois vient à toi qui te salvera.* Ce que la panterre mangue, dont èle sa

---

[6] R. *qui loins sont et près, et suient la soef odor.*
[7] R. *paor;* S. *paour.*
[8] Se blottit, se cache; LAT. reponit.
[9] R et S. *bouche.*
[10] Engourdi, abattu, paresseux ; ESP. pereza ; S. *foibles.*
[11] Sans force, incapable d'agir.
[12] S. *en quelque lieu que il va.*
[13] Ps. LXVII, 19.
[14] R. *ès haus* (S. *haulz*), *cieus.*
[15] R et S. *use.* Emploie, met en usage; ITAL. usar.
[16] S. *de la main au diable.*
[17] S. *et si acompaigna à nous sa bonté.*
[18] S. *les prophètes avoient dit devant;* R. *li primerains.* Dans le fait, c'est Osée (V, 14) ; bien que la Vulgate substitue *leœna* à πάνθηρ.
[19] Sap. VII, 21-24. La traduction est un peu libre.
[20] R. *entendables.*

[21] R. *sains, un seus.*
[22] S. *multiplians, soutilz.*
[23] R. *soutius.*
[24] R. *soués;* S. ... *purs, vrais bons et convenables.*
[25] R et S. *qui.*
[26] Interdit, empêche, défend; ITAL. divieto.
[27] R et S. *pius.*
[28] R. *sor toz poissans.*
[29] Cette forme serait aujourd'hui un italicisme.
[30] S. *tesmoing;* R. *tesmoigne.*
[31] R. *sainz Pous.*
[32] I Cor. I, 24.
[33] Ps. XII, 6. — Zach. IX, 9. Avant ce texte, les mss. R et S. en citent un autre : « *Ce que la panthère est bèle, dist David* (Ps. XLIV, 3) *de Crist* (S. *Ihucrist*) : *Il est biaux* (S. *beaux*) *de forme, devant* (S. *desur tous*) *les fiux* (S. *filz*) *des homes. Ce que la penthère est moult privée.*
[34] S. *presche.* « Exulta et lauda,... jubila satis. » Le ms.

seolle (se saolle?), et enraument se repose et dort; tot altre[si] Nostre Sire Jhésu Cris puis qu'il fut saollés des escharnissemens [35] des Juis, des tormens, des bufes [36], des torchèneries [37], des espines, des escopemens [38], des clous fichiés en ses mains : quant il le pendirent en crois et il l'abévrèrent de fiel et d'aisill [39], et tresperchièrent [40] ses côtés de la lance. Jhésu Cris de tos ces dons fu saollés, et s'endormi et reposa el sépulcre III jors; et descendi en enfer, et loia [41] iluec le grant dragon : ce est li diables qui est anemis a nos tos. Ce que la pantère s'esveille al tierc jor, et èle jète grant mujement don (dont) la douchor [42] de sa boche espant; altresi Jhésu Cris resuscita al tiers jor de mort, enraument s'escria si que li sons, issans de lui fu oïs en tot tères, et la parole de lui escoltée [43] de la réondèche [44] de la terre, dissans [45] : Esjoissiés vous, et ne dotés mie, car jo ai vencu le monde. En autre lieu redit [46] : Je vois à mon Père et vostre père, mon Dieu et vostre Dieu ; et [47] si venrai à vous et ne lairai mie les orfelins [48]. En altre livre dist [49] : Père ce que tu me donas ai gardé, et nus n'en péri fors les fis de perdicion. En la fin de l'évangille redit [50] : Jo sui à vos tos jors de si en la fin del siècle. Ce que de la bouce la pantère ist la doce odors, par coi totes les bestes qui sont près et loins la sièvent; ce est ce que nos tot [51] somes loing et près. Si comme li Jui à la fois avoient sens de bestes qui près èrent, par la loi qu'il avoient; et les Gens qui loing èrent [52], por ce qu'il èrent sans loi. Nos qui oons sa vois [53] et somes raempli de sa très doce odor, c'est de ses commandemens, que [54] nos l'ensiévons. Si comme li prophètes dist [55] : Sire, desor la dolçor de miel sont tes paroles douces en ma bouce et en mes joes [56]. De ces odors, c'est des commandemens Deu. Des commandemens Dieu dist David [57] : Sire, grâce est espandue en tes lèvres [58]; por ce te bénéit Dex perdurablement. Et Salemons dist és cantiques [59] : L'odors de tes oignemens est odorables sor tos laituaires. Li oignement de Cris sont li commandement de Deu, qui sont sor tous aromaciemens [60] odorables; car les paroles de Dieu esléèvent [61] les cuers de cels qui l'oent [62], et ensiévent. Si comme la présente odors des

---

R. dit piéça, qui ne peut être que l'effet d'une distraction.

[35] Insultes; ITAL. scherno.
[36] Soufflets; ESP. bofetada.
[37] Mauvais traitements, violences, sévices.
[38] R. escopissemeus, crachats; ESP. escupir.
[39] Aujourd'hui, encore, en Piémont, ce mot signifie vinaigre. — S. Aisiel.
[40] R et S. trespercièrent; transpercèrent.
[41] Lia, enchaîna. Le ms R. porte tua, qui doit être le résultat d'une inadvertance.
[42] R. douce odor (S. odour).
[43] S. les paroles de lui escoutées; ITAL. ascoltar; LAT. auscultare.
[44] S. rondesce; R. la réonde terre : le globe.
[45] Joann. XVI, 33.
[46] Joann. XX, 17.
[47] Joann. XIV, 18.
[48] S. ainsi vendray-je à vous, et ne vous lairay mie orphelins.
[49] Joann. XVIII, 9.
[50] Matth. XXVIII, 20.
[51] R. nos toz et près et loins [S. devons à Nostre Seigneur ensuir], sicomme lis Jui à la fois avoient sens de bestes qui péchièrent (S. qui près estoient) par la Loy qu'il tenoient ; et les Gens...
[52] S. estoient.
[53] S. omis.
[54] R. omis. — S. se nous les ensuivons.
[55] Ps. XVIII, 11; CXVIII, 103.
[56] S. et en mes lieffres.
[57] Ps. XLIV, 3.
[58] S. lieffres.
[59] Cant. IV, 10.
[60] R et S. aromatisemens.
[61] Réjouissent; FRANÇ. liesse, ITAL. lieto.
[62] S. les oient.

fins aromatisemens raemplit les narines de cels qui le reçoivent. *Sire tes nons est dous sor tos aromatisemens, et por ce covint nos jovenceaux core après tes commandemens* [63]; c'est les âmes renovelées par baptèsmes [64]. Que li rois nos enmaint en Jhérusalem ; cités de Deu est, et mons de tos sains [65] !

[63] Cant. I, 2.
[64] R. *bautesme.*
[65] Ces dernières phrases se lient assez mal ensemble; mais les mss. ne donnent pas de variantes quant au sens, et cela n'est qu'une traduction bien libre du latin.

BESTIAIRE LATIN

C, A.

B.

XIV. DE ANIMALE QUI DICITUR PANTHERA [1].

XXIII DE PATERA [21].

Propheta sic [2] dicit (Osee, v, 14) : *Factus sum sicut leo* [3] *domui Iuda, et sicut pantera* (sic) *domui Effraim.* Panthera [4] hanc naturam habet : omnium animalium amicus est, inimicus autem est [5] draconis [6]. Omni [7] modo varius est sicut tunica Ioseph, et [8] spetiosus [9]. Panthera quietum animal est et mitissimum. Si autem manducaverit et [10] sacia[a]tus fuerit, dormit in sua spe-

Est animal quod dicitur panthera [22] vario [23] quidem colore, sed speciosum nimis et mansuetum valde. Physiologus [24] dicit de [25] eo quoniam inimicus [26] est draconis solum. Quum ergo comederit et satiaverit [27] se de diversis [28] venationibus; recondit [29] se et dormit. Post triduum exsurgit de somno, et [30] statim emittit [31] rugitum magnum [32]; simul [33] autem cum

[1] A. *de leone et pantera.* Mais le lion ne figure à peu près que dans cette ligne, où il a pris place peut-être à cause de la citation d'Osée. Dans le titre de C, la dernière syllabe de *panther* est surmontée d'un tiret : sorte d'abréviation un peu vague, quoi que puissent dire les paléographes qui ont fait des recueils d'abréviations en prétendant assigner une valeur propre à chacune d'elles.
[2] A. omis.
[3] C. escalade tout ce qui venait après *sicut*, jusqu'à sa répétition inclusivement : *sum sicut panter in domo Effrem.*
[4] C. *Phisiolocus sic testificat de panterio quoniam talis est natura ejus ut omnium animalium sit amicus,* etc.
[5] A. omis.
[6] A. *draconi.*
[7] C. *varium est enim aspectus illius sicut tonica* (sic).
[8] C. *etiam et totus varius est. Taciturnum est animal et mansuetus* (sic) *valde.*
[9] A. insère à cet endroit une phrase qui a bien l'air d'y être hors de sa place : *Etenim dicit* (Ps. XLIV, 10) : *Astitit regina a dextris tuis in vestitu deaurato, operta varietate.* L'entrelacement de la moralisation dans l'exposé n'est pas conforme à la marche habituelle du Bestiaire. Les autres articles racontent d'abord la *nature* tout au long, avant de donner place à l'application mystique.
[10] A. omis :... *manducaverit, subito dormit in foveam* (sic), *et tertia die.*

[21] B, dans la table, *pantera*; D. *panthera.*
[22] B. *patera*; M, sans plus de préliminaires (p. 593) : *panther, animal varium habens colorem, sed speciosum valde. Physiologus,* etc.
[23] D. *coloribus varium, sed nimis speciosum et valde mansuetum*; B. *varium quidem colore* (sic) *habet, sed spetiosum valde, nimis consuetum* (sic).
[24] B. *Fisiolocus.*
[25] H (p. 426). omis :... *dicit quod inimicum est solis draconibus*; M. *de hoc quoniam.*
[26] D. *Nullum animal inimicum habet praeter draconem*; B. *inimicum draconem habet, quum ergo.*
[27] D. *saciaverit se diversis cibis, recondens se in spelunca sua ponit et dormit. Post triduum autem surgit a somno,* etc. ; M. *satiatus fuerit diversis.*
[28] H. *universis.*
[29] M et H. *revertitur* (M. *recipit se*), *in speluncam suam*; *ponensque* (M. et *ponens*) *se, obdormit* (H. *dormit per triduum. Surgens autem a somno,* etc.). *Post triduum vero.*
[30] H et B. omis.
[31] M. *mittit.*
[32] H. *per altum.*
[33] B. *semel*; H. *simulque odorem nimiae suavitatis, cum rugitu; ita ut,* etc. ; D. *quum autem rugitus ab ore*

C A.

lunca ; et tercia (*sic*) die exsurget [11] de somno, et quum surrexerit de loco suo et foris exierit, vociferat [12] voce magna, et de voce ejus omnis [13] odor bonus procedit aromatum ; et [14] qui sunt [15] longe, et qui [16] prope, audientes ejus [17] vocem, secuntur [18] ut odore ejus repleantur.

Ita et Salvator meus Iesus Christus tercia die resurrexit a mortuis : [et] *omnes qui longe et qui prope sunt*, sicut dixit Apostolus (Eph. II, 17), replevit suavitatem (*sic*) fidei. Varius [est ?] autem, in eo quod multipliciter gentes terrae adquesierit [19]. Ipse est torris (*sic*) fortitudinis [20], pax (*pacis ?*), misericordiae, et virtus (*sic*), et gloriae. Draconem antiquum, diabolum valedissimum, (*sic*) ut Dominus persequitur. Nam nihil Scripturae sine similitudine nobis dixerunt.

[11] A. *surgit a sumno* (sic) *sic et Salvator noster pariter surrexit a sumno tertia die.* Nouvelle intercalation mystique, étrangère au ms. C, et qui s'écarte du genre propre à tout le reste de la série.

[12] A. *et clamavit* (clamat). Il se peut qu'à force d'entremêler la panthère et Notre-Seigneur, le copiste ou le rédacteur du ms. A ait fini par ne plus distinguer le véritable sujet des paroles qu'il transcrivait ou arrangeait.

[13] C. *exiit* (sic) *suavitas aromatum.*

[14] A. omis.

[15] A. *longe sunt.*

[16] C. omis.

[17] C. omis.

[18] A. *adsecuntur* (sic) *bonum odorem. Surgens enim Salvator Noster Iesus Christus a mortuis, omnibus bonus odor* (II Cor. II, 15, 16) *factus est : his qui longe erant et his qui prope pax* (Ephes. II, 17), *sicut Apostolus dicit.* Au milieu de ce remaniement, le dragon a disparu ; en sorte qu'après avoir enrichi son titre assez peu légitimement, le rédacteur a, dans le fait, appauvri sa matière.

[19] A termine par ces lignes que je ponctue comme lui, pour ne pas les embrouiller davantage par une tentative d'éclaircissement : *Multifariae sapientia, hoc est virginitas omni amore varia est. caelestis sapientia Dominus Noster Iesus Christus Filius Dei.* Décidément, cet article qui termine le Bestiaire de Bruxelles, le termine mal.

[20] Aurait-on prétendu faire allusion à quelque passage de l'Écriture, par exemple au chapitre XXVIe d'Isaïe ?

B.

rugitu [34] exit de ore ejus odor suavissimus [35], ita ut super [36] omnia aromata redoleat. Quum ergo audierint vocem ejus omnes bestiae, et [37] qui (*sic*) prope sunt et qui longe sunt, congregant [38] se omnes et sequuntur post [39] odorem suavitatis qui exit [40] de ore ejus. Solus draco, quum audierit vocem ejus, timore contrahitur [41] et fulcit [42] se in subterraneis [43] cavernis terrae ; ibique, non [44] ferens vim odoris suavitatis [45] ejus, in semetipso [46] contractus [47] obtorpescit, et remanet ibi immobilis atque inanis, tamquam mortuus. Cetera vero animalia sequuntur eam [48] quocumque vadit.

Sic et Dominus Noster Iesus Christus, verus [49] *ejus exierit, post rugitum statim odor suavitatis exit sicut odor aromatum. Quum autem audiunt vocem.*

[34] B. *rugitus, exiit.*

[35] M. *tantae suavitatis, ut superet omnia aromata. Quum ergo.*

[36] H. *odor hujus praecellat omnia aromata et pigmenta. Quum ergo.*

[37] H et D.omis :... *bestiae quae prope* (H. *longe vel prope sunt*) *sunt et quae longe, sequuntur* (H. *congregantes se, nimiam suavitatem ejus sequuntur. Solus autem draco...*) *eam* ; D. *solus autem draco, audiens vocem rugitus ejus, perterritus fugit in cavernis terrae. Ibi, non ferens odorem suavitatis, torpescit in semetipso ; et, tamquam mortuus, immobilis permanet. Sic et Dominus,* etc. ; M. *quaecumque prope sunt, et quae longe.*

[38] H. *congregantes...* (voyez note 37)... *sequuntur. Solus... draco quum audierit.*

[39] B. omis.

[40] M. *exiit.*

[41] H. *perterritus abscondit se sub terrenis speluncis ; ibi autem, non ferens vim odoris ejus, in semetipso contractus obtorpescit, et manet immobilis exanimusque, velut mortuus ; caetera.*

[42] Le verbe *fulcire* exprime-t-il ici *s'enfoncer*, ou *se retrancher ?*

[43] B. *interamis* (in terraneis ?) *et cavernis. Terraneis,* s'il faut lire ainsi, signifierait la même chose que notre mot *terrier.*

[44] B. *conferem vim.*

[45] B. *Succutiatis.*

[46] M. *semetipsum.*

[47] B. *contraitur obturbescit remanebit ibi immobile usque inanis.* Les bizarreries de ce copiste sont d'une espèce si compliquée, que l'on dirait parfois d'un homme quelque peu sourd écrivant sous la dictée.

[48] M. *pantherum* ; B. *patera quaecunque vadit.*

[49] B. *verum pateram* ; D. omis :... *Christus, resuscitans*

B.

panther omne [50] genus quod a diabolo captum fuerat, et morti erat [51] obnoxium, per incarnationem suam [52] ad se adtraxit [53]; *captivam duxit captivitatem* (Eph. IV, 8), sicut dicit David propheta (Ps. LXVII, 19) : *Ascendens in altum coepisti captivitatem, acce...sti dona in hominibus*. Panthera [54] enim omnis [55] fera, quasi omne animal odore capiens, interpretatur. Sic [56] et Dominus [57] noster ut iudaeus (*ut Deus?*), videns humanum genus a daemonibus captum et idolis mancipatum, atque omnes Gentes et populus (*populos*) praeda diaboli affectus (*effectos*); descendens de caelis eripuit nos de potestate diaboli, et sociavit nos bonitati suae ac pietati. Adfuit Filius, adoptavit et implevit illud quod propheta unde (*ante?*) praedixerat (Osee, V. 14) : *Ego*, inquid (sic), *factus sum sicut patera* (sic) *Effrem, et sicut leo domui Iuda*. Hoc est dictum quoniam illa tribus Effrem idolis serviebat, ergo jam tunc vocatum est (*vocationem*) gentium et

B.

Iudaeorum significabat. Et animal [58] varium est patera, sicut dictum est per Salomonem (Sap. VII, 22, sqq. per (*propter?*) Dominum Nostrum Iesum Christum qui est Dei sapientia, *intelligibilis, sanctus, unicum* (sic), *multiplex, subtilis, mobilis, certus* (*disertus?*) *incontaminatus, verum* (*verus?*), *suavis, amans bonum, apertum* [59], *qui nihil vetat fieri bonum, clemens, firmus, superabilis* (stabilis! ἀσφαλὲς) scim(sic, securum? ἀμέριμνον), *omnia faciens, movilior* (omnibus mobilior? πάσης κινήσεως κινητικώτερον) *sapientia*. Quod divina [60] sapientia Christus sit, testatur doctor veritatis Paulus (I Cor. I, 23) : *Nos autem praedicamus Christum crucifixum, Iudaeis scandalum, gentibus O* (*vero?*) *stultitiam; ipsis autem vocatis, Iudaeis atque gentibus, Christum Dominum* (Domini?) *virtutem et Dei sapientiam*. Quia spetiosum (sic) animal est patera quod [61] David de Christo (Ps. XLIV, 3) : *Speciosus forma prae filiis hominum*. — Et [62] quia

---

seipsum a mortuis, per rugitum evangelicae praedicationis in unitate suae dilectionis omnes sui veri Israelis dispersos congregavit, sibique in filios et cohaeredes adoptavit. — Quod varium coloribus est animal, significat sicut dictum est per Salomonem de Christo qui est sapientia Dei Patris; — sanctus, unicus, multiplex, verus, suavis, aptus (sic), clemens, firmus, stabilis, securus, omnipotens, omnia prospiciens. — Quod speciosum sit panther, vel panthera, David de Christo, mystico intellectu, concinit : Speciosus est, inquit, forma prae, etc.

[50] B. omnem (sic) humanum genus quis (sic) a diabolo captus fuerat.

[51] B. tenebantur obnoxii.

[52] B. omis.

[53] H. trahens eripuit; et captivam ducens captivitatem, dedit dona hominibus.

[54] B. Patera enim omnia capiens interpretatur.

[55] B. omis; voyez la note précédente.

[56] B. sicut.

[57] H. Deus, ut diximus, videns omne genus humanum daemonibus captum, idolisque mancipatum, omneque simul praedam diaboli factum; descendit de caelo cum nimio incarnationis suae odore, et eripuit nos; sequimurque Dominum et Agnum quoquo ierit, impleturque prophetia : Factus sum, inquit huic (sicut) panthera Ephraim, et sicut leo domui Juda. Ac per hoc significabatur jam tunc (quia Ephraim idolis serviebat) quod vocatio gentium et plebis Judaeorum debuerat per adventum Christi impleri.

[58] H. et quia panthera varium est animal, significat Christum qui est incomprehensibilis sapientia, totus simplex, bonus, clemens, firmus et stabilis, et diversa sapientia fulgens. Et etiam quia speciosum est animal panthera, etc.

[59] Ce retour fréquent du neutre ne s'expliquerait-il pas encore par le texte grec, où tous ces adjectifs auront suivi le genre de πνεῦμα?

[60] J'ai cru pouvoir transcrire ainsi un mot presque inexplicable, qui ressemblait à quodicitie (quod dicitur?).

[61] H. sic enim est Christus, velati David dicit in spiritu. Speciosus. Peut-être devait-il y avoir dans B, quomodo (ou audi quod) David.

[62] H. Item quia mansuetum est animal sicut dicit Esaias de Christo : Gaude; D. Mansuetum est animal, sicut Ysaias testatur de Domino : Gaude... Syon,... Ierusalem, quia rex... mansuetus. — Quum auter panther satiatus fuerit, statim requiescit et dormit; quia D. I. C. quum saciatus fuerit judaicis illusionibus, id est flagris, alapis, injuriis, ... , sputis, manibus in crucem suspensis, clavis confixus, felle et aceto potatus, insuper lancea latus perforatus; obdormiens requievit........ ad inferuum, illic draconem magnum ligans. — Die autem tertio surgit a somno, et emittit magnum clamorem fraglantem et spirantem aromatum odorem. Suivent plusieurs lignes merveilleusement hors de propos, sur le nom et la nature des aromates (remplissage évidemment dû à une main postérieure); après quoi : Sic et D. N. resurgens a mortuis, etc.

B.

mansuetum animal est nimis, Esaias (Is. LXII, 11; Zachar. IX, 9; Matth. XXI, 5) : *Gaude et laetare, filia Sion, predica* [63] *filia Hyerusalem* (sic) *quoniam rex tuus venit tibi mansuetus et* [64] *salvans te.* Et quia [quum] manducaverit et satiatus (sic) fuerit illud animal, statim quiescit et dormit; et [65] Dominus Iésus Christus postquam satiatus est judaicis inlusionibus [66]; id est flagellis, alapis, injuriis, contumeliis, spinis, sputamentibus [67], in cruce suspensus [68], clavis configitus [69], vero (sic. myrrha ?) et aceto potatus, insuper [70] et lancea transfigitis (sic) ; his igitur tot tantisque[a] iudaeis satiatus Christus, obdormivit [71] et requievit in sepulchro. Et [72] descendit in infernum, religavit [73] illic draconem illum [74] et inimicum nostrorum. — Quod autem tertia die exsurgit [75] a somno illum (sic) animal et mittit rugitum grande[m], et flagrat (sic) odor [76] suavitatis ex ore ejus; sic [77] et Dominus noster Iesus Christus tertia die resurgens [78] a mortuis, sicut [79]

[63] H. omis :... *quia rex.*
[64] H. omis : *mansuetus salvans.* — *Etiam quia sicut panthera quum satiata fuerit, statim,* etc.
[65] H. *ita et D. N. Iesus.*
[66] H. *illusionibus et flagellis.*
[67] H. *sputaminibus, ad ultimum in cruce.*
[68] B. *suspendentes.*
[69] H. *Affixus, felle et aceto.*
[70] H. omis :... *potatus, lancea perforatus; his, inquam, violentiis Judaeorum satiatus.*
[71] H. *Dormivit et quievit.*
[72] H. *Descendensque.*
[73] B. *religa(ns ?).*
[74] H. *magnum, generis humani maximum inimicum; antiquum videlicet serpentem.* — *Quod autem.*
[75] H. *istud animal post satietatem et somnum surgit, et rugitum magnum emittit, et fragrat.*
[76] B. *odorem.*
[77] H. *significat quod Dominus.*
[78] H. *surgens.*
[79] H. *implevit prophetiam de eo David dicentis : Excitatus est; D. sicut David sanctissimus testatur : Excitatus tanquam.*
[80] H et D. *potens*, comme la Vulgate.
[81] H. omis.
[82] D. omis.
[83] H. omis :.. *exclamavit ita ut in omnem terram exaudiretur vox ejus, et in fines orbis terrae verba ejus, dicendo : Gaudete.*

B.

dicit Psalmista (Ps. LXXVII, 65), *suscitatus est tanquam dormiens Dominus, tanquam potans* [80] *crapulatus a vino.* Et [81] statim [82] exclamavit voce [83] magna, ita ut audi[r]etur [84] : *In omnem terram exiit sonus ejus* (Ps. XVIII, 5), [*et*] *in finis* (sic) *orbis terrae verba illius dicent[is]* : *Gaudete etiam* [85] *et noli[te] timere quoniam* [86] *ego vici mundum* (Ioann. XVI, 33). Et ita [87] : *Pater sancte* [88] *quos dedisti mihi custodivi, ut* [89] *nemo ex eis perierat* (periret ?) *nisi filius perditionis* (Ioann XVII, 12), Et ita (Ioann. XX, 17) : *Vado* [90] *ad Patrem meum et ad* [91] *Patrem vestrum, et* [92] *ad Deum meum et Deum vestrum.* Et [93] : *Iterum veni* [94] *ad vos* (Ioann. XIV, 3) ; et (Ioann. XIV, 18) : *Non dimittam* [95] *vos orphanos.* Et [96] in fine [97] Evangelii (Matth. XXVIII, 20) ait [98] : *Et ego vobiscum sum* [99] *omnibus diebus usque ad consummationem seculi.* — Et sicut [100] de ore patere (*pantherae*) odore (*odor*) suavitatis egredietur (*egreditur*)[de ore Christi],

[84] J'ai mis cette ponctuation comme unique moyen qui se présentât à mon esprit pour donner un sens à cette phrase; supposant que la pensée de l'auteur était :..... en sorte que l'on a pu dire, etc. ; D est plus clair, mais rien ne garantit l'antiquité de sa leçon : *Ita ut audiretur in omnem terram sonus ejus, et in fines..... illius.* — *Et sicut de ore pantherae odor suavitatis exit, et post effusum odorem statim sequuntur eam omnes bestiae : et quae prope sunt et quae longe ; id est Judaei,* etc.
[85] H. *jam et confidite, et nolite timere ; ego.*
[86] H. omis, comme la Vulgate.
[87] H. *iterum.*
[88] H. omis.
[89] H. omis :.. *custodivi; vado ad Patrem.*
[90] B. *videat ad,* etc.
[91] H. omis, comme la Vulgate.
[92] H. omis :... *vestrum, Deum meum et Deum,* etc.
[93] H. omis.
[94] H. *veniam.*
[95] B. *demittam vos orfanus* (sic). Au lieu d'avoir puisé à deux endroits du XIVe chapitre de saint Jean, cette phrase pourrait bien ne faire que changer l'ordre du 18e verset; dans ce cas, il faudrait que le second *et* fût en italique, et que la ponctuation changeât.
[96] H. *item.*
[97] H. *finem.*
[98] H. *sic dicebat : Ecce ego.*
[99] B. omis.
[100] H. *quid suavius aut dulcius esse potest odore D. N.*

B.

ut omnes qui prope erant et qui longe, et qui aliquando bestiarum sensum habebant, id est Iudaei qui prope[101] erant per Legem, et Gentes [102] qui (sic) longe erant sine Lege, audientes vocem ejus repleti sunt; et [re]-creati suavissimo odore mandatorum ejus, sequimur [103] eum clamantes, et cum Propheta et (sic) dicentes (Ps. CXVIII, 103) : *Quam dulcia faucibus meis eloquia tua, Domine* [104] ! *Super mel ori nostro* [105]. De his odoribus mandatorum ejus et David dicit (Ps. XLIV, 3) : *Diffusa est gratia in labiis tuis, propterea benedixit te Deus in aeternum.* Et Salomon in canticis canticorum (Cant. IV, 10) dixit [106] : *Odor unguentorum tuorum super omnia aromatha* [107]. Ung[u]entum enim Christi quae alia esse possunt nisi mandata ejus ? quae [fragrant] super omnia aromata. Sicut enim praesentia [108] aromatum aspicit (sic ; ac specierum ?) reddent (sic) odorem suavitatis; sicut (sic et) verba Domini quae de ore ejus

B.

exeunt, laetificant corda his qui audiunt ea. Et sequuntur (*sequitur ?*) : *Ungentum* (sic) *effusum nomen tuum* (Cant. I, 2, 3), *propterea adolescentulae dilexeram* (dilexerunt) *te*; et : *Atraxeram te* (attraxisti me ?), *post* [te] *in odore ungentorum* (sic) *tuorum currimus.* Et paulo[109] post (Cant. I, 3) : *introduxit* [110] *me rex in cubiculum suum* [111]. Oportet ergo [112] nos quantocius, sicut et adolescentulas, idem [113] revocatas [114] in baptismo animas, post ungenta [115] mandatorum Christi currere ; et de terrenis ad caelestia transmigrare, ut nos introducat rex in palatium suum : id [116] est in Hyerusalem [117] civitatem Dei et montem omnium sanctorum ; et commeruerimus (sic, ut quum meruerimus) intrare illic (sic) dicamus (Ps. LXXXVI, 3) : *Gloriosa dicta sunt de te civitas Dei; sicut audivimus, ita* [118] *et vidimus in civitate* [119] *Domini virtutum* (Ps. XLVII, 9). Bene [120] de patera (sic) Fisiolocus dicit.

---

[1]. C. ? *Ita enim suavis est ut omnes qui prope per fidem et per opera sunt, et qui adhuc fragilitate gravati longe sunt, audiant vocem ejus. Repleti enim et recreati*, etc. Voilà un reflet bien pâle de la couleur primitive, on sent qu'une main étrangère s'est emparée du texte pour le façonner.

[104] D. *quodammodo prope erant.*

[102] D. *Gentiles qui alieni erant a lege, recipiunt fidem Ihu Xpi per evangelium. Unde et Salomon*, etc.

[103] H. *requirimus eum semper sequentes eum clamando.*

[104] B. omis.

cum propheta : *Quam dulcia.*

[105] H. *meo. Et cum sapiente in canticis.*

[106] D. omis ; H supprime toute cette phrase.

[107] D. *aromata; oleum effusum nomen tuum. Rursumque : In odore unguentorum tuorum currimus. Itemque : Adolescenulae dilexerunt te. Et rursus : Introduxit me rex in cellam vinariam, et in palacium suum.* Oportet nos quantocius sicut adolescentulas ; H, au lieu du passage des Cantiques, cité ici par B, prend celui qui ne venait qu'après quelques lignes : ... *canticorum : In odore* (sic) *unguentorum tuorum currimus. Et paulo post.* Plusieurs phrases ont disparu dans ce déplacement, et sans doute par inadvertance : car la suite fait allusion à des mots que cette suppression avait atteints.

[108] D'après le Bestiaire français en prose, je hasarde cette interprétation d'une abréviation fort confuse qui semble équivaloir à *praesens.* Cependant *fragrantia* pourrait bien être le vrai mot.

[109] B. *palito.*

[110] B. *introduxerit.*

[111] H ajoute *exultabimus et laetabimur cum eo.*

[112] H. *itaque nos quanto citius detur, sicut adolescentulas in Christo renatas animas, et per baptismum ad novitatem vitae venientes, post unguenta,* etc.

[113] D. *id est.*

[114] D. *renovatas baptismo animas.*

[115] D. *ungentum* (sic).

[116] D. *videlicet*; H. omis : ... *suum, Hierusalem civitatem Domini virtutum, et montem sanctorum omnium ; ibique exultantes dicamus : Gloriosa,* etc.

[117] D. *Iherusalem caelestem, civitatem sanctam Domini virtutum, et in montem omnium sanctorum.* Une phrase qui suit, dans D, n'est qu'une addition parasite.

[118] H. sic, comme la Vulgate.

[119] B. *civitatem.*

[120] H omet cette phrase et lui substitue un long paragraphe d'histoire naturelle et d'étymologie dont le *Physiologus* n'a que faire. Car cette édition du *Physiologus* renferme, avec d'excellentes données pour le texte primitif, une quantité de hors d'œuvre tout à fait impatientante; on a pu l'observer déjà plus d'une fois. (Cf. *supra*, p. 240, note 62).

BESTIAIRE RIMÉ.

XXIV. La beste qui ad non PANTÈRE,
En dreit romanz loue cervère [1],
Deit ben ci estre ameintéue [2].
Unques sa per [3] ne fut véue,
Ne plus dulce, ne plus sueue;
Et si est blanche [4] et ynde, et bleue,
Et jaune et verte [5], et rose et bise,
Et colorée [6] en meinte guise.
Totes bestes comunement,
Fors le dragon tant solement,
Aiment tot dis sa compainnie;
Mès cil la het tote sa vie.

Quant ceste beste est saulée,
U en montainne u en valée,
De bones viandes plosors,
Nule beste ne quiert meillors ;
En sa foisse [7] s'en entre et pose,
Desqu'al tierz jor dort et repose.
Al tierz jor, quant est relevée,
Et de sa fosse fors alée,
Dunt gette un grant mugissement [8]
C'om la poet oïr clèrement
De trestot le païs entor.
Dunt ist une si bonne odor
De sa boche, por vérité,
Qu'en l'aviron [9], sanz falseté,
N'a nule beste qui s'en rage [10]
Que demaneis [11] à li ne auge.

A li vènent totes ensemble
Pur l'odor que bone lor semble;
Et totes sivent [12] la pantère,
Mès li dragon s'en trait à rère.
Si tost come la voiz entent,
Et la dulçor de l'odor sent,
Ne la pot longement soffrir ;
Ainz l'estoet à terre flatir [13],
Et enfuir sei si el parfont,
Qu'il ne s'en poet pur tot le mond
En nule guise pois moveir ;
Iloc li convent remaneir.

En ceste beste, sanz dotance,
Ad mult bèle signefiance :
Pantère dit, qui ben entent,
Tant come *chose qui tot prent* [14];
Et signefie, sanz error,
Ihu Crist Nostre Senneor [15],
Qui, par sa grant humilité
Vesti nostre charnelité,
Et traist tot le sècle [16] à sei.
Pur nus soffri et feim et sei,
Et mort en [la ?] croiz al derein [17] ;
Cum verais Deus et soverain,
Al terz jor de mort releva,
Et tot le monde degainna [18];
Cum il mêmes ot dit devant
Quant il al monde alot [19] préchant :

---

[1] Y. cervière, et pantière ; Z. en droit romans le lison fière.
[2] Mentionnée ; ITAL. mentovare.
[3] Sa pareille (la paire).
[4] X. rouse; Z. blance. Inde désignait l'azur (indigo).
[5] Y et Z. verde; X. noire et bise.
[6] X. colorée est de mainte.
[7] X, Y, Z. fosse.
[8] Y. jemissement ; X. donc gikte un si grand mujement.
[9] Y et Z. que environ, sans fausseté ; X. que tote la veisinité ; ESP. vecindad.
[10] Rauge? ou range (qui se puisse retenir); X. se tienge, et à le ne vienge; Y. se taigne, et à lui ne touche (sic) ; Z. se tiègne, et à lui ne viegne.
[11] X. maintenant; Y et Z. demanois.
[12] X. sèvent (sièvent?); Y. sèguent (ITAL. seguire); la pantière, et arière.
[13] Appliquer, aplatir, forte pression ; d'où : *flétrir* (marquer d'un fer chaud, froisser), etc.
[14] Z. tant con cose qui tout porprent ; Y. tant com cose qui tot porprent ; V. tant cum chose cum porpent. J'ai suivi X, quise rapproche beaucoup de H dont voici les expressions (p. 426) : « Pan-
« thera enim omnis fera, quasi omne animal odore capiens, inter-
« pretatur. »
[15] Y. salveor ; X. sauveor.
[16] X. trest toz les siècles : Y. le seigle; Z. trait trestot le siècle à soi, et por nos soufri et faim et soi.
[17] Y. en darien; X. au desrain; Z. en crois, au daerain.
[18] X. gaaigna.
[19] Y. cant au monde aloit; X. il mâismes premièrement
  En dist, quant alout préchant.

Quant de terre éshalcié serrai,
Totes choses à mei trerrai [20].
Aillors redit la lettre itant,
Que *Ihu Crist* en halt montant,
Mena nostre chaitiveté;
Et as homes a dons doné.
Et un altre prophète dist
De Nostre Seignor Ihu Crist :
Jo sus [21] *en la Judas* (sic) *meison*
La seignorie et le lion;
En la meson Effrem, pantère.
Issi [22] est en meinte manère
Nostre Salvéor [23] figuré;
Pur ceo est pantère apelé
De meinte guise colorée :
Car il ad à sei apelée
Gent paène [24] et gent judaïsme
Que [25] creient une lei méisme.
Salemon dit en sa sentence
Que Crist est de Deu sapience,
Un esperit multipliable [26],
Sotil, moveant [27], *et entendable,*
Certeins, verreis [28] *sur tote ren,*
Suef et nés [29], *et amant ben;*
Plen [30] *de pité et amiable*
Et séur [31] *et ferm, et estable;*
Que nul ben ne destorbe [32] *à faire*
Dulz et léals, et débonaire;
Qui tot esgarde et tot [33] *vait,*
Et par qui [34] *tot le mond estait.*

Seint Pol nus dit en altre liu [35] :
Crist est la sapience Deu.
Sur la Pantère qui est bèle,
Redist Davi altre novèle
Quant de la belté Crist parla
El vers *Speciosus forma* (Ps. XLIV, 3).
De la beste qui suef ert
Ravom l'ensample tot apert,
Sor Deu fert la suavité [36].
Ysaias, por vérité,
Dist la prophétie pur quei [37] :
Fille Sion, esjoïs tei,
Ton roi vendra suef et dulz,
Qui n'est mie felz ne estolz (sic).
La beste, quant èst replénie,
Et pois repose, signefie
Ihu Crist Nostre Salvéor
Qui à Judas le baiséor [38]
Se lessa et livrer et vendre;
Et as Gieus lier et prendre,
Batre, bander et escopir,
Et tormenter et escharnir (Cf. not. 39).
Quant il fu saul des laidures [39],
Et des tormenz et des batures,
En la seinte croiz s'endormi ;
Pois demora desqu'al terz di
El cher sépulcre glorios [40]
Dunt ala briser a estrois [41]
Enfern, et lia le dragon,
Qui teneit sa gent en prison;

---

[20] Y et Z. trairai.
[21] X et Y. je suis; Z. je sui signerie et (el ?) lion ens en enfer, en la meison là où sires est li pantère. Voilà, sans contredit, un texte bien moins traduit qu'estropié avec une sorte d'art. V, au troisième vers, se trompait sans tant de confusion quand il écrivait : *Et la meson enfern* (X, *en la maison enfer*); mais X rétablit le vrai sens, et m'a servi de guide.
[22] Z. ensi.
[23] V. seignor; X. sires Diex; Z. sire Dix.
[24] X et Z. palène; Y. païenne; Z. juisme.
[25] X et Z. qui; X. et; Y et Z. croient une loi.
[26] X. mouteplable.
[27] Z. mouvant. Ce vers et les trois suivants manquent dans X.
[28] Y. verais; Z. et vrais.
[29] Pur, net.
[30] Y et Z. plains de pité.

[31] Y. séur et fer (sic), et bien estable; Z. séur en infer, et estable.
[32] X. destorne.
[33] Z. tout.., et qui tont; Y et Z. voit et estoit. Ce vers et les quarante-sept suivants manquent dans X.
[34] Y et Z. cui.
[35] Y. leu; Z. lia, et Crist est sapience de Diu.
[36] Z. Por Dieu suir la, etc. Si cette variante ne devait pas être adoptée, je verrais à peine ce que voulait dire le trouvère; à moins que ce vers ne fût une allusion au *propterea benedixit te Deus*, etc., qui suit la phrase *speciosus forma*, etc., dans le psaume XLIV.
[37] Y. por coi.
[38] Y. boiseor. Ce vers et les quinze suivants sont omis dans Z.
[39] ITAL. laidura (laidezza); et *scherno*, anologue d'escharnir.
[40] Y. glorios, et estros.
[41] Avec fracas ; allusion, sans doute, à la manière dont la descente de N.-S. aux limbes était représentée durant tout le moyen âge.

Et quant il fu de mort resors,
Tant issirent bones odors
De sa parole et de son non,
Et tant en ala loin li son ;
Tant s'espandi sa bone odor
Qu'en tot le mond n'en fu meillor.
L'odor del résuscitement
Odora si très dulcement
Que tot li mond en fu gari,
Qui devant ceo esteit péri.
L'odor de l'incarnacion,
De sa mort, de sa passion,
Si le resordement ne fust,
Ja nul mester ne nus estut [42] ;
Tot fu el resuscitement
Acompli nostre salvement.
Dunt dist Nostre Seignor Ihu
Qu'il aveit le monde vencu,
Et que grant joie en feïsom ;
Et dist si come nus lisom :
Beal Père, jo ai ben gardé
Ceo que tu m'aveies livré ;
Si que unques un n'en perdi
Fors celui qui par dreit péri.
Et ceo dist-il, n'en dotez pas,
Pur le maléuré Judas ;
A ses disciples s'aparut,
Et à Thomas, qui ceo mescrut,
Mustra les lius, ceo dist la lettre,
Et li fist uncor [43] son dei mettre
U les clous [44] aveient esté ;
Et pois dit quant furent osté [45]
Trestoz ensemble li apostre :
Jo vois [46] à mon Père et al vostre ;
Et quant à lui venu serrai,

L'Esperit vus envoirrai [47]
Qui vus enseignera trestot.
Que vus devrez fère de bot [48].
Icestes parole lor dist,
Ben avenra ceo qu'il promist.
   Seignors, pur Deu le verrai rei,
Car pensom et prenom conrei
Coment et en quèle manère
Sièverom le verrai pantère ;
Pur Deu, et por la verrai croiz,
Oïom sa parole et sa voiz.
Car de sa boche ist une odor,
Onques hom ne senti meillor ;
Plus sunt dols ses comandemens
Qu'aromates [49] ne oinnemens.
Se ces comandemens fesoms (sic),
Riches en sera le guerdons :
Deus nus merra en son palès,
En sa bèle cité de pez ;
En Jerusalem la céleste,
El halt mont ù tant feit bel estre,
U nul ne sera jamès tristre,
Dunt porrom dire od le psalmistre :
Cité de Deu, glorieus dis
Sont de tei contez et escriz ;
Issi cum nus oï l'avom,
En tel manère le verrom [50],
En tel guise l'avom véu
En la cité le rei Ihu [51].
   Seignors entendez son sermon,
Ne sembléz mie le DRAGON
Qui ne poet la dolcor soffrir
Ne la parole Deu oïr.
C'est li malveis home, pur veir,
Qui ne poet mie remaneir

---

[42] Y et Z. eust. Mestieri, en italien, a parfois le sens d'utilité.
[43] Y. au fort.
[44] Z. où li claus avoient.
[45] Réunis dans un même logis ? Z. puis dit, quant furent ostelé.
[46] Z. je vois à mon Père.
[47] Z. envoierai.
[48] Cette expression indiquait souvent promptitude et fermeté.
[49] Y et Z, que romates ; X, que n'est miel, ne nul oignement.
[50] X. veon, et avon. Ni l'un ni l'autre ne suit le vidimus du psaume.
[51] V et Y. de vertu ; Z comble cette fois la mesure de ses améliorations, quand il fait de ce vers ce que voici :

En la chité le roi Artu !

Vraiment

« On ne s'attendait guère
« A voir Arthur en cette affaire. »

En place ù l'en espant l'odor	En Ethiope le régné [55].
De la parole al Salveor.	Boche ad petite, et grant le cors,
En muster u en cimitère [52]	En l'air reluit come fin ors :
U il oie bon sermon dire,	Longe ad cue [56], et creste grant.
Ne poet arester ne atendre ;	Grant ennui fait a l'olifant :
Ainz dit que aillors va entendre.	Car od sa cue le débat
La bone odor est fais et some	Par les jambes, si qu'il l'abat.
Al dragon et al malveis home [53].	Ne porte pas venin de mort,
Mès dreiz est que nus vus diom	Mès durement est grant et fort :
De la faiture del dragon.	Et od sa cue discipline [57]
De totes les bestes rampanz	Tot ceo qu'il ad en sa seisine.
Est li dragons tot li plus granz.	Ne fait mie grant nuisement
Le dreit dragon si est trové [54]	Fors od sa cue solement.

[52] Z. *mostier, u en cimentire*. Notez le sermon entendu dans le cimetière.

[53] X ajoute deux vers pour lesquels ce n'était pas la peine de se mettre en dépense de rimes :
Del sarmou , ce vos di je bien,
Si lor semble estront de chien.

[54] Ce vers et le suivant sont remplacés dans X par ceux-ci :
Et en grant chalor engendrez ,
En Ethiope sunt il nez.

[55] Mot formé à la manière de l'espagnol *reinado*.

[56] Z. *longhe a la heue*; X et Y. *longue a la coue*; X. *ungles granz et olifanz*; Y. *teste gran, et oriflan*.

[57] X. *et oue sa coue asouplie*
Toz ceus qui sont en sa baillie; Y. *et ou sa coue déceplive*
Tot ce qu'il a, etc., Z. *et de sn koue desséplive*,
Tous ciax qu'il a, etc.

OBSERVATIONS.

Cette singulière propriété de la panthère, d'attirer à elle les autres animaux par l'odeur qu'elle exhale, pourrait nous faire remonter bien haut le cours des temps s'il s'agissait d'en découvrir l'origine. Le fait est qu'Aristote lui-même a joint le poids de son autorité aux récits qui couraient sur ce sujet; et quand ce grand observateur s'égare, on peut bien s'attendre à voir les compilateurs fourvoyés au moins autant que lui. Aussi Bochart aurait-il pu grossir encore la liste des témoignages réunis dans l'*Hierozoicon* (P. I, libr. III, cap. 7 et 8; p. 790, 802, 803). Cf. Plin. VIII, 23 ; al. 17; et XXI, 18 (al. 7). — Antigon., *Hist. mirab.*, 31 (al. 37); ed. Westermann, p. 70. — Etc. Mais l'antiquité ne parle pas, que je sache, de l'antipathie qu'éprouve le dragon pour ce parfum ; et chose qui gâte un peu les beaux détails qu'on nous donne sur la panthère, c'est qu'elle se servait, dit-on, de cet appât pour faire sa proie des animaux les plus inoffensifs. Quoi qu'il en soit, les anciens avaient déjà tenté de mettre leur récit à l'abri de nos observations, en faisant remarquer que cette exhalaison si suave ne pouvait être perçue que par les bêtes. A défaut de plus grands éclaircissements, on m'excusera peut-être de mentionner un aperçu philologique de J.-C. de Pauw; cet helléniste, se prévalant de la forme πόρδαλις (au lieu de πάρδαλις) soupçonne que le parfum répandu par la panthère ne devait point s'échapper de la bouche, mais *de la partie opposée* (Cf. Phile, *De animal. proprietate*, Utrecht, 1370; p. 146, sq.). Autre manière de rebuter les observateurs.

50 (Fig. B B.)

UNS OISEAUS QUE ON NOME PERTRIS[1].

Uns oiseax qui est apelés pertris; si est moult triceresse[2], si con dist Jérémies li prophètes[3] : *La pertris cria* (éleva) *et asembla ce qu'èle n'enfanta mie.* Phisiologes dist que la pertris est moult sage, et est de tel nature qu'èle prent les oes estranges[4] ; ce sont les oes des autres perdris (*sic*). Et norist[5] ainsi, et n'a point de fruit par sa boisdie[6] ; car quant èle amaine les estranges pocins, èle les pert. Car si tost com il oent la vois de lor mère qui les ponst[7], erraument s'en revolent à lui, et repairent à lor natures pères[8]. Et dont travaille en vain d'estranges pochins[9], et remaint seule et vaine.

Ceste example sieut[10] li diables qui les générations del soverain Criator s'esforce tos jors de ravir. Quant diables puet trover les nonsachans[11] et cels qui vigor ne sens, ne[12] n'ont. Il les norist des corporels[13] viandes, c'est de tos mals vices qui à l'âme puet nuire et gréver. Et li petit pochin, ce sont cil qui sont sans tricerie; quant il oent la parole de Deu, il prennent par la force de foi[14] esperitels, et volent à lor père[15] — c'est à Deu. Et commandent[16] soi à lui et donent, si comme li pochin à lor natures pères[17]. Ensi faitement[18] reçoit Dex por s'amor, cels qui sos l'ombre des èles[19] sont nori; c'est sos[20] sainte Iglise, à qui il les done à voir[21].

---

[1] S. *perdris*, ANGL. partridge.
[2] R. *trécheresse, sicom...* S. *tricheresse, sicomme.*
[3] Jerem. XVII, 11.
[4] S. *les estranges œfs.*
[5] R. *pertris, et norrit. Ainsi n'a point,* etc,
[6] Ruse, mauvais procédé; ailleurs (t. II, p. 129, note 12) nous avons vu *voisdie* ; S. *par sa tricherie.*
[7] R. *ponst;* S. *pous;* qui les a pondus; LAT. posuit.
[8] R. *naturel mére* (S. *pére*).
[9] R. *poucins;* FRANÇ. poussin, ITAL. pulcino.
[10] R... *essample ensièvent li diable* (S. *ensuivent li diable*).
[11] Les inconsidérés; LAT. insipiens (non sapiens). — S. *nonchalans;* erreur du copiste, peut-être.
[12] R. *vigor et sens n'ont;* S. *sens ne povoir n'ont.*
[13] R. *corporeus délites. Et li petit poucin, ce sont cil qui sont sans tricherie.*
[14] R n'éclaircit point cette phrase, mais S dit très-bien *espéritex èles.*
[15] S. *lor droit père, ce est à Dieu.*
[16] Confient, recommandent ; LAT. commendare.
[17] R. *naturel mère* (S. *père*). Cf. *supra*, not. 8.
[18] Expression qui rappelle notre *si fait!* seul conservé aujourd'hui.
[19] R et S. *de ses èles.*
[20] R. *sous;* S. *dessous.*
[21] R et S. *norrir.*

BESTIAIRE LATIN.

A. B.

XXV. DE PERDICAE [1].

(Point de perdrix dans C.)

Item [2] est animal quod dicitur perdix, fraudulentum [3] nimis, sicut sanctus [4] Hieremias propheta dicit de eo (Ierem. XVII, 11) : *Clamavit perdix et congregavit* [5] *quae non peperit, faciens* [6] *sibi divitias non cum judicio; in dimidio* [7] *autem* [8] *dierum ejus* [9] *relinquent eam* [10] *et in novissimis suis erit stultus.* Physiologus [11] satis astutam esse dixit perdicem; quia aliena ova [12] diripit, hoc est perdicis [13] alterius, et [14] corpore fovet suo [15], sed fraudis suae fructum [16] habere non potest [17] quia quum ederit [18] pullos alienos, amittit eos; quoniam ubi vocem suae [19] matris audierint quae ova generavit [20], statim evolant et conferunt se ad suos parentes naturales, quodam [21] munere atque amore, derelicto illo qui [22] in casu (*incassum?*) in alienos pullos suos infudit labores, et [*in P*] fraudis suae [23] precium (*sic*) multatur [24] et remanet [25] solus inanis.

Hujus [26] stultissimi imitator est diabolus, qui generationes Creatoris [27] aeterni rapere contendit; et si [28] quos insipientes et sensu [29] proprii vigoris carentes, quocumque modo [30] potuerit congregare, forens (*fovet?*) eos inlecebris [31] et corporalibus voluptatibus. Sed [32] ubi vox Christi a parvulis fuerit audita, sumentes [33] sibi alas spiritales per fidem, evolant et se Christo commendant; qui statim eos potissimum [34] paterno quodam munere et amore sub umbra alarum suarum ipse suscipit [35], et matri dat Ecclesiae nutriendos.

Sed mox ut vocem praedicantis audierunt, redierunt ad proprios parentes, ad Xpum et Ecclesiam; ibique aeterno amore complexi, diabolo stulto et inani ab hac praeda relicta, (relicto ?) *foventur.*

---

[1] B. dans la table , *perdice* ; A. point de titre. Cet article manque dans M, et est complétement remanié dans H (p. 414).

[2] B. omis ; D. *est item volatile quod.*

[3] B. *fraudulentum.*

[4] B. *dicit sanctus Hyeronimus* (sic) *de ea* ; D. *et Spiritus Sanctus per Hieremiam prophetam dixit : Clamabit.*

[5] D. *congregabit ea quae.*

[6] D. *faciet.*

[7] D. *medio autem dierum derelinquent eum* (sic) ; B. et H. *medio.*

[8] H. *enim.*

[9] H. *suorum.*

[10] B. *relinquens ea* ; H. *derelinquet eas*, comme la Vulgate.

[11] D. *Phisiologus dicit satis astutam esse perdicem , quae aliena... diripiat* ; B. *Fisiolocus dicit satis statutam* (sic) *esse... (*comme D)*... diripias* (sic).

[12] A. omis.

[13] B. *perdices.*

[14] D. *quae corpore fovit* (sic) *proprio. Sed quum ad lumen perducuntur pulli, audiuntque vocem matris, recedunt ab ea* [a ?] *qua foti sunt, et veniunt ad proprios parentes, amore scilicet quodam instincti; illa vero perdice a qua foti sunt nichilominus inani et stulti* (sic) *remanente.*

Sic et diabolus nimis fraudulentus , dum Creatori omnium creaturarum ad imaginem suam formatam (sic) *rapere conatus est, eosque aliquo modo rapiens qui sensu carebant spirituali, fovit eos in diversis divitiis* (deliciis?).

[15] B. omis... *fovet ; sed.*

[16] B. *fructus.*

[17] B. *posse.*

[18] B, *duxerit.* Je proposerais pour A, *eduxerit* (ou *ediderit*).

[19] B. *matris suae.*

[20] B. *generaverit.*

[21] H. *naturali quodam instinctu*; B. *quo autem numerum.* Le texte grec se servait probablement de δώρῳ (don de la nature, propriété naturelle), et le latin devrait probablement avoir *naturali quodam munere.*

[22] B. *quem incausum* (sic) *alienis pullus* (sic) *infundit, etc.*

[23] B. *sui.*

[24] B. *multarum.*

[25] B. *remanit.*

[26] B. *et stultus cujus imitator est.*

[27] B. *creationis aeternae.*

[28] A. omis.

[29] B. *sensum proprio vigore.*

[30] B. *quo modo potuerat.*

[31] A. *in tenebris corporalibus, sed*, etc.

[32] B. *et ubi vero* (verba ?) *Christi a parvolis.*

[33] B. *sumentis.*

[34] B. *potissimo.*

[35] B. *suscepit.*

BESTIAIRE RIMÉ.

XXVI. Plest mei[1] que dès hormès[2] vus die
D'un oisel ù mult ad voisdie[3],
C'est la PERDRIZ[4] que nus véom,
Que nus si volonters mangom[5].
Si n'est pas necte[6] ne porquant,
Anceis est orde et méfesant[7].
Si i ad un mult malveis point :
Que le madle al madle se joint,
Tant est ardante lur[8] luxure
Qu'il oblient dreite nature.

La perdriz est mult traiteresce :
Car, à guise de laronesce[9],
Emble et cove[10] les altrui oes ;
Mès li pocin ne li unt[11] oes
Por le larecin qu'èle fet,
Ore entendez coment ceo vait.
Quant les altrui oes ad covés
Et les pocinès ad levez,
En tant cum il volent[12] et vont,
Et que apercéus se sont
Quant il oent[13] crier lor mère
Od sa voiz qui n'est mie clère,
De cèle part aler s'angoissent ;
Car par nature la conoissent,
Et ben entendent par le cri.
Cèle lessent[14] qui les nori ;
A lor dreite mère s'en vènent,
Et tot adès à lui[15] se tènent.
La false mère remeint sole ;
Por son tripot[16] et por sa bole

Pert la meitié de son éage[17].
Si ne se tent mie pur sage
De la peine que èle ad mise
Longement en altri[18] servise ;
Car dunt veit que tot son travail
Ne li ad pas valu un all[19].
Seignors, çi a[20] ensample bèle
Qui tot li[21] quers[22] me renovèle.
Altresi come la perdriz
Qu'altrui enfanz[23] ad noriz,
Et pois al daerein le pert ;
Avent il trestot en apert
Al dé[a]ble, et ben est resou,
Quant il la génération
De Deu nostre soverein père
Emble ; et norit, come fel[24] lière,
En malveistés, en lécheries[25],
En luxure et en béveries,
Si en quide fère ses fils.
Quant longement les ad noriz,
Et il oient la voiz lor père
En l'église lor dreite mère ;
Dunt sèvent que trahiz les a
Qui à lor père les embla.
Mais pois que sa parole entendent,
A lui vènent, à lui se rendent ;
Et il[26] les resceit é norrist,
Soz ses èles les garantist.
Seignors, por fei, ce n'est pas dote,
Jà n'ert en si malveise rote

---

[1] Y et Z. plait moi.
[2] Y. huimais ; X. de ymès ; Z. des humais.
[3] X. boidie ; Z. boisdie ; ITAL. bugia ?
[4] Y. pardris.
[5] X. menjon, et véon ; Y. menjons, et véons.
[6] X, Y, Z. nète.
[7] X. mesfisant ; Y. méfaisant.
[8] Y. lor ; X. tont sunt ardant de grant luxure.
[9] X. laronesse ; Y. larenesse.
[10] Z. keuve les untres œus ; Y. autruis œs.
[11] Z. sont ; Y. ont ; X. mès œst preu ne li vient à œs (utilité).
[12] X. quant oient, et vèlent, et vont.
[13] X et Y. oient.
[14] Y. laissent.

[15] X. à le ; Y et Z. à li.
[16] X. barat. Ce mot, aussi bien que l'autre, indique des manœuvres déloyales ; ITAL. baratto.
[17] Y. la moitié ; Z. la merci ; X. la meitié de son aage (de son temps).
[18] X. autri ; Y et Z. autrui.
[19] X. all, et traeal.
[20] V. de ceste.
[21] V. trestoz li quers.
[22] Y et Z. cuers ; X. le cuer.
[23] X. qui a autrui effanz ; Y. qui autrui ; Z. ki autrui.
[24] Y. coment fax lierre.
[25] Cf. infra, p. 252, note 22.
[26] Z. cil les reçoit.

Nul pecheor dolent chaitif,
Si tost [27] cum il est seins et vif,
Se volt retraire et repentir,
Qu'il ne poisse à Deu revenir.
Seinte Église le recevra,
Soz ses èles le défendra,
Quant à lui vendra à garant;

Et li angle [28] sunt plus joiant
D'un pécheor qui merci crie
Et se repent de sa folie
(Si com tesmoigne li escriz),
Que de nonante noef [29] esliz
Que n'ont mester [30] de pénitance,
Ceo dit la lettre sans dotance.

[27] X. *se tant* ; tant qu'il est en vie et santé.
[28] X. *angres.*

[29] Z. *nonante boins eslis* ; X. *nonante juste* ; Y. *sovante naif.*
[30] X et Z. *mestier* ; Y. *métier* ; ITAL. *non fa mestiere.*

OBSERVATIONS.

La perdrix ne jouissait pas d'une bonne réputation chez les anciens (Cf. Horapoll. II, 95 ; et Leemans, *in h. l.*, p. 380), et le larcin eût été son moindre défaut à leurs yeux ; aussi n'est-ce pas celui que les auteurs grecs et latins lui reprochent le plus. Cependant c'est surtout comme voleuse qu'elle est citée par les auteurs ecclésiastiques dès les premiers siècles du christianisme ; et cette imputation paraît avoir sa source dans les livres rabbiniques, où il semble qu'elle soit née du désir d'expliquer un texte assez obscur de Jérémie (Cf. Bochart, P. II, lib. I, cap. 12 ; p. 80, sqq. — Tychsen, *l. cit.*, 123, sqq., et 179). Mais comme cet oiseau détruit plutôt les couvées d'autrui qu'il ne les dérobe, la première origine de ce conte pourrait bien n'être que le renversement, pour ainsi dire, d'un récit véritable. On sait que les œufs de perdrix sauvages couvées par des poules réussissent sans grande difficulté, mais que les perdreaux ainsi éclos ne reconnaissent pas si bien la voix de leur nourrice qu'ils auraient fait celle de leur véritable mère. J'imagine que dans une exposition maladroite ou mal comprise de ce fait, on aura transformé le poussin en couveuse, et le reste à l'avenant. A celui que cette supposition ne satisferait pas entièrement, et qui pourtant n'aurait pas pris le parti de condamner absolument les commentateurs comme ayant fait de l'histoire naturelle *a priori*, indiquons un dernier refuge qui leur reste. La perdrix captive a été employée depuis longtemps à tendre des piéges aux mâles ; cette prisonnière, dont le chasseur se sert comme d'un appeau naturel (*chanterelle*), fait accourir ainsi ses congénères, mais pour son maître et non pour elle-même. Telle est la dernière excuse que je réussirais à alléguer pour les Orientaux qui nous ont transmis la fable de la perdrix voleuse ; si l'on trouve que cette double apologie est sans valeur, je les abandonne définitivement à leur malheureux sort.

51 (Fig. B C).

UNE BESTE QUI EST APELÉE LACOVIE[1].

Une beste est qui est apelée lacovie[2], moult est grans[3] et est en semblance de balaine. Et a sor

---

[1] R. *la coine*, mais ce pourrait bien n'être qu'une mauvaise variante. En adoptant *lacovie*, s'il s'agissait d'expliquer comment ce mot a pu désigner une baleine, je hasarderais d'y voir une altération du mot *maclovia* (bête de S. Malo, ou Maclou). Il se peut que ce nom ait été donné à l'énorme cétacé en mémoire de la légende qui racontait que saint Malo avait célébré la messe sur le dos d'une baleine.

[2] R. *la coines, et la terre la coigne* (sic). *Moult est grans, et a sor son cuir sablon*, etc.

[3] S. *si est moult grant, et a sur lui sablon autre tel...*

son dos sablon tot altre tel come celui sor le rivage de la mer. Ceste beste lieve[1] sor son dos les ondes[2] de la mer amont; si que la gent qui les nès mainent, croient[3] que ce soit ille[4] qui soit plaine de sablon. Lors arivent iluec et descendent sor la beste, et fichent lor pieus[5] et lient lor nès entor. Après, font grant fu[6] et quisent lor viande sor le sablon altresi come se ce fust sor terre. Et la beste est de tel nature que quant èle sent la chalor, èle se plonge[7] el parfont de la mer; et trait les nès après lui, et ensi sont péries[8].

Tot altresi sont livré[9] à mort cil qui sont mescréant, et qui ne reconnoissent les giens[10] del diable. Et cil qui mètent lor espérance en lui, il salent[11] en ses oevres si come cil firent qui lièrent lor nés sor à la beste; et sont plongié el pardurable fu d'infer.

La seconde manière[12] de cèle beste est tels : quant èle a faim, elle bée[13] la gole[14], et rent une odor moult soef olant[15]. Si tost comme li menu poisson sentent cèle odor, il s'ausenblent[16] en sa goule; et quant èle est bien emplie de ces menus poissons, èle clot sa bouche[17] et les engloutist tos.

Altresi sont cil qui sont de povre foi, que par lor délit de lor ordes[18] lèceries[19] sont englouti del deable, si comme li menu poisson sont de lacovie. Li greignor[20] poisson s'eschivent de lui et ne le voelent aprochier ; altresi cil qui ont Deu en lor pensée sont grant envers lui, et si sont parfait. Il conoissent ben les agais[21] del diable, et se gaitent[22] de li aprochier. Li doutous[23] homes et li povre de foi[24] et li luxurious, en dementiers[25] qu'il vont après les délis del diable[26], il sont déchu[27]; sicomme l'Escripture dist[28] : *Cil qui se délite ès odors[29] séculers qui vaines sont, il maine s'âme en enfer*[30].

---

[1] R. *beste est liie* (léée?) *et estlieve*, etc.
[2] Malgré l'accord du deux mss., il faut évidemment suivre S. qui écrit *lièvre son dos sur les ondes*.
[3] S. *cuident*.
[4] R et S. *isle*.
[5] R. *peus* (S. *pex*), *et loient lor nés* (nefs), etc.
[6] R et S. *feu, et cuisent*, etc.
[7] R. *plunge ou parfont*.
[8] S. *perilléez*. Ainsi sont mené...
[9] R et S. *mené*.
[10] R. *l'engien du deable ;* S. *les engins au diable*.
[11] R... *en li, et saillent ;* S. *et se lient en ces œuvres*.
[12] R et S. *nature*.
[13] S. *bée*, ouvre. On a vu plus haut (t. ii, p. 207, not. 10) *goule baée*, et nous disons encore *gueule béante*.
[14] R. *goule ;* S. *gueule*,
[15] R. *oillant ;* LAT. olet, ESP. uele; S. *flérant*.
[16] S. *s'asemblent en sa gueule*.
[17] R. *goule*.

[18] R. *par les délis et par les odors* (S. *odours*) *des lècheries*.
[19] Ce mot, où l'on a cru reconnaître une trace du latin *luxuria*, avait pris une signification beaucoup plus étendue que celui de *luxure*. Il désignait les divers plaisirs des sens, et particulièrement ceux de la gourmandise.
[20] S. *les plus grans*.
[21] S. *engins au diable*.
[22] R et S. *se gardent*.
[23] R. *douteus ;* S. *doutex* (sans énergie).
[24] Les *luxurious*, omis ici dans R, reparaissent à la ligne suivante avec plus d'à-propos.
[25] S. *Dementières*.
[26] R. *déliz du deable ès luxures, il sont déceu*.
[27] S. *déceu.*
[28] Prov. XXVII, 9; mais il s'agit des LXX.
[29] S. *délis séculers*.
[30] S. *il mainent lor armes en perdurable trebuchement*.

BESTIAIRE LATIN.

B.

XXIV. DE ASPEDOCALONE [1].

Est belua [2] in mari, quae dicitur aspido [3] testudo. Caetus [4] autem est magnus, habens super corium suum tanquam [5] sabulones [6] sicut [7] juxta littore (*sic*) maris. Hic [8] in medio pelago elevat dorsum suum [9] super undas maris sursum [10], ita ut a [11] navigantibus nautis [12] non aliud credatur esse quam insula; praecipue quum viderint totum locum illum, sicut in omnibus [13] littoribus maris, sabulonibus [14] esse repletum. Putantes autem [15] insulam esse, applicant [16] navem suam juxta [17] eam; et descendentes [18], figunt palos [19] et alligant [20] navem. Deinde, ut coquant sibi cibos [21] post laborem, faciunt sibi focum [22] super arenam quasi su-

---

[1] B, dans la table, *aspido*. *Calone* (sic). A et D n'ont rien sur ce sujet, mais H (p. 433) et M (p. 590) y suppléeront en quelque chose.

[2] B. *bellua in mare*; M. *aspis chelone bellua est inmanis*, *quae a latinis aspis testudo nominari potest*. *Hujus naturam Physiologus disseruit*, *si tamen ita credendum est*: *Aspis*, *inquit*, *chelone cetus marinus est magnus*, *habens super corium*.

[3] H. *graece aspido chelone*, *latine autem aspido testudo*; B. *aspido testugo* (testudo).

[4] B. *caecus ergo est magna*.

[5] H et B. *tanquam*.

[6] B *sabolones*; M. (première main), *sablones*; H. *sabuli seu arenae aggerem*, *juxta maris litus frequenter victitans*. Le compilateur aura trouvé plus court de commenter l'auteur primitif, que de le comprendre.

[7] M. *qui sunt juxta litora*, etc.

[8] H. *haec in medio maris*.

[9] B. *onis*.

[10] M. *omis*.

[11] H et B. *omis*.

[12] B. *omis*.

[13] M. *omni litore*.

[14] H. *sabulo esse obtectum*.

[15] M. *ergo*.

[16] B. *adplicantes*.

[17] B. *justa eam esse*.

[18] B. *discendentes*.

[19] H. *illic palos*.

[20] B. *adligant*.

[21] M. *cibum*.

[22] H. *focos et ignes super*.

C.

XV. DE CETO MAGNO ASPIDOHELUNES.

Est caetus (*sic*) in mare, aspido helune; duas naturas habet. Prima haec est: Si [48] esurierit, aperit os suum, et maximus odor exiit (*sic*) de os (*sic*) suum; et suavis ita ut in ora piscis (*minores pisces?*) jungantur [49] et sequantur ejus suavitatem, et congantur (*condantur?*) omnes in ore ipsius. Et cum impletus (*sic*) fuerit os ejus, claudet (*sic*) omnes pisces et gluttit eos. Magna (*sic*) autem pisces et perfecti non adpropinquant ad ore (*sic*) ipsius.

DE NATURA SECUNDA PISCIS.

Quia talis tot exhibeat ei in modico insule (*sic*). Navigantes autem suspicantur insulam esse; et post flagitium tempestatis ligant naves suas ad eam. Et dum accenderint ignem super eam ad coquendum aut calefaciendum, et si (*ista?*) sentiens ignem demergit se in profundum et trahit post se omnes naves ligatas.

Huic animal (*sic*) similabitur mulieres fornicariae; de qua (*sic*) dicit Salomon (Prov. v, 3-5): *Mel enim stillat de labiis meretricis*, *quae proscurio* [50] *unguet* (sic) *tuas fances*; *postea autem umarius* (sic) *felle invenitur*, *et cautior* (acutior!) *magis quam gladius bis acutus*, *qui* (sic) *demergit in tenebris* (sic) *peccatorem*. Perfecti autem et cauti non adpropinquant ei: qualis erat Ioseph apud mulierem aegyptiam, qualis erat Helias Zezabel (*sic*) arguens, qualis erat Susanna in medio seniorum. Bene ergo simulata (*similata*) est mulier huic pisce (*sic*).

---

[48] On voit que l'ordre des *natures* (propriétés) est renversé dans ce ms.

[49] Il s'agissait probablement de rendre le verbe συνιέναι (*jungi*, *congregari*, *concurrere*).

[50] Voici un indice bien marqué de l'origine grecque du Bestiaire. Le traducteur a dû prendre le πρὸς καιρὸν de l'original (ἢ πρὸς καιρὸν λιπαίνει σὸν φάρυγγα) pour une espèce de liqueur dont il ne connaissait pas le nom latin; et, en conséquence, il l'a transporté tout d'une pièce dans sa version.

B.

per terram. Illa vero belua [25] quum [24] senserit ardorem ignis, subito mergit se in [25] aqua [26] et navem secum trahit in profundum maris [27].

Sic patiuntur omnes qui increduli sunt, et quicumque ignorant diaboli [28] astutias ; spem suam ponentes in eum, et operibus ejus se obligantes, simul cum [29] illo merguntur in gehennam ignis ardentis [30].

Item [31] astutia ejusdem beluae haec est : Quando esurit [32] aperit os suum et quasi quendam odorem [33] bene [34] olentem exhalat [35] de ore suo; cujus [36] mox odorem [37] ut senserint minores pisces, congregant se [38] intra os ipsius. Quum autem repletum fuerit os ejus diversis piscibus pusillis, subito [39] claudit os suum, et transglutit [40] eos.

B.

Sic patiuntur omnes qui sunt modicae fidei ; voluptatibus [41] enim ac lenociniis quasi quibusdam odoribus diabolicis inescati, subito absorbentur ab eo sicut pisciculi minuti. Majores enim se continent ab illo, neque appropiant ei. Sic etiam qui Christum semper in sua mente habent, magni sunt apud Deum [43] : et quum sunt perfecti, agnoscunt multiformes astutias diaboli et custodiunt se ab eo ; et magis resistunt illi [45], et fugit ab eis. Dubii autem et modicae fidei homines, dum vadunt post voluntates et luxorias [44], a diabolo decipiuntur ; dicente Scriptura (Prov. xxvii, 9) : *Unguentis* [45] *et variis odoribus delectatur* [46], *confrangitur* [47] [autem] *a ruinis anima.*

[23] H. omis.
[24] H. ut.
[25] M. sub.
[26] H. aquam.
[27] B. omis.
[28] H. astutias diaboli, qui spem.
[29] H. merguntur cum illo in.
[30] B. ardentes.
[31] H. Ita est astutia ejus. Secunda hujus belluae natura est haec ; quando ; B. ita astucias ejus, secunda, belua, haec. est (sic).
[32] M. esurierit.
[33] B. omis.
[34] H. suave.
[35] B. exalat ex ore.
[36] H. quem mox ut senserint.
[37] M. ut odorem senserint.
[38] B. omis.
[39] B. subdito.

[40] H et M. transgluttit.
[41] B. omis :... fidei, lenocineis (sic) quasi quibusdam odoribus diabolicis ad scati (sic). Minores enim (maiores autem) cavent se ab illo, et neque aspitiunt ei (sic). Sic ergo qui Christum. J'ai rejeté en note le texte B, parce qu'il me paraît tronqué en cet endroit.
[42] H. eum ; et si sunt.
[43] H. omis :... resistunt ; ille vero fugit.
[44] H. luxurias diaboli, decipiuntur.
[45] B. ungentes vanis (unguentis, vinis) et odoribus.
[46] H. delectantur. L'éditeur, qui en souligne bien d'autres, n'a pas souligné ce qui suit : n'y reconnaissant pas, sans doute, le livre des Proverbes. Mais, quoi qu'il en soit de l'application plus ou moins opportune qu'en fait l'auteur du Bestiaire, c'est la version (plus ou moins exacte) des LXX : Μύροις καὶ οἴνοις, καὶ θυμιάμασι τέρπεται καρδία, καταρρήγνυται δὲ ὑπὸ συμπτωμάτων ψυχή.
[47] H. et sic confringitur a ruinis.

BESTIAIRE RIMÉ.

XXV. Huimès [1] vus volom conter
D'une grant merveille de mer.
En mer sunt les pessons divers
Come en terre sunt les [2] vers,
Et li oisel amont en l'eir ;

Li un sunt blanc, li altre neir,
Li un veir [3], et li altre bis ;
Ausi en mer, jol [4] vus plévis,
Sont li peison diversement.
Mès l'en [5] ne poet mie ensement

[1] Z. humais vous vaurai je conter ; Y. huimais vus vodrons, etc.; Y. imès vos voudrom raconter ; FRANÇ. aujourd'hui, ESP. hoy, ITAL. oggimai, oggidì, oggigiorno.
[2] Y et Z. li.

[3] Y. verz ; X et Z. vair; couleur mélangée (pommelé, changeant, moucheté, etc.) ; LAT. varius.
[4] X. ce vos ; Y, ce vus ; Z. je vos.
[5] Z. mais on ne puet.

BESTIAIRES (Pl. XXII).

De cels les natures saveir
Cum l'en poet des altres pur veir.
En la mer, qui est grande et pleine;
Est l'estorgun⁶ et la baleine,
Et le turbot, et le porpeis⁷,
Et un altre qu'ad non gras peis
Mès un munstre i ad merveillos,
Trop culvert et trop perillos;
Cetus ad non, solonc latins.
As mariners⁸ est malveisins :
Altretel est come sablon
L'eskerdes⁹ de son dos en som;
Quant il se lève en cèle mer,
Cil qui par là suelent¹⁰ sigler
Quident ben que une ydles¹¹ seit,
Mès esperance les deceit.
Por le¹² grandor que est en li,
Iloques vènent à refui
Pur la tormente qui les chace;
Estre quident en bone place:
Lor ancres gettent et¹³ lor pont,
Lor manger quisent¹⁴, lor feu font;
Et pur lor nef ben atacher,
Font grans pels¹⁵ el sablon ficher
Qui semble terre à lor avis;
Pois font lor¹⁶ feu, jol vus plévis.
Quant le monstre la chalor sent
Del feu que desor li s'esprent,
Dunt se plonge par grant reddor¹⁷

A val en la grant parfondor¹⁸;
Et fait od sei la nef plonger,
Et tote la gent periller.
  Tot altresi sunt déceus
Les cheitifs dolenz mescréus
Qui el déable unt lor fiance,
Et font delai et demorance
Es ovrainnes que péché volt,
Dunt la chaitive alme se dolt:
Là ù il meins se donent garde,
Vent li lères (que mal feu arde!);
Quant ben les sent à sei aers,
Od els se plonge tot envers¹⁹.
Dreit en enfern el plus parfond;
Cil sunt periz qui là enz²⁰ vont,
Icest peisson, quant feim l'esprent,
Bée la gole durement;
Dunt ist de sa boche un odor
Qui mult est de bone savor.
Cèle part vènent de randon²¹
Meintenant li petit peisson:
Si se lancent à mult grant foie
Trestot ensemble en mi sa gole,
Pur l'odor qui bone lor semble.
Et cil²² clot les joues ensemble
Quant il sent si sa gole pleine;
Toz les transglote à une aleine
En sa pance qui mult est lée²³
Come serreit une valée.

---

⁶ X et Y. esturjon.
⁷ X. gras peis, et porpeis; X. porpois, et gras pois; Z. porpois et cras pois. Quant à la signification de ces mots, porpois était le nom du marsouin; et graspois indiquait sans doute le cachalot ou le phoque, car on voit que notre poète normand le distingue de la baleine. Je ne sais où j'ai vu que ce mot aurait eu pour origine l'usage de fricasser des pois avec l'huile ou la graisse de l'animal ainsi nommé; mais cela ressemble extraordinairement à une satire contre les étymologistes. Qui ne voit tout d'abord que le gras pois est un poisson gras (poissou-à-lard), et le porpois un poisson-porc (marsouin)? Albert le Grand, qui avait évidemment consulté les baleiniers de Gascogne ou de Hollande, dit, en parlant d'une baleine qui semble être le cachalot (De animalib. XXIV; Opp. t. VI, 650): « Hujus piscis lardum est quod graspois vocatur. » Il avait écrit précédemment, au sujet des cétacés, mais sans distinction bien précise : « Lardum habet hic piscis in dorso sicut porcus. »
⁸ X. maroners; Z. romaniers.
⁹ X. escherdes; Y. escharde. Je ne connais point ce mot, mais le contexte fait voir qu'il signifie le dos d'un poisson.
¹⁰ X. deivent.
¹¹ Une ile; X. ille; Z. ydres.
¹² X et Y. la.
¹³ X. gietent, lor feu font; lor mangier cuisent sor oel mont.
¹⁴ Z. cuisent, lor fu font.
¹⁵ X et Z. peus; Y. piez; pieus.
¹⁶ X. puis font grant feu, ce vos plévis.
¹⁷ X plunge... rador; Y. roidor; Z. roidour.
¹⁸ Z. a val el plus parfont grandor; Y. tot a val ou parfont grandor.
¹⁹ A la renverse; praeceps?
²⁰ Y. laiens. C'est l'ancienne forme de léans, l'opposé de céans (ça enz).
²¹ Brusquement, avec impétuosité; ANGL. at random.
²² X. si les transgloit toz ensemble; et les deux vers suivants sont omis.
²³ Large; LAT. latus. Cf. supra, p. 252, note 4.

Li déable fait ensement :
La gole bée durement
Vers la gent de petite fei,
Tant que il les atrait à sei.
Car cil qui petite fei unt
Et de fêble creance sunt,
Sunt mult leger à acrocher
De celi qui les sait aschier²⁴.
Il lor fait un aasehement
Qui primes oelt mult dulcement :
Come d'aïcon charnel délit²⁵,
De bèle femme aver en lit,
De ben beivre et de ben manger,
U de richesces coveiter;
Qui primes oelt²⁶ mult docement,
Et pois define amèrement.
Quant de ceo les ad achiez
Tant que les sent ben acrochez,
Bée la gole, s'es transgloi;
Jà n'est saüls, tant parest glot²⁷.

Li grant peisson se gardent ben,
Que il ne lor meffait de ren ;
Et savez vos que²⁸ li grant sunt ?
Li bon qui créance bone unt,
Qui adès sunt ferm et estable
En Deu le Père espéritable ;
A cels qui en lui ont mémoire²⁹
N'avra jà li dèbles victorie.
Mès li dolent, li mescréant
Que³⁰ vont en la fei Deu dotant,
Et sont en créance petiz,
Cest³¹ corent après les déliz ;
Et li dèbles qui les desceit,
Bée la gole, s'es³² receit.
Mès Dampne Deu omnipotent
Nus mète en son salvement,
Qui vit et règne, et règnera
In seculorum secula.

Amen (*sic*).

²⁴ X. *de celui qui est aschier;* atrapper, LAT. adescare?
²⁵ Les quatre vers suivants ne se trouvent point dans X.
²⁶ Z. *flairent doucement.*
²⁷ Glouton ; ITAL. ghiotto.
²⁸ X et Y. *qui.*

²⁹ X et Y. *mémoire* et *victorie* (Y. *vitoire*).
³⁰ X. *qui.*
³¹ Z. *vist keurent* ; X. *si courent.*
³² X. *sies* (si les) *receit* ; et là se termine cet article dans X. Le ms. Z ne retranche que les deux derniers vers.

OBSERVATIONS.

Quelle que pût être la confiance et le caractère endurant des baleines dans des temps où elles n'étaient point pourchassées avec l'acharnement qu'on a mis de nos jours à leur destruction, et malgré plusieurs légendes de saints qui semblent donner raison à notre *Physiologus*, il est difficile d'accepter comme un fait qui se soit répété fréquemment, cette illusion des matelots et ce tranquille sommeil du redoutable cétacé jusqu'au moment où il perd patience en sentant le feu allumé par les nautonniers qui ont pris terre sur son dos. Le témoignage d'Olaus Magnus (ap. Tychsen, p. 164, sq.) n'avance pas beaucoup les informations, puisqu'il a tout l'air de transcrire assez fidèlement le Bestiaire qui existait longtemps avant lui. Nous avons donc besoin de renvoyer cette question aux baleiniers, avant d'ouvrir un avis; car une interprétation que propose Tychsen (p. 166) ne paraît pas satisfaisante.

Pline ne parle point de baleines prises pour une île; mais il prêtait à une invention de ce genre quand il donnait à certains cétacés quelque trois cents mètres de longueur (IX, 2; al. 3). L'historien de *Sindebád le marin* avait évidemment des données plus avancées que Pline, et qui appuieraient, au besoin, plusieurs des renseignements assemblés dans le Bestiaire. Mais Albert le Grand, qui ne se payait pas de contes, dit (Opp. VI, 650) : « Quod autem quidam dicunt quod... cetus... tantum crescat et impinguetur, quod insulis maris aequiparetur in quantitate; non puto esse verum, nec talia referunt experti. »

Quant à l'odeur qui attirerait dans la bouche de la baleine les milliers de petits animaux dont elle fait sa proie, cela rappelle la panthère; mais par le fait, les mollusques qui sont sa principale nourriture se réunissent en si grand nombre dans les mers qu'elle fréquente de préférence, qu'il lui suffit d'ouvrir ses vastes mâchoires et de les refermer pour en engloutir des myriades dans le gouffre de sa gueule.

52 (Fig. B D).

UNS OISEAX QUI EST APELÉS ASSIDA [1].

Uns oiseax qui est apélés Assida. De ce dist Jérémies li prophètes [2] que cèle beste a le col et la teste comme chisnes, et grosses jambes cortes, et les piés fendus come une vache; et le cors de lui est tels come d'une grue, et la coe ensement. Et si a èles, mais ne vole mie comme un altre oisel. Jérémies nos dist [3] que assida, ceste beste, conut son tans el ciel; et Phisiologes nos dist : Quant tans vient que ceste beste a [4] oes, èle lève ses ex vers le ciel, et esgarde se l'estoile qui est apelée Virgile est ou ciel. Car la beste est de tel nature que èle ne pont ses oes devant ce que cele estoile est née [5]; c'est quant blé florissent, que esteys est, vers el mois de jung [6]. Adont cèle beste assida, quant èle voit cèle estoile, èle feut [7] en tère et met [8] iluec ses oes, et cuèvre [9] les de sablon. Quant èle s'en [10] part del liu, erraument les oblie et n'i repaire plus;

[1] R. *acida*. L'auteur ou compilateur français du XIIIe siècle, dans son désir d'ajouter quelque chose à sa collection, n'a pas pris le temps de s'apercevoir que l'*assida* du n° 52 (miniature B D) et l'*ostrische* du n° 29 (miniature AF), étaient une seule et même bête. Mais c'est ici (n° 52) le véritable article inspiré par l'ancien bestiaire.

[2] Comme Jérémie ne fait point du tout la description de l'autruche, il faudrait peut-être lire : *De ce dist* (parle) *Jérémies li prophètes. Cele beste*, etc. Les manuscrits R et S paraissent beaucoup plus raisonnables quand ils disposent ainsi l'ordre des phrases : *De ceste dit... li prophètes : ASSIDA... conut el ciel son tans. Phisiologes dit*

que ceste beste assida a èles, etc.

[3] Jerem. VIII, 7 ; toujours d'après les LXX.

[4] R. *doit avoir èles et iex*. Ainsi les deux rédactions ont sans cesse besoin d'être redressées l'une par l'autre.

[5] S. *soit au ciel*.

[6] R. *joing*; l'autre forme était plus voisine de l'italien *giugno*.

[7] R et S. *fuet, fouit*.

[8] S. *repont illec ses oefs, et les commande à ceste estoile. Quant èle s'en part, si les oblie...*

[9] R. *covre*.

[10] R. *se*.

car èle est naturelement oblieuse. Et por ce pont ¹¹ èle ses oes en cel tans, et cuèvre del sablon ¹² et regarde en l'estoile ; et lors meuvent ¹³ si oef. Par nature del regart que la beste regarde en l'estoille, et par la chalor del tans, et par la temprance del air, et par le grant eschaufement del sablon, et par nature que Dex li a doné en son regart ¹⁴, amaine en ses oes pochins tot altresi comme se la beste les covast.

Ensi faitement ¹⁵ ceste beste assida conoist son tens, et esliève ses ex vers le ciel ; et oblie sa lignie ¹⁶ et les terriènes coses où on fuit ¹⁷ les célestiens biens. Dont li Apostre dist ¹⁸ : *Je obli ce qui est arière, ce sont les coses terièns ; et estrive* ¹⁹ *avenir, al souvrain liu où nos somes rapelé* ²⁰.
Et Nostre Sire dist en l'Évangile ²¹ : *Qui aime père et mère* ²² *plus que moi, il n'est mie dignes de moi.*

¹¹ R. *repont* ; LAT. reponit.
¹² R... *de sablon, que la chalors du tans et temperance de l'air, par le grant eschaufement du sablon, amaint en ses oes. poucins ; autresi comme èle fesist s'èle les covast ;* S. *de la gravete'; ainsi sont les oefs couvé, et viennent les poucins en vie,* etc.
¹³ *Meurent ?* ITAL. maturano (mûrissent).
¹⁴ Ces paroles, qui ne se retrouvent point dans R ni dans S, paraissent vouloir rappeler une propriété mise sur le compte de l'autruche par quelques auteurs, comme le dit Vincent de Beauvais (*Spec. nat.*, lib. XVI, cap. 139 ; ed. de Douai, p. 1232), qui allègue le *Physiologus* comme garant de cette assertion. Albert le Grand (*De animalib.*, libr. XXIII, Opp. t. VI, 645) traite cela de conte populaire. Cf. *Revue des Deux-Mondes,* année 1841, t. XXVII, p. 756.

¹⁵ Malgré la conformité des deux mss., le seul texte français suffirait à faire conjecturer qu'il devait y avoir ici *que* ou *comme* ; et que cette phrase devait être suivie d'une application au chrétien. Cf. *supra,* p. 247, note 18.
¹⁶ S. *et oblie sa portenre, ainsi les predomes loiaux doivent oblier les terriennes choses et ensièvre les celestiaux.*
¹⁷ R... *choses, et ensuit,* etc.
¹⁸ Philipp. III, 13.
¹⁹ R. *estre,* bévue incontestable.
²⁰ R. *apelé.*
²¹ Matth. x, 37.
²² R. *et mère et enfans ;* S. *et mère, femme et enfens.*

BESTIAIRE LATIN.

A B.
XXVII. DE ASIDA ¹.
(Rien sur *l'autruche* dans C.)

Item ² est ⁵ animal quod ⁴ dicitur asida ⁵ quod graece struthiocamelon ⁶, latine ⁷ strutionem ⁸ vocant ⁹. De ¹⁰ isto animale ¹¹ Hieremias propheta dicit (JER., VIII, 7) : *Et asida* ¹² *in caelo* ¹³ *cognovit tempus suum.* Physiologus ¹⁴ dicit hoc ¹⁵ quasi volatile ¹⁶ esse. Habet quidem ¹⁷ pennas, sed non volat sicut ceterae aves ; pe-

¹ A. point de titre.
² M (p. 589), omis : *Asida animal est quod Graeci struthiocamelon, Latini strathionem.*
³ B. omis.
⁴ A. *qui.* Le ms. de Bruxelles construit fréquemment *animal* avec *qui,* sans toutefois cesser de considérer ce nom comme neutre pour le reste.
⁵ A. *isida ;* D. *asida dicitur, quodque Graeci structionem nominant, Latini autem camelum vocant. De structione isto Iheremias propheta dicit,* etc.
⁶ A. *dicitur structo camelon.*
⁷ B. *Latini.*
⁸ A. *structio.*
⁹ A. omis ; M. *dicunt.*
¹⁰ M. *Physiologus dicit, si creditur, hoc animal quasi,* etc.
¹¹ B. *animal.*
¹² A. *Isida.* A vrai dire, l'*asida* de Jérémie ne paraît

pas être précisément une autruche, mais plutôt un oiseau voyageur (cigogne ?) ; et la Vulgate en a fait un milan. Mais ce mot, avec sa forme hébraïque, empruntée peut-être au grec des LXX, règne dans les bestiaires comme équivalent de *struthio.*
¹³ B. *ma celo.*
¹⁴ B. *Fisiolocus.*
¹⁵ B. *de animal ;* D. *quod volatile sit, sed non volans : pedes quidem habet similes camelo ; ideoque Graeci nominant structionem ; latine* (latini ?) *camelum. Hoc ergo animal...*
¹⁶ B. *volatarium ;* M. *volturium ;* Π (p. 407) compare l'autruche au héron et à l'épervier, et consacre l'article suivant au vautour. Serait-ce quelque idée d'une association semblable, qui aurait donné lieu à cette altération du mot *volatile?*
¹⁷ M. omis.

A B.

des vero habet similes camelo [18], et ideo graece struto [19] camelon dicitur. Hoc [20] ergo [21] animal quum [22] venerit illi tempus suum [23] ut ova pariat [24], elevat oculos suos in caelum si viderit [25] stellam illam [26] quae [27] dicitur Vergilia [28] ascendentem [29]; non enim [30] ponit [31] ova sua in terra antequam stella [32] illa oriatur in caelo. De qua [33] stella dicit Iob (IX, 9) : *Qui facit Vergiliam* [34] *et dextrum* [35], *et septentrionalem et promptuaria austri*. Tempore [36] enim suo oritur [37] Vergilia [38] stella in caelo ; id est quando [39] messes florent [40], et aestas [41] est, circa mense iunio [42]. Tunc asida [43] quum viderit Vergiliam [44] ascendisse in caelo [45], fodit in

A B.

terra, et ibi ponit ova sua, et cooperit ea de sablone [46] in heremo [47]. Quum autem abscesserit [48] de loco illo, statim obliviscitur. et non redit ad [49] ova sua. Est enim hoc [50] animal naturaliter [51] obliviosum ; et ideo tempore aestatis generat ova et obruit illa [52] sub [53] arena, ut quod illa [54] factura erat sedens super ova sua ut [55] fotu [56] suo [57] educeret pullos [58] suos, hoc [59] ei temporis tranquillitas et aëris [60] temperies praestare videatur [61], ut statim [62] calefacta arena excoquat [63] ova et [64] excludat pullos illius [65].

Si ergo [66] asida [67] agnoscit [68] tempus suum et elevat oculos suos in [69] caelum, et obliviscitur posteritatis

---

[18] M. omis ;... *similes. Hoc vero amimal, quum*.
[19] A. omis :..... *graece camelon*. Guilliame a traduit comme s'il eût suivi cette leçon.
[20] B. *est*.
[21] M. *vero*.
[22] D. *Ita facit ut quum tempus venerit ut ova pariat, elevat... in caelum, et intendit diligenter stellas illas quae dicuntur Virgiliae, vidensque eas ascendit (ascendisse?); sic ponit ova sua. De his stellis dicit et Iob : Quae fecit Virgilias ad dextrum, et septentrionalem*, etc.
[23] B. *suus*.
[24] B. *pariad*.
[25] B. *et vidit*; M. *et videt num*
[26] A. omis, B. *illa*.
[27] B. *quum*.
[28] B. *Virgilia* (les pléiades?); A. *Virgiliaca*.
[29] A. *jam ascendisse*; M. *jam ascendat*.
[30] M. omis.
[31] B. *imponat*.
[32] A. omis.
[33] B. omis :... *in caelo. Tempore enim*.
[34] A. *Virgilia*.
[35] M. *arcturum*.
[36] D. *eo tempore enim, id est quando segetes florent et aestus est nimius, apparent stellae istae. Tuncque asida videns Virgilias ascendisse, fodit in terram et abscondit ova sua sub sabula illius heremi. Quum vero secesserit a loco illo, obliviscitur*, etc.
[37] B. omis
[38] A. *Virgilia*; B. *stella Virgilia*
[39] M. *tunc quando jam*.
[40] B. *floriunt*.
[41] B. *state circa*.
[42] M. *mensem iunium*.
[43] B. *isida*.
[44] A et B. *Virgiliam*.
[45] M. *caelum*.
[46] B. *sabolone*; M. *sabulone*, et *sablone*. Cf. *supra*, p. 253, note 6.

[47] M. *eremo*.
[48] B. *ascenderit*.
[49] B. *ab*.
[50] A. omis.
[51] A. omis.
[52] B. omis ; D. *ea arenis, ut*.
[53] B. *de*.
[54] D. *ille facere debuerat, id est sedere super ova sua, et flatu* (sic) *proprio pullos eorum ante producere, hoc tempus tranquilli aeris praestare videatur : videlicet ut ab aestu calefacta arena excoquat ova et excludat pullos. Si ergo asida cognoscit tempus*, etc.
[55] B. omis.
[56] B. *foetu*; A. *foetus*.
[57] A. omis.
[58] B. *populos*; A. omis: ... *educeret, hoc ei tempus tranquillitatis, et aeris*.
[59] B. *haec*.
[60] B. *heries*.
[61] B. *videtur*.
[62] B. *state*; M. *aestate*.
[63] A. *exquoquat*; B. *exquoquia*.
[64] B. *ut*.
[65] B. *illos*; A. *suos*.
[66] Le texte M, qui écarte soigneusement toute application morale, transporte à cet endroit le passage de l'Écriture qu'il avait supprimé précédemment, et substitue des citations à la moralité : *Quia ergo asida cognoscit tempus suum et elevat oculos suos in caelum*, Hieremias propheta dicit : « Et asida in caelo agnovit tempus suum. » *Quod vero obliviscitur posteritatis suae, Dominus loquitur ad Iob* (XXXIX, 13-15), *dicens* : « Pinna struthionis similis « est pinnis herodii et accipitris ; quae derelinquit in « terra ova sua. — Tu forsitan in pulvere calefacis ea. — « Obliviscitur enim quod pes conculcat ea, aut bestiae « agri conterant. » *Bene ergo de asida et Physiologus dixit*. Cela ressemble fort à un texte remanié.
[67] A. *isida*.
[68] D. *cognoscit*.
[69] A. *ad*; D. omis :... *suos, obliviscitur*.

suae; quanto magis nos oportet agnoscere tempus nostrum [70], et [71] elevare oculos cordis nostri [72] semper ad caelum, obliviscereque [73] terrena et [74] sequere (sic) caelestia? dicente Apostolo (Philipp. III, 13) : *Quae retro sunt obliviscens* [75], *persequor ad bravium destinatum supernae vocationis.* Et Dominus in Evangelio (Matth. x, 37) : *Qui diligit* [75] *patrem aut matrem aut* [77] *filium* [78] *plus quam me, non est me dignus.* Et qui [79] excusat se propter sepulturam patris (Matth. VIII, 22) dicit [80] : *Dimitte mortuos sepelire mortuos suos; tu autem veni* [81], *sequere me* [82].

[70] B. *vestrum.*
[71] D. *elevatisque oculis cordis nostri, quae retro sunt obliviscentes, juxta Apostolum, ad destinatum tendamus bravium supernae vocationis.*
[72] B. *vestri.*
[73] B. *et obliviscitur.*
[74] B. *esse caelestia.*
[75] B. *Obliviscent a destinatum contendo bradium* (sic) *superbiae* (sic) *vocationis.*
[76] D. *amat.*
[77] D. *inquit, aut fratres sororesque, uxorem aut filios plus...*

[78] B. *filius.*
[79] Il s'agissait, sans doute de traduire τῷ παρατρουμένῳ (excusanti, ei qui excusabat) ; D. alibi: *Sine mortuos,* etc.
[80] B. *dicitur.*
[81] D. *annuncia regnum Dei;* B. *venies sequemine* (sic).
[82] D, qui avait pris cet article dans les vieux bestiaires, ne s'en est plus souvenu, lorsque, plus tard, il a voulu (en suivant la Vulgate) traiter du milan avec le même texte de l'Écriture : *Milvus in caelo cognovit tempus suum.* Voilà le résultat des remaniements : souvent au lieu d'embellir un texte, ils l'embrouillent.

BESTIAIRE RIMÉ.

XXVIII. De l'ostrice [1] ne lerrai mie
Que la nature ne vus die :
C'est une oisèle merveillose
Que par nature est obliose.
Asida l'apèlent hébreu [2],
Et camelon [3] ad non en greu ;
Itels pez [4] ad comme cameil
De sa nature m'esmerveil :
Car plomes [6] ad et èles granz,
Et si n'est nule feiz volanz.
En la saison que èle pont,
Enz el sablon ses oes repont ;
Et là les guerpist et oblie.

Et [7] sachez qu'ele ne pont mie,
Fors entur joing [8], el tens d'esté
Quant son terme ad esgardé.
Quant ele veit [9] al ciel lever
Une esteille qui raie [10] cler,
Que l'*esteille* [11] *Virgille* [12] ad non.
Donques pont en cèle saison
Et [13] en sablon ses oes enfoet [14];
Que plus n'es cove ne ne moet.
A ses oes ne retorne mès [15] ;
A cèle esteille muse [16] adès,
Et ses oes oblie et guerpist.
Mès Deus, qui tut le monde fist,

[1] X et Y. *l'ostruce* (autruche); Z. *octrisse* ; X. *larrai* ; Y et Z. *lairai* ; comme dit la chanson : *Te lairas-tu mourir ?*
[2] X. γὲbreu ; Y. *dèreu* et *grieu* ; Z. *èbriu* et *griu.*
[3] V et Y. *calemon* (struthio camelus); Z, *thalamon.*
[4] X. *Itèns piés.*
[5] X et Y. *chamel,* et *me mervel.*
[6] X, Y, Z. *plumes.*
[7] X. *me sachiez.*
[8] X. *juing.*
[9] Y et Z. *voit.*
[10] X et Z. *reluist.*
[11] Peut-être faudrait il transcrire *qued esteille?* mais X et Y justifient la leçon que j'adopte ; car ils ont : *Qui l'esteille,* etc. *Que* est donc ici, comme bien d'autres fois, l'équivalent de *qui.*
[12] Y et Z. *Vergile.* C'est le vrai nom latin de cette constellation (et non pas étoile). Cf. *supra,* p. 289, note 28.
[13] V et Y. *onis.*
[14] X et Y. *enfuet* et *muet.*
[15] Plus, davantage ; esp. mas, lat. magis.
[16] Il faut se rappeler, pour l'honneur des muses, ou pour celui de nos pères, que les Latins employaient aussi *otium* et *otiari* pour désigner l'état d'un homme qui est maître de son temps et l'emploie à sa fantaisie ; par opposition au *negotium,* que l'on ne diffère pas à son choix.

Li aide par tèle devise [17]
Que el sablon et enz la lise [18]
Par l'air que est dulz et serain,
Et li tens al seir et al main [19]
Soef et de bone manère,
Dedenz la moiste sablonère
Gierment [20] li oefs et pocins font.
C'est une merveille del mond [21].

 Icest oisel nos sénefie
Li prodome de seinte vie
Qui laist les choses terriens [22]
Et se prent as célestiens.
De ceste qui ses oes oblie
Dist le prophète Jérémie
Que èle estoit de si granz sens
Qu'èle connit [23] el cel [24] son tens.
Quant li oisels guerpist arière

S'engendreure en la poldrière
Pur ceo que al cel apartient [25],
Sire Deu ! par que ne soVient
A home que Deu fist resnable
Et conoissant et entendable,
D'oblier les choses terrestres
Pur aveir les gloires célestres !
Ne poet mie à Deu venir
Qui ne volt lesser [26] et guerpir
Les falses joies de cest mond ;
Jà n'ataindra [27] al cel amont.
Nostre Sires méismes dit,
Et en l'Evangile [28] est escrit :
Qui plus de [29] *mei aime son frère,*
Son filz, u sa soer, u sa mère,
N'est pas digne de mei avoir.
Issi dist [30] Deu, issi est voir.

[17] Y. *ltèle gulsse* et *lisse*.
[18] X. *glise*, gravier ; ITAL. ghiaja ?
[19] Soir et matin ; FRANÇ. demain.
[20] X et Y. *germent*.
[21] X et Y. *mont*.
[22] X, Y, Z. *terriènes*, et *célestiènes*.
[23] Y. *connut* ; X. *quenoist*.

[24] X et Y. *ciel*.
[25] V. *apartent* et *sovent*.
[26] Y. *laisser*; X. *lessier*.
[27] V. *n'atendra*.
[28] V. *l'Évangelie*.
[29] Z. *que mei*.
[30] Y. *le dist, issi*, etc.

OBSERVATIONS.

L'autruche (supposé qu'elle mérite la réputation qu'on lui a faite) n'est point le seul animal qui confie ses œufs à la Providence avec un certain abandon suspect d'insensibilité; et il n'est même pas bien prouvé qu'on puisse la ranger, sans calomnie, parmi ces mères oublieuses qui désertent leur famille, laissant leurs enfants en garde au Créateur. Mais le *Physiologus* a pris ce fait dans un passage du livre de Job, sur lequel les hébraïsants n'ont pas encore réussi à s'entendre; et comme cet oiseau singulier, outre qu'il habite volontiers les lieux déserts, se laisse difficilement approcher, l'observation a dû faire souvent place à l'invention quand on a voulu décrire ses habitudes. Or, pour un animal si étrange, rien n'aura semblé trop extraordinaire, et les curiosités de tout genre ont embelli de bonne heure son histoire. Quant à l'oubli de ses œufs, je ne crois pas qu'il lui ait été attribué par aucun écrivain classique.

53 (Fig. B E).

UNS OISEAUS QUI EST APELÉS TOURTERELLE[1].

Uns oiseaus qui est apelé tortre, dont l'Escripture dist[2]: *La vois de la tortre est joïe*[3] *en nostre terre*. Phisiologes dit que la tortre aime moult son malle[4] et vit chastement avec lui, et à lui seul garde sa foi. S'il avient que li malle soit pris d'ostoir[5] ou de faucon, èle ne se joint ja puis à altre malle, mais tostans[6] désire celui qu'èle a perdu; et a l'espérance[7] en lui, et sen[8] recordement; et el désirier de lui permaint dusque[9] la mort.

Vos totes[10], ames des féeus, oiés[11]: si grant caestés[12] est trovée en si petit oisel. Quiconques prendra[13] la persone de la tortre, et velt la soe ame meisme governer à droit port, il li covient qu'il ensiéve castée de la torte (sic). Tels[14] est sainte Yglise. Car ainc puis[15] que ses sires fu crucéfiés et il suscita[16] al tiers jor et monta ès ciels, ne s'ajoinst puis onques à nul autre; mais lui désire et lui espoire[17], et en l'amor de lui et en la carité permaint dusqu'en la fin. Dont Nostre Sire Jhésu-Crist dist[18]: *Qui parmandra en moi de si en la fin, il ert saus*. Et David li prophètes dist en une seaume[19]: *Tien toi com hom, et conforte ton cuer et aten Dam el Deu*.

La tortre fuit[20] les maisons des homes; altresi devons nos fuir les délis del monde et demorer[21] esperitels biens.

---

[1] Une main beaucoup plus récente a complété à l'encre noire ce titre qui n'avait pas été terminé par le *rubricateur*. Il semblerait que celui-ci eût reculé devant le mot *tortre*, employé dans le texte. *Tourterelle*, qui se retrouve dans S, appartient, si je ne me trompe, à un langage beaucoup plus moderne que celui de Pierre le Picard.

[2] Cant. II, 12.

[3] R et S. oie.

[4] S. *elle aime à merveille son malle*.

[5] R. *d'otoir*: FRANÇ. autour, ESP. azor, ITAL. astore (LAT. du moyen âge: astur). Le copiste S, qui transcrivait peut-être un exemplaire où ce mot était devenu *vautour*, en a fait... *par aucune aventure*.

[6] Sans cesse, en tous temps: comme nous disons *toujours*; S. *ains le désirre et espeire chascun jour que reviengne. Cète espérance et se* (sic) *desir li dure jusques à la mort*.

[7] R. *a espérance*. Aujourd'hui encore en Normandie, comme en Espagne, *espérer* a presque le même sens qu'*attendre*.

[8] R. *son*.

[9] R. *dusques en la fin*.

[10] S. *Oez bon crestien, se il a grant casteté, et en si petit oisel. Tenez la loiauté de la tourterelle, et l'ensuiés. Itez* (itex?) *est sainte Eglise*.

[11] R. *armes des feuz, oiez si grant chastée*.

[12] Chasteté.

[13] R. *tenra la persono* (sic) *de la tortre ou non de l'arme* (en son âme?), *il ensevra la chastée de lui*.

[14] R. *Tieux est sainte Eglise*.

[15] Jamais depuis que...

[16] R. *résuscita*.

[17] Attend, espère.

[18] Matth. x, 22; xxiv, 13.

[19] R. *dit ou siaume* (Ps. xxvi, 14).

[20] S s'écarte ici entièrement des deux autres textes. Voici comment il termine cet article: *La torterolle* (sic) *est chaste oisel, et si demeure toujours ès montaignes; et si fuit les maisons et les conversations des hommes. Mais le coulon fait le contraire: car il aime les maisons des hommes, et si hante voulentiers*.

[21] R. *és espéritueus biens*.

BESTIAIRE LATIN.

XXVIII. DE TURTURA[1].
(Point de tourterelle dans C.)

Item[2] est volatile quod dicitur turtur[3]. Scriptum est de ea (Cant. II, 12) : *Vox turturis[4] audita est in terra nostra[5].* Physiologus dicit de turture quia[6] valde virum suum diligit[7], et caste cum illo vivit[8] : et ipsi soli servat fidem : ita ut si quando evenerit ut masculus[9] aut ab accipitre (*sic*) aut ab accipe (*aucupe*) capiatur, alteri[10] masculo non se conjungat; sed ipsum semper desideret[11], et ipsum per singula momenta exspectat[12], et in ipsius recordatione ac[13] desiderio usque[14] ad mortem perseverat[15].

Audistis[16] itaque omnes, animae fidelium, quanta castitas in modica avicula invenitur. Quicumque tamen personam turturis in vultu[17] portatis[18], animi[19] quoque hujus castitatis (*sic*) castitatem imitamini[20]. Talis[21] est[22] enim sancta Ecclesia, quae[23] postquam vidit virum suum crucifixum, Christum, et tertia die resurrexisse et in caelis (*sic*) ascendisse, alio (*sic*) viro non conjungitur, sed ipsum desiderat[24] et ipsum expectat, et in ipsius amore et karitate (*sic*) usque ad mortem perseverat; dicente ipso Domino nostro Iesu Christo (Matth. x, 22) : *Qui autem perseveraverit usque in finem, hic salvus erit.* Similiter etiam et[25] propheta David hortatur et dicit ad animam fidelem (Ps. XXVI, 14) : *Exspecta Dominum, viriliter age et confortetur cor tuum, et sustine[26] Dominum.*

[1] B, dans la table, *turture*; A. point de titre ; D et M. point de tourterelle ; H suit une rédaction différente.
[2] B. omis.
[3] B. *turtura*.
[4] B. *turturae*.
[5] B. omis :... *terra. Fisiolocus.*
[6] B. omis.
[7] B. *diligere*.
[8] B. *vivere et ipse* (sic) *soli fidem servare.*
[9] A. *accipiter masculum suum aut aucupis* (sic) *capiat.*
[10] B. *hanc altero* (sic) *masculo dicit non conjugii* (conjungi).
[11] B. *desiderare*.
[12] B. *sperare, ex ipsius.*
[13] B. *et*.
[14] B. *suisque*.
[15] B. *perseverare*.
[16] B. *Audientes*.
[17] Ce mot n'est pas lisible dans B, mais on y ajoute *et animo*.
[18] A. *portaverit*.
[19] B. omis :... *portatis, hujus castitate* (sic), etc.
[20] A. *immitetur* (sic).
[21] B. *tales*.
[22] A. omis.
[23] B. *qui*.
[24] B. *sperat, et alius a morte* (in ejus amore?) *et caritatem* (sic) *usque*, etc.
[25] B. omis :... *etiam David ortatur* (sic) *in psalmo dicens.*
[26] B. *spera ad Dominum.*

BESTIAIRE RIMÉ.

XXIX. Or vus dirrai d'un altre oisel
Que mult parest corteis et bel,
Et mult aime et mult est amé;
Le plus[1] sojorne en bois ramé.
C'est la TURTRE dont nus parlon,
Qui tant aime son compainnon[2]

La femèle al madle se semble[3],
Toz jors sont dui[4] et dui ensemble
U en montainne u en désert;
Et si par aventure pert
La femèle son compainnon,
N'est hore qu'èle ne s'en doille[5].

[1] Dans l'état actuel de notre langue, c'est un italicisme : *per lo più.*
[2] X, Y, Z. *compaignon.* Les quatre vers suivants sont omis dans X.
[3] Z. *s'assanle.*
[4] Z. *d'une vie.*
[5] Y. *duille, et fuille* ; X et Z. *duelle, et fuelle.*

Jamès sor verdor ne sor foille,
Qu'èle poisse⁶, ne s'asserrat;
Toz jorz son parail⁷ atendrat,
Saver⁸ s'à lui⁹ retorneroit.
A alure ne s'ajusteroit
Pur ren qui péust avenir,
Tant li volt léalté tenir.
Quant ceste maintient chastéé¹⁰,
Et se garde tot son aé¹¹
En léalté vers son pareil¹²,
D'ome et de femme me merveil
Que chastéé¹³ à Deu promet,
Et pois après son veu malmet.
Mult i ad de la gent vileine
Qui n'aiment pas d'amor certeine
Issi cum feit la turturelle
Qui ses amors ne renovèle
Aillors qu'à son premer ami :
Jamès nel mettra en obli,
Et se cil muert¹⁴ d'altre n'a cure.

Ne sont mie de tel nature
Plosors genz qui el siècle¹⁵ sont
Que jà à un ne se tendront¹⁶
Espos ne espose¹⁷ à son per¹⁸.
Quant l'un vent de l'altre enterrer,
Ainz que mangié ait u repaz,
Volt altre aveir entre ses braz.
La turtre ne fait mie issi :

Toz jorz esgarde à son ami;
Toz jorz esgarde¹⁹ qu'il revigne²⁰
Et que compainie lui tinne.
La turtre que se ben se garde
Que chaste et nette adès se garde,
Si signefie seinte Esglise;
Si vus dirrai par quel devise²¹ :
Quant seinte Esglise vit lier²²
Batre et prendre et crucifier
Ihu XPist son leal espos²³,
Mult en ot le quer²⁴ angoissos.
Toz jorz s'est pois à li tenue,
Ne se volt faire à altre drue²⁵,
Ne joindre ne acompainner²⁶
A lui est tot son désirer²⁷,
Toz jorz se tent à son parel²⁸
Ihu Xpist son léal féel.

Quant l'auctor qui rima cest livre
Deveit issi entor escrivre,
Mult esteit tristes et dolenz;
Car jà avoit esté dous²⁹ anz
Seinte Esglise si dolerose
Et si mate et si paurose³⁰
Que mainz quidoient par folie
Que son espos l'éust guerpie;
Qu'èle³¹ n'osoit le chef lever.
Poi i entrout³² gent pur orer
En trestot l'isle d'Engletère.

---

⁶ X, Y, Z. puisse.
⁷ Z. pareil; X, compaing.
⁸ Y et Z. savoir; X. saveir.
⁹ Y et Z. s'à il; X. se il.
¹⁰ Z. castéé.
¹¹ Age, durée, vie. On disait aussi anige.
¹² X et Z. parel, et ma mervel; V. parail (sic), et m'esmerveil.
¹³ Y. chasteté.
¹⁴ V. moert.
¹⁵ X. siècle; Y. seigle; ESP. siglo.
¹⁶ Z. tenront.
¹⁷ Y. espouse.
¹⁸ V et Y. pier.
¹⁹ Ce verbe semble être ici un équivalent complet d'exspectare (sous le rapport de la formation et du sens).
²⁰ X. revienga, et tienge; Y. reveigne, et taigne.
²¹ Nous avons rencontré souvent ce mot comme synonyme de guise.
²² Y. loier

²³ X. espous, et angoissous.
²⁴ X et Y. cuer.
²⁵ Amante d'un autre; ITAL. drudo, druda.
²⁶ X ajoute deux vers entre celui-ci et le précédent. Les voici, quoi qu'ils vaillent :

Toz jorz le creit, toz jorz l'espeire,
Ne se veut o autre contraire ;
A autre ne veut compaignier,
Etc.

²⁷ X et Z. désirier.
²⁸ Y. pareil; V. parait (sic); l'un et l'autre avec la rime féel.
²⁹ Y. Deus; Z. II; X. treis. De tout cela il semble résulter que l'interdit de l'Angleterre (Cf. supra, t. II, p. 111, notes 10 et 12) était levé quand Guilhame achevait cet ouvrage, ce qui ne conduit pas à une date bien précise. Son travail lui aurait-il pris plusieurs années?
³⁰ X. péritose; Y. périlleuse, et délereuse.
³¹ V. car èle; X. quer el. C'est bien le même sens, au fond.
³² Forme correspondante à l'italien entrò; Z. entroit.

BESTIAIRES (Pl. XXII).

Mult ert la dame en dore guère	Torneie, et en cheitiveison ;
Par tot le réalme en tel jor,	N'aveit mès gent, se petit non [37],
Et en péril et en dolor ;	En tote Britainne la grant,
Car si enfant demêmement	Que ne fut false et mescréant ;
Li movoient tornoiement [33],	Por l'avoir que il gaainnoent
Li plus de la chivalerie	Des esglises que il gardoent [38],
Plus qu'en une mahomerie [34]	Ièrent li plus hait à devise [39]
N'i entrassent [35] en cel termine.	Contre la pès [40] de seinte Esglise.
Mult estoit en grant discipline [36]	

[33] Lutte, résistance, combat; FRANÇ. tournoi.
[34] Temple d'idoles. Le mahométisme et le paganisme différaient fort peu l'un de l'autre aux yeux de la chrétienté du moyen âge.
[35] Y. *entresient*. Ceci doit équivaloir à *n'y seroient pas entrés*.
[36] X. *décepline*; Z. *dessepline*; douleur, affliction, souffrance. Le moyen âge ne croyait pas que l'homme s'améliorât sans douleur.
[37] Il est assez clair, ce semble, que si Guilliame fait ici de l'opposition, c'est contre le parti des barons anglais, et non pas certes contre le Pape, puisqu'il dit en toutes lettres que le petit peuple seul (ou du moins un très-petit nombre de gens) était dans la bonne et droite voie. À un sujet des rois d'Angleterre qui parle ainsi, c'est donc bien étourdiment que l'on a prêté l'intention de blâmer Rome. Car il est plus consolant de penser que ce soit simple étourderie ; mais l'étourderie était-elle permise au *vénérable* Daunou ? (Cf. *supra*, p. 264, not. 29.)
[38] X. *robeient*, et *gaagneient*.
[39] Comme nous dirions : *par excellence*; et en latin de la Vulgate : *supra modum*.
[40] Y et Z. *pais*.

OBSERVATIONS.

Dans le *Physiologus Syrus* publié par Tychsen (p. 130, sq.), le fonds de cet article est le même que chez nos auteurs, mais sous le nom de la corneille; singularité qui pourrait servir à expliquer Horapollon (II, 32), citant la *colombe noire* comme symbole de fidélité conjugale, en quoi M. Leemans croit pouvoir soupçonner une interpolation.

Pour la tourterelle, les observateurs modernes lui ont fait perdre la belle réputation dont elle paraît avoir joui assez paisiblement dans l'antiquité, et qui avait été cautionnée par Aristote (*Hist. anim.* IX, 7; al. 11); Cf. Horap., ed. cit., p. 73; 329, sq.; 55, sq.; 285, sq.—Antigon., *Hist. mirabil.*, 38; al. 44 (ed. Westerm., p. 72).—Etc.

54.

UNS OISELÈS QUE ON APÉLE MASENGE [1].

Uns oiselès est que on apèle masenge. Beax est de plume, noir et jaune est desous le ventre, et vert sor le dos; et blanc entor les ex, et noir et vert et jaune la teste. Il est de tel nature que il se laise prendre par siffrer [2], et vole sor un brill [3] la on tent por lui. Il est si fols que quant il voit autretel oiselet com il est, soit mort soit vif, que il le velt veoir de près; et

[1] La description qui suit, montre qu'il s'agit des mésanges. Cet oiseau n'a point trouvé place dans R, pas plus que dans les Bestiaires latins. Point de miniature.

[2] Nous verrons bientôt *siffler*.
[3] Ce mot m'est inconnu, mais il doit indiquer des gluaux ; car il ne peut être question de recourir à l'éty-

ciels qui son brill a fichié por prendre, il siffle. Et li oiselet qui l'oent sont de tel nature qu'il resifflent encontre, et volent vers celui qui les gaite à prendre. Ciels qui les a apelés par son siffler, il lor mostre 1 altretel oiselet, soit mort ou vif, près de son brill. Et il sont si fol qu'il volent sor le brill, et lors les prent ciels qui por lui a sifflé. Dont crie li oiselès quant est pris al brill par les piés. Et li autre qui l'oent sont de tel nature que porce né s'en voelent fuir; ains si asamblent plus tost cil qui l'oent, et volent sor le bril là où il ont veu leur conpaignon prendre, et sont alsi pris et tué comme li autre sont.

Cist oiselès est example de nos meisme. Li oiselères est example del diable qui adès siffle por nos faire voler en son brill, por coi il nos puist prendre. Li siffler sénéfie male temptation, dont il fait maintes à maint home : et convoitise et haine et envie et gloutonie, et altres mals vices; por coi li hom vole sor le brill, et est pris com la masenge. Li brill sénéfie la mort, et dont le dévore diables. Nos véons nos ancisors [4] morir devant nos, et les ainsnés [5] et les plus joenes de nos ensement; ja por ce nus de nos ne se velt garder que il soit servisables à s'âme, ains servent lor cors et sont pris al brill por siffler. C'est à entendre que par les desirs qu'il mètent as cors, perdent lor âmes.

Et tu hom qui as ton cuer et ta pensée à conquerre les terriens ricoises, por coi que tu pues sievir grant feste et grant compaignie, por l'onor del monde conquerre, por boban [6] de ton avoir. C'est example del oiselet qui tos dis vielt (vait?) là [où?] il ot siffler, avoec la compaignie des altres; et quant il i vient, si le prent li oiselères, et dont est il mors et perdus. Et tot ensement est li hom mors et perdus, qui est pris ès mals vices et ès délis du monde.

mologie de *briller*, pour y voir un miroir à prendre les alouettes. Tout annonce ici un autre oiseau et une autre chasse.

[4] Devanciers, ancêtres; LAT. antecessor
[5] Ceux qui sont nés avant nous; LAT. ante natus.
[6] Faste; LAT. pompa? FRANÇ. bombance?

OBSERVATIONS.

Outre que la mésange n'appartient point au Bestiaire primitif, on ne lui prête ici aucune propriété singulière qui ait besoin d'explication.

---

55 (Fig. B F).

LI CHERS [1].

Phisiologes dist [2] : *Si comme li chers désire as fontaines corre, altresi désire m'ame à toi Dex.* Et por ce le dist, que li cers aime et désire les fontaines; et si nos fait à entendre (sic) que c'est

[1] R. *du cerf*. Le même ms. dit *cers* dans la suite de cet article. — S. n'a point de titre en cet endroit et semble confondre cet article avec celui de la tourterelle : comme si le copiste n'eût pas vu que le texte du psaume se rapportait à un autre animal.

[2] S. *David dist ou XLI*[e] *siaume*. Phisiologe n'avait

une beste de grant sans, par nature, et légière. Et si est de tel nature : se il trovast un serpent en une fosse, il iroit et enpleroit sa boce plaine d'aighe et l'espandroit el pertuis où li serpens seroit ens ; et lors s'en ist li serpens por l'esperit que li cers a en sa bouche, et le trait fors, et defoule à ses piés et ocist.

Tot altresi Nostres Sires Jhésu Crist, quant il vit le diable habitant en l'umaine nation, il espandi la fontaine de sapience en nos; la quèle[3] li ancien diable ne poent soffrir. Et quant diables vit Jhésu à l'encontre[4] de Géraséniens, il corut à (avec) tot s'ost de deables en home[5] et il i abita ens; et dist[6] : *Que il[7] a entre moi et toi, Fils de Deu? tu nos viens tormenter devant le tens.* Dont li demanda Dex : *Comment as-tu non ?* Il li respondi : *Legio est mes nons.* Il proia[8] à Nostre Segnor que il ne li commandast mie qu'il alast en abisme. Iluec avoit 1 grant foc[9] de pors pesans[10] ; li diables disoient : *Se tu nos jetes, met nos à 1*[11] *ces pors.* Et Nostre Sires les commanda erraument issir del home et entrer ès pors. Lors trébucièrent en la mer, et tot li porc furent noié. Mult fui li diables la vois de Deu ; dont li Apostre dist[12] : *Lui ocira Jhésu Crist por l'esperit de ma*[13] *boce.*

Les cers hantent volentiers ès mons. Li mons sénéfient les apostles[14] ; ce dit l'Escriture, et li prophète. Et li cers sont li bon home et li féel qui, par les apostres et par les prophètes et par les prestres, viènent à la conissance de Deu. Dont il est escrit en le siaume[15] : *Je levai mes ex ès monts, dont aide me vendra*[16].

que faire en cette citation ; aussi, sans nommer personne, R commence immédiatement par : *Sicomme li cers desirre... aussi desirre m'arme à toi Dieu.* Phisiologes dist que là où li cers set le serpent, il va et emple sa bouche d'ève; et espant la ès pertuis là où li serpens est. Et par l'espirement de sa bouche le traist fors... S abrège à peu près de la même manière.

[3] S. *de laquelle li ancien serpent ne pot soustenir les paroles.*

[4] R. *Ihm en la contrée des Gerasseniens.* — S. *quant le diable le vit sur la généracion des anges...* Une erreur de lecture a fait imaginer un contre-sens pour corriger ce que l'on n'avait pas compris ; et voilà ce que les textes deviennent sous la main des copistes gens d'esprit !

[5] R. *en home habitant* ; S. *en I homme.*

[6] Matth VIII, 29. — S. *O tu, Filz de Dieu, que est-il à moy et à toy ?* Probablement que l'*ost des deables* est une allusion au récit de ce même fait dans l'Évangile de S. Marc (V, 9) et de St. Luc (VIII, 30), où le démon dit : « Legio mihi nomen est, quia multi sumus. » Aussi l'auteur du Bestiaire français cite-t-il ces mots à quelques lignes de là.

[7] R. *c'a il entre...*

[8] R. *pria.*

[9] R. *fouc,* troupeau ; S. *une porcherie de porceaux.*

[10] R. *paissans.*

[11] R. *nos en ses* (sic) *pors.*

[12] II Thess. 11, 8.

[13] R et S. *sa bouche.*

[14] R. *l'Escriture dit que li mont sont li apostre et li prophète.* — S. *Les montaignes signifient les patriarches, les prophettes et les apôtres. Li cers signifient les martirs et les confessors qui* [par] *lor preschemens... parvindrent à la congnoissance de Jhucrist.*

[15] Ps. CXX, 1. — S. *el siaume.*

[16] R. *venra.*

BESTIAIRE LATIN

B.

XXIX. DE CERVO [1].

Item in psalmo (Ps. XLI, 2) : *Sicut cervus desiderat*

[1] A et M nous font ici défaut tout à la fois ; et la ré-

C.

XVII. DE CERVO.

Physiolocus dicit quia inimicus est draconis, et persequitur [et ¶] occidere eum vult. Dum fugerit draco

B.

ad fontes aquarum, ita desiderat anima mea ad te, Deus. Fisiolocus dicit quoniam ubi agnoverit cervus serpentem esse², implet ventrem suum aqua et effundit in foramine, et cum quodam spiramine oris suis (*sic*) adtrahit serpentem foris ; et conculcans eum pedibus, interficit.

Ita et Dominus nostert (*sic*) Iesus Christus videns inimicum diabolum in omni humano (*sic*) generis natione [quasi] in quodam speleo (*sic*) inhabitantem, [venit?] habens in semetipso divini (*sic*) sapientie fontem cujus non potest ille antiquus draco sufferre sermones. Quum enim vidisset (venisset?) in regione Gerose non (*sic*; Gerasenorum) ultro [eu]currit ille cum omnes (*sic*) exercitus daemonum, [et?] in homine uno habitans dicit (Matth. VIII, 29, sqq.; Marc. V, 7, sqq.) : *Quid mihi et ubi* (tibi), *Fili Dei ? Ante tempus venisti torquere nos. Et interrogavit eum Dominus : Qui diceris ? Et ille respondit : Legio. Et rogabant illum ne imper*[ar]*et illis ut irent in abissum* (sic). *Erat autem ibi grex porcorum multorum pascentium ; daemones autem rogabant eum dicentes : Si ejicis nos, mitte nos in gregem. Ait illi* (sic) *iesus : Ite. At illi exeuntes ab hominibus, introierunt in porcos ; et ecce magnum impetum* (sic) *cebiit* (abiit) *totum* [sic] *grex per praeceps in mare, quasi duo millia ; et effocati* (sic) *sunt in aquis.* Ecce quomodo audiens vocem diaboli, inpavedus (*sic*) sit cum omnibus angelis suis ; quem[ad modum?] in novissimis diebus testatur apostolus Paulus, dicens (II Thess. II, 8) : *Quem Dominus Iesus Christus interficit* (sic) *spiritum* (sic) *oris sui.* Et David dicit (Ps. CIII, 18) : *Montes excelsi cervis.* Montes, apostoli et prophetus [sic] et sacerdotes⁵, perveniunt ad agnitionem Christi ; sicut scriptum est in psalmo (Ps. CXX, 1) : *Levavi oculos meos ad montes unde veniet auxilium mihi.*

daction que suivent H (p. 422, sv.) et D, est fort différente de celle que donnent les deux mss. de Berne.

C.

ante eum et absconderit se in scissuris, velociter cervus vadit ad fontem ; et implet viscera sua aqua multa, et veniens vomens (*vomit?*) post eum. Turbatur (*turbatus?*) draco ab aqua, exiit (*sic*) et absorbet eum cervus.

[Cervus] itaque Dominus Iesus Christus est, [qui odit?] draconem magnum, diabolum⁴, et in inferiora terrae persecutus est eum. Et effundens de latere suo sanguinem et aquam, et (*sic*) effugavit draconem per lavacrum regenerationis ; et diaboli opera amputavit.

² Le docteur Mizauld (*Memorabil...* centur. I, 70), voulant trouver à cela une raison médicale, expliquait ainsi l'*idiosyncrasie* du cerf : « Tradunt seduli rerum naturalium perscrutatores, coacervari vermes in involucris intestinorum cervi, et serpentium esu necari quos spiritu narium ex cavernis elicit (*on voit ici, comme dans le Bestiaire rimé, que les procédés de chasse prêtés au cerf, varient selon les narrateurs*). Ne vero illorum virus ei obsit, ad fontes aquarum properat ; in quibus, dum ad labia usque mergitur, ex oculis lentae distillant lacrymae, etc. » Puis, vient une théorie de la formation du bézoard de cerf; dont l'omission ne me sera sûrement pas reprochée (voici, du reste, la page : *l. cit.*, fol. 11, v°).

³ A l'aide d'une phrase où H se rapproche quelque peu de B, on pourrait proposer de lire : *Montes apostolos et prophetas... dicit, qui,* etc. D, étendant beaucoup plus le symbolisme du cerf, termine ainsi : *Per cervos ergo, et bonos in sancta Dei Ecclesia praelatos, et subditos fideles significari memento.*

⁴ Le sens général de cette phrase n'est point douteux ; mais pour suppléer le verbe qui manque (si et n'est pas de trop), il faudrait d'autres guides que ceux dont je me suis servi ; car le vieux texte allemand de M. Hoffmann n'est conforme à aucun des mss. de Berne. Le cerf n'y paraît que comme symbole de la conversion du chrétien ; ce qui n'est ni le symbolisme de l'Église, ni celui de nos Bestiaires latins.

BESTIAIRE RIMÉ.

XXX. Ne devom mettre en obliance
Le dist ne la signifiance
Del cerf, qui estrangement oevre
Quant il mangüe la colevre [1];
Ceo est quant il est enveilliz,
Pois est tot sain et refreschiz.
Quant viel et endeblé [2] se sent,
Si va quère tot bèlement
La fosse ù la coleovre dort;
Que mult le crient et het de mort.
La lettre nus testimonie
Qu'il ad d'evve la boche emplie :
A l'entrée del croes [3] l'espant,
Et la coleovre maintenant
S'en ist; que remaindre n'i poet.
Car des narilles al [4] cerf moet
Et de sa boche ist une aleine
Que [5] par force hors [6] l'en amène;
Tot hors [7] s'en ist, baant la gole,
Et li cerf l'occist et défole [8].

Autresi fist Nostre Seignor
Ihu Xpist nostre Salveor,
Quant les portes d'enfern brisa
Et le déable défola.
En lui sort [9] la clère fontainne
Qui est de sapience plainne,
Dont déable ne poet soffrir
La parole, ne sostenir.

Quant par terre alout prééchant
Et comme verrai Deu ovrant,
Un déable en [10] un home esteit
Que durement le tormenteit;
Et quant Nostre Sire vint là,
Li déables lui [11] demanda :
Filz Deu, pur quei venis si tost
Pur tormenter nus et nostre ost ?
Ceste parole en oiant, dist
Et Nostre Sire [12] lui enquist
(Non pas pur ceo qu'il nel séust)
Quel non li déables éust.
Et cil respondi : *Légion;*
Mil somes qui de ceo servon.
Dunt prièrent Ihu méismes
Qu'il n'es envoiast en abismes;
Mès se d'illuques [13] les getast [14],
Qu'en une fole [15] les envoiast
De porcs qui près d'iloc esteient
Enz un plesseis [16] ù ils peisseient,
Nostre Sire lor dist : Alez.
Atant sont cist as porcs entrez.
Dous milliers en i out ben,
Qui pois n'orent mester à ren :
Mès dreit à la mer s'avancèrent,
Et el mileu se trébochèrent [17].
Seignors, de ceo n'estoet doter :
Déables ne pot [18] esculter [19]

---

[1] Y. *coleuvre*, et *euvre*; X. *colovre*, et *ovre*.

[2] *affaibli*, ITAL. *indebolito*. Le copiste de Y, trompé par l'analogie de ce mot avec *dèble* (deable), en a fait *endiablé*.

[3] X. *crues*; cavité, creux, trou.

[4] On reconnaît sans peine que cette locution équivaut à *del cerf*.

[5] X et Y. *qui*.

[6] Y. *fors*.

[7] Y. *fors*.

[8] Écrase, foule aux pieds.

[9] Surgit, sourt.

[10] V et Y. *dedenz*.

[11] X. *li*.

[12] Je suppose que le sens est : *dist Nostre Sire, et...*

[13] V. *iloc*; X. *ilèques*.

[14] Cette influence de *se* (si) sur le verbe, serait pour nous un ita-licisme.

[15] Malgré l'accord de V et d'Y, le rhythme demande : *Que en un foc.*
X. prend une autre route en modifiant ainsi ce vers :

Dedenz les cors les envéiast
Etc.

[16] Plessis, enclos; Y. *plesseiz*; Z. *plasseis*. V substitue à ce mot celui de *pastis*, encore usité dans quelques provinces, et qui s'est changé çà et là en *pasquier*; LAT. pascere, pascua, pastor, etc.

[17] Y. *trabuchèrent*, se précipitèrent. L'italien *traboccare* a plus retenu l'ancien sens que notre *trébucher*, quoique *trébuchet* témoigne de la signification précédente.

[18] X et Y. *puet*.

[19] X et Y. *escouter*; ITAL. ascoltare; LAT. auscultare.

La parole Nostre Seignor,
Qu'il ne ait torment et dolor.
L'Apostle dit verreiement
Que Nostre Sire al finement
Le félon déable oscirat
Par la parole²⁰ que fors istrat
De sa boce bénéurée.
Ceo est la chose aséurée.
 Li cerf, si comme vus ai dit,
Se réforme et longement vit.
Del son del frestel²¹ s'esmerveille ;
Quant il [i?] a drescé l'oreille²²,
Si ot cler ; et quant il la baisse,
Si vus di que l'oïe cesse.
A besoin puet ben²³ trespasser

Un grant fluvie²⁴ u braz de mer.
Es montainnes est volenters,
Ceo sunt les lius qu'il a plus chers.
Par les monts entendre devom
Les prophètes de grant renom
Que l'avènement Deu conurent,
Et les apostles qui od Deu furent²⁵;
Et par les cerfs devom entendre
Cels qui à Deu se volent rendre,
Car ils trovent en la montainne
Qui salvacion lor ensainne.
Si come le psalmiste dist
Enz un psalme qui est petit,
 Es monts, fait-il, *levai mes oils*²⁶ ;
Ai[e?] en oi, si me fu miels.

²⁰ X. *l'esperit qui hors istra.* Le vers est plus régulier, en même temps que plus conforme à l'Écriture.
²¹ De la flûte, ou flageolet.
²² Ce vers est également faux dans les autres mss. ; à moins que *dricié*, dans X, ne comptât pour trois syllabes.
²³ V et Y. omis.

²⁴ Y. *fluive* ; X. *fleuve*.
²⁵ Comme trois mss. s'accordent, on devait, en prononçant, tronquer un mot que l'orthographe n'entame pas. Z écrit cette élision : *K'a* (qu'a?) *Diu furent.*
²⁶ Y. *oaz*, et *meoz*; V. *euz*, et *Dex.*

OBSERVATIONS.

Le cerf a reçu de bonne heure un rôle important dans la symbolique chrétienne ; et l'emploi fréquent que l'art et la littérature (y compris la liturgie) en ont fait dès les premiers siècles de l'Église, le ramèneront fréquemment sous divers points de vue qu'il nous faudra exposer plus tard. Cette fois nous nous en tiendrons aux termes du *Physiologus*, sans étendre le sujet hors de ses limites présentes.

Plusieurs assertions des Bestiaires sur le cerf sont confirmées par l'expérience, et une lettre récente d'un missionnaire de la Compagnie de Jésus dans l'Orégon annonçait (*Annales de la propagation de la foi*, t. XVIII, 1846, p. 507) que le serpent à sonnettes a pour ennemis tous les animaux du genre cerf. Ceux-ci, à la rencontre du reptile, se dressent pour retomber ensuite sur lui ; et de leurs pieds de devant, le partagent en tronçons. La guerre entre le cerf et le serpent a été retracée de différentes façons, plus ou moins exactes, par les auteurs grecs et latins ; bon nombre de leurs témoignages sont indiqués dans la belle édition d'Horapollon (p. 372, sq.) que j'ai citée plus d'une fois. On y verra également (p. 377) que les anciens avaient remarqué avant nous combien le cerf est sensible au son du chalumeau ou même à un simple coup de sifflet ; détail d'érudition parasite (entre autres), dont Guilliame a cru devoir enrichir ses vers.

BESTIAIRES (Pl. XXII).

56 (Fig. B G).

LA SALEMANDRE[1].

Une beste est, rampans[2], que on apèle salemandre en grieu; et en latin stellio. Iceste beste a la teste tèle comme serpent, et de tote autre faiture[3] resamble à laisarde, fors que ceste beste a moult plus de diverses colors[4]. Phisiologes nos dist qu'èle est de tel nature qu'èle vit de pur fu, et si s'en paist. Et de lui naist une cose qui n'est ne soie, ne lin, ne laine[5]; et de ce fait on chaintures et dras que les hautes gens portent. Et quant cil drap sont soillié, on les met el fu; et iluec s'enpurgent et lèvent[6] et sont tot net. Et si n'ardent point el fu, ne enpirent; tels est la nature que sans le mètre el fu ne les puet on net faire, nient plus que on puet ci un drap faire net sans aighe. Se ceste beste chaist en un fu[7] ardant, il estaindroit maintenant par la vertu qu'il a en lui meisme.

Ceste beste senefie les justes et les homes de Deu, sicomme Ananias et Azarias et Misael qui furent en la fornaisse[8] ardant; que li fus nes[9] atocha onques, ains s'en issirent tot sain et pou ne grant bruillé[10], sicomme Daniel li prophètes[11]. Et saint Pol li apostre[12]: tot li sain estaindrent le feu et estopèrent[13] les bouches des lions; ce est qu'il sormontèrent les cruels tirans.

---

[1] La salamandre reparaîtra parmi les singularités que réunit le n° 67, miniature B P.

[2] Reptile. R... est qui est apelée en grieu salemandre, (S. et) en latin stelio. Ceste beste est samblans à laisarde (S. resamble lesarde), et colorée de moult de colors. Phisiologes dit que cele (s'èle) chiet par aventure en ung grant feu bien ardent, il estaindra erraument. Ceste beste senefie les justes... L'auteur du Bestiaire dit avec raison que la salamandre ressemble au lézard, mais le lézard (stellio ou lacerta) proprement dit, a sa place ailleurs, s'il faut en croire les diverses indications des Bestiaires. Ainsi, l'œsura (σαύρα) du ms. C (ci-dessus n° 36), ou serpent tirís (miniature A N), est appelé lacerta dans les deux Bestiaires allemands publiés par M. H. Hoffmann (Fundgruben,... t. I, p. 21, 22, 29, 30). Cf. Isidor. Etymol. XII, cap. 4 (ed. Arevalo, t. IV, p. 76).

[3] Faiture signifie communément quelque chose comme mine, allure, tournure.

[4] S. Couleurs. De laquelle Salemon dist (Prov. XXX, 28) : Aussi comme li stilions qui habite en la maison des rois. Phisiologes dist de ceste beste que cele (sic) chiet...

[5] Dans cette digression, qu'il eût bien pu s'épargner, l'auteur paraît avoir eu en vue l'amianthe, et peut-être aussi le byssus que produit la pinna marina. Il semble que de ces deux souvenirs combinés se soit formée l'attribution merveilleuse dont la salamandre est décorée par l'auteur français, et dont il fait même la toison de cet animal, au n° 67. R et S ont omis ces détails, en quoi ils n'ont été que plus fidèles au Bestiaire primitif.

[6] Lavent.

[7] S. en aucun embrasement de feu, le feu estaint maintenant. Ele signifie les droituriers hommes et les plains de pitié, etc.

[8] S. en la cheminée de feu ardent.

[9] N'es (ne les)? R. n'atoucha.

[10] Brûlés ni peu ni prou, comme parle Lafontaine.

[11] S. Des ques Daniel le prophètes dist (Dan. III, 50) : Noient atouchié ne touchié. Dont S. Pol li apostres...

[12] Saint Paul paraît ici parce qu'on va citer ses paroles (Hebr. XI, 33); mais la phrase du ms. de l'Arsenal demeurerait tronquée si on ne la complétait comme dans S. ou à l'aide de R :... Sicomme Daniel li prophètes esclaire (le montre, declarat), et sains Pous li apostres.

[13] R et S. estoupèrent.

Altresi cil qui créra [14] en Deu fermement et parmaindra en bonnes oevres, altresi passera la force del fu ; dont Ysaie li prophètes dist [15] : *Se tu hom bons en Dieu trespasses par le fu, la flambe ne te tochera mie* [16] ; car li soverains roi qui (que?) t'as aimé et crému et servi, te conduira parmi, sans atouchement de calor et de flambe.

[14] S. *croit* ; R. *querra en Dieu féelment.*
[15] Is. XLIII. 2.
[16] Cet article se termine là dans R, d'autant plus conforme encore aux textes anciens.

BESTIAIRE LATIN.

A B.
XXX. DE SALAMANDRA [1].

Item [2] est quoddam reptile quod graece [3] dicitur salamandra, latine autem stellio [4]. Hoc simile est lacertulae [5] pusillae colore vario ; de quo Salomon dicit (Prov. xxx, 28) ; *sicut* [6] *stellio* [7] *habitans in domibus regum*. Physiologus [8] dicit de eo quoniam si casu [9] undecunque ceciderit in camino [10] ignis vel in fornacem [11] ardentem, aut in quocumque incendio, statim extinguitur ignis.

Ita [12] sunt justi mirabiles [13] omnibus hominibus ; sicut fuerunt in camino ignis ardentis [14] Ananias, Azarias et Misael [15], et non tetigit eos omnino ignis : quos [16] intactos [17] atque incontaminatos [18] exisse de camino ignis ardentis [19] Danihel (sic) propheta declarat. Et [20] Paulus apostolus testatur dicens : *Fide omnes sancti extinxerunt* [21] *virtutem ignis, obstruxerunt ora leonum*. Ita et omnis [22] quicumque ex tota fide sua crediderit in Domino, et in operibus bonis perseveraverit, transit gehennam ignis ardentis [23] et non tangit eum [24] flamma. De quo scriptum est in [25] Isaia propheta (Is. XLIII, 2) : *Et* [26] *si transieris* [27] *per ignes* [28], *flamma non te comburet* [29].

[1] A. point de titre. D et M n'ont pas de salamandre ; mais H (p. 425) suit A et B. d'assez près.
[2] H et B. omis ; H. *est reptile quoddam quod ab aliis putatur salamandra, ab aliis stellio.*
[3] B. *grecae.*
[4] B. *stilio.*
[5] B. omis :... *simile est sicut stilio habitans,* etc. ; A. *lacerto lepus ille est* (*lacertulae pusillae, et*) *colore,* etc.
[6] H. omis.

C.
XVIII. DE NATURA ANIMALIS QUI DICITUR SALAMANDRA.

Hic si introierit in fornacem ignis, extinguitur ignis ; aut in balneo (sic) si introierit totus balneus (sic) frigidus efficitur.

Ita erant corpora trium puerorum, quos ignis non laesit, sed magis adversarios tetigit ; qui[a] eos in fornacem (sic) Christus sua virtute roboravit.

[7] B. *stilio ;* H. *stellio manibus nititur, et moratur in domibus regum.*
[8] B. *Fisiolocus.*
[9] B. *case.*
[10] B. *cammino ;* H. *caminum vel fornacem ignis.*
[11] B. *fornace a* (effacé)... *tiquocumque,* etc.
[12] B. *iste.*
[13] B. *et mirabiles ab omnibus.*
[14] B. *ardentes.*
[15] A. *Mizahel ;* B. *Misahel.*
[16] H. *justos autem intactos et... exire posse de camino... evidentius declarat et Paulus apostolus dicens* (II Cor. IV, 8) : *Tribulationem patimur sed non angustamur* (sic) ; *dejicimur, sed non perimus. Item* (Hebr. XI, 33) : *Obstruxerunt ora leonum. Ita et omnis,* etc.
[17] B. *instatis.*
[18] B. *incontaminatis.*
[19] B. *videntes, Daniel.*
[20] B. *omis.*
[21] B. *extinexerunt* (extincxerunt?).
[22] B. *omnes.*
[23] B. *omis.*
[24] B. *omis.*
[25] B. *de Isaias.*
[26] H. *omis*
[27] B. *transierit igne* (sic) *in flamma te non,* etc.
[28] H. *ignem.*
[29] A. *conburet.*

BESTIAIRE RIMÉ.

XXXI. La salemondre¹ est une beste
Que de la cuue et de la teste,
Et del cors resemble lésarde ;
Si n'a paor que nul fu l'arde,
De feu (sic) ne crient² nule chalor.
Mult est de diverse color.
Se en feu vent par aventure,
Li feus³ esteindra à dreiture⁴ ;
Jà ne serrat tant alumez
Que tant tost se seit esclassez⁵
Venim⁶ porte de grant vertu
Qui mult ad tost home abatu ;
Et si fait si grand destorber,
Que s'èle monte en un pomer,
Qui en mangüe, il est fini.
Et si en un grant puis chaeit,
Tot[e] l'evve envenimereit
Que nul n'en bevereit sanz mort ;
Tant est le venim de lui fort⁷.

Iceste beste signefie
Le prodome de seinte vie,
Qui tant est de parfeite fei
Que⁸ il esteint environ sei
Le feu et l'ardor de luxure,
Et des vices la grant ardure.
Ne quidez⁹ vus que jo vus mente :
Le feu que les almes tormente
Ne pot aveir vers cels vigor
Qui ben servent Nostre Seignor
De bone fei parfitement ;

Ne crèment nul embrasement
Que li dèbles leur poisse fère
Qui tant est fels¹⁰ et deputaire.
En fu furent Ananias,
Misael e Azarias ;
Onques de ren malmis ne furent,
Pur ceo qu'en bone fei esturent.
Seignors, ceo n'est mie dotance,
Par fei et par bone créance
Poet l'om veincre séurement
Tote manère de torment.
La Lètre nus testimonie,
Si est escrit en Isaïe
Que par fei unt trestot li saint
Péché vencu et feu esteint.
Qui bone créance avereit
Et ferme fei cum il devroit,
Les mons fereit par comander
De lius en altres remuer.
Certes qui est féel en fei,
Mult ad riche vertu en sei ;
Totes veies¹¹ al desus vent
Qui fei et charité meintent.
Mais se il charité n'avoit,
Nule vertu ne li valdroit.
Seint Pol nus dist que ne valt ren
Ne almosne ne altre ben,
Ne créance, ne léauté.
Se ovèques n'est charité.

(I Cor. XIII, 1-4.)

---

¹ Y. *salemndre* ; X. *salamandre* ; Z. *psalemande*.
² V et Y. *dote*.
³ Y. *fex*.
⁴ Exactement, tout juste ; ITAL. *a dirittura*.
⁵ Serait-ce là un analogue de l'italien *schiacciato* (écrasé, repoussé, comprimé, réduit à rien), et du picard *écaché* ? Mais d'après Y. *achases*, et X. *achassez*, on pourrait croire qu'il s'agit d'*acoisé* (apaisé). Cependant je maintiens ma première conjecture jusqu'à preuve contraire.
⁶ Malgré Y. qui écrit *vanain*, l'ancienne orthographe telle que la donnent V et X est attestée par nos dérivés actuels *venimeux* et *en-venimer*.
⁷ Toute cette addition sur le venin de la salamandre, ne reçoit aucune application mystique dans la moralité ; et outre que l'expérience dément ces assertions effrayantes, elles grossissent assez mal à propos le portrait d'un animal qu'on va nous donner comme figure de l'homme juste, après en avoir fait une peinture si repoussante.
⁸ X. *qu'il esteint tot environ sei*.
⁹ X et Y. *ne cuidez pas que je*.
¹⁰ X. *fel* ; Y. *fax* ; Z. *faus*.
¹¹ Toutefois; ESP. *todavia* ; ITAL. *tuttavia*.

OBSERVATIONS.

Celui qui se serait attendu à trouver ici une *salamandrologie* complète, sera trompé dans son attente; assez d'autres ont eu cette prétention, avant et après je ne sais plus quel auteur allemand qui a fait presque un livre sur ce sujet ;

« Cui non dictus Hylas ! »

Mais on trouvera plusieurs renseignements curieux réunis dans l'ouvrage déjà cité de M. Berger (*Trad. tératol.*, 460-463). Cf. Tychsen, *l. cit.*, p. 66-68. — Leemans, in *Horapoll.*, p. 354-356. — De Pauw, *l. cit.*, 65-68.

L'amianthe donnée pour toison à la salamandre est un embellissement qu'il ne faut point porter au compte du *Physiologus* primitif, ni de S. Isidore; et qui doit être à la charge de Pierre le Picard. Vincent de Beauvais, du reste, est encore bien plus affirmatif quand, après avoir raconté cette propriété imaginaire de la salamandre, il ajoute (*Spec. nat.* XX, 63 ; p. 1495) que le Pape Alexandre (III, sans doute) portait un vêtement tissu de cette laine précieuse.

57.

LA TALPE [1].

Une beste est qui est apelée talpe. Phisiologes nos dist que c'est une des bestes del monde qui plus clèrement ot; et si nos fait à entendre quèle vit de pure terre, et si a les ex desous le quir [2]. Mais il ot si cler que nule riens ne le puet sorprendre quèle ne le proisme [3], por que sons en isse [4]; et si est de tel nature qu'èle feut en terre, et honist [5] la terre où èle converse, et enpirent les erbes.

Ceste beste a une example de deable, que il est tels que il enpire en tous lieus cels là il hante. Et si ne puet nus hom si coiement péchier que il ne l'ot et aproisme. Et si a les ex desous le quir encontre [6] tous biens fais; car il ne peut conostre les justes, et les péceors ot si

---

[1] La taupe a été laissée de côté par tous les autres Bestiaires, et celui-ci même ne lui a pas accordé l'honneur d'une miniature ; omission réparée au n° 67.
[2] La peau, le cuir.
[3] S'il n'y a pas quelque erreur de copiste, ce verbe dont le sens propre est *approcher*, signifierait plutôt cette fois *devancer*, *prévenir*.
[4] Pourvu (ou pour peu) qu'il fasse quelque bruit. ITAL. purchè...

[5] Cette expression dont nous n'avons pas de véritable équivalent, correspond jusqu'à un certain point à notre *perdu d'honneur*, *taré*. On serait tenté de lui attribuer le sens de *vilipender*, *déprécier*; quelque chose de semblable au latin *infamare*. Mais il ne s'agit pas seulement d'une valeur d'opinion, c'est la valeur réelle qui est altérée. Honnir pourrait donc se rendre ici par *dégrader*, *gâter*.
[6] *Relativement à..*

clèrement que il set totes lor oevres qu'il font por les délis del monde. La terre où la talpe hante, sénéfie l'ome qui de terre est fais. Ce que la talpe feut en terre, et honist les herbes qui sont environ lui, sénéfie diables qui enorte l'ome à faire les males oevres qui l'âme empire et honist, et trait à la mort perdurable sans fin.

OBSERVATIONS.

La taupe a été considérée très-longtemps comme aveugle, mais l'observation a transporté ce triste privilége à un genre de rongeurs dans lequel une espèce est bien réellement dépourvue d'yeux, et qui a reçu pour cela le nom grec de la taupe (*spalax*, ou *aspalax*). Cf. Leemans, *l. cit.*, p. 356. — Beckmann, *in Pseudo Aristot.* De mirabil., p. 363, sq. — Etc.

58 (Fig. B H.).

LI COLONS [1].

Phisiologes dist que li colons est de moult diverses colors [2] : l'une color est tortine [3], l'autre noire, l'autre blance, l'autre stephanine [4], l'autre aorine [5], l'autre chendrouse [6], l'autre rosaine. Totes ces samblances porte li colons, qui est simples.

La simplèce sénéfie les bons et les simples. Quer li governères qui tot goverue et apaise [7],

---

[1] S. *Des diverses couleurs des coulons*. Il prend ici pour titre : *De la taurine coulor*, et commence immédiatement par *Taurine color sénéfie les III enfans*. C'est entrer en matière un peu trop brusquement, d'autant que l'explication des autres couleurs vient à la suite sans que l'on ait été le moins du monde averti.

[2] Le texte est expliqué par la miniature qui représente divers pigeons (ou colombes) chacun d'une seule couleur, mais tous différents l'un de l'autre. — S... *diverses couleurs : c'est assavoir couleur de terre noire* (sic), *couleur blance, estéphaine, cinérine, aurine, melaine, et rousse. Cil est doncques premiers sur tous, qui tout governe, c'assamble chascun jour les estranges en son colombier. Cil est...* [Nostre Sire ?] *qui nous raint* [raaint ?] *de son précieux sanc, et nous assamble des diverses nacions. Moïses, ne Elyes, ne les autres prophetes ne nous assamblèrent mye; mais Il, venans à son Père, nous raaint* (sic) *par sa Passion, de mort perdurable. Sicomme saint Jehan dist :* Je vy le ciel ouvert, etc.

[3] La couleur *tortine* (ou *tortrine*) est apparemment la teinte chatoyante irisée qu'on appelle *gorge de pigeon*.

[4] Si j'avais jamais vu des pigeons verts, je proposerais d'entendre ainsi ce mot (στέφανος) dont le sens m'échappe. Mais j'ai grand'peur que son auteur n'y ait cherché tout simplement l'occasion d'un calembour, une espèce de rébus picard, au lieu d'un sens véritable et bien net.

[5] *Aorine, taurine, laurine*, et plus bas *araine* (aérienne), tout cela est-il synonyme, et quelle serait la vraie leçon ? S'il fallait adopter *taurine*, et se guider d'après le symbolisme qu'y rattache la moralisation, l'on pourrait se croire fondé à l'expliquer par *roussâtre* ou *fauve* (couleur de taureau). Que de plus habiles décident ! J'opinerais pour *aurine*; mais je n'ose pas affirmer qu'*aorine* soit une faute de copiste, c'était un si beau moyen de transition pour arriver au mot *aorer* (adorer) qui conduisait tout droit au fait des trois jeunes Hébreux jetés dans la fournaise à cause de leur refus d'*adorer* autre chose que Dieu !

[6] Cendrée, peut-être gris-de-perle. Du reste, il ne m'est pas bien démontré que l'auteur, ou du moins le traducteur français, se comprît toujours lui-même dans cette description si minutieuse. Je suis plutôt porté à croire que ce dernier visait surtout à jeter une sorte de pont, au moyen d'un jeu de mots, entre un nom de couleur quelconque et un fait de la Bible.

[7] Cette traduction confirme la leçon *placat*, que l'on aurait pu prendre pour une faute dans le texte latin ; car la généalogie de ces singularités a son importance.

il est qui nos rachata de son précious sanć; et cascun jor nos assamble en son colombier, c'est en sainte Yglise, les diverses nations. Il meisme nos salva quant il nos rachata de sa passion de la mort perpétuel, comme verrais colons, — dont S. Johans dist [8] : *Je vi le ciel overt, et l'Esperit descendre du ciel,* — ensi comme tos homes qu'il volt faire venir ceax (*saux, et*) à conissance de vérité [9]. Il qui volt l'umain lignage asambler en sainte Yglise, envoia par les prophètes ès Gens son saint Esperit *parlant en moult de manières* [10]; si comme la color del colon est diverse par les obscures paroles, et par les sens qui est entendus par exposition. La color tuirine (sic) est la color de tortre, si sénéfie la diversité des apostles. La color araine, c'est la color del air; ce sénéfie Hélye qui fu ravis el curre (*carre?*) par l'air de si al ciel. La colors de cendre sénéfie Jonain le prophète, qui par sa prédication fist cels de Ninive vestir sas, et seoir en la cendre por faire lor pénitance; por coi Dex lor perdonast lor meffais. Et la colors laurine [11] sénéfie les III enfans qui avoient le [12] verrai Esperit Deu, quant il distrent à Nabugodonosor [13] : *Saces, rois, que nos ne coltiverons* [14] *mie tes dex, et que nous n'aorrerons mie l'ymage d'or.* La color meline [15] sénéfie Helyseum [16] qui rechut de son maistre Hélye qui est (*ert?*) ravis [17] ès ciels, son mantel qui est d'une beste qui avoit à non [18] melote, c'est chièvre. La color blanche sénéfie saint Johan Baptiste qui avoit la blanchor del saint baptesme. Dont Ysaies dist, li prophètes [19] : *Lavés vos, soiés net, ostés les males cogitations de mes ex, aprennés à ben faire; et se vostre pécié sont noir* [20], *il érent blanc comme noif* [21]. De saint Johan dist Nostre Sire [22]: *Entre les homes nés des femes, ne fu graindre de Johan Baptiste.* Car il mostra Nostre Segnor al doi [23], quant il dist [24] : *Véés ci l'aignel de Deu qui*

---

[8] Marc. I, 10. — Joann. I, 32. Cette phrase et cette citation de saint Jean-Baptiste sembleraient bien parasites si, pour les expliquer, on n'avoit le texte latin et le ms. S.

[9] S... *l'Esperit de Dieu descendant en samblance de coulon, envoiés de Dieu qui tous les hommes vient* (vieut, vielt?) *faire saus et faire venir à voie de vrai. Donques quant il voult assambler...* A l'aide de cette rectification donnée par S, et de la correction proposée pour P, toute cette phrase ferait allusion au passage de saint Paul qui se lit précisément dans le texte latin (*infra*, p. 278).

[10] Hebr. I, 1. — S... *parlant en maintes manières à l'umain lignaige, par la Loy et par les prophètes; aussi comme la diversité des coulons : c'est assavoir par les oscures paroles et par la science néant* (nient?) *comparable. La couleur turtrine signifie la diversité des prophètes. La couleur aérine signifie Hélye qui fu ravis en l'ar jusques au ciel. La couleur cendrine signifie Jonas.*

[11] R. *taurine*; S. *aurine.*

[12] R... *qui aimèrent moult l'Esperit de Dieu*; S. *qui plains estoient de veray esperit de Dieu.*

[13] Dan. III, 18.

[14] Nous avons déjà rencontré ce verbe exprimant comme le latin *colere*, la notion *de culte*.

[15] J'ai déclaré que ces désignations de couleurs dépassaient de beaucoup mon savoir. Il faut avouer néanmoins que quelques-unes ont leur analogue dans la langue latine. — S. *melaine.*

[16] R. *Hélyne un qui reçut...* C'est là embrouiller les choses les plus claires, lorsque nous avons assez de difficultés sérieuses sur les bras.

[17] R. *qui ravis fu el ciel.* — S. *fu ravis au ciel.*

[18] R. *qui ot à non molète.* Comme le latin ne dit rien de cette pauvre étymologie, elle est toute à la charge du traducteur picard; et S n'a pas été mal avisé quand il l'a supprimée.

[19] Is. I, 16-18.

[20] S. *ors* (sales) *et noir comme boe.* L'accord des trois mss. français ne suffit pas pour légitimer la traduction de *phoenicium* par le mot *noir*.

[21] Neige, ITAL. neve, LAT. nivis.

[22] Matth. XI, 11.

[23] R. *au doit.* — S. *car les prophètes preschèrent jusques à tant que saint Jehan-Baptiste fu nez; cil monstra Nostre-Seigneur au doy, et si dist : Veci l'angneil,* etc.

[24] Joann. I, 29.

oste les péchiés du monde. La color stéphanine sénéfie S. Estevène [25], le premier martir qui, puisque [26] li apostle rechurent [27] les v (le saint ?) Esperis, deservi [28] primes por martyre d'avoir la destre del Soverain Père. La rouge color sénéfie la passion Nostre Segnor, dont [29] li éwangelistre dist [30] : *Li jui vestirent Dam el Dieu vermeil mantel*. Et Ysaies en altre liu redit [31] : *Qui est cil qui cha vient dom del monde* [32], *taint ses vestimens de bora*, c'est de sanc. Et és quanticles (sic) redit [33] : *Mes sires est rouges et blans*; blans en virgineté, et rouge en martyrre por coi il racata tos les créans en lieu [34] de son précious sanc. El nom del Père et del Fil et del S. Espérit, *qui vivit et regnat per omnia saecula saeculorum. Amen* [35].

[25] R. *Estiène*.
[26] S. *Estienne le premier martir, qui déserva à veoir J.-C. à la destre de Dieu son père, après...*
[27] R. *puis* (après) *que li apostre reçurent mort* (sic), *le S. Esperit*.
[28] *Mérila*. Quant au reste de la phrase, elle ne s'explique bien qu'à l'aide du ms. S (ci-dessus, note 26).
[29] S. *pour laquelle chose, Raab la fole femme envoya signe vermeil* (Jos. II, VI) *del quel ele est sauvée en Jéricho,* etc.
[30] Joann. xix, 2.
[31] Is. LxIII, 1.
[32] Ce *dom del monde* aura été suggéré au copiste (car rien n'autorise à charger de ce méfait le traducteur) par les mots *de Edom*; et cette version singulière annonce un esprit fécond en ressources. Mais R justifie la bienveillance qui nous a fait excuser Pierre le Picard, en nous offrant cette phrase tout à fait tolérable : *Qui est cil qui vient de Edom, — ce est du monde, — tainz ses vestemens de Bosra? — c'est de sanc*. S...... *cist qui vient de Edom, vestu de porpre rouge?*
[33] Cant. v, 10.
[34] R. *en lui*.
[35] R. *ou nom du Père,.... Esperit, qui vit et règne ou siècle des siècles*. Mais P s'en tient à la formule liturgique toute pure, sans nulle traduction.

BESTIAIRE LATIN.

A.

XXIV. DE NATURA COLUMBARUM [1].

Physiologus dicit de multis ac diversis coloribus esse columbas : id est color sturninus [2], niger, albus, stefanites [3], bracatus [4], erenus [5], cernereus (*cinereus?*), aurosus [6], melenus [7]. Rufus ergo (*autem?*) est super omnes primus qui omnes regit et placat [8], et cotidie (sic) etiam agrestes congregat in columbario suo.

Ipse [9] est ergo primus, qui nos pretioso sanguine redemit, et in unius Ecclesiae suae domum de diversis nationibus congregavit; non Moyses, non Isayas (*sic*), non aliqui patriarcharum aut prophetarum ; sed ipse, a Patre veniens, salvavit nos, et per passionem suam nos redemit a morte perpetua. Sicut Iohannes dicit (Marc. I, 10. — Joann. I, 32) : *Vidi caelum apertum, et Spiritum Dei descendentem tanquam colum-*

[1] Aucun autre ms. n'offre son secours pour collationner ce texte; il nous faudra consulter la traduction française en prose, qui se guidait évidemment sur un texte assez conforme au ms. de Bruxelles, je la désignerai par la lettre P. (ms. de l'Arsenal), ou R. (ms. de la Bibliothèque du roi).
[2] *Sturninus* reparaît encore clairement écrit, bien que P. donne lieu de supposer *turturinus*. Il semble donc que ce pourrait être un plumage semblable à celui de l'étourneau, c'est-à-dire mêlé de noir et de gris.
[3] J'ose à peine proposer de voir dans cette désignation une couleur analogue à celle de la plante *stephanitis*.
[4] Serait-ce *baccatus*, pour dire *ponctué* ou *pommelé* ? ou bien *badius* (*badiatus*), c'est-à-dire bai?
[5] Je proposerais *aërinus* ou *aëreus*.
[6] *Auratus?*
[7] *Melinus?* S. Isidore (*Etymol.*, libr. xix, cap. 17, t. iv, 440), d'après Pline, parle du *melinum* comme d'une substance colorante, d'un blanc éclatant.
[8] Cette expression doit équivaloir ici à *maintenir l'ordre*. Cf. supra, p. 275, note 7.
[9] Si je ne me trompe, cet *ipse* aura été substitué par inadvertance à l'abbréviation *xps*; et il faudrait lire *Christus est*.

bam, missum a Domino *qui vult omnes homines salvos fieri, et ad agnitionem veritatis venire* (I Tim. II, 4). Ipse ergo volens humanum genus congregare in Ecclesiam sanctam catholicam et apostolicam, misit Spiritum sanctum *multifariae* (sic) *multisque modis loquentem* (Hebr. I, 1),—Leges (sic) et prophetas — ad omne humanum... [10], sicut per diverses (sic) colores columbarum (*diversorum colorum columbas*).

Primum quidem significat Legem quasi nigro colore, id est propter obscuros sermones et vix intelligibiles sententias. Deinde sturninum colorem, diversitatem prophetarum. Aëreus vero color Heliam significat, qui raptus est per aerem in currum (sic) usque ad caelum. Cineritius (sic) autem color signat [11] populum Ninivitarum, propheta praedicans (*praedicante*) eis in cilitio (sic) et cinere poenitentiam agendam ; quo facto concessa est eis a Domino praesens vita. Aurosus color non nisi tres pueros significat, qui Spiritu Dei tamquam auro fulgentes, responderunt regi Nabuchodonosor, dicentes (Dan. III, 18) : *Scito, rex, quia nos deos tuos non colimus ; neque imaginem tuam auream, quam statuisti, non adoramus.* Melenus color est Eliseus qui suscepit melotem magistri sui Eliae euntem (sic) in caelum, et dupliciter spiritui (sic) ejus honorari meruit. Albus autem color est beatus Iohannes praecursor Christi, habens candorem sacri baptismatis, de quo propheta Esaias ait (Is. I, 16-18) : *Lavamini mundi estote, auferte iniquitates vestras ante conspectu* (sic) *oculorum [meorum] ; discite benefacere ; et si fuerint peccata vestra ut fenitium* (phoenicium), *ut nix dealbabuntur.* Et de eodem Iohanne Dominus testatur (Matth. XI, 11) : *Amen dico vobis, non fuit inter natos mulierum major Johanne Baptista. Lex enim et prophetae usque ad Johannem* (Luc. XVI, 16) praedicaverunt ; iste digito demonstravit agnum *qui tollit peccata mundi* (Ioann. I, 29). Stephanites vero, Stephanus ; est enim primus martyr Christi, qui glorioso Christi martyrio coronatus est.

Una sola stola (*Synagoga stulta*) et insipiens hac de genere (*ac degener?*), decoloratus (*decolorata*) est ; quoniam noluit illis sectam (*se tam?*) spetiosis (sic) sotiare columbis [12]. De qua dicit[ur], in Osee (Os. VII, 11) : *Erat Efraim columba non habens sensum ; AEgyptum invocabat et Assyrios* ; quoniam AEgyptios divisi (*dixit?*) et Assyrios et (*eos?*) qui idola colunt [et ?] daemonibus serviunt. Assyrii enim, secundum Scripturas, daemones intelleguntur ; sicut Davit (sic) dicit (Ps. XCV, 5) : *Omnes dii gentium daemonia* ; et Moyses testatur, dicens (Deuter. XXXII, 17) : *Sacrificaverunt daemoniis et non Deo.*

Denique neque Lex neque prophetae potuerunt genus humanum in unitate fidei congregare, nisi quando missus est a Deo Dominus Noster Iesus Christus qui est vera et rufa columba ; super quem descendit ignitus ille a Patre missus septiformis Spiritus, in spetie (sic) columbae. Rubeus color significat Domini passionem. Propter quod et Raab meretrix jam tunc per coccineum signum de Hiericho est salvator (*salvata?*) ; sicut spartum rubicundum, dicit (Cant. IV, 3), *labia tua* : et in Evangelio (Ioann. XIX, 2) induerunt Iudaei Dominum clamide (sic) coccinea. Et Esaias dicit (Is. LXIII, 1) : *Quis est iste qui ascendit ex Edum* (sic), *rufum vestimentum ejus ex Bosor?* Et coccinum ligatum est ab obstetrice in manu Zarae filii Iudae, cum adhuc in utero matris esset. Et in canticis canticorum (Cant. V, 10) ; *Patruelis* (fratruelis?) *meus candidus et rubicundus* ; candidus in virginitate, ru-

---

[10] Un espace de trois ou quatre lettres est demeuré blanc ; le mot devait être *genus*, quoique P ne nous le montre pas clairement.

[11] On peut choisir entre *signat* et *significat ;* A écrit *sig* surmonté d'un tiret.

[12] P, R et S nous abandonnent à cet endroit. Peut-être cette phrase se trouvait-elle altérée dans plusieurs mss. ; on s'expliquerait alors aisément que le prosateur français eût choisi pour sa tâche de traducteur le parti le plus court, en retranchant tout d'un coup plusieurs lignes qui ne lui présentaient aucun sens. A vrai dire, A donne assez l'idée de ce que peut être un texte indéchiffrable.

bicondus (*sic*) in martyrio per quod omnes credentes in eum pretioso sanguine redempti sumus, in nomine Patris et Filii et Spiritus Sancti, qui est benedictus in saecula saeculorum.

BESTIAIRE RIMÉ.

XXXII. Entre toz les altres oisels
Est li colons corteis et bels,
Et en bone signifiance;
Seinz Espiriz en sa semblance
Descendi al baptizement [1]
De Ihu Xpist verreiement;
Et meintes feiz est avenu
Que en sa semblance est venu
Seinz Espiriz por conforter
Cels que om soleit tormenter
Pur lor faire icel Deu guerpir
Que tot deit salver et garir.
Jadis chescon an soleit l'em [2]
En la cité Ihérusalem
La veille de la Paske veir
Un colomb blanc venir pur ver
Qui aportot le feu novel [3].

En colomb ad mult dols [4] oisel
Et sanz fel et sanz amertume;
S'unt [5] une mult bèle costume :
Car en beisant s'entrecompainnent,
Et en beisant d'amor esprainnent.
Quant ils sunt enz un colomber [6]
Deuz cenz u treis, u un moiller,
Un i en ait qui plus est pruz :
Quant il s'en moet [7], si movent tuz.

Cil les meine de totes parz :
Es montainnes et ès assarz [8]
Et ès plains champs, et ès arrez [9],
Es gaainnes [10], et ès semez.
Et quant il trove les salvages,
Il est tant veziés [11] et suges,
Qu'il les trait à son colomber;
Si lor fait toz le bois lesser [12].

Icest oisel nos signefie
Ihu qui tot ad en baillie,
Qui tot governe et tot atrait;
Et qui de tantes parz atrait
Les colombs à son colomber,
Et le salvage [13] et le ramer [14];
Son colomber est seinte Esglise
U il atrait à son servise,
Par bone prédicacion,
Nus qui salvages esteiom [15].
De sarazins et de païens
Ad sovent fait bons crestiens;
Et fera vers le finement
Tote la gent communement
Assembler en la fei commune,
Dunt vendront les dous Leis [16] à une.
Deus est esperitel colombs :

---

[1] X. bautismement.
[2] Cette forme (pour on, l'on) est la plus usitée dans les vers de Guillaume, quoiqu'om s'y trouve quelquefois, peut-être par erreur du copiste.
[3] Le miracle du feu nouveau à Jérusalem est raconté par beaucoup d'anciens auteurs; mais quoi qu'il en fût jadis, il a été reconnu depuis, que la supercherie avait grande part à la reproduction de ce spectacle que les Grecs prétendaient exploiter pour la justification de leur schisme. Du reste, Guillaume en parle déjà comme d'une chose qui ne se voyait plus de son temps.
[4] Y. dous; Z. douc.
[5] V. si unt.
[6] X, Y, Z. colombier et miilier (Y. miller).
[7] Z... se muet, si muevent tous.
[8] Z. essars; terres défrichées récemment, ou taillis éclaircis par la cognée, etc.
[9] X e Y. arez : labourés.
[10] X. ganigniez ; Y. gaignajes ; Z. gaagnages : terres de rapport, métairies,
[11] Y. avisez; Z. visens.
[12] Y. laisser; X. lessier; Z. laissier; ital. lasciare.
[13] X. champestré.
[14] X. ramier, et columbier.
[15] Dans bien des campagnes on peut encore entendre parfois j'étiomes.
[16] C'est-à-dire que, par la conversion des derniers juifs, la Loi de Moïse cessera de se déclarer contre la Loi de Jésus-Christ. L'idée des deux Lois était singulièrement familière et présente à tous les esprits durant le cours du moyen âge. Les monuments retracent presque constamment cette grande pensée dès que l'art chrétien se développe, et jusqu'à l'instant où les artistes renoncent à être populaires. Nous l'avons montré ailleurs (*Vitraux de Bourges*, n°s 28-30, 32-41, 67, etc.; p. 42-49, 51-72, 123-125. etc., etc.), et dans ces *mélanges*, t. II, p. 50, svv.

Bons[17] est, et beis, et léz[18] et longs;
Et ses èles si larges sont
Qu'ele coevrent trestot le mond.
La veie[19] que il nus anseinne
Devom aler, nuls ne se fainne[20].
Se ceo feissoms, séurement
Toz nus menra à salvement.
Vus ne devez espérer mie
Que Moïses ne Ysaïe,
Ne prophète, ne messager
Qui[21] unques Deus éust tant cher,
Nus méinst[22] à salvacion;
Mès cil par s'incarnacion
Que del halt Père descendi,
Salut et vie nus rendi[23].
Deu qui voleit humain lignage
Raendre[24] et oster de servage
Et assembler en seinte Esglise,
Envoia einz[25] en meinte guise
Ça jus en terre por prêcher
Meint prophète, meint messager
U le seinz Espiriz parleit;
Et en meinte guise diseit
Coment Nostre Sire vendroit
Salver le mond que périssoit.
  Encor avoms asez à dire
. . . .[26]

Uncor[27] m'estuet que vus devis
Des colombs qui sunt blans et bis;
Li un unt color aermine[28],
Et li altre unt[29] stéphanine,
Li un sont vermeil, l'altre ros,
Li un sont veir[30], l'altre cendros:
Et des colombs i ad plosors
Qui unt trestotes ces[31] colors.
  Cil qui est en color divers,
Ceo dit ma lettre et mon vers,
Démustre la diversité
Des prophètes, por vérité :
Des dozze qui diversement
Annoncièrent l'avènement
Nostre Seignor[32] : mès, ne porquant,
Trestoz sont à un acordant;
Qui de chescun saureit entendre
La parole, et reson rendre;
Mès il covendreit en la lettre
Dreite interprétacion mettre.
  El colomb qui resemble cendre
Devom certeinement entendre
Li corteis prophète Ihonas[33]
(Ceo ne devez mescrère pas),
Qui en haire et en cendre alat
As Ninivens[34], et prééchat
Nostre Seignor, comme léals,

[17] Y. grans est et biax.
[18] Large; Z. lés. Ce mot n'est demeuré dans notre langue que pour quelques expressions techniques. Cf. supra, p. 255, note 23.
[19] Y. voie.
[20] Que nul ne se fasse illusion. Y. s'en faigne; X. feigne; LAT. fingere; FRANC. feindre.
[21] X. Y, Z. que.
[22] Y. méist; Z. misist. Ce vers et les deux suivants manquent dans X.
[23] X. nos rendist,
  Fors le Sauveor Ihu Crist.
Par l'addition de ce dernier vers qui complète une paire de rimes, X répare l'omission de trois vers précédents.
[24] X. réendre (redimere). Arrivé à cette forme, le verbe raendre a été confondu avec rendre par plusieurs mss.
[25] Avant. Dans le français du xve siècle, ce mot avait fini par correspondre à plutôt ou bien plus. Mais ce n'était qu'une acception secondaire; et la trace du sens primitif ainsi que de l'origine, est évidente dans l'espagnol antes bien.

[26] J'écarte ici cent quarante vers qui composeront à part l'article suivant, et que la coupe des mss. en prose (latine et française) écartait à bon droit.
[27] Y. encor.
[28] Le sens et la suite du texte indique qu'il devrait y avoir aérine; mais X, qui s'en rapproche le plus, a aïérine; et Z va jusqu'à écrire
  Li un en ont colour ermine.
[29] Z. d'estamine.
[30] Y. voir; Z. vair.
[31] X. les.
[32] C'est-à-dire : de Notre-Seigneur; locution qui a repris faveur dàns le langage parlementaire.
[33] X et Y. Jonas. On voit que l'épithète corteis avait un sens fort étendu qui permettait de l'accoler à bien des noms. J'ai entendu, dans la Suisse romande faire un emploi fort semblable de l'adjectif joli. On y dit, par exemple; un joli homme pour désigner un caractère obligeant, courtois (ITAL. cortese, galantaomo), etc.
[34] X. niniveis.

BESTIAIRES (Pl. XXII).

Al pople mescréant et feals,
Et Deus l'en [35] rendi gueredon
Quant il el ventre del peisson
Le salva et gari [36] de mort,
Et pois le mena à dreit port.

    Li colombs qui al eïr [37] resemble,
Signefie, si cum mei semble,
Li prophète qui fust ravi ;
C'est Hélias dunt jo vus di,
Qui [38] nus quidoms uncore en vie.
Et li blancs colombs signefie
Seint Johans qui primèrement
Començat le baptismement [39]
El non de celui qui veneit,
Qui uncore à venir esteit.
El [40] baptisme, ben le sacez.
Est li hom lavez de pecchez ;
Li prophète Isaïe dist
Long temps ainz que Johan venist :
Lavez vus et seiez mondez,
Mals [41] pensers de vos cuers ostez ;
Car si devant estoiez neir,

Trestot [42] serrez dunt blanc por veir.
Li roges [43] colombs, par reison,
Signefie la Passion
U Ihu son sanc espandi
Qui vie et veie [44] nus rendi ;
Altrement foissom [45] mort sanz fin.

    Li colomb qui est stéphanin [46]
Nus deit seint Estevène [47] noter
Qui por Deu se lessa péner ;
Et premèrement déservi [48],
Par le martire qu'il soffri ,
Véer [49] le Fiz Deu à sa destre
Estant en la joie célestre.

    Ore avez oï des colombs
Le chapitle [50] qui en est longs ;
Et si [51] ben l'avez retenu,
Mult vus en est miels [52] avenu.
Car bone ensample poez prendre,
Si [53] la réson volez entendre [54],
Et en après voillez ovrer ;
Granz bens i porrez recovrer.

---

[35] Y. *li en rendi guerdon.*
[36] Nos prétérits pouvaient donc prendre alors la forme du *tronco* italien : *salvò, guarì.*
[37] X et Y. *l'air.*
[38] X et Y. *que.*
[39] X. *baptismement* ; Y. *bautisement.*
[40] X. *en*, Y. *ou.*
[41] Y. *maupensers.*
[42] X et Y. *se.*
[43] Cette forme est bien voisine de la *città roggia* de Dante.
[44] X. *joie.*
[45] Y. *fuissom* ; X. *fuisum.* Catalan, *fosom.*
[46] Z. *estamin.* Cela est au moins d'accord avec les précédents (note 29).

[47] Le rhythme exigerait *Estève*, mais *Estièvène* est dans Z. X et Y *Estiène.*
[48] Ce mot s'est représenté plusieurs fois avec le sens de *mériter, être jugé digne.* Cf. *supra*, p. 277, not. 28.
[49] Cette forme rappelle plus l'italien *vedere*, que le latin. esp. *veer.*
[50] X et Y. *chapistre* ; Z. *capitol.* Dans Z l'article se termine avec ce vers.
[51] X et Y. *se.*
[52] X et Y. *bien.*
[53] X et Y *se.*
[55] X s'arrête à cet endroit, et omet les deux vers suivants. Nous n'y perdons, après tout, qu'une sorte de péroraison par laquelle le trouvère prend congé de ses lecteurs, faute de savoir finir simplement.

OBSERVATIONS.

Cet article prête peu à des détails d'histoire naturelle qui puissent avancer aucune question du Bestiaire. Un examen rapide des divers textes que nous avons ici sous les yeux, sera plus utile. La marche habituelle du trouvère Guilliame, qui semble déserter en cet endroit les pas de son guide accoutumé, autorise à soupçonner que si ces vers s'écartent à ce point de la prose latine et française, c'est qu'il aura eu sous les yeux quelque modèle différent de ceux que nous avons découverts. D'ailleurs, en y regardant de près, on conviendra, je pense, que de part et d'autre se rencontrent des traits dépareillés qui ont besoin de se compléter réciproquement pour former un ensemble bien lié. Ce chef de colombier dont parle Guilliame, et qui est là visiblement comme une pierre d'attente pour préparer l'application morale à N.-S. Jésus-Christ, devait manifestement se trouver dans les textes anciens. De même, les diverses couleurs dont parlent dès le commencement nos textes latins et français en prose, et qui ne sont mentionnées par Guilliame qu'après une sorte d'interruption fort longue, avaient sans doute pour but d'amener l'énumération des principaux prophètes ; et cela étant, il n'est pas aisé de comprendre pourquoi notre versificateur a renvoyé si loin ce détail avec son explication mystique. Philippe de Thaun (*l. cit.*, p. 116) est, en cet endroit, plus court à la fois, et plus complet, mais sans se conformer absolument à aucun des textes réunis ici ; et il indique une meilleure leçon quand il aborde ainsi sa matière : (*De columba*) *quae etiam alias columbas ad se remeare facit, et haec columba Christum significat.*

Uns coluns est, ceo dit
Ysidre ([1]) en sun escrit,
Ki à sun columber
Altres fait repairer ;
Et quant sunt asemblez,
Tut unt lur volentez.
  De plusieurs colors sunt
Li columb ki là sunt.
Or oez senz dutance
De tut signefiance.
  Li coluns signefie
Jhésu le Fiz Marie,
E nus ses coluns sumes, Etc.

[1] Saint Isidore (en espagnol, encore aujourd'hui, *Isidro*) n'a pas, que je sache, donné ces détails ; mais, outre qu'il a évidemment connu le *Physiologus*, dont on peut facilement reconnaître des lambeaux dans ses écrits (si bien que j'aurais pu m'en aider parfois pour les variantes du texte latin), l'autorité de ce grand compilateur était invoquée volontiers au moyen âge par les séculiers qui prétendaient se donner un vernis de science : ils le tenaient pour une sorte d'encyclopédie où tout devait (*a priori*) se rencontrer d'une façon plus ou moins complète. Et ce n'était vraiment pas sans quelque fondement qu'on l'avait en telle estime.

Voilà une exposition franche et complète. Puis quand Philippe de Thaun énumère les diverses couleurs, et en fait l'application aux prophètes, il ne parle que du bis (Elie), du bleu (Jonas), de l'or (Ananias, Azarias et Misael), et du blanc (St. Jean-Baptiste). La pourpre, enfin, ou rouge vermeil, désigne Notre-Seigneur. Mais pas un mot ne laisse conjecturer que Philippe ait connu le misérable calembour (si obscur d'ailleurs quant à un sens quelconque) de la couleur *stéphanine* appliquée à St. Étienne, lequel se trouve, par ce beau moyen, mis au nombre des prophètes sans qu'on puisse en justifier le pourquoi ni le comment. Si, chez Philippe de Thaun, le symbolisme est pourtant étrange et un peu forcé) comme, du reste, dans presque tout ce livre), au moins est-il exempt (en cet endroit) de froid remplissage et de détails embarrassés, dont l'éclaircissement (fût-il possible) ne payerait point par ses résultats la peine qu'on se serait donnée à percer les ténèbres. Cf. Tychsen, *l. cit.*, 137, sqq.

59 (Fig. B I).

DEL DRAGON, DEL ARBRE DE JUDÉE (sic) ET DEL COLON [1].

Une autre [2] samblance est de [3] colons. Uns arbres est en Judée [4] qui est apelés en grieu *peredixion* [5] et en latin *environ destre*. Li fruis de cel arbre est moult douz et soef; li colon se délitent moult en l'arbre, car il se refont [6] del fruit de lui, et reposent sos l'onbre. Uns dragons est là, mult cruels; et het moult les colons, et li colon lui. Et autretant comme li colon héent [7] le dragon et fuient de lui, altretant het [8] li dragons l'arbre; qu'il ne l'ose [9] aprochier de l'ombre. Quant li dragons agaitte [10] un des colons à prendre, il l'agaite [11] de loins l'arbre; et en quelconques partie l'ombre s'estent [12], il l'eschiève totes oeres. Li colons qui sèvent bien que li dragon het l'arbre et l'ombre et n'i ose aprochier, il conversent et demorent sor l'arbre por les agais del dragon. Car tant com il sont de sor [13] l'arbre, n'en puet nul prendre. S'il avient que aleuns des colons soit sevrés [14] del arbre et li dragons le trueve hors del arbre, enraument [15] le ravit et dévore.

Nos [16], crestien, qui savons de cest arbre qui est apelé *environ destre*, sénéfie [17] ce que nule cose senestre n'i est; c'est que il est tos plains de bien. La destre del arbre nos sénéfie le Fils Dieu, dont il meismes dist [18] : *Li arbres est coneus par le fruit.* Li ombre del arbre est example del Saint Esperit, si comme sains Gabriels dist à Nostre Dame Sainte Marie [19] : *Li Sains Es-*

---

[1] R. Nul autre titre que *Du coulon.* — S. *du dragon annemi des coulons.*

[2] S. *encore dist-on autre chose des coulons; car il est un arbre en Ynde, que on apelle perexedion* (sic), *et en latin destre*, etc.

[3] R. *si mostrée du coulon.*

[4] R. *Inde.*

[5] R. *paredixion;* S. *perexidion.*

[6] Se nourrissent; mot de la famille de *réfectoire*, qui est demeuré isolé dans notre langue.

[7] S. *crièment.*

[8] S. *crient.*

[9] R. *qu'il n'ose passer, ne aprochier l'ombre.* — S. *...cel arbre et l'eschiève, si qu'il nose aproucher de l'ombre.*

[10] R et S. *a agaitié.*

[11] R et S. *il agaite.*

[12] R... *s'estent, ou à destre ou à senestre, il eschiève toutes eures l'onbre.* — S. *et l'ombre de cel arbre est en la destre partie, si se torne en la cenestre* (sic), etc.

[13] R. *Sont sous* (S. *soubz*) *l'arbre, n'en puet il nus prendre.*

[14] R. *dessevrés; séparés, éloignés.* Nous disons encore *sevrer* pour écarter du sein (separatus ab ubere).

[15] S. *maintenant le prent et déveure.*

[16] S. *Ces choses raconte Phisiologes des coulons. Doncques nous, crestiens, savons l'arbre de perdicion; le devons fuir, et torner à bon arbre. Le arbre ce est le Filz de Dieu, si comme l'euwangelistre dist : Le arbre est congneus*, etc.

[17] R... *destre, por ce que.*

[18] Matth. VII, 16. sq.

[19] Luc. I, 35.

peris vendra en toi. Li colon ce sont li feeil [20] Deu, sicomme Dex dist en l'Évangile [21] : *Soiés simple comme colon, et sage comme serpent;* simple [22], que vous ne fachiez nul mal; sages, que vos ne soiez prin [23] par le dragon, c'est del déable. Hom [24] de Deu esgarde toi, parmaing en foi commune; tien toi et demore et abite en la foi del Père et del Fils et del Saint Esperit, en la vertu de sainte Yglise. Dont li Salmistres dit [25] : *Moult est bone* [26] *cose et joiouse d'abiter gent ensemble en une volenté.* Hom de Deu eschive toi quan que tu pues [27] que tu ne soies trovés dehors [28] ceste maison ; nient plus que li colons fors de l'ombre, que li dragons ne le devort [29]. C'est à entendre li diables par coi Judas fu dévorés si tost comme il issi [30] de Deu.

[20] R. *li féel; sicomme...* — S. *le coulon signifie les loiaux crestiens, sicomme...*
[21] Matth. x, 16.
[22] S. *soiés simple et ne faites tricherie à neluy, soiés saiges, que vous ne soiés prins...*
[23] Ce mot manque dans P. — R. *pris.*
[24] S. *O tu, crestien, enten donques à toy et permain en bonne foy et sainte : ce est en la foy du Père...*
[25] Ps. CXXXII, 1.

[26] S. *joieuse chose, frères habiter en I lieu. Et ailleurs dist-il* (Ps. LXVII, 7) : *Qui fait habiter ceulx d'un courage en une maison. O tu, hom, garde que tu n'isses hors de celle maison,* etc.
[27] R. *tant comme tu puez.*
[28] R. *Defors ceste maison, ne que li coulons.*
[29] R. *ne te devort.* — S. *ne te preigne et qu'il ne te déveure.*
[30] R. *oissi.*

BESTIAIRE LATIN.

A.

XXX. DE ARBORE PERINDEX [1].

Haec [2] arbor invenitur in India, fructus autem arboris hujus dulcis est totus et valde suavis ; columbae autem delectantur in fructu [3] arboris illius, habitant autem in ea pascentes [4] fructus ejus. Inimicus [5] est autem draco columbis, timet autem arborem illam et umbram ejus ubi columbae demorantur [6], et non potest draco appropiare arbori neque umbrae ejus. Si enim umbra arboris venerit [8] ad Occidentem, fugit

[1] Nous avons en face une autre forme qui n'est pas aussi éloignée du véritable mot. Mais à force de mutations, παράδειξον en est arrivé à devenir *pendens* dans H (p. 443); et ce n'est point par faute d'impression, car E maintient cette leçon. Rien sur ce sujet dans B, D, M.
[2] H. *de arbore quadam in India.* H et E, *pendens est arbor in India; est* (E, *fructus*) *autem hujus arboris fructus* (E omis) *dulcis totus.*
[3] H et E. *fructibus hujus arboris, habitantque.*
[4] A. *fascentes* (sic) *fructum.*
[5] H et E. *draco autem est* (E. *inimicus est*) *inimicus columbis, timetque arborem et umbram.*
[6] H et E. *morantur.*
[7] H et E. *appropinquare.*

C.

XIX. DE ARBORE QUI DICITUR PEREDEXION [1].

Haec arbor in India est, fructus dulcissimus est et suavis valde; columbas (*sic*) autem delectantur nimium (*nimis in?*) fructum illius, et habitant in ramis ejus. Inimicus est draco columba (*sic*), et timet draco adpropinquare ad arborem. Si enim umbra arboris ad Orientem declinaverit, fugit draco ad Occidentem ; si enim (*autem*) ad Occidentem venerit umbra, fugit draco ad Occidentem (*Orientem*). Et si occasu (*casu?*) operuerit (*sic*) columba, occidit ea[m] draco.

Arborem istum (*sic*), Salvatorem ponimus, qui est lignum vitae omnibus credentibus eum. In umbra ejus omnis merito (*omne est meritum*) ; et clamat Apostolus dicens (Galat. vi, 14) : *Mihi autem absit gloriari nisi in cruce Domini, per quem mihi mundus crucifixus est et ego ui* (sic) *mundo.*

[21] Ce nom n'a pas réussi à trouver une forme que respectassent les copistes. Dans le *Speculum naturale* (comme chez Pierre le Picard) il devient *peredixion*, et *hyperdyxion* chez Albert-le-Grand. Ailleurs, c'est *pérexédion*, et *perdicion.*

BESTIAIRES (Pl. XXII).

A.

draco ad Orientem; si iterum venerit umbra ejus ad Orientem, fugit ad Occidentem. Si autem fiat ut columba inveniatur foris[9] arborem aut [10] umbrae (sic) ejus, et inveniat eam draco, occidit eam.

Arborem [11], Patrem omnipotentem dic [12]; umbram, Filium. Sicut dixit' Gabrihel (sic) ad Mariam (Luc. I, 35): *Spiritus Sanctus superveniet in te, et virtus altissimi obumbrabit tibi.* Fructum autem [13], caelestem Sapientiam dic [14]; columbam, Spiritum

A.

Sanctum. Vide ergo, homo [15], ne postquam acceperis Spiritum Sanctum, hoc est [16] columbam intelligibilem (sic) de caelo descendentem et manentem super te, fias [17] foris ab aeternitate, alienus a Patre et Filio et Spiritu Sancto; et [18] draco te interimat, hoc [19] est diabolus. Non [20] potest draco adpropiare arbori, neque umbrae, neque fructu[i] arboris; et si tu habeas caelestem Spiritum Sanctum, non potest draco tibi appropiare, hoc est diabolus.

---

[8] H. *ad Occidentem venerit, fugit ipse ad Orientem, et e converso. Si autem evenerit ut columba...* — E. *venerit ad Orientem, fugit draco ad Occidentem, et e converso. Si autem fiat...*

[9] H et E. *extra.*

[10] H et E. *vel* (E. *aut*) *umbram ejus, occidit eam draco.*

[11] H et E. *arborem hanc* (E. omis) *Deum Patrem intellige; umbram, Filium ejus, sicut Gabriel dicit.*

[12] A. porte *dic* surmonté d'un tiret. Fallait-il lire : *dicito, dicimus,* etc. ?

[13] H et E. omis.

[14] A. comme précédemment; voyez note 12.—H et E. *sapientiam Domini, scilicet Spiritum Sanctum.*

[15] H et E. *o homo.*

[16] H et E. *id est spiritualem columbam et* (E. omis) *intelligibilem, et manentem super te, foris fias ab...*

[17] A. *ne fias.*

[18] H et E. *ne.*

[19] H et E. *id.*

[20] H et E. *nam si, tu habes* (E. *habeas*) *Spiritum Sanctum, non potest tibi appropinquare draco.* Attende (E. omis : *Et permane,* etc.) *ergo, o homo, et permane in fide catholica, ibique* (H. omis : *Cave quantum potes,* etc.) *habita ibique persevera in una Ecclesia catholica. Cave quantum potes, ne extra domum inveniaris; et comprehendat te ille draco, serpens antiquus, foris; et devoret te sicut Judam qui, mox ut exiit a domo Domino? Cf. supra,* p. 284, note 30) *foras et a fratribus apostolis, statim a daemone devoratus est et periit.* Il ne faut pas dissimuler un fait qui pourra infirmer plusieurs conséquences où semblerait conduire la similitude fréquente d'H et E. Ce dernier ms. provient, si je ne me trompe, de l'abbaye de Saint-Victor, près Paris, et pourrait bien avoir servi à l'édition du traité *de bestiis* que les chanoines Victorins ont joint aux œuvres d'Hugues. Je soupçonne que notre ms. a surtout été employé pour la publication du troisième livre, qui est du reste une sorte de complément boiteux fort peu en harmonie avec les parties précédentes.

BESTIAIRE RIMÉ.

XXXIII. Encor avoms asez à dire
Des coloms et de lor martire [1].
Un ARBRE ad en Ynde la grant
Bel et foillu et umbrajant [2];
Froit [3] porte bon, et duls et cher,
Et si vus pois ben aficher,
Si cum li livres le m'aprent,
Que grant est l'ombre que il rent.'

Bels est dedens et environ,
Et si dient que il ad non
PARADIXCION en griseis;
Ceo sone altretant en franceis
Comme dire *environ la destre.*
Soz cel arbre fait mult bel estre;
Là dedenz mainnent et habitent
Li colombs qui mult se délitent :

---

[1] De même qu'*agoniser* et *lapider* ont fini par exprimer en picard la notion de *tourment, fatigue, ennui, vexation,* etc.; *martyrium (martiroi,* etc.) en était venu dans le vieux français à signifier presque toute espèce de torture, d'angoisse et de violent malaise (appréhension, gêne, contrainte).

[2] Y. *onbraent* ; Z. *umbroiant,* CATALAN, *umbrejant.*

[3] Y. *finit.* Cf. *infra,* p. 286, not. 5, 21, 27, etc.

Car il sont del froit saulez,
Et desuz l'ombre reposez.
Jà d'iloc n'es estot mover
Pur aver tot lor estover.

 Uns DRAGONS est en cel païz
Qui as colombs est enemiz,
Car il les mangüe et dévore.
Mès cil qui suz l'arbre demore
Et desuz l'arbre adès se tent,
Reñ ne le dote ne nel le crient.
Li colombs qui conneissent ben
Que cil les het sor tote ren,
Se tènent sor l'arbre tot dis ;
S'il n'est alcon fols et jolis
Que d'iloc isse folement ;
Quant il s'en ist, tost s'en repent.
Le dragon crèment li colombs,
Et altretant crient li dragons
De prismer à l'arbre et à l'ombre ;
Nule feiz les colombs n'encombre
S'il n'es trove de l'ombre issuz.
Si les trove, si sunt perdus,
Car il est tot dis en aguait.
Quant cel arbre son ombre fait
En la partie devers destre,
Dunt est li dragons à senestre ;
Quant l'ombre vers sinestre torne,
Li dragons arère retorne.
Il ne porreit l'ombre soffrir,
Que lui n'esteut errant morir,
Li colombs qui sunt pruz et sage
Se tènent adès suz l'ombrage

De l'arbre, qui lor adversaire
Encombrer ne lor poisse faire.
Mès s'alcons folement se moet,
Cil le prent, qui faire le poet ;
Isnèlement l'ad dévoré,
Et mult li semble savoré.

 Nos, crestien, qui ben savom
Qui est cel arbre, et cum ad non,
Nus devriom toz jorz tenir
Desuz l'ombre, et à li venir.
Car d'iloc vent et moet tot ben,
De male cose n'i ad ren.
C'est nostre Père omnipotent
Qui son ombre et ses rains estent
Sor toz ceus qui vènent à lui
Por aver garant et refui.

 Le froit del arbre, signefie
Ihu le filz seinte Marie.
Ceo est le froit qui nus gari
Quant estéoms mort et trahi :
Par le froit que Adam gosta,
De joie nus déserita ;
Le Filz Deu, qui gosta le fel,
Nus rendi la joie del cel.
Le fruit (*sic*) del arbre nus trahi,
Le Filz Deu nus raenst et gari
Qui el fust pendre se lessa ;
L'aisil but, et le fel gosta.

 Or devom ben entendre tut
Quel est l'arbre, quel est le frut :
L'arbre est Père, le frut est Fiz,
Et l'ombre est li Seinz Espiriz ;

---

[4] X et Z. *quant*.
[5] X, Y, Z. *fruit*.
[6] X et Y. *de soz* ; Z. *desous*.
[7] X et Z. *estuet* ; Y. *estuit*.
[8] Tout ce qu'il leur faut.
[9] Y. *soz* ; Z. *sons*.
[10] Ce vers et le suivant manquent dans V et Z.
[11] Z. *sons*.
[12] X. *se* ; Y. *si* ; Z. *si ce n'est aucuns-faus jolis*.
[13] Folâtre ; ITAL. *giulivo*.
[14] *Proismer*? Y. *d'aprocher*.
[15] X et Y. *sinestre*.
[16] X. *que il ne l'esteust morir* ; Z. *kil ne l'estéut errant morir*.
[17] Y. *sor* ; X. *en*.

[18] X. *que*; Z. *por lor aversaire*; *l'encombrier*, etc.
[19] Y. *que*.
[20] Dépend, descend. Ce mot rappelle le style du droit féodal (*mouvance*, etc.).
[21] X. *fruit* ; Y. *frais*.
[22] Y. *li fruis... trai*.
[23] X. omet ce mot qui brise la mesure du vers dans V et Y.
[24] *super lignum*, comme parle la Vulgate. Nous ne disons plus guères que *futaie, futaille*.
[25] Vinaigre ; mot conservé en piémontais.
[26] X. *le Père;* mais de cette façon le vers est faux.
[27] X. maintient constamment la forme actuelle *fruit* ; et au vers précédent, il le faisait rimer avec *tuit* (tout). Nous reverrons pourtant encore l'orthographe *froit*.

Sicum l'angle dist à Marie
La seinte Réine florie :
Le Seinz Espiriz sorvendra
En tei [28], *en qui s'aumbrera*
La vertu del très halt Seingnor ;
De tel nestra le Salveor :
　En l'arbre devom, sanz mesprendre,
La personne del Père entendre ;
El fruit, la personne del Fiz ;
Et l'ombre [29] est li Seinz Espiriz
Que [30] de l'un et de l'altre vent.
Issi creire le nus covient
Se nos almes volom salver.
Se hors de ceo nus poet trover
Li mals dragons que nus défie,
Meintenant nus toldra la vie.
　Seignors, de ceo nus porpensom,
Desus cest arbre nus tenom :
Car nus sumes del froit peuz
Et par l'ombre ben défenduz ;
Que jà n'aprismerat [31] à nos
Li felon dragon envios.
Tenom nus dedenz seinte Esglise
Qui ceste créance devise ;
Se hors de créance [32] issom,
Nus serrom livré al dragon
Qui n'atent [33] fors que hors s'en isse
Le fol dolent que il saisisse.
De ceo séoms séurs et fiz [34] :
　Si el non del Père et del Fiz,
Et del Seinz Espiriz tenom
En la seinte religion

Que seinte Eglise [35] nus enseigne,
Et al duz Criz [36], et à l'enseigne
De la seinte croix aorée,
Nostre vie iert [37] benurée.
Et sachez ben : qui ceo ne creit
Que un Deus treis persone seit,
Qui tot créa et qui tot fist,
Il est de la gent Antecrist.
Nus sumes li colombs féeil
Qui de la grâce et del conseil
Nostre Seignor vivre porrom
Tant comme suz l'arbre serrom.
Ihu méismes, nostre Sire,
Nus amoneste en levangire [38],
Dunt nus ben creire le devoms :
Seiom simples oum li colombs,
Et si sages oum li serpens,
Et quels est li entendemens
De ceste parole coverte ?
Jo la vus musterrai aperte.
C'est-à-dire que nus séom
Si simples que nus n'enginnom [39]
Vers nostre presme [40] félonie ;
Et si sages, que la voisdie [41]
Ne l'aguait [42] de nostre adversaire,
Ne nus poisse nulli [43] malfaire.
Seignors, por Deu l'hal.isme [44] rei,
A seinte Eglise et à la fei
Demorom et persévérom.
Car en la fin salf en serom.
Uncor m'estuet que vus devis
Etc. [45]

[28] Y. *sus toi.*
[29] V. *li terz* ; Y. *li ters.*
[30] X et Y. *qui.*
[31] X et Y. *n'aprochera.*
[32] V et Y. *ceste créance.*
[33] Y. *n'atant* ; V. *n'ateint*, mais la phrase deviendrait inintelligible s'il fallait lire *atteindre* au lieu d'*attendre*.
[34] Ce mot signifie sans doute *assuré*, de même qu'*afficher* signifiait *affermer*.
[35] X et Y. *iglise.*
[36] X. *douz cri* ; Z. *Dieu Crist* ; Y. *Crist Dieu.*
[37] Z. *ert* ; X et Y. *est benuréo.*
[38] J'ignore comment il faudrait couper ce mot : fallait-il lire *vangire*, à la manière de l'italien *vangelo*, ou *évangire* ; comme

simple variante d'*évangile*, modifié pour la rime ? Pareilles licences se rencontrent plus d'une fois à cette époque.
[39] Ce verbe doit avoir ici le sens de *trame pernicieuse, complot, combinaison rusée*, etc.
[40] Y et Z. *proisme.*
[41] X. *boidie.* Cf. *supra*, t. II, p. 129, not. 12.
[42] Nous avons conservé l'expression *être aux aguets*, et *guetter* ; ital. *aggusto.*
[43] Y *nului* (nului ?) *maufere.*
[44] X et Y. *l'autisme* ; lat. altissimus.
[45] J'ai transporté à la fin de l'article précédent (p. 280) les vers qui se trouvaient ici dans tous mes mss., mais qui réellement complètent la première partie, en exposant le symbolisme de la couleur des colombes.

OBSERVATIONS.

Dans le *Physiologus* syriaque publié par Tychsen (p. 137, sq.), c'est tout simplement l'épervier, et non pas un dragon, qui dévore les colombes quand elles se séparent de la troupe de leurs compagnes; car il ne peut rien contre elles lorsqu'elles sont réunies. Mais le dragon et l'arbre reparaissent, quoique sans colombes, dans la lettre attribuée au Prestre-Jean (F. Denis, *Le Monde enchanté*, p. 200). Il ne s'agit plus de guerre entre le dragon et les oiseaux, dans ce bizarre document sur les merveilles indiennes; tout le souci du monstre est tourné vers le soin d'interdire l'approche de son arbre aux chrétiens qui viennent y recueillir le baume pour la préparation du chrême (*voyez*, ci-dessus, l'article 13, *De l'aspis*, t. II, p. 147-155). Malgré cette différence, il se pourrait que le récit prêté au prince-évêque d'Asie eût été puisé primitivement à la même source que le *Physiologus*, si ce n'est dans {le *Physiologus* même. Cet arbre qui, selon le soi-disant *Prestre-Jean*, croît dans le voisinage du paradis terrestre, sans doute), ne devrait-il pas cette indication de localité à une interprétation maladroite du mot *paradexion* que nous avons vu passer à diverses formes plus ou moins insignifiantes dans les textes latins et français? Il y aurait là matière à des recherches qui pourraient nous entraîner un peu loin, sans que les lecteurs fussent bien empressés de nous suivre dans une telle excursion. Cf. Mizald. *centur.* IX, § 97; fol. 135, v°.

ANCIENNES ÉTOFFES.

TROISIÈME MÉMOIRE.

PL. XXXI, XXXII, XXXIII, XXXIV.

Nous sommes contraints de suspendre ici la publication des Bestiaires pour ne pas trop grossir ce volume, déjà plus considérable que les premiers. La fin du *Physiologus* paraîtra dans le suivant et n'en occupera que quelques feuilles. Nous profiterons de l'espace qui nous sera laissé pour développer nos études précédentes sur l'orfèvrerie, la sculpture, la peinture, et en particulier sur les tissus anciens : branche de l'archéologie, si négligée jusqu'à ce jour, et qui captive enfin l'attention.

Nous avons appris par un membre distingué de l'Académie de Berlin, M. le conseiller d'Olfers, directeur général des musées royaux de Prusse, que dans un congrès tenu à Nuremberg, dans l'automne dernier, les archéologues allemands ont exprimé hautement le vœu qu'on recueillît de toutes parts, avec soin, les anciens tissus de nature à faire mieux connaître l'histoire de l'industrie et de l'art. Nous nous félicitons de ce que l'abondante récolte qu'il nous a été donné de faire à Aix-la-Chapelle, à Ratisbonne, à Bamberg, à Eichstaed, ait pu contribuer à réveiller un zèle qui nous promet beaucoup. En France aussi notre collection commencée paraît avoir excité une heureuse émulation. Le public a été averti qu'un archéologue distingué, M. le chevalier de Linas, consacre les loisirs que permet sa fortune, à voyager à la recherche des mêmes monuments. Ces efforts nous confirment dans la pensée qu'au sein des inépuisables mines des antiquités chrétiennes, nous avons rencontré là un filon précieux. Nous le suivrons donc encore, et d'autant plus volontiers que nos propres voyages nous ont procuré récemment de bonnes rencontres.

Nous finissons ce volume en réunissant quatre étoffes espagnoles d'une époque dont nous n'avons pas encore publié de spécimens.

Le tissu de la planche XXXI a été dessiné sur des vitraux de Bourges, exécutés vers le commencement du xv⁰ siècle. La composition, pleine de verve et de fantaisie, s'éloigne de plus en plus des traditions de simplicité et de grandeur sereine du xiii⁰. Nous ne retrouvons même plus toute la grâce charmante et la haute distinction de certains dessins du xiv⁰; mais pourtant quelle supériorité sur les compositions suivantes! Désormais, on le voit, l'imagination s'épuise, le goût perd sa finesse, l'art ogival décline et le moment approche où un rival plein de vie le rejettera dans le passé. Nous suivons les phases de cette décadence dans les trois dernières planches, dessinées en Espagne. La planche XXXII représente une riche étoffe de la cathédrale de Tolède, du milieu, à peu près, du xv⁰ siècle. Celle de la planche XXXIII, dans le trésor de la même cathédrale, affecte des formes qui ne peuvent appartenir, si j'en crois de nombreuses analogies, qu'à la fin du même siècle, au temps de Ferdinand et d'Isabelle. Enfin la planche XXXIV, tirée de nos souvenirs de Sarragosse, nous fait franchir les dernières années du xv⁰ siècle et entrevoir la molle et riche élégance de la Renaissance italienne.

Le quatrième volume des Mélanges s'ouvrira par un Mémoire de notre confrère et ami le P. Garrucci, Napolitain, de l'Académie d'Herculanum, sur les célèbres tombeaux païens trouvés dans les catacombes de Prétextat à Rome. Si ce travail n'est pas inédit, il est resté presque inconnu dans nos contrées, où la grande œuvre de M. Perret doit rendre sa connaissance plus importante. D'ailleurs des aperçus nouveaux nous sont offerts par l'auteur actuellement à Paris, et feront de l'édition française une œuvre à peu près nouvelle.

ARTHUR MARTIN.

TABLE DES MATIÈRES.

MÉMOIRES RENFERMÉS DANS LE TOME III ET PLANCHES QUI S'Y RAPPORTENT.

I. COURONNE DE LUMIÈRE D'AIX-LA-CHAPELLE ET MONUMENTS ANALOGUES DU MOYEN AGE.

Luxe du luminaire dans les églises. . . . P.	1
Diverses formes des lampes ecclésiastiques. .	12
Vases et ornements suspendus dans les églises à la manière des lampes.	22
Lampes en couronne.	33
Couronnes de lumière.	35
Couronne d'Aix-la-Chapelle.	40
Diverses couronnes semblables à celle d'Aix-la-Chapelle.	51

Estampes.

Lampes chrétiennes de Florence et de Rome. . Pl.	I
Lampes et couronnes suspendues d'après d'anciennes peintures.	II
Couronne de la lumière donnée par Frédéric Barberousse à Aix-la-Chapelle, vue verticale.	III
Plan horizontal et détails.	IV
Médaillons des huit béatitudes.	V
Médaillons des grands mystères.	VI
Fac-simile d'un médaillon à jour des béatitudes.	VII
Fac-simile du médaillon central. S. Michel. .	VIII
Détails des tourelles à jour.	IX
Ornements gravés sur les tourelles. . . .	X
Dentelles à jour entre les tours.	XI
Ancienne couronne de lumière à Rheims. . .	XII

II. ANTIQUITÉS DE LA CATHÉDRALE DE FRISINGUE.

Le portail de l'empereur Frédéric et de Béatrix de Bourgogne. . . . . P.	63
La crypte, ses bas-reliefs et ses tombeaux. .	68
L'ancien reliquaire de la Sainte Larme de Vendôme, envoyé de Frisingue.	77
Peintures du bon et du mauvais ange au jugement dernier.	89
Pilier mystérieux. Sigfried et la Valkyrie enchantée.	94

III. ANCIENNES ÉTOFFES. IIe Mémoire.

Représentations empruntées à la mythologie persane et dessins divers . . . . P.	116

Estampes.

Etoffe de la chappe de S. Mesme à Chinon. . Pl.	XIII
Etoffe conservée dans le cabinet de M. le comte de Lescalopier.	XIV
Autres étoffes appartenant à la même collection.	XV
Seconde étoffe trouvée dans l'intérieur de la châsse de Charlemagne à Aix-la-Chapelle. .	XVI
Nouveaux détails de l'étoffe trouvée dans le tombeau de Gunther à Munich.	XVII
Etoffes conservées au Louvre, à Autun, au British-Museum	XVIII

Etoffes d'Aix-la-Chapelle et de Ratisbonne. . Pl. XIX
Etoffe faisant autrefois partie de la collection de
M. Dugué, à Paris. XX
Etoffes copiées sur un tableau de Wilton-House
près de Salisbury. XXI
Etoffes d'après un tableau du palais de Westminster. XXII
Etoffes d'après des tableaux italiens à Londres. XXIII
Etoffes peintes sur bois dans la cathédrale de
Séville. XXIV
Etoffes, l'une peinte sur verre, l'autre conservée au Louvre. XXV
Etoffe peinte sur verre à Bourges. . . . XXVI
Etoffe du pourpoint de Charles de Blois tué à la
bataille d'Auray et autre dessin pris sur un
tableau anglais. XXVII
Etoffe peinte sur pierre dans la cathédrale de
Séville. XXVIII

IV. NOTE SUR UN AMULETTE CHRÉTIEN CONSERVÉ AU CABINET DES MÉDAILLES. . . P. 150

V. PUPITRE DE SAINTE RADEGONDE CONSERVÉ
DANS LE COUVENT DE SAINTE-CROIX, A
POITIERS. 157

VI. DU CHRISTIANISME DE QUELQUES IMPÉRATRICES ROMAINES AVANT CONSTANTIN. . . 163

Julia Manæa. — Otacilia Severa. — Sainte
Tryphonia. — Salonine, sainte Serena.

VII. DES SIGNES DE CHRISTIANISME SUR QUELQUES MONUMENTS NUMISMATIQUES DU IIIe
SIÈCLE.

Médaillon de Trajan. — Médaille d'Apamée. 196

Estampes.

Noé dans l'arche, peinture dans les Catacombes
de Rome. . . . . Pl. XXIX
Noé sortant de l'arche, bas-relief des premiers
siècles. XXX

VIII. BESTIAIRES.

Suite du tome II, p. 106-232.

Hyène . . . . P. 205
Fulica, herodius, héron ?. 208
Crocodille et ichneumon. 212
Chèvre. 218
Centicore. 223
Ane sauvage. 224
Singe. 230
Cygne. 233
Huéran (effraie ?). 234
Panthère. 235
Perdrix. 247
Lacovie, baleine. 254
Assida, autruche. 257
Tourterelle. 262
Mésange. 265
Cerfs. 266
Salamandre. 271
Taupe. 274
Colombe. 275
Dragon, l'arbre peredexion et les colombes. 283

IX. ANCIENNES ÉTOFFES. 3e Mémoire.

Estampes.

Etoffe dessinée sur des vitraux de Bourges. Pl. XXXI
Etoffe conservée à Tolède. XXXII
Etoffe conservée à Tolède. XXXIII
Etoffe dessinée à Sarragosse XXXIV

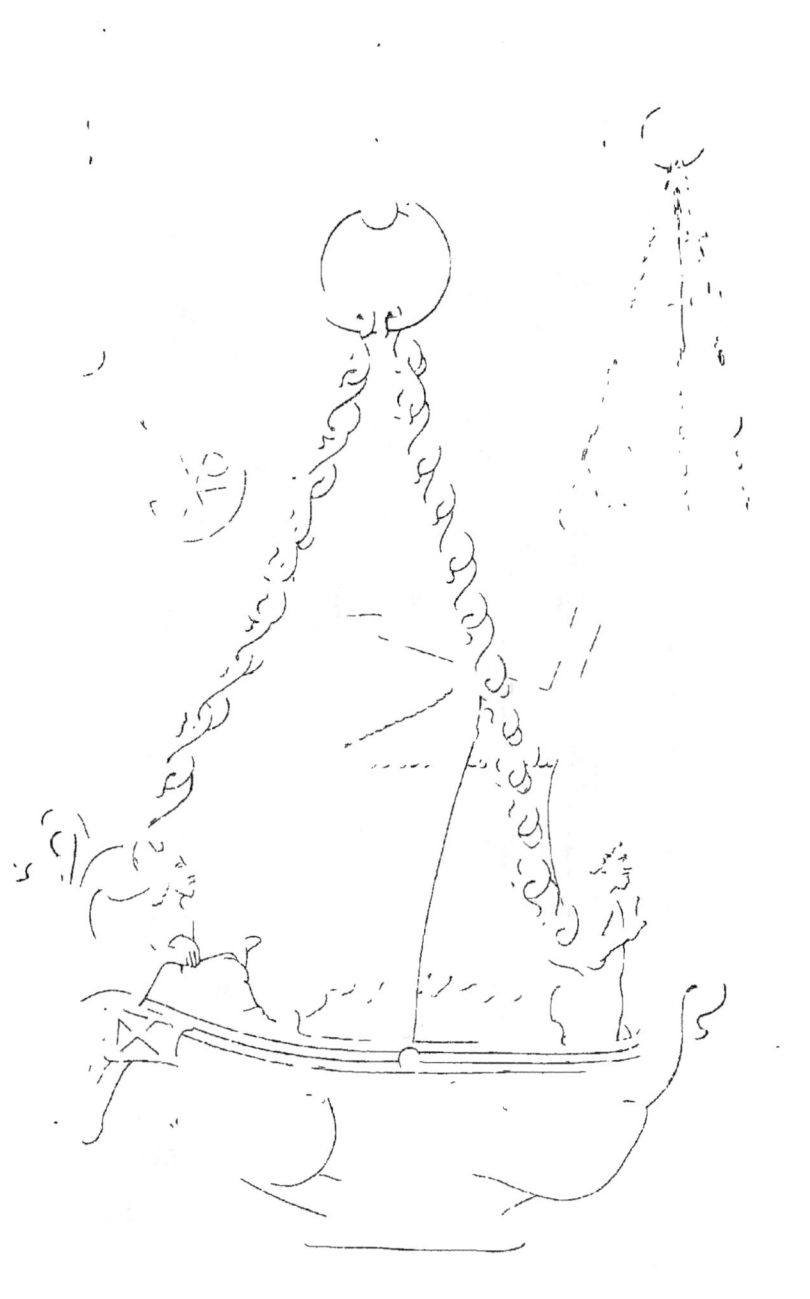

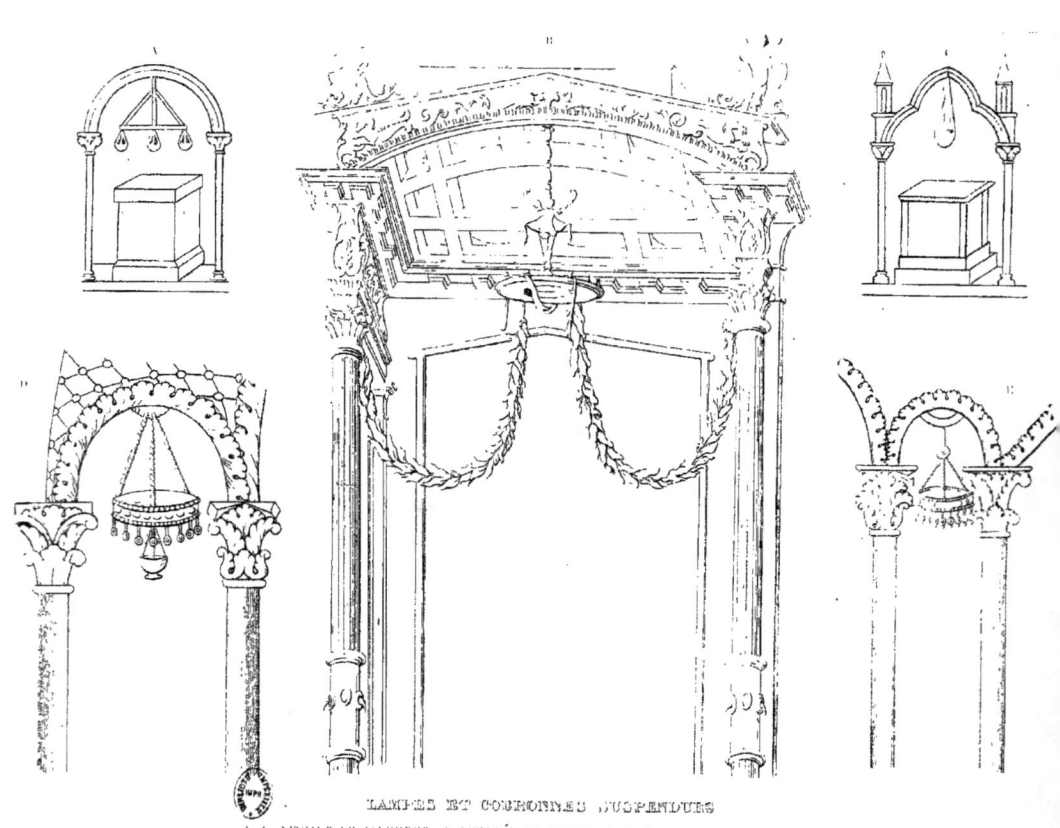

LAMPES ET COURONNES SUSPENDUES

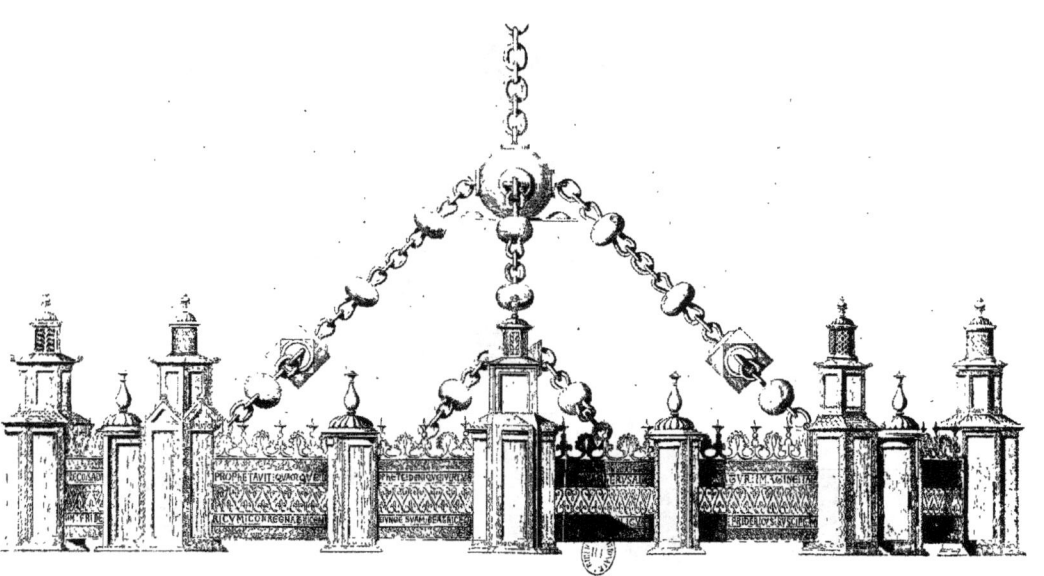

COURONNE DE LUMIÈRE À AIX-LA-CHAPELLE

PLAN HORIZONTAL ET DÉTAILS

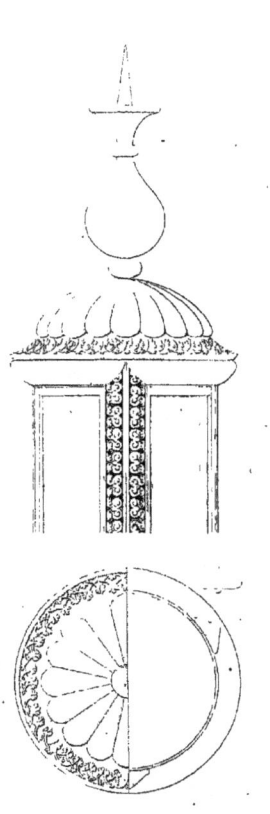

EGLISE DE N D A AIX-LA-CHAPELLE
COURONNE DE LUMIÈRE.

...RVM · FREDERICVS ·

SVAM · BEATRICEM

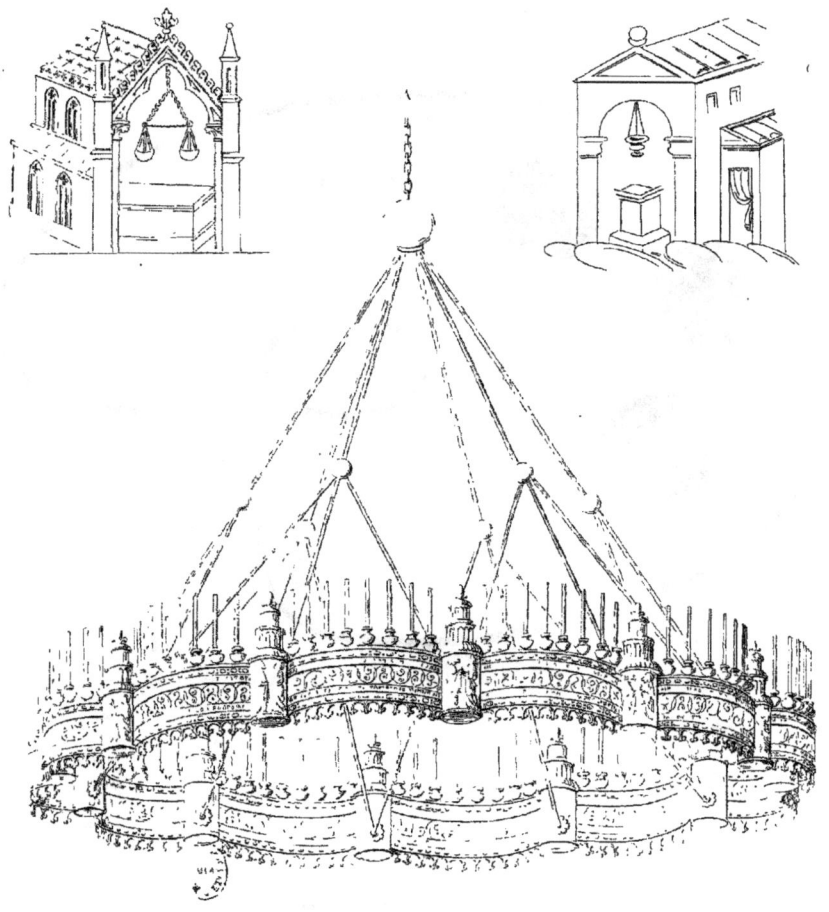

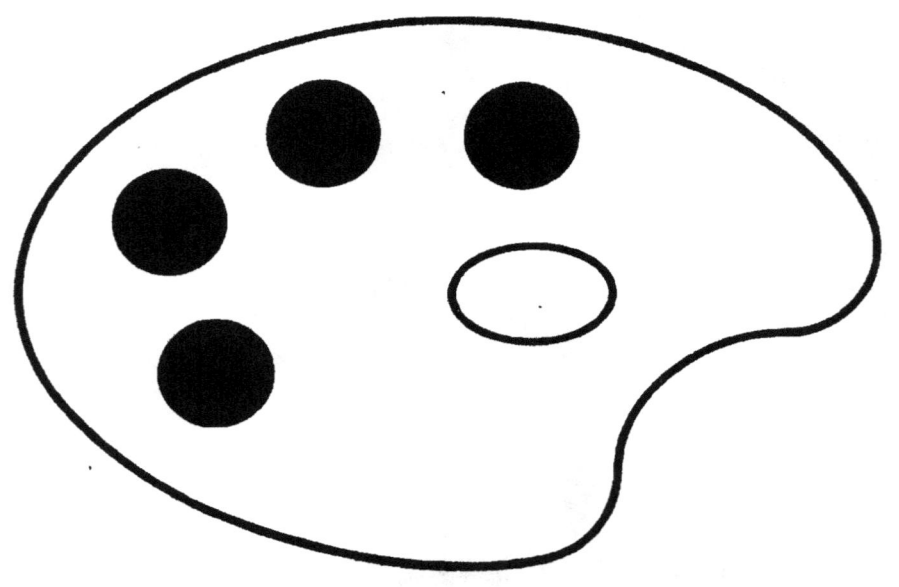

**Original en couleur
NF Z 43-120-8**

BRITISH MUSEUM

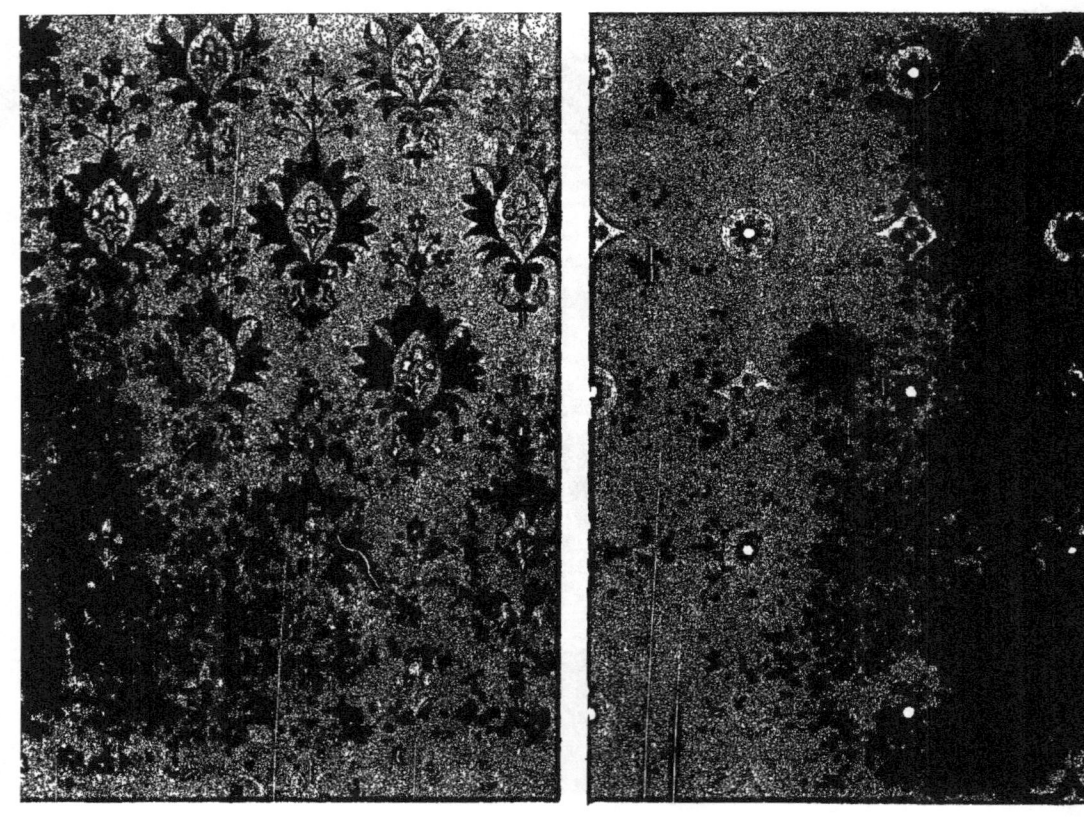

ÉTOFFE
DESSINÉE SUR DES VITRAUX DE BOURGES.

ÉTOFFE A SARAGOSSE

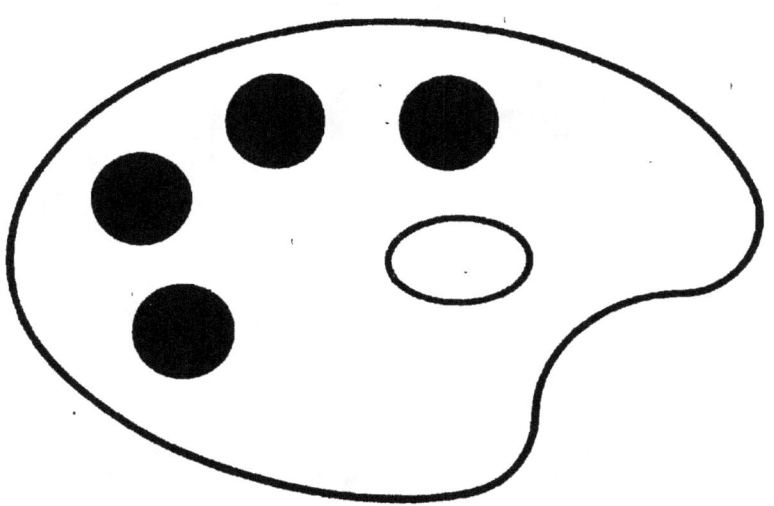

Original en couleur
NF Z 43-120-8

Contraste insuffisant

NF Z 43-120-14

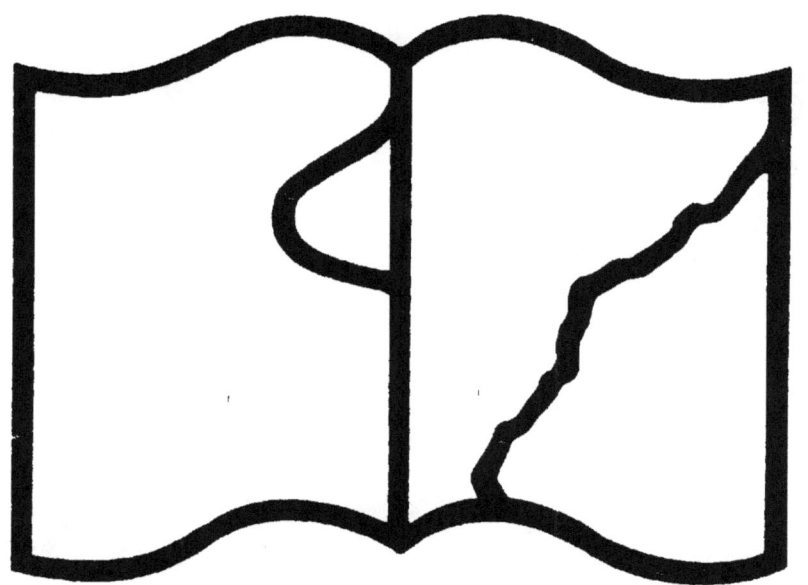

Texte détérioré — reliure défectueuse

NF Z 43-120-11

www.ingramcontent.com/pod-product-compliance
Lightning Source LLC
Chambersburg PA
CBHW060639170426
43199CB00012B/1604